btb

Buch

In der friedlichen Welt Lettlands wächst Agate Nesaule als Tochter eines Pfarrers auf. Doch dann bricht der Zweite Weltkrieg in diese Idylle ein, und die Familie muß vor den russischen Truppen fliehen. Hautnah erfährt die erst Siebenjährige das Grauen und die totale Entwürdigung durch Krieg und Internierung. Die Lage verschlimmert sich, als russische Truppen in das Lager eindringen – fast täglich muß das Mädchen Folterungen, Vergewaltigungen und Exekutionen mit ansehen.

Nach dem Krieg gelingt es der Familie, in den USA ein neues Leben zu beginnen, doch das Trauma der Kriegserfahrungen bleibt. Es dauert fünfzig Jahre, bis Agate Nesaule die Kraft findet, ihr Schweigen zu brechen und die Hülle aus Bernstein, in der ihre Seele gefangen ist, zu sprengen. Wie aus einem langen Alptraum plötzlich erwacht, erzählt sie die Geschichte ihres Lebens.

»Ein Buch, das jeden aus seiner Gleichgültigkeit reißt und von unschätzbarem Wert ist. Es ist ein Privileg, dieses Buch lesen zu dürfen.« (Fay Weldon)

Autorin

Agate Nesaule, die in der Nähe von Riga geboren wurde und dort ihre ersten Lebensjahre verbracht hat, lebt heute in Madison, Wisconsin, und ist Professorin für Englische Literatur und Women's Studies. Für »Frau in Bernstein« wurde sie mit dem American Book Award ausgezeichnet.

Agate Nesaule

Frau in Bernstein

Aus dem Amerikanischen
von Rosemarie Bosshard

btb

Die Originalausgabe erschien 1995 unter dem Titel
»A Woman in Amber« bei Soho Press, New York

Umwelthinweis:
Alle bedruckten Materialien dieses Taschenbuches
sind chlorfrei und umweltschonend.

btb Taschenbücher erscheinen im Goldmann Verlag,
einem Unternehmen der Verlagsgruppe Bertelsmann.

1. Auflage
Genehmigte Taschenbuchausgabe Juni 1999

Umschlaggestaltung: Design Team München
Umschlagmotiv: Royce M. Becker
Satz: Uhl + Massopust, Aalen
KR · Herstellung: Augustin Wiesbeck
Made in Germany
ISBN 3-442-72492-9

In Liebe und Dankbarkeit den beiden,
die mir geholfen haben, diese Geschichte zu erzählen:
Ingeborg Casey,
die mich zu der Erkenntnis geführt hat,
daß die Vergangenheit von Bedeutung ist,
und John Durand,
der Liebe, Glück und Frieden
in meine Gegenwart
gebracht hat.

Inhalt

TEIL IV

TEIL V

»Ihre Mutter war der Becher, der Schrank, die Kredenz mit allem, was darin war, der Tabernakel mit Gott, der See mit seinen Sagen, das Moor und seine Wunschbrunnen, das Meer und die Austern und die Leichen darin …«

EDNA O'BRIEN,
»A Rose in the Heart of New York«,
A Fanatic Heart

»Im Krieg herrscht die Atmosphäre eines gewaltigen gespenstischen Nebels, dicht und unauflöslich. Da ist keine Klarheit. Alles wallt … Die Dünste saugen dich ein. Du weißt nicht, wo du bist, noch weshalb du da bist, und die einzige Gewißheit ist die einer erdrückenden Ungewißheit. Im Krieg verlierst du jeden Sinn für das Feststehende und damit auch das Gefühl für die Wahrheit selbst. Und deshalb kann man ruhig behaupten, daß in einer wahren Geschichte über den Krieg niemals etwas absolut wahr ist.

TIM O'BRIEN,
»How to Tell a True War Story«,
The Things They Carried

Vorwort der Autorin

Es gibt Unsicherheiten, was diese Geschichte angeht. Einige der Ereignisse trugen sich zu, als ich erst sieben Jahre alt war, und da ist so manches, das ich vergessen oder nie gewußt oder nie verstanden habe. Aber ich konnte meine Erinnerungen nicht mit denen anderer Menschen vergleichen. In meiner Familie will niemand über den Krieg sprechen: Sie mögen wohl stumme Bilder in sich tragen, doch sie erzählen nicht von ihren Erlebnissen. Und sosehr ich mich auch bemühe, ich kann mich nicht dazu durchringen, Nachforschungen anzustellen. Ich ertrage keine Tatsachenberichte über jene Zeit, nur Romane, als wären diese ungefährlicher.

Ich weiß, daß das Gedächtnis an sich nicht zuverlässig ist: es wählt aus, verschleiert, verzerrt. Andere würden dieselben Ereignisse anders erinnern. Ich kann nicht für historische Genauigkeit garantieren; ich kann nur so erzählen, wie ich mich erinnere. Ich mußte mutmaßen und raten, ja manchmal sogar erfinden, um der Geschichte Zusammenhalt und Form zu geben. Auch habe ich einige Namen und Einzelheiten geändert, um die Privatsphäre anderer nicht zu verletzen.

Die Frage des Erfindens verdient besondere Beachtung. Alle Erinnerung, vor allem aber die traumatische, ist im Ursprung wortlos. Wenn man sie in Worte faßt, verändert man sie zwangsläufig (Judith Lewis Hermann: *Die Narben der Gewalt: Traumatische Erfahrungen verstehen und überwinden*; Kindler Verlag, München 1994). Keine sprachliche Form ist »wahrer« als eine andere, doch manche Leute ziehen ganz naiv den sachlichen Bericht und die Zusammenfassung der Dramatisierung und dem

Dialog vor. Ich wollte die Menschen aus meiner Vergangenheit in ihrem Leben und Handeln zeigen und ließ sie sprechen, denn so sehe und höre ich sie. Letztlich ist jede Erinnerung ein Versuch, »die Wahrheit zu erfinden« (William Zinsser: *Inventing the Truth: The Art and Craft of Memoir*; Houghton Mifflin 1987). Die Erinnerung stellt aber auch die Integrität des Autors auf die Probe und verlangt ein ständiges Bemühen um Fairneß und Wahrhaftigkeit.

Warum erzähle ich diese Geschichte jetzt, so viele Jahre nach dem Zweiten Weltkrieg? In jedem Krieg hört das Schießen irgendwann einmal auf, die meisten Wunden verheilen, die Erinnerung verblaßt. Aber die Greuel des Krieges stehen nur am Anfang von Geschichten. Der kleine Junge, der angesichts der Gewehre die Arme hebt, das Mädchen, das gezwungen ist, Vergewaltigungen mit anzusehen, die ausgezehrten Kinder, die um Nahrung betteln – sie alle müssen, wenn sie überleben, mit ihren schrecklichen Erfahrungen leben lernen. Länger als vierzig Jahre beeinträchtigten Scham, Wut und Schuldgefühle mein Leben. Ich wurde durch die Geschichten anderer gerettet, durch Therapie, Träume und Liebe. Meine Geschichte zeigt, daß Heilung möglich ist.

Kriege hören nie auf, und das gilt auch für ihre Geschichten. Ich bete um ein Ende aller Kriege und hoffe aus tiefstem Herzen, daß ihre Opfer mehr Verständnis finden. Ich wünsche ihnen liebevolle Zuwendung, auch lange nachdem die Greuel aufgehört haben.

TEIL I

Reden im Bett

Wir reden im Bett miteinander: freundschaftlich jetzt, nicht mehr wie Liebende. Aprikosenfarbene Farnwedel ranken sich auf dem perlgrauen Grund meiner Flanellaken. Wir sind beide überrascht, Donner zu hören, Donner im Februar in Wisconsin, über gefrorenem Boden und schmutzigem Schnee. Meine Hand ruht leicht auf seinem grauen Haar, unsere Beine sind immer noch verschlungen. Bald werden wir uns voneinander abwenden, aber unsere Rücken werden sich noch berühren, wir werden uns nah genug sein, um einander zu wärmen. Wir werden verschiedene Träume träumen. Er ist zu Fuß in den Sangre-de-Cristo-Bergen von New Mexico unterwegs oder fährt auf einer Straße in Wisconsin durch eine Waldlandschaft zum Birch-Island-See. Ich trage aus einem brennenden lettischen Dorf ein Kind fort, weiche Nazihäschern aus, erwische den letzten Zug. Wenn wir von uns als Siebenjährige träumen, sprechen wir verschiedene Sprachen.

»Erzähl mir eine Geschichte«, sagt John, »erzähl mir vor dem Einschlafen eine Geschichte.«

Es fällt mir keine ein. Ich habe ihm schon viele Geschichten erzählt, doch bei Tag habe ich oft das Gefühl, wir seien uns fremd. Ich glaube ihm nicht, wenn er sagt, er liebe mich, ich erwarte ihn nicht, bis er wieder da ist.

»Du zuerst«, sage ich.

»Ich hab' gestern eine erzählt.« Das stimmt. In Spooner, dem kleinen Ort in Wisconsin, wo John aufgewachsen ist, hatte eine gewisse Miss McPike, die Chorleiterin, zwei Ministranten mit zornigen Blicken angefunkelt.

»Es fällt mir keine ein, sie sind alle weg. Das heißt, ich hab' sie alle schon erzählt.«

»Hattet ihr ein Auto, in Lettland, vor dem Krieg?« versucht er es.

Das reicht bereits, ich bin schon mittendrin. »Nein, kein Auto, nur Pferde. Und natürlich Fahrräder.«

Die Pfarrei schien riesig. Eine lange Straße wand sich durch den Park zur Veranda mit den Spaliergittern. Falscher Jasmin und Flieder blühten ganz nah beim Haus, ich kann mich an den Duft erinnern. Im Herbst wurden Blätter von den hohen düsteren Eichen und vom roten Ahorn auf Drähte gezogen. Später legte man dann immer ungefähr sechs davon unter die noch ungebackenen Laibe des süßsauren Roggenbrots. Manchmal war unten auf der Brotkruste ein Muster Blätter zu sehen.

Meine Mutter hatte ein neues Fahrrad. Es war aus glänzendem Metall und hatte einen großen schwarzen Ledersattel und riesige schwarze Handgriffe. Aber es sah nicht aus wie ein Herrenfahrrad. Es hatte einen blau-grün-rot gehäkelten Kleiderschutz und eine runde silberne Klingel.

Es muß gewesen sein, bevor der Krieg ganz nahe rückte, da bin ich mir sicher. Später, als Flüchtlinge und Partisanen ins Haus kamen, hätte sie keine Zeit mehr gehabt, radfahren zu lernen. Es kamen auch Zigeuner. Und viele Verwandte. Die Erwachsenen blieben bis spät in die Nacht auf und beratschlagten, ob sie per Schiff nach Schweden fahren, in Lettland bleiben oder nach Deutschland gehen sollten. Niemanden störte es, wenn meine Schwester und ich die ganze Nacht draußen blieben, niemand schickte uns ins Bett. Wir schliefen unter den Sternen ein, manchmal im Heu. Aber dies war noch im Jahr, bevor der Krieg ausbrach. Ich muß fünf gewesen sein, meine Schwester sechs.

Meine Mutter schob das Fahrrad den Kiesweg neben dem Obstgarten entlang. Die Apfelbäume waren schon verblüht, doch bei den winzigen grünen Früchten konnte man noch kaum von Äpfeln sprechen. Sie rannte ein bißchen, versuchte aufzusitzen, besann sich aber anders und verlangsamte den Schritt wieder. Meine Schwester Beate und ich hielten uns bei der Hand und schauten zu. Meine Mutter wollte, daß wir in sicherem Abstand, hinter dem Gartenzaun blieben.

Sniegs kommt aus dem Haus, er raucht eine Zigarette. Seine Augen sind von verwaschenem Blau. Er trägt einen tadellosen Anzug, aber seine Füße stecken in Pantoffeln. Als er näher kommt, sehen wir, daß eine Manschette seines Hemdes nicht zugeknöpft und der Ärmel ausgefranst ist. Einst war er ein vielversprechender Konzertpianist, doch jetzt spielt er in den Kirchen unseres Vaters die Orgel. Vater meint, Sniegs habe sein Leben verpfuscht; die in ihn gesetzten Hoffnungen hätten sich nicht erfüllt, und er habe sich dem Trunk ergeben.

Am Sonntagmorgen läßt Sniegs meine Schwester und mich den Blasebalg der Orgel treten. Schwitzend und zitternd nach einer ausschweifenden Nacht, spielt er die verheißungsvollen lutherischen Kirchenlieder dennoch kraftvoll und lebendig. Wir sind gern mit ihm auf der Empore. Das ist besser, als still in einer Kirchenbank zu sitzen und das Ende der Predigt abzuwarten.

Sniegs zieht langsam den Rauch ein und beobachtet meine Mutter mit zusammengekniffenen Augen. Sie trägt eine spitzenbesetzte Leinenbluse und einen weiten blauen Rock, der hin und her schwingt, wenn sie sich bewegt. Obwohl es Sommer ist, trägt sie fuchsiarote Strümpfe und schwarze Schuhe mit schmalen Riemchen. Die Schuhe sind staubig, ihr Gesicht ist gerötet. Sie schaut zu ihm hinüber, sieht ihm für eine oder zwei Sekunden in die Augen, dann senkt sie den Blick.

Sniegs schreitet über die offene Rasenfläche, die von Taglilien und Iris gesäumt ist. Er schwingt sich über den Zaun, statt das Tor zu benutzen, und stellt sich ganz dicht neben sie. Er sagt etwas, so leise, daß wir es nicht hören können, und sie lacht. Er flüstert noch etwas, und wieder lacht sie. Dann hält er ihr mit einer Hand den Sattel und bläst ein letztes Wölkchen Rauch über ihre von Spitzen und Leinen bedeckten zarten Schultern. Wir wissen, daß sie ein elfenbeinfarbenes Mieder trägt; unter dem züchtigen kühlen Stoff zeichnet sich schwach ein glatter Satinträger ab. Mit dem Absatz drückt er im Kies die Zigarette aus und legt die freie Hand an den Griff der Lenkstange. Sie scheint ein wenig zu zittern, als sie zuerst einen Fuß auf das Pedal stellt, dann den zweiten auf das andere. Er beruhigt und stützt sie, während sie im Schutz seiner Arme zuerst ungeschickt, dann zuversichtlich, in die Pedale tritt.

Sie schaut nicht zu uns herüber. Ich spüre, wie mir das Blut ins Gesicht steigt. Beate und ich halten uns bei der Hand, die Arme steif ausgestreckt. Wir beben vor Wut. Meine Schwester streicht sich die Haare aus den Augen, um besser zu sehen.

Behütet von Sniegs, ist meine Mutter den Pfad rund um den Obstgarten ein dutzendmal auf und ab gefahren. Sie wirft ihm dann und wann einen Blick zu, aber zu uns schaut sie nie. Sie hat vergessen, daß es uns gibt. Eine Strähne schwarzen Haars hat sich aus ihrem Chignon gelöst und verdeckt ihr etwas die Sicht. Sie macht keine Anstalten, sie wieder festzustecken.

Sniegs nimmt zuerst die eine, dann auch die andere Hand vom Fahrrad. Er läßt sie einen Moment lang allein fahren, dann umfassen seine Arme sie wieder. Schließlich fährt sie ganz ohne seine Hilfe. Verträumt springt Sniegs hinter ihr her. Auch er beachtet uns nicht. Ihre Augen glänzen, sie ist in Hochstimmung. Sie stürzt nicht, obwohl ich es ihr wünsche. Ich möchte, daß das Fahrrad zur Seite ausbricht, dabei Sniegs zu Fall bringt und sie direkt vor meiner Schwester und mir zu Boden wirft. Wir würden sofort zu ihr eilen und sie trösten, sie würde weinen und ihre Arme um uns legen. Meine Schwester und ich halten uns immer noch bei der Hand, so krampfhaft, daß unsere Finger schmerzen, doch wir lassen einander nicht los.

»Dumme Kuh«, flüstert meine Schwester.

»Dumme Kuh«, mache ich ihr nach, ich will, daß meine Mutter mich ansieht. Sie tut es nicht.

Sie fährt weiter um den Obstgarten. Ihr Blick begegnet flüchtig dem von Sniegs, aber meist ist er auf den Horizont gerichtet, weit vom Haus weg.

Im Halbdunkel sitzt sie auf dem Sofa, in eine Wolldecke gehüllt, um sich herum Kissen und Teetassen und eine Tischdecke mit Pfauen und Lilien, an der sie seit Ewigkeiten stickt.

»Komm und setz dich zu mir, mein Liebes«, sagt sie. »Komm, mein Herz.« Wie wagt sie es nur, so etwas zu sagen? Wie kann sie nur annehmen, daß ich komme? Ich mache einen Schritt rückwärts, drücke mich gegen die Wand. Aber es ist unmöglich, sich ihr zu entziehen. Obwohl ich mich ganz steif mache, zieht es mich zu ihr hin. Ich werfe ihr die Arme um den Hals und umschlinge sie, so fest ich kann. Sie läßt mich gewähren, dann befreit sie sich sanft.

»Nicht so fest«, sagt sie.

Sie wendet sich ab, dem Fenster zu. Ich weiß, daß sie die Blüten der Apfelbäume im Zwielicht liebt, aber die sind schon lange abgefallen. Sie sitzt regungslos da, betrachtet die dunkler werdenden Bäume in der Ferne. Ihre tiefbraunen Augen sind traurig, aber längst nicht so traurig und leer, wie sie später einmal sein werden.

»Geh jetzt«, flüstert sie, »geh weg, ich möchte allein sein. Geh spielen.«

Ihr schwarzes Fahrrad lehnt am Zaun des Obstgartens. Daneben steht das andere Rad, zu dessen Kauf sie meinen Vater überredet hat. Zusammen fahren sie hinaus aufs Land. Manchmal kommen sie mit wilden Erdbeeren zurück. Einmal bringen sie zwei Forellen mit.

Während sie weg sind, geht Sniegs hin und her und raucht. Er hat wieder zu komponieren begonnen, deshalb verbringt er viel Zeit im Wohnzimmer. Er spielt eine oder zwei Phrasen auf dem Flügel, wandert um das Sofa herum, geht für eine Zigarettenlänge hinaus, kommt zurück, versucht es von neuem. Manchmal fließen die Akkorde ineinander; gleich scheinen sie zu einer Melodie zu gerinnen. Er geht den langen Fahrweg im Park auf und ab. Er trägt Schuhe, und die Manschetten seines Hemdes sind zugeknöpft.

Er zeigt Interesse für meine Schwester und mich. Er bringt uns aus Riga Halwa mit. Wortlos reicht er uns die Riegel, während er mit dem anderen Arm eine Tasche mit einem kaputten Schnappverschluß umfaßt. Wir hören das Klirren der Flaschen. Er bringt einen Gedichtband mit ein paar düsteren Abbildungen mit. Ein Mann wird von seinen Sünden verfolgt, die als graue Garnknäuel dargestellt sind. Es ist Peer Gynt, der ein ausschweifendes Leben geführt hat. Meine Mutter sagt, meine Schwester sei noch zu jung für das Buch, und stellt es auf das oberste Bücherbrett in der Bibliothek.

Von der nächsten Reise bringt er mir einen häßlichen schwarzweißen Gipshund mit hängendem Unterkiefer mit. Meine Mutter sagt, er sei zerbrechlich, und stellt ihn auf die hohe Standuhr im Eßzimmer. An einem heißen Julinachmittag, als alle sich ausruhen, schiebe ich einen Stuhl an die Uhr, steige hinauf und packe den Hund. Er ist schwerer und glatter, als ich ihn in Erinnerung habe. Mit seinem kurzen Hals und dem plumpen Körper läßt er sich schlecht festhalten. Ich stelle mich auf die Zehenspitzen, um ihn hochzuheben. Er gleitet mir aus den Händen und zerschellt auf dem Parkettboden; die Scherben stieben in tausend Richtungen.

Sie schilt mich nicht. »Arme Kleine«, sagt sie, »was machst du jetzt bloß ohne deinen kleinen Hund? Wie vertreibst du dir die Zeit?«

Sie hat nicht gemerkt, daß ich nie mit dem Hund spiele. Sie läßt den Finger an der Stelle im Buch, wo sie zu lesen aufgehört hat.

Meine Mutter gibt einen ihrer Musikabende. Das Dienstmädchen deckt den Tisch mit einem weißen Satintuch und den kostbaren Tassen und Tellern mit den goldenen Rändern und den Kränzchen aus blassen Veilchen. Der Samowar glänzt. Sie wird den Tee auf russische Art servieren: in hohen Gläsern, mit langen schlanken Silberlöffeln. Die Platten sind beladen mit Himbeerbaisers, Aprikosentörtchen, dunkelroten Kirschen. Die Torte sieht für Beate und mich enttäuschend aus: Sie ist nicht dick mit Schokoladenguß und Schlagsahne garniert, sondern flach und dünn, mit winzigen Mandelhälften und Zuckerrosen auf der Mokkaglasur.

Als erster kommt ihr ehemaliger Kollege, der Musiklehrer des Dorfes. Er verbeugt sich wortlos und überreicht ihr eine einzelne weiße Lilie. Dann Elvīra, deren Bruder Ārijs in der Irrenanstalt ist; meine Mutter ist ihre einzige Freundin. Zwei Oberschullehrerinnen aus der Stadt, in geblümten Kleidern mit gestärkten weißen Kragen und mit Spitzentaschentüchern, die sie in ihre goldenen Uhrarmbänder gesteckt haben. Sie betupfen sich das Gesicht, kichern und flüstern mit meiner Mutter. Früher machte sie mit ihnen lange Sonntagsspaziergänge, von einer lutherischen Kirche zur anderen, um sich die neuen Pfarrer anzuschauen, ihre Gesichter zu sehen und ihre Predigten zu hören. Mein Vater war der ansehnlichste und der klügste, deshalb heiratete meine Mutter ihn. Der Doktor humpelt herein, stützt sich auf seinen Stock. Sein Kutscher trägt das Cello und den Notenständer und stellt beides auf, während der Doktor meiner Mutter die Hand küßt und eine Flasche Cognac auspackt. Sniegs kommt als letzter. Er nickt meiner Mutter schweigend zu, begibt sich zum Flügel hinüber, öffnet ihn und beginnt zu spielen.

Wir dürfen uns auf die oberste Treppenstufe setzen. Wir lauschen den lieblichen Stimmen der Frauen, die zuerst vom Cello begleitet werden, dann von einer Flöte, zuletzt vom gleichmäßigen Hämmern des Flügels. Die Frauen singen einzeln, dann gemeinsam.

Heute gibt es etwas Besonderes. Sniegs hat ein Lied geschrieben, das meiner Mutter gewidmet ist. Er steht auf, verbeugt sich, spricht lange und gewichtig, verbeugt sich nochmals steif und überreicht meiner Mutter die Noten. Sie lächelt zu ihm hinauf.

»Es ist ein Lied über den Trost, den Christus jenen bringt, die sich nach ihm sehnen«, erklärt er.

»Wie Dämmerung einem Träumer
Wie ein Kelch kühlen Wassers dem Erschöpften ...«

Es ist eine klagende Melodie, nicht kraftvoll wie die der Kirchenlieder. Sniegs spielt gedämpft und läßt seinen Tenor sehnsuchtsvoll anschwellen. Er singt alle drei Strophen allein, dann setzt meine Mutter ein. Zusammen singen sie die erste Strophe. Sie beugt sich über seine Schulter, um den Noten zu folgen; ihre Hand streift seinen Arm, wenn sie eine Seite umblättert. Nach viel Beifall und Gelächter singen die beiden das ganze Lied noch einmal gemeinsam.

»Wie wunderbar es religiöses Empfinden ausdrückt«, sagt Elvīra. Die beiden Lehrerinnen flüstern und kichern. Von der Musik nicht mehr in Anspruch genommen, dreht sich meine Mutter um, bemerkt meine Schwester und mich und gibt uns ein deutliches Zeichen, die Treppe hinauf und ins Bett zu verschwinden.

»Was ist aus all den Leuten geworden?« fragt John. »Was meinst du, wo sie jetzt gerade sind? Glaubst du, einige von ihnen leben noch?«

Ich weiß es nicht. Sniegs wurde von den Russen verhaftet, nach Sibirien verschleppt. Meine Mutter ist schon über zehn

Jahre tot. Mein Vater lebt noch, er hat wieder geheiratet und wohnt in einer weit entfernten Stadt; aber er war ja an jenem Abend gar nicht dabei.

»Und was ist mit dem Lied? Hat sie es je wieder gesungen?«

»O ja, gewiß. Sie summte es vor sich hin.«

»Oft? Wann?«

»Oh, manchmal. Und ihr Blick war dann immer ganz abwesend.«

»Ah.«

Wir schweigen beide.

»Erzähl mir von einer Situation, in der sie es gesummt hat«, sagt er.

Ich bin zu überrascht, um zu sprechen. Niemand will je Schmerzliches aus meiner Vergangenheit hören. Die Leute verstehen es auf hunderterlei Art, elegant oder schroff, mich in meinem Widerwillen, darüber zu sprechen, noch zu bestärken.

»Ich möchte es wirklich wissen. Bitte, erzähl es mir.«

Kein Wunder, daß ich ihn liebe. Manchmal glaube ich beinahe, er liebt mich auch.

»Also gut...«

»Ja?«

Wir befanden uns in einem Keller in Deutschland. Im Moment schien es ruhig. Die Russen waren es leid, uns zu bedrohen, unsere Habseligkeiten lagen auf dem schmutzigen Boden verstreut – Kleider, Fotos, zerbrochenes Kristallglas. Wir durften nichts aufheben. Alle Frauen ohne Kinder hatte man fortgeschleppt. Mein Vater war verschwunden. Es war kalt und wurde langsam dunkel.

»Bitte«, flüstere ich, »ich will weg. Bitte.«

»Das geht nicht«, sagt sie. »Sie schießen immer noch, und wir haben ja auch keine Pferde oder Autos.«

»Bitte!«

»Pscht, arme Kleine, pscht.«

»Dann sag mir, daß alles gut wird«, bettle ich. »Bitte, lach doch mal. Sag, daß alles gut wird.«

Sie lächelt zu mir herunter.

»Ja, ja, bestimmt, mein Schatz.«

Sie läßt mich den Kopf in ihren Schoß legen, sie streicht mir übers Haar. Ich klammere mich an sie; meine Schwester, Beate, hält sich auf der anderen Seite an ihr fest. Ich schließe die Augen. Ich höre kaum das Flehen der Frauen hinter der Trennwand. Das Schießen scheint nachzulassen, aber aus der Ferne ist ein ständiges Dröhnen zu vernehmen.

»Es wird alles gut«, sagt sie, »glaub mir. Aber jetzt darfst du die Soldaten nicht verärgern, du darfst nicht weinen und auch nicht sprechen. Du mußt ganz, ganz still sein.«

Ich fühle die Wärme ihrer Hände auf meinem Haar, die Wärme ihrer Augen auf meinem Gesicht.

Sie beginnt zu summen, wortlos zuerst, dann flüstert sie die Worte.

»Wie Dämmerung einem Träumer.
Wie ein Kelch kühlen Wassers dem Erschöpften …
Tu sapņotājam zilgans novakars …«

Ich weiß, daß ihre Augen traurig sind, daß sie in die Dunkelheit blickt. Ich möchte, daß sie *mich* anschaut, nur mich, deshalb klammere ich mich fester an sie.

»Ja«, murmelt er, »ich kann mir die Szene vorstellen. Du hast bestimmt große Angst gehabt.«

Wir streichen einander sanft über Augenlider und Haar.

»Du bist mein ein und alles«, sagt er.

Ich gebe mir alle Mühe, ihm zu glauben. Draußen sind aus den Regentropfen Graupeln geworden. Später wird es schneien. Es wird ein tückisches Gehen oder Fahren sein, mit der Eisschicht unter dem trügerisch weichen Schnee. Ich kenne solche Wetterumschläge. Um uns warm zu halten, ziehe ich die Leintücher enger um uns beide.

Im Schutz der Schatten, abgeschieden von der Welt, in einer sicheren, vertrauten Umgebung ist Reden möglich. Doch später bereue ich, gesprochen zu haben. Um mich von meiner Scham zu befreien, flüchte ich mich in ein Ritual, das ich seit mehr als vierzig Jahren praktiziere. Ich schäme mich auch dafür, aber ich kann damit nicht aufhören.

Ich greife in die Kälte nach meiner Unterwäsche und flüstere: »Danke.« Ich wiederhole das Wort nach jedem Stück, das ich anziehe, denn jetzt werde ich nicht vor Kälte zittern, wenn mich Soldaten in den kalten Nieselregen hinausstoßen. Manchmal sind es Nazis mit Hakenkreuzen auf den Armbinden, häufiger sind es Russen mit teilnahmslosen, grausamen Gesichtern, die halbverschluckte Wörter hervorstoßen. »Danke«, murmle ich, wenn ich in meine Strümpfe und Schuhe schlüpfe, denn jetzt werde ich nicht barfuß über gefrorenen Schlamm gehen müssen. Wohlig genieße ich meinen dicken weichen Pullover, bin erleichtert, wenn ich hastig meinen Rock zuknöpfe. Ich habe es geschafft, ich werde es in den Lagern warm haben, ich bin wohlauf.

Doch auf dem Weg die Treppe hinunter befallen mich Schuldgefühle. Ich bin angezogen, habe warm, und unten erwarten mich knuspriges Brot, duftender Kaffee, süße Orangen. Mein Haus gibt mir ein Gefühl von Sicherheit, Solidität und Ordnung; Hyazinthen und Narzissen blühen hier sogar mitten im Winter. Ich habe alles, was andere, in Züge gepfercht, in Lagern verhungernd, gefoltert, vergast, zu Tode geprügelt und erschossen, nicht haben. Ich gehe entschlossen hinunter, will das Schuldgefühl loswerden. Ich setze ein Lächeln auf. Man kennt mich als fröhlichen Menschen.

Im Sommer ziehe ich mich rascher an, um meine Blöße zu bedecken, mich vor Schmutz, Mücken und Peitschenhieben zu schützen, bevor mich der Lastwagen wegbringt. Gesichter auf Fotografien von Kindern aus Vietnam, Afghanistan, Südafrika, Guatemala, Äthiopien verfolgen mich dann. Ich muß mich beeilen.

Ich weiß, diese Phantasien verharmlosen das Leiden von Millionen Menschen, die nachts geweckt, auf kalte Straßen gestoßen und weggetrieben wurden, während hinter ihnen ihre Häuser und Dörfer brannten. Von ihren Familien getrennt, wurden sie in Züge gepfercht, deren Ziele in Deutschland Konzentrationslager waren, in Sibirien Zwangsarbeitslager, in Asien, Afrika, Zentralamerika schäbige Hütten, weit entfernt von Nahrung und Wasser.

Meine eigene Erfahrung von Krieg und Vertreibung war anders, sie war weniger schlimm. Wie kann ich mir anmaßen, mich in meiner Vorstellung mit ihnen zu vergleichen? Wie ertragen es die wahren Überlebenden? Das frage ich in die Leere hinein.

Wie?

Zerstörte Verbindungen

WENN JOHN UND ICH einen ganzen Tag miteinander verbracht haben, was selten vorkommt, lesen wir im Bett, bevor wir das Licht löschen und reden. Während sich unsere Augen an die Dunkelheit gewöhnen, erzählen wir einander Einzelheiten aus den Büchern, witzige Sätze, Merkwürdigkeiten. Einzelne Bilder bleiben erstaunlich lebendig. Vielleicht speichert die Netzhaut mehr, als wir glauben, vielleicht gibt es Licht, das nachleuchtet.

Er liest gerade einen Roman einer südafrikanischen Autorin. Darin schmiegt ein kleines Mädchen den Kopf an die Knie seiner Mutter, der Kopf der Mutter liegt im Schoß ihrer Mutter, und diese lehnt den Kopf wiederum an die Knie ihrer Mutter. Die ungebrochene Kette reicht zurück bis zur Urmutter.

Ich beneide sie um diese Kette. Nach meiner Heirat hat meine Mutter zwei Jahre lang nicht mehr mit mir gesprochen, und nie wieder habe ich es ihr recht machen können. Doch schon Jahre vorher blieb sie allein im Bett und las bis tief in die Nacht hinein, sie wartete nur darauf, daß ich zu reden aufhörte und sie sich wieder ihrem Buch zuwenden konnte.

Ich sehe sie vor mir, in der dunklen, feuchten Nische, der ehemaligen Waschküche hinter der Küche, in dem winzigen Haus, das wir bewohnten, nachdem wir 1950 in die Vereinigten Staaten gekommen waren. Das schmale Fenster ging nach Norden, überall roch es nach Schimmel. Manchmal stand die Tür offen, und ich sah sie völlig reglos dasitzen und ohne zu lesen vor sich hin starren. Ich war zwölf, als wir nach Indianapolis kamen. Wir hofften auf ein besseres Leben als in den Vertriebenenlagern in Deutschland.

Selten waren wir zwei zur gleichen Zeit zu Hause. Wenn ich an Wochentagen von der Schule heimkam, machte sie sich gerade schweigend für ihre Arbeit als Tellerwäscherin in LaRue's Supper Club fertig. Bevor sie ging, wechselten wir ein paar Worte; meistens gab sie mir Anweisungen, was zu tun war, das Abendessen für Vater zubereiten, Kleider bügeln. An Samstagabenden arbeitete auch ich im Supper Club. Ich kratzte Zigarettenstummel und vom Fleisch blutig gefärbten Kartoffelbrei von den Tellern, warf nur zur Hälfte gegessene Steaks und aufgeknackte Hummerschalen in die Mülleimer. Während ich die schweren Tabletts mit den dampfenden Tellern vom Fließband hob, ließ ich keinen Blick von der Tür, immer darauf gefaßt, von einem Polizisten festgenommen zu werden. Um überhaupt arbeiten zu dürfen, mußte man vierzehn sein, um bis früh um eins zu arbeiten, achtzehn. Nach der Arbeit rannte ich atemlos von der Bushaltestelle nach Hause, weil ich fürchtete, ermordet, geschlagen oder vergewaltigt zu werden. Es war beinahe zwei Uhr, wenn ich zu Hause ankam, aber bei meiner Mutter brannte oft noch Licht. Sie las oder tat jedenfalls so. An anderen Abenden, wenn meine Mutter arbeitete, beugte ich mich über meine Hausaufgaben, versuchte, eine Zusammenfassung von »Der Rabe« zu schreiben oder aus der gestelzten Sprache von »Der Mann ohne Vaterland« klug zu werden. Ich war sehr oft allein. Meine Schwester ging putzen und kam erst von der Arbeit zurück, wenn es schon dunkel war. Wir waren beide dankbar, daß uns die anderen Kinder in der Schule nicht schlugen.

An einem Februarmorgen dieses ersten Jahres in Amerika sagte meine Mutter lächelnd zu mir: »Ich habe etwas ganz Besonderes für dich. Amerika ist wirklich ein wunderbares Land. Stell dir vor, mitten im Winter kann man so etwas kaufen. Melone. Melone im Februar.«

Sie stellte ein Stück Wassermelone auf den Tisch.

»Wunderschön«, sagte sie. Das dunkelrote Fruchtfleisch, die schwarzen Kerne, die leuchtendgrüne Schale glänzten. Es war tatsächlich wunderschön.

Ich beugte mich hinunter, um daran zu riechen.

»Bemüh dich nicht, Agate. Sie duftet nicht, es ist keine sibirische Melone. Probier sie lieber mal.«

Meine Mutter schnitt ein Stück für mich ab, dann löste sie sorgfältig die Kerne heraus. Sie stöberte im Schrank, holte eine Schüssel nach der anderen heraus und stellte sie wieder zurück. Zuletzt schnitt sie die rote Frucht in Scheibchen und gab sie in eine einfache Glasschale.

»Wie Kristall.«

Ich erwartete, die gewohnten Kummerfalten auf ihrer Stirn zu sehen, aber sie waren nicht da.

»Sieht das nicht hübsch aus? Koste doch mal.«

Meine Mutter biß selbst in eine Melonenscheibe. Ein wenig Saft rann ihr über den Arm. Sie sah mich an und lächelte wieder.

»Schmeckt's?«

»Ja, wunderbar.«

»Wie die Melonen in Sibirien. Beinahe.«

Beinahe.

Meine Mutter ist wieder in Rußland. Wenn ich die Augen schließe, kann ich sie sehen.

Sie heißt Valda, sie ist zwölf Jahre alt, genauso alt wie ich. Im ganzen Haus sind die Jalousien heruntergelassen, alle ruhen sich aus. Valdas französische Gouvernante liegt ausgestreckt auf einem schmalen Bett mit zierlich geschwungenen Beinen, die Eltern schlafen in ihrem Himmelbett. Velta, ihre geliebte kleine Schwester, schläft in ihrem Bettchen im Kinderzimmer; die beiden Brüder, Gustavs und Jaša, dösen in ihren Zimmern voller Spielsachen, Bücher und Landkarten.

Nur sie allein ist hellwach. Sie malt sich den Besuch von Varvara aus, ihrer besten Freundin, die später im Sommer kommen wird. Zusammen mit Varvara hat Valda Ballettstunden durchgestanden, Anstandsunterricht, Latein- und Französischstunden, englischen Reitunterricht, obwohl sie beide ohne Sattel reiten können und es oft auch tun. Diesen Sommer wollen sie in den kühlen Morgenstunden weite Strecken reiten. Manchmal werden auch ihre Brüder mitkommen. Sie wollen reiten, so schnell sie können, dann anhalten, um kaltes Wasser aus den kristallklaren Flüssen zu trinken und um Himbeeren und duftende wilde Melonen zu suchen. Valda und Varvara haben diesen Besuch geplant, als sie im Schulhof hin und her schritten und dabei ein Buch auf dem Kopf balancierten. Mittlerweile haben sie eine ausgezeichnete Körperhaltung. Sie senken anmutig den Kopf, wenn sie sich am Morgen hinknien, um für das Wohlergehen des Zaren und seiner Familie zu beten.

Hin und wieder erwähnen Valdas Eltern, wie schön sie es fänden, daß sie ein so wohlerzogenes Mädchen wie Varvara zur Freundin hat, noch dazu die Tochter einer der besten russischen Familien im Gebiet Omsk. Valda ist keine Russin, sondern Lettin. Ihre Eltern sagen, sie lebten in einem fremden Land und sehnten sich danach, nach Lettland zurückzukehren. Doch Valda kennt und liebt nur Rußland. Sie wurde hier geboren und hat nie anderswo leben wollen. Für sie ist es die Heimat.

Valdas Eltern kamen nach Rußland, bevor sie geboren wurde. Ihr Vater ist politischer Flüchtling. Nach einem sozialistischen Aufstand in Lettland ging er nach Sibirien, um dort ein neues Leben zu beginnen. Er hängt fortschrittlichen Ideen an, zu denen gleiche Bildungschancen und das Wahlrecht für Frauen gehören. Lettland mußte er wegen seiner sozialistischen Einstellung verlassen. In Rußland hat er es dann aber dank seiner Intelligenz und seines Fleißes zu Wohlstand gebracht, eine Ironie, mit der er sich nicht ganz abfinden kann. Für Līna aber, Valdas

Mutter, ist der Wohlstand Grund zu Freude und Dankbarkeit. Zu Hause sprechen sie lettisch, nicht russisch oder französisch. Līna vermißt ihre Mutter und die Großmutter, die beide in Lettland geblieben sind. Jeden Sonntagnachmittag schreibt sie lange Briefe und hofft, einmal für einen Besuch zurückzukehren, sobald die Kinder größer sind, sobald man auf dem Gut mit seinen Zuckerrübenfeldern, Sägewerken, Molkereien und ausgedehnten Wäldern ohne ihre strenge Aufsicht und tüchtige Mitarbeit zurechtkommt.

Die Hitze macht Valda ruhelos. An den heißen Nachmittagen, wenn alle schlafen, darf sie nicht Klavier spielen. Sie hat niemanden, mit dem sie sich unterhalten kann. Das tägliche Gedicht hat sie schon in ihr Schulheft eingetragen, und die Zeitung hat der Vater nach oben mitgenommen, um sie der Mutter laut vorzulesen, bevor beide einschlummern. Valda nimmt *Anna Karenina* zur Hand. Sie kennt das Buch bereits, doch sie liest die zärtlichen Worte, die Vronskij für Anna findet, gern noch einmal.

Valda und Varvara schwärmen für Offiziere, ihre untadeligen Manieren, ihr formvollendetes Auftreten, ihre weißen Uniformen. Offiziere scheinen ihnen ein aufregendes, verwegenes, vornehmes Leben zu führen. Valda gibt sich ein wenig den Tagträumen vom Debütantinnenball hin, den ihr Vater bestimmt für sie ausrichten wird. Studenten wie Offiziere werden ihr den Hof machen, aber Offiziere haben bei ihr Vorrang. Sie wird die ganze Nacht hindurch Walzer tanzen, mit einem weißgewandeten Offizier nach dem anderen, doch verliebt ist sie nur in einen, eine Mischung aus Vronskij und dem jüngeren Bruder ihres Vaters, Žanis. Ihr weißes Kleid wirbelt, der Duft von Gardenien erfüllt die Luft, die Musik ist leidenschaftlich, wenn auch ein bißchen traurig.

Ihre Träumerei wird unterbrochen durch Hufschläge auf der langen weißen Straße, die sich zum Haus hin windet. Die Staubwolke wird größer und größer. Ein einzelner Reiter sprengt in wildem Galopp heran, schont weder sich noch sein Pferd. Sie schiebt die Spitzengardinen auseinander und drückt die Stirn gegen die Scheibe. Solche Hast ist ungewöhnlich auf dieser Straße, die manchmal tagelang leer bleibt und nur selten in ihrer Ruhe gestört wird, höchstens einmal, wenn ein ferner Nachbar in seiner schmucken vierrädrigen Kutsche auf Verwandtenbesuch geht oder ein Bauer mit seinem Karren zur Mühle fährt. Mag sein, daß beim nächsten Nachbarn, der mehr als eine Stunde weit weg wohnt, Feuer oder eine Krankheit ausgebrochen ist, und jemand kommt nun geritten, um ihren Vater um Hilfe zu bitten. Er ist ein großzügiger Mann und in der Gegend hoch angesehen.

Der Reiter stürmt in den Hof; er zügelt das Pferd so abrupt, daß es sich aufbäumt und ihn beinahe abwirft. Staub wirbelt zwischen den aufgeschreckten Tauben. Die Pfauen werden aus dem Schatten ins Sonnenlicht gescheucht. Empört ergreifen sie die Flucht.

Sie erkennt zuerst seine Uniform. Es ist Žanis, ihr einziger Onkel, der jüngere Bruder ihres Vaters, Offizier in der Palastgarde des Zaren. Er sieht den Zaren täglich, hat der geliebten Anastasia einen verlorenen Ball wiedergebracht und mit Nicholas, dem an der Bluterkrankheit leidenden Sohn, gespielt. Valda kann sich vorstellen, daß Žanis am Hof sehr beliebt sein muß. Er sieht gut aus, ist hochgewachsen und temperamentvoll und gibt jedem in seiner Gesellschaft das Gefühl, wichtig zu sein. Er hat immer Zeit für Valda, unbeschränkt viel Zeit, wie es scheint. Er befragt sie ernsthaft nach ihrem Kleidergeschmack, ihren Zukunftsplänen, den Gewohnheiten ihres Pferdes Žubite (»Kleiner Fink«).

Valda eilt die Treppe hinunter in den Hof. Sie erwartet, daß er sich ein wenig steif vor ihr verbeugt, bevor er sie auf die Wange küßt und sie ihre Arme um ihn schlingt.

»Feuer!« schreit er dem Bauern Fjodor zu, der sein Pferd hält. »Schnell, mach ein großes Feuer für mich. Beeil dich!«

Zanis blickt durch sie hindurch, als ob sie Teil des Hauses und der Bäume wäre. Eine frische, dünne Narbe zieht sich von seinem linken Auge zum Mundwinkel hinunter. Seine Lider sind geschwollen, er hat sich nicht rasiert. Seine wunderschöne weiße Uniform ist schmutzig, die Knöpfe sind abgerissen, sie kann die glatte olivbraune Haut seiner Brust sehen. Die Nacktheit unter seiner Uniform schockiert sie mehr als alles andere.

»Onkel Žani.« Sie berührt seinen Ärmel.

Er erkennt sie. Er verbeugt sich steif, dann liegt sie in seinen Armen, sie halten einander ganz fest. Mitten in ihrer momentanen Erleichterung weiß sie, daß alles ganz anders geworden ist. Sie riecht Schweiß und Staub statt des vertrauten, nach Zitrone duftenden englischen Toilettenwassers, das er so mag.

Er blickt zu den Fenstern, an denen zumeist die Gardinen zugezogen sind, um die Sonne nicht einzulassen. Es ist sehr still.

»Du bist wohl die einzige, die wach ist.« Er streichelt ihr die Wange.

»Ja, sie schlafen alle.«

»Der Zar ist gestürzt worden«, sagt er.

Erschreckende Worte, doch für sie sind sie ohne Bedeutung.

Er bemerkt es und erklärt: »Der Zar ist gefangengenommen, mit seiner ganzen Familie. Niemand kann sie jetzt noch retten, es ist zu spät.« Er berührt gedankenverloren seine Narbe.

Fjodor kommt aus dem Räucherhaus gelaufen. Er fällt vor Žanis auf die Knie und versucht, seine Hand zu küssen.

»Ich habe Feuer gemacht, Eure Exzellenz«, sagt er.

Žanis lacht und zieht ihn hoch. Er will Fjodor die Hand schütteln, doch der Bauer weicht verstört einen Schritt zurück.

»In der großen russischen Sowjetrepublik wird es keine Herren und keine Diener mehr geben, keine Exzellenzen, kein Händeküssen. Mit all dem ist es jetzt vorbei.«

Žanis nimmt Valda bei der Hand und rennt mit ihr zum Räucherhaus. Das Pferd trottet hinter ihnen her.

»Jemand muß das alles bezeugen können«, sagt er. »Das ist Geschichte.«

Doch Valda sieht nur die Narbe auf seiner Wange, den Schmutz auf seiner Uniform, seine nackte Brust unter dem weißen Wollstoff.

»Es ist nichts, mein Schatz. Ich bin noch am Leben, im Gegensatz zu den anderen. Der Zar ist vielleicht auch schon tot.«

Er winkt Fjodor heran. »Ich brauche ein paar Kleider von dir, einen Kittel und Hosen.«

Fjodor weicht weiter zurück.

Žanis blickt rasch über die Schultern, dann wieder zu Fjodor.

»Doch, doch, ich brauche sie. Da, nimm das.« Žanis drückt Fjodor seine goldene Uhr in die Hand.

Fjodor starrt ihn an, beginnt dann langsam, seinen weiten Kittel auszuziehen.

»Mach das hinter dem Ofen«, befiehlt Žanis.

Er öffnet seine Satteltasche, schiebt einen schwarzen Revolver zur Seite und zieht eine Handvoll Dokumente hervor. »Das soll dir immer in Erinnerung bleiben«, sagt er zu Valda.

Er verbrennt seine Geburtsurkunde, sein Universitätsdiplom, sein Offizierspatent, Belobigungen für dem Zaren geleistete persönliche Dienste, Ordensbänder, Auszeichnungen, Taschentücher mit Monogramm, eine Garnitur Bürsten aus Elfenbein.

Er geht hinter die Trennwand, wo Fjodor in seiner Unterwäsche steht und die Uhr ans Ohr drückt. Žanis schlüpft in die grauen Hosen aus grobem Tuch und in das lose Hemd, bindet den Hanfgürtel straff und zieht dann den Schirm der Kutschermütze tief ins Gesicht. Er rafft seine weiße Uniform zu einem Bündel, wirft es ins Feuer, schlägt die Ofentür zu. Sie klinkt nicht richtig ein; er schlägt sie nochmals zu, diesmal heftiger. Er versucht, Fjodors Stiefel anzuziehen, doch die sind viel zu klein, also greift er nach seinen eigenen.

»Bequeme Schuhe werde ich haben, das ist doch immerhin etwas. Gute Marschstiefel.« Er sieht sehr verändert aus.

»Wohin gehst du? Wohin?«

»In die Wälder. In Mütterchen Rußlands wunderschöne weite Wälder.«

Sie hat noch viele Fragen, doch er ist in Eile.

»Wann kommst du zurück?«

»Ach, Schatz, ich weiß es nicht. Vielleicht nie mehr.«

Er bemerkt ihre Tränen, faßt ihr Kinn mit der einen Hand und streicht ihr mit der andern sanft über die Wangen.

»Ich versuche zurückzukommen, aber sag den anderen, sie sollen nicht auf mich warten. Sag ihnen, sie sollen sich selbst in Sicherheit bringen, das ist das Allerwichtigste.«

»Žani.«

»Mir wird nichts geschehen. Es ist schön in den Wäldern. Dunkel, aber überall gibt es Pilze und Beeren, man könnte für immer dort bleiben und nie wieder herauskommen.«

»Sag es wenigstens Vater«, fleht sie.

»Nein, die Zeit reicht nicht, sie sind hinter mir her.« Seine Hand greift unwillkürlich nach dem Revolver in der Satteltasche. Doch dann lacht er. »Glaubst du, die Familie würde mich überhaupt erkennen?«

Mittlerweile weint sie fassungslos.

»Ach, weine doch nicht«, sagt er. »Ich habe nicht vor zu sterben. Abenteuer, Liebe, hübsche Bauernmädchen, all das werde ich haben. Und du bekommst kleine Cousins und Cousinen, die im Wald spielen. Weine nicht.«

Er küßt sie und schwingt sich aufs Pferd. Valda blickt ihm nach, bis er im dunklen Wald hinter dem Haus verschwindet.

So also, stellte ich mir vor, hat meine Mutter ihr geliebtes Rußland verloren, doch ganz genau wußte ich es nie. Ich erfuhr aber, daß ihre Freundin Varvara verhaftet und später erschossen wurde. Nachdem Valdas Familie alle Goldmünzen, die in ihren dicken Zöpfen versteckt gewesen waren, ausgegeben hatte, sammelte sie Salz, um es gegen Nahrungsmittel einzutauschen. In ständiger Angst um ihr Leben, marschierten sie den ganzen langen Weg durch Rußland bis nach Lettland. Ihr Vater starb im Jahr der Rückkehr, und so wurde nichts aus dem Universitätsstudium, das er ihr versprochen hatte. »Ich sorge dafür, daß du die gleiche Ausbildung erhältst wie deine Brüder, ich liebe dich genauso wie sie«, hatte er ihr immer wieder versichert. »Überhaupt sollten Frauen in gleicher Weise ausgebildet werden wie Männer.«

Sie besuchte nur ein Lehrerinnenseminar und unterrichtete dann an einer Dorfschule. Sie schickte ihrer Mutter Geld, die es an die Söhne weitersandte, damit die an der Universität studieren konnten. Sie unternahm strapaziöse Reisen nach Riga, um für ihre jüngere Schwester Velta Sauerstoffflaschen zu besorgen. Die Schwester starb an Tuberkulose, im gleichen Jahr, in dem der ältere Bruder sein Theologiestudium abschloß. Ihren Onkel Žanis sah Valda nie wieder. Dann wurde Lettland besetzt, 1940 von den Russen, 1941 von den Deutschen und 1944 erneut von den Russen. Das Aufzählen dieser Verluste ist unerträglich; ich bin froh, daß sie nicht darüber spricht.

Wir haben die Wassermelone aufgegessen.

Meine Mutter sagt: »Ich bin ein bißchen müde. Ich lege mich für eine kurze halbe Stunde hin, bevor ich zur Arbeit muß.«

Sie bückt sich und zieht die Schuhe aus. Ihre Füße sind leicht geschwollen, doch nicht so schlimm wie im Sommer. Am linken Rist hat sie eine große Narbe, die aussieht wie ein Leberfleck von der Größe eines Vierteldollarstücks. Im Sommer vor der Revolution hatte sie sich den Fuß an einem scharfkantigen Stein in einem der eiskalten Flüsse verletzt, in denen sie mit ihren Brüdern schwamm. Etwas Sand blieb in der Wunde, als neue Haut darüber wuchs. Mein Vater und ihr jüngerer Bruder, Onkel Jaša, der Chirurg war, drängten sie in Lettland immer wieder, den Sand entfernen zu lassen, aber sie tat es nie. »Es ist Erde von Mütterchen Rußland«, sagte sie immer. Heute spricht niemand mehr von der Narbe.

Meine Mutter steigt in das schmale Bett, schüttelt die Kissen hinter sich auf und greift nach einem Buch. Sie wird nicht darin lesen, sie hält es nur in den Händen und wartet darauf, wieder allein zu sein. Ich wünschte mir, sie könnte mich trösten, mir bei den Hausaufgaben helfen, mir raten, wie ich mich mit anderen Kindern anfreunden kann. Ich wünschte mir, sie könnte mir etwas zum Anziehen kaufen, in dem ich mir weniger komisch vorkäme. Mir fehlen die Vertriebenenlager in Deutschland, wo ich wenigstens unter meinesgleichen war, nicht unter Fremden, von denen ich mich immer unterscheiden würde, so wie jetzt in Amerika.

Das Geräusch des Schneeregens, der an die Fenster klatscht, ist auf unbestimmte Art tröstlich. Während ich langsam in den Schlaf sinke, denke ich an meinen Sohn Boris, oder Borisītis, wie ich ihn nannte, als er klein war. An einem Valentinstag, er war ungefähr sieben Jahre alt, gingen wir durch die State Street in Madison.

»Wir haben es doch schön, Mami, haben wir es nicht schön? Sag doch, daß wir es schön haben«, bettelte er.

»Ja, ja, natürlich«, antwortete ich mechanisch wie einst meine Mutter.

»Lach doch mal.« Er zupfte zaghaft an meinem Mantel, die Augen auf mein Gesicht gerichtet.

Aber ich war zu sehr in meinen eigenen Kummer verstrickt, um ihm das ungekünstelte glückliche Lächeln zu schenken, das er gebraucht hätte. Statt dessen verzog ich das Gesicht zu einem halbherzigen Versuch. Mein kleiner Junge durchschaute die Verstellung, ließ meinen Mantel los und ging schweigend und mit niedergeschlagenen Augen weiter. Ich habe diese Szene nie vergessen können. Mehr als alles andere wünsche ich mir, sie noch einmal erleben zu können, diese Szene und all die Jahre, in denen er aufgewachsen ist. Wäre ich doch eine fröhlichere Mutter gewesen, hätte ich ihm doch nur nicht meine eigene Traurigkeit aufgebürdet. Es dauert lange, bis ich einschlafen kann.

Der hungernde Junge

ICH SCHLAFE ALLEIN und träume: Ich eile über ein Feld, weil ich sonst zu spät zur Arbeit komme. Da sehe ich John vor mir. Er beugt sich zärtlich über eine meiner Freundinnen. Sie planen einen gemeinsamen Ausflug, verabreden, wo sie sich treffen, was sie mitnehmen wollen. Als sie mich kommen sehen, verstummen sie. Ich bin eifersüchtig und fühle mich ausgeschlossen, aber ich schäme mich, es zu sagen. Ich möchte mich an ihn klammern, mit ihr sprechen. Sie sind beide ganz sachlich und nur etwas schroff zu mir. Ich müßte eigentlich wissen, daß es sich hier nicht um ein romantisches Rendezvous handelt, sondern um eine rein berufliche Begegnung.

Plötzlich fällt mir mit Schrecken ein, daß ich einen hungernden siebenjährigen Jungen allein in einem Zimmer zurückgelassen habe. Ich habe ihm versprochen, gleich wieder zurück zu sein, habe ihm gesagt, er solle warten, habe die Tür abgeschlossen, aber ich habe ihn völlig vergessen. Der Junge hat Glieder wie Stecken, sein Bauch ist aufgebläht, er hält eine leere Schüssel in den schmalen, fast durchsichtig scheinenden Händen, aus seinem Gesicht spricht Hoffnungslosigkeit. Es sieht so aus, als ob er weine, aber das läßt sich wegen der Fliegen, die ihm um Augen und Mund schwirren, schwer feststellen. Vielleicht ist sein Gesicht von den Absonderungen einer Entzündung so feucht, nicht von Tränen. Das Zimmer ist stickig, die Fenster sind zu hoch, als daß er sie öffnen oder hinaussehen könnte. Er hat sehr lange auf mich gewartet.

Von Schuldgefühlen überwältigt, renne ich auf das riesige Gebäude zu. Ich muß ihn erreichen, bevor er erstickt.

John holt mich ein und begreift sofort.

»Ich geh' hin«, sagt er. »Ich mach' eine kleine Tour mit ihm. Ich nehm' ihn im Auto mit, wir könnten zusammen meine Familie besuchen.« Er ist freundlich und hilfsbereit.

Aber ich weiß, daß nur ich für diesen Jungen verantwortlich bin.

»Nein«, sage ich, »*ich* muß ihn retten.« In panischer Angst, er könnte tot sein, renne ich weiter, atemlos und stolpernd. Der Junge ist sehr weit weg.

Der Traum verfolgt mich tagelang, verfärbt alles, was ich tue, läßt es grau und hoffnungslos erscheinen. Ich schäme mich, vor allem über meine Eifersucht. Würde ich aussprechen, daß John mich wegen einer anderen verlassen könnte, dann würde er es tun. Wenn ich nicht einmal mehr meinen Freundinnen traue, wem dann? Der Junge bleibt im Zimmer eingeschlossen.

Um mich zu trösten, nehme ich bei Kerzenlicht ein ausgiebiges warmes Bad. Im Halbdunkel sieht mein Körper im beschlagenen Spiegel glatt und fest aus, beinahe anmutig. Der Maiglöckchenduft der Bademilch, die mir eine meiner Freundinnen geschenkt hat, erfüllt die Luft. Ich trockne mich behutsam ab, fühle mich beinahe besser.

Doch als ich die Kerze lösche und das Licht einschalte, ist es grell wie ein Scheinwerfer über Stacheldraht auf einem gefrorenen Feld. Ich betrachte mich wieder. Warum träume ich von hungernden Kindern, wenn mein Körper so wohlgenährt ist? Er widersetzt sich meinen Versuchen, schlanker zu werden. Wie sehr ich mich auch anstrenge, er verlangt gegen meinen Willen nach Nahrung. Meine Arme und Beine sind schlank und lang, aber unterhalb meiner Taille sitzt ein kleiner Fettwulst. Mein Bauch, der im Kerzenlicht wie ein runder Mond im Wasser geschimmert hat, ist jetzt viel zu dick, der Nabel nicht mehr ein geheimnisvolles Auge über dem Schaum.

Ich ziehe kurz und heftig den Atem ein und halte ihn an. Energisch trommle ich mit den Fäusten auf mich ein, ein dutzendmal. Es hilft nichts. Ich streife mein Nachthemd über, erleichtert, daß die winzigen Flanellrosen meinen Körper verbergen, den ich für monströs halte, dessen Gier mich mit Scham erfüllt. Ich zwinge mich dazu, mir eine Tasse Tee zu machen, sie nach oben zu tragen, im Bett zu lesen, gut zu mir zu sein. Es fällt mir sehr schwer. Am liebsten würde ich alles verschlingen, was es im Haus an Süßem und Sättigendem gibt, dann alles Salzige. Ich möchte über das Brot herfallen, mir mit beiden Händen Nahrung in den Mund stopfen, schneller und schneller. Dann könnte ich schlafen gehen, halb krank, übersättigt, beschämt. Ich möchte für immer im Bett bleiben, zusammengerollt unter der Decke, das Licht gelöscht, die Vorhänge zugezogen. Ich möchte im Halbdunkel liegen und mich nie mehr bewegen, nie mehr mit jemandem sprechen müssen. Ich sehne mich nach einer Pille, die mich betäubt, nach einem Schlag auf den Kopf, der alles im Dunkel versinken läßt.

Aus langer Erfahrung weiß ich, daß ich mich am Morgen etwas besser fühlen werde. Ich darf nicht nachgeben. Aber ich fürchte mich. Ich habe mein ganzes Leben lang gegen Depressionen gekämpft, jetzt sind die Attacken noch häufiger und schwerer geworden. Dabei hatte ich erwartet, daß sie verschwinden würden, wenn ich nur erst den Mut fände, mich scheiden zu lassen.

Ich rede mit Ingeborg Casey, der Therapeutin, bei der ich Hilfe wegen meiner Scheidung suche, die, so glaube ich, mein eigentliches Problem ist. In ihrem freundlichen Zimmer habe ich allmählich ein Gefühl von Sicherheit gewonnen. Das späte Nachmittagslicht schwindet von den hellen Möbeln und Wänden, von der dunkelroten Amaryllis auf dem Fenstersims, von Ingeborgs weich fließenden Kleidern. Wir sind hier geborgen, wir sind sicher, der Lärm des Straßenverkehrs ist weit weg.

Ich habe mit ihr über die Schuld gesprochen, die ich empfinde, weil ich meinen Mann verlassen habe, über die Schande des Konkurses, in den seine geschäftlichen Unternehmungen geführt haben, über den Verlust meines Gartens und meines Hauses. Ich habe ihr meine Depressionen eingestanden, sosehr ich mich ihrer auch schäme. Hunderttausende von Frauen haben ähnliches durchgemacht, ohne deswegen zu einer Therapeutin zu laufen. Sie haben keinen Beruf wie ich: Als festangestellte Dozentin kann ich mir eine Therapie leisten. Meine privilegierte Lage erlaubt es mir, mich meinem Selbstmitleid und meiner Verzweiflung hinzugeben.

Jedesmal, wenn mich Ingeborg über meine Kindheit befragt, gebe ich ihr die stereotype Antwort: »Ich wurde in Lettland geboren, ging während des Krieges nach Deutschland und kam mit zwölf Jahren in die Vereinigten Staaten.« Mehr zu erzählen, bringe ich nicht über mich, mehr wollten andere auch nicht hören.

»Ist irgend etwas Außergewöhnliches vorgefallen?« fragt mich Ingeborg. »Sie kommen mir trauriger vor als sonst. Oder bilde ich mir das nur ein?«

»Oh, eigentlich nichts. Nur, daß ich einfach nicht abnehmen kann. Ich versuche es immer wieder, aber es geht nicht. Ich hasse meinen Körper.« Ich mache eine Pause. »Ich *ekle* mich vor ihm.«

Wie leicht es mir doch fällt, Ingeborg so etwas zu sagen. Sie würde mich auch schätzen, wenn sich mein Umfang verdoppelte, wenn ich alt und runzlig würde, alle meine Zähne verlöre.

»Da ist aber noch etwas«, sagt sie.

»Ja. Ich hatte einen furchtbaren Traum.«

Ingeborgs Bereitschaft, alles, was ich sage, ruhig anzuhören, und das sich ringsum ausbreitende Halbdunkel machen mir das Sprechen leicht. Ich erzähle ihr den Traum, den ich wie eine heimliche Wunde verschwiegen habe. John betritt das Zimmer, der hungernde Junge bleibt an der Tür stehen: eine nachträgliche Überlegung, eine Möglichkeit, die Geschichte zu beenden.

»Wie qualvoll«, murmelt Ingeborg, »vor allem dieser hungernde Junge. Ich frage mich, warum Sie von ihm träumen.«

Hat Ingeborg denn nicht begriffen, worum es in dem Traum geht? Wird mich John nächste Woche, nächsten Monat, nächstes Jahr verlassen? Ich möchte von ihr die Zusicherung haben, daß er das nicht tut, auch wenn sie ihn gar nicht kennt.

»Sie haben mir nie genau erzählt, was geschehen ist, als Sie ein Kind waren«, fährt Ingeborg fort. »Wo waren Sie als Siebenjährige?«

Das Zimmer ist sicher, abgeschirmt, geschützt vor dem grellen Schein künstlichen Lichts. Wenn wir gegangen sind, wird hier Mondlicht herrschen.

»Wo waren Sie als Siebenjährige?« wiederholt Ingeborg.

»In Deutschland. In der russischen Zone.« Und weil ich weiß, daß sie es niemandem weitersagen wird, ergänze ich: »Hungernd.«

Die russischen Soldaten fischen mit Handgranaten im See. Sie sind ungeduldig und gereizt. Einige von ihnen sind Mongolen, ihre Augen sind schmal, dunkel, grausam. Als die sterbenden und verstümmelten Fische an die Oberfläche treiben, schöpfen sie nur die größten heraus. Ein kräftiges Feuer prasselt bereits. Sie werden die Fische braten und das süße, warme Fleisch zusammen mit großen Stücken von dunklem Roggenbrot essen. Sie werden trinken, lärmen, singen und tanzen. Der Duft von Fisch und Brot wird den hungrigen Kindern entgegenwehen, die wartend hinter dem Stacheldraht stehen und zuschauen.

Vielleicht werden am Morgen, wenn die Soldaten verschwunden sind, einige der von ihnen verschmähten kleineren Fische in Ufernähe noch einigermaßen frisch im Wasser schwimmen. Es ist früher Herbst, der See ist tief und kalt, die Soldaten können nicht für ewig bleiben. Vielleicht geben sie den Kindern etwas von dem übriggebliebenen Brot und dem Fisch, wenn sie genug gegessen haben. Nur wenige werden etwas bekommen; es ist unmöglich vorherzusagen, wer das sein wird. Vielleicht geraten die Soldaten in Wut über die starrenden, wartenden Kinder und verscheuchen sie mit ihren Gewehren. Die Kinder werden zurückkommen und ein zweites Mal weggejagt werden. Vielleicht. Es bleibt ihnen nichts anderes übrig als zu warten.

Vielleicht werfen die Soldaten die Fischköpfe, die Gräten und sogar ganze Fische, die sie nicht wollen, auf den Boden. Dann stürzen sich die Kinder darauf; nur wenige haben Glück. Die meisten gehen später beschämt nach Hause, weil ihre Eimer leer geblieben sind. Sie schämen sich, wenn sie um die Fische gekämpft und gewonnen haben, aber noch mehr schämen sie sich, wenn sie leer ausgegangen sind. Sie wissen, daß sie es nicht wert sind, ernährt zu werden.

Auch zwei Mädchen stehen an, sieben und acht Jahre alt, vermutlich Schwestern. Ihr Haar ist straff nach hinten gekämmt und zu Zöpfen geflochten. Ihre dunkelblauen Kleider mit den weißen Tupfen sind sehr kurz – es sieht aus, als seien sie herausgewachsen –, hängen aber lose und ausgefranst um Halsansatz und Arme. Ihre Haut ist blaß, Arme und Beine sind dünn wie Stöckchen. Eines der beiden trägt eine große leere Schüssel unter dem Arm, das andere hält einen leeren Eimer. Die ältere Schwester hat dunkles Haar und Augen, die unter anderen Umständen vielleicht lebhaft und verschmitzt blicken würden; die jüngere ist blond, ihre Augen sind sanfter und duldsamer.

Ihre Blicke sind auf die Pfannen mit Fisch und den Korb mit den Brotlaiben gerichtet, doch ihre Gesichter bleiben unbewegt. Sie halten sich vorsichtig bei den Händen, darauf bedacht, jeden Druck auf die Furunkel in ihren Achselhöhlen zu vermeiden. Ihre Beine sind leicht gespreizt, damit sie die Furunkel unter ihren zu kurzen Kleidern und den dünnen Baumwollhöschen nicht quetschen. Der Feuerschein streift über sie hin. Sie sind nicht mehr hungrig, das hat schon vor Wochen aufgehört. Sie werden hier, wenn nötig, die ganze Nacht hindurch warten.

Die Soldaten trinken Wodka, reichen die klaren Glasflaschen von Hand zu Hand, nehmen große Schlucke, schütteln sich und seufzen befriedigt. Im Schein des Feuers sehen ihre schmalen Augen, die hohen Backenknochen und die dunkle Haut noch fremdartiger aus. Einer beginnt auf einer Harmonika zu spielen, die andern bilden einen Kreis. Einer nach dem anderen tanzt, springt, wirft die Beine hoch. Sie tanzen den Kasatschok. Die Arme über der Brust gekreuzt, sitzen sie tief in der Hocke und schlagen kräftig mit den Beinen aus, sie wetteifern, wer am längsten das Gleichgewicht halten kann. Andere klatschen und schreien. Einige taumeln bereits, ihre Stimmen sind rauh, die Zungen lallen. Sie wenden sich von ihren Kameraden ab, zu den Kindern hin, um sich zu erbrechen oder zu urinieren. Die beiden Schwestern warten.

Die Uniformen der Soldaten sind von einem sehr dunklen Grün, das im Schein des Feuers grau, beinahe schwarz wirkt. Einige tragen graue Unterhemden, es ist aber schwer zu sagen, ob das ihre ursprüngliche Farbe ist oder ob sie nur schmutzig sind. Hinter den Soldaten stehen in einem Halbkreis dunkle Lastwagen und Jeeps. In der Ferne sieht man die zerbombten Gebäude des Dorfes. Die Kirche ist zerstört, das Waisenhaus steht zwar noch, doch ein Flügel ist ausgebrannt. Hinter dem Stacheldrahtzaun, zwischen den Kindern und den Soldaten, ragen einige rohe Stümpfe von kürzlich gefällten Tannen aus dem Boden. Der See ist sehr dunkel.

Den einzigen kräftigen Farbfleck in der ganzen Landschaft bildet der letzte Lastwagen. Drei Frauen mit Gitarren und einer Balalaika sitzen davor. Das Innere des Wagens ist ein Sultansparadies von roten und goldenen Kissen und Decken, flackernden Laternen, sich bauschenden Satinvorhängen. Wenn die Soldaten noch mehr getrunken haben, werden sie abwechselnd mit den Frauen in den Wagen hineingehen.

Die Frauen im Dorf tragen zerfranste graue und schwarze Kleider. Sie bedecken den Kopf mit dunklen Wolltüchern, schmieren sich Erde auf die Wangen, um älter auszusehen, senken den Blick, wenn sie Soldaten begegnen, pressen sich gegen Mauern, verstecken sich. Die meisten von ihnen wurden trotzdem vergewaltigt. Die Frauen im Wagen sehen prächtig und aufreizend aus. Sie tragen leuchtend orangefarbene, rote und gelbe Kleider mit wehenden Ärmeln, ihre goldenen Armreifen und Halsketten klimpern, die Ohrgehänge baumeln hin und her. Sie haben glänzendschwarzes Haar, weiche, üppige Körper, ihre Augen funkeln. Sie lachen, wenn die Soldaten sie betrachten.

Die drei Frauen spielen auf ihren Instrumenten und singen leise. Das Warten langweilt sie ein bißchen. Die jüngste dreht an ihrem Armreif, hält ihn gegen das Licht, bewundert ihren glatten runden Arm, zieht dann den Reif ab und winkt damit aufmunternd den beiden ernsten Schwestern zu, die mit den anderen Kindern hinter dem Zaun stehen. Die kleinere der Schwestern will auf sie zugehen, doch die andere hält sie zurück.

»Nicht«, sagt sie, »die foppt dich nur.«

Sie warten weiter.

»Ich verstehe«, sagt Ingeborg, »aber versuchen Sie, noch mehr zu erzählen. Wer sind diese Kinder? Warum sagen Sie *sie*? Sind das Ihre Schwester und Sie? Versuchen Sie, sich Ihre Geschichte zu eigen zu machen, versuchen Sie, *ich* und *wir* zu sagen. Was empfinden Sie dabei?«

»Ich stehle Ihnen die Zeit,« entgegne ich. »Ich müßte in Äthiopien sein und den Hungernden und Kranken helfen. Statt dessen sitze ich hier ganz bequem, verbreite mich über meine kostbaren Empfindungen und frage mich, warum ich so lange verheiratet war, wenn es mir so mies dabei ging.«

»Wahrscheinlich werden Sie das verstehen, wenn Sie Ihre Geschichte niederschreiben. Sie müssen sie schreiben, nicht nur für sich selbst, auch für andere. Das können *Sie* für andere tun. Geschichten können das Herz des Menschen verändern.«

Als die russischen Soldaten eintrafen, zerschlugen sie alle Gläser mit eingemachten Pflaumen, Äpfeln, Stachelbeeren, Tomaten, feinen Erbsen, mit Erdbeer- und Himbeerkonfitüre, Kirschkompott, mit eingelegtem Fleisch, Schweinshaxen, winzigen Würstchen. All das war im riesigen Keller des Hauptgebäudes der Anstalt für Geistesgestörte Lobetal eingelagert und wurde während des Krieges in sorgsam abgemessenen Portionen ausgegeben. Die Soldaten aßen das Sauerkraut aus den großen Fässern und verrichteten ihre Notdurft in den Ecken des Kellers, der einst mit den Vorräten für Hunderte von Menschen gefüllt gewesen war. Verdorbene Lebensmittel, Exkremente, zerbrochenes Glas mußten später mühevoll beseitigt werden.

Und was hatten wir zu essen? Am Anfang gab es Karotten noch und noch, die reihenweise vom Vorjahr her im Boden steckten. Wir aßen sie roh, gekocht, gebraten. Karotten waren gut für die Augen. Als die Heckenrosen verblüht waren, sammelten wir die orangeroten Hagebutten, lösten sorgfältig die Haut von den festgepackten Samen. Wir bekamen davon Juckreiz an Handtellern und Fingern, doch die winzigen Stückchen roten Fruchtfleisches schmeckten herrlich. Wir warteten nicht ab, bis die Früchte im Obstgarten reif waren. Pflaumen und Äpfel wurden noch grün und hart von den Bäumen gerissen, gestohlen, verschlungen, qualvoll verdaut. Wir gingen Pilze suchen, kochten sie in Wasser, verspeisten langsam die gallertartige Masse und wünschten uns, wir hätten Salz dazu gehabt. Wir aßen eine grüne, aus Lindenblättern gekochte Suppe.

Am Anfang waren wir sehr hungrig, hatten aber noch Energie. Wenn uns zu Ohren kam, daß die russischen Soldaten ein Schwein schlachteten, das ein Bauer versteckt gehalten hatte, liefen Frauen und Kinder mit Eimern und Schüsseln meilenweit. Manchmal bekamen einzelne von uns Knochen oder Nieren oder Gedärme oder Schwartenabfälle. Manchmal fuhr quietschend ein Jeep in den Hof, und die Soldaten befahlen den am nächsten stehenden ein oder zwei Frauen mitzukommen und die Kühe zu melken, auf die sie gestoßen waren. Andere Frauen und Kinder folgten ihnen für den Fall, daß man uns erlauben würde, von der Milch zu trinken oder gar etwas davon nach Hause zu tragen. Manchmal erlaubten sie es auch, manchmal aber traten die betrunkenen Soldaten lachend gegen unsere Eimer. Wir mußten zusehen, wie die fette Milch im dunklen Boden versickerte.

»Warum sprechen Sie nicht weiter?« fragt Ingeborg.

»Ich ... Ich schäme mich so. Ich kam mir so völlig nichtig vor bei dem Gedanken, daß ich es nicht einmal wert war, ernährt zu werden. Ich schäme mich auch wegen allem anderen.«

»Sicher brauchte man sehr viel Mut, um zu überleben! Sie müssen ein tapferes kleines Mädchen gewesen sein. Erzählen Sie mir mehr darüber.«

Meine Mutter hat eine Idee. Sie lehrt mich, zwei kurze Kinderverse auf russisch herzusagen.

»Petuschok, petuschok ...«

Sie schiebt mich näher zu den Soldaten, die Hand meiner Schwester wird aus meiner gezogen. Zuerst beachten mich die Soldaten nicht, wie ich so dastehe, getrennt von den Frauen und den anderen Kindern. Meine Beine und Arme zittern, doch ich weine nicht. Ich sage die Verse immer von neuem auf.

Ein Soldat bemerkt mich, beugt sich zu mir herab, legt die Hand ans Ohr. Er ist ein bißchen älter als die anderen. Er lacht erfreut, als er mich versteht, und zeigt auf ein paar andere Soldaten. Als ich zögere, zieht er mich am Arm noch weiter von meiner Schwester und meiner Mutter weg. Ich versuche, mich zu sperren, spüre, wie mir der warme Urin unkontrollierbar die Beine hinunterläuft, mein Gesicht brennt vor Angst und Scham. Immer wieder sage ich die Worte her.

Einige der Soldaten hören auf zu schreien und hören kurz zu, so verblüfft, als sähen sie eine Gans, die mit menschlicher Stimme singt, oder einen aufgezogenen Kreisel, der sich ewig dreht. Sie tätscheln mir den Kopf und werfen ein paar Stücke rohes Fleisch in meine Schüssel. Der ältere Soldat drückt mir eine Tafel Schokolade in die Hand und schiebt mich dann in die Menge der wartenden Frauen zurück.

Ich sehe, wie mir meine Mutter die Arme entgegenstreckt. Ich stelle die Schüssel mehrere Meter vor ihr auf den Boden, drehe mich um und renne zu einem der wenigen noch stehengebliebenen Bäume. Ich verstecke mich dahinter, presse mich, so fest ich kann, gegen den Stamm und wünsche mir, in ihn hineinzuwachsen, hoffe, meiner Mutter täte es leid, wenn es wirklich geschähe. Nichts passiert.

Ich muß zurückgehen und meiner Mutter die Schokolade geben, damit wir sie in unserer Familie aufteilen können. Ich sehe mich den verurteilenden Blicken der übrigen Frauen und Mädchen gegenüber. Meine Schwester hat sich aus der Gruppe gelöst, ist ein paar Schritte vorgetreten. Sie steht allein da, bereit, mich an der Hand zu nehmen.

Doch meistens bleibt meine Schüssel leer, und es ist noch beschämender, zu betteln und nichts zu bekommen.

Einmal findet Beate ein großes Gänseei auf dem Boden. Wurde es von einer verwirrten Wildgans im Stich gelassen, die kein Korn und keine Beeren mehr fand? Oder hielt ein Bauer irgendwo eine Gans versteckt, die ihm nun entwichen ist? Das wundersame Ei liegt im Staub auf der Straße, direkt vor Beate und drei deutschen Kindern, zwei größeren Jungen und einem Mädchen.

Die Kinder rangeln wortlos miteinander. Eines tritt beinahe auf das Ei. Die Jungen versuchen, Beate festzuhalten, doch sie kratzt, tritt und windet sich. Als dann die beiden miteinander zu kämpfen beginnen, stellt sie dem Mädchen, das nach dem Ei greifen will, geschickt ein Bein. Sie rennt, wie sie noch nie zuvor gerannt ist, achtet jedoch darauf, das Ei behutsam in der hohlen Hand zu halten und es ja nicht zu zerdrücken.

Sie trägt es in unser Zimmer, das am Ende eines langen Korridors liegt, weit entfernt von der riesigen Anstaltsküche. Nachdem alle anderen zu Bett gegangen sind, schleicht meine Mutter auf Zehenspitzen in die Küche, um im Dunkeln das Ei zu kochen. Sie hat einen Deckel für den Topf und eine geliehene Wärmflasche bei sich. Sie wird erklären, sie mache nur Wasser heiß, weil eines ihrer Kinder sich nicht wohl fühle.

Sie bringt das gekochte Ei zurück, schält es, schneidet es in fünf Teile, gibt meiner Schwester, mir und meinem Vater die Stücke mit dem Dotter. Sie selbst und Ōmite, unsere Großmutter, essen die Enden. Wir trinken das Wasser, das vielleicht etwas Kalk von der ausgelaugten Eierschale enthält. Wir reden von anderen Eiern, anderen wunderbaren Gerichten, die wir in vergangenen Zeiten gegessen haben. Am nächsten Tag vergräbt meine Mutter die winzigen Schalenstückchen auf dem Friedhof.

Ein paar Wochen später teilen wir uns im Dunkeln drei Kartoffeln. Mein Vater hat auf der Wiese am Waldrand einen Graben für die Leichen ausgehoben. Die russischen Soldaten wollen Kartoffeln kochen, doch zu den Holzscheiten, die sie bereits haben, brauchen sie noch dürre Zweige zum Anfeuern. Die soll mein Vater herbeischaffen. Die letzten Stunden des Tages verbringt er damit, Äste aus dem Wald herbeizuschleppen. Er geht langsam hin und her, hofft, sie würden ihm nicht befehlen, noch weiter weg von zu Hause zu arbeiten.

Als sie endlich genug Holz beisammen haben, zünden sie ein Feuer an, und er muß die mit Erde verkrusteten Kartoffeln waschen. Er bittet darum, ein paar Kartoffeln mitnehmen zu dürfen, aber sie schlagen es ihm ab. Er stiehlt drei Stück, versteckt sie in Hose und Jacke, die ihm um den mageren Körper schlottern. Als er geht, fragt einer der Soldaten: »Hast du dir etwas genommen?«

»Nein«, lügt er.

Er, ein überaus redlicher Mann und Diener Gottes, hat gebettelt, gestohlen und gelogen. Das zerstört ihn.

Er weint, als er meiner Mutter die drei Kartoffeln gibt. Es ist das zweite Mal, daß ich ihn weinen sehe.

Als meine Mutter mit den gekochten Kartoffeln und der auch diesmal zur Rechtfertigung geliehenen Wärmflasche aus der Küche zurück ist, essen wir die Kartoffeln wortlos.

Doch das scheint lange her zu sein. Jetzt sehen die Frauen und Kinder den Soldaten schweigend beim Essen und Trinken zu, gehen dann langsam den weiten Weg zur Anstalt zurück. Unsere Eimer und Schüsseln bleiben fast immer leer, aber wir schämen uns zu sehr, um miteinander zu reden.

Die Blasen an den Füßen brennen; Schultern, Arme und Beine schmerzen, doch wir merken es kaum. Nur die Furunkel pochen heftig und unablässig. Wenn sie platzen, bringt das für einen Augenblick Erleichterung. Der Gestank unseres eigenen Eiters und Blutes stört uns nicht, doch bei anderen riechen wir ihn nicht gern, deshalb halten wir beim Gehen eine Armeslänge Abstand voneinander.

Hinter dem Hauptgebäude der Anstalt steht ein langer niedriger Schuppen. Autos und Lastwagen wurden hier einst eingestellt, auch Pflüge und Karren. Alles, was zur Flucht benützt werden konnte, ist längst verschwunden. Die Hacken und Rechen sind noch da, stehen nutzlos an der Wand. Die Spaten werden jede Woche gebraucht, um die Toten zu begraben.

Im Schuppen hat man Böcke aufgestellt und Sperrholzplatten darüber gelegt. Die Toten werden hierhergebracht, bleiben bis zu den Begräbnissen am Mittwochnachmittag und Sonntagmorgen liegen. Über Gesicht und Brust der Leichen hat man Sackleinen und Segeltuch gebreitet; die schweren blauen Hände und die nackten knotigen Füße bleiben unbedeckt. Schuhe, Hemd und Hose werden ihnen ausgezogen, damit jemand anders sie tragen kann.

Obwohl man uns streng verboten hat, den Schuppen zu betreten, verbringen meine Schwester und ich viel Zeit darin. Hinter einer Trennwand schaffen wir uns unsere eigene Welt. Föhrenzapfen, Stecken, Steine, Knöpfe, Scherben aus Glas und Porzellan sind in Reihen und Kreisen, als winzige Umfriedungen und Zäune ausgelegt. Wir stellen uns vor, auf einem stattlichen Bauernhof zu leben, Kühe zu melken, Tauben zu füttern, Hochzeiten zu feiern. Wir denken uns detaillierte Dialoge mit unseren lettischen Onkeln, Tanten, Cousins, Cousinen und Freunden aus – und mit unseren zukünftigen Ehemännern. Beate glaubt, sie gehe einmal nach Amerika und heirate »Mr. Limberton«. Wir legen eine Einfriedung aus Eicheln um sein Landhaus.

Wenn die ausgeklügelten Muster fertig sind, fallen wir mit Stecken und Rechen über sie her, zerstören die ordentlichen Reihen, wirbeln Staub und Erde darüber, stampfen mit beiden Füßen darauf herum, vernichten alles.

»So«, seufzen wir befriedigt.

Aber dann überkommt uns wieder die Erschöpfung. Wir sitzen ganz still und starren vor uns hin. Später gehen wir auf Zehenspitzen durch die Reihen der Leichen, sammeln und sortieren die Knöpfe, Kieselsteine und Glassplitter für unser nächstes Bauvorhaben. Wir sprechen leise, reiben die staubigen Scherben an unseren Röcken blank.

Wir kennen die meisten der Toten; viele von ihnen waren Anstaltsinsassen, mit denen wir uns unterhalten haben, bevor die Russen kamen, bevor es so still wurde. Herr Schmidt schenkte Beate einmal ein Bild mit Sonnenblumen, als er hörte, sie habe geweint, weil sie zurück nach Lettland wollte. Wir berühren seine knochigen Hände, decken sein Gesicht auf und betrachten ihn.

An einem anderen Tag entdecken wir Hans unter den Leichen. Er war immer zielbewußt über den Hof geschritten, dann plötzlich stehengeblieben; wie gelähmt und in panischer Angst.

»Man muß ihm sagen, mit welchem Fuß er den nächsten Schritt machen soll«, erklärte uns Frau Braun, die Frau des Anstaltsdirektors.

Wir rannten vom Seilspringen oder vom Versteckspielen weg und zogen an einem seiner Hosenbeine.

»Diesen hier, nimm diesen!«

Das brachte ihn wieder in Gang. Er schritt weiter, ein helles, stolzes Lächeln auf dem Gesicht. Seine Füße sehen jetzt beide gleich aus. Unvorstellbar, daß sie es ihm so schwergemacht haben, sich für einen von ihnen zu entscheiden.

Eines Tages wird Frau Brauns Baby hereingebracht, in seinem kleinen weißen Körbchen und mit einem Stück Gardinengaze zugedeckt. Ich hebe das weiße Tuch und starre das kleine, ausgezehrte, bläuliche Gesicht an, spreize die winzigen Fingerchen, bewege seine Füße hin und her. Als wir Frau Braun kommen hören, lasse ich das Tuch rasch wieder über die Wiege fallen und verstecke mich hinter der Trennwand. Wir hören, wie sie schluchzt, das Baby aufnimmt, ihm etwas vorsummt. Sie schlurft hinaus, als sie jemanden vorbeigehen hört.

Sobald sie fort ist, betaste ich erneut die winzigen Glieder des Babys, lege sie immer wieder anders hin. Wir wissen, daß es an Ruhr, Typhus oder Hunger gestorben ist wie alle anderen. Wir denken nicht daran, daß wir selbst an einer Krankheit sterben könnten. Als mich das Spielen mit ihm zu langweilen beginnt, decken wir die Wiege wieder zu und blicken uns vorsichtig nach Erwachsenen um, bevor wir den Schuppen verlassen. Niemand soll uns daran hindern, wieder hierherzukommen.

Unter meinem Bett steht eine alte Holzschachtel, in der meine Puppe liegt. Die Puppe, mein einziges Spielzeug aus Lettland, ist eine pausbäckige hübsche Vierjährige mit einem Porzellangesicht, lebensechten Gliedern aus Gummi und einem robusten Rumpf aus Stoff. Ihr rechter Arm ist abgerissen, ihr blondes Haar schmutzig und verfilzt. Meine Mutter fand sie in einem Graben. Die Soldaten hatten einige unserer Sachen hineingeworfen und waren darauf herumgetrampelt. Sie dachte, ich würde mich freuen, und gab mir die Puppe.

Ich kann den Anblick der Puppe nicht ertragen, ich hasse sie. Es macht mich wütend, wenn meine Mutter fragt: »Hast du heute mit Lienīte gespielt? Hast du ihr zu essen gegeben? Hast du sie in den Schlaf gewiegt?« Ich habe nichts, womit ich sie füttern könnte. Vielleicht könnte ich einen Ersatz für das winzige Teeservice suchen, das in Lettland geblieben ist, aber ich lasse es bleiben. Ich fühle mich schuldig, weil die Puppe Hunger hat und sich fürchtet, doch zur Strafe lasse ich sie weiterhin in der staubigen Dunkelheit unter dem Bett. Ich bin froh, daß sie endlich bekommt, was sie verdient. Ich ziehe die Spiele im Schuppen vor.

An den Sonntagnachmittagen begleiten meine Schwester und ich unsere Mutter auf den überfüllten Friedhof. Drei lange Gräben wurden in der Wiese hinter dem Kirchhof ausgehoben; sie ziehen sich bis zum Waldrand hin. Die Leichen werden auf Pritschen hinausgetragen, die Planen und Säcke entfernt und für das nächste Mal zusammengefaltet. Die erbärmlichen knochigen Körper in schmutziger Unterwäsche und mit über der Brust gekreuzten Armen werden direkt in den schlammigen Graben gelegt. Manchmal sind ihre Augen und Münder offen. Ich sehe gern zu, wie die Erdschollen auf ihre Gesichter fallen, die Brust bedecken, sie verbergen, etwas vollenden. Die alten Männer beerdigen ihre Altersgenossen, klopfen den Lehm über ihnen glatt.

Zwei der Gräben sind ganz, der dritte ist zur Hälfte gefüllt. Meine Mutter legt einen Strauß violetter Wildastern über die zuletzt Begrabenen, neigt den Kopf und schließt die Augen. Ihre Lippen bewegen sich. Entweder betet sie, oder sie spricht mit sich selbst. Meine Schwester und ich lehnen uns an den Steinhaufen am Ende des Grabens. Ein rohes Holzkreuz ragt aus ihm hervor.

Wir warten geduldig, bis sie sich wieder uns zuwendet.

»Bald werden auch wir hier begraben sein«, seufzt sie. »Es bleibt uns nichts anderes übrig als zu warten.«

Sie hebt ihren mageren Arm und mustert ihn, fährt über die weißen Streifen an den Stellen, wo sie ihren Ehering und die Uhr getragen hat, bevor die Soldaten sie ihr gewaltsam abnahmen.

»Es wird eine Erlösung sein. Keine Angst, Kinder, wir werden uns einfach hinlegen und bei den anderen ruhen. Ganz friedlich.«

Die von Gräben zerfurchte Wiese ist alles andere als friedlich. Sie sieht wild und unfertig aus: Wahrscheinlich bewegen sich die Leichen während der Nacht unter der Erde. Wir starren unsere Mutter an.

»Ich hoffe, wir sterben, solange noch jemand am Leben ist und uns begraben kann«, flüstert sie.

Ich strecke mich der Länge nach aus, verschränke die Hände auf der Brust, den Kopf auf dem Steinhaufen, das Gesicht von meiner Mutter abgewandt. Als sie weiterredet, fasse ich meine

Ellbogen, ziehe sie hoch über den Kopf und halte mir so die Ohren zu. Ich schließe die Augen und liege ganz still.

Beate hat einen Stock aufgelesen und zeichnet gemächlich Felder mit Kreuzen und Kreisen darin in die Erde des jüngsten Grabes, dann verwischt sie alles wieder.

»Ich ertrage es nicht, euch so mager zu sehen, meine Kleinen. Ich kann es nicht mit ansehen, wie meine Kinder hungern.« Meine Mutter streckt die Hand aus, um mir über den Kopf zu streichen, doch in diesem Moment verändere ich meine Lage. Ich kann es nicht ausstehen, wenn meine Mutter so redet; es erinnert mich an eines der Male, als wir beinahe erschossen wurden. Ich warte darauf, daß sie aufhört; dann können wir in unser Zimmer zurückgehen, uns auf den Feldbetten ausstrecken, an die Decke starren und auf die Dunkelheit warten.

Erstaunlich, was die sich ausbreitende Dämmerung bewirken kann. Das letzte Mal, als ich von meiner Mutter sprach, erzählte mir Ingeborg aus ihrer Kindheit: wie ihre Mutter – einsam, unglücklich in ihrer Ehe und durch den Zweiten Weltkrieg von ihrem Heimatland, der Schweiz, abgeschnitten – anfing, sich seltsam zu benehmen. Sie wurde immer wieder für kurze Zeit in eine Anstalt eingewiesen. Als kleines Mädchen lag Ingeborg oft zitternd im Bett, in panischer Angst, man würde die Mutter wieder wegbringen. Schließlich verschwand die Mutter für immer in einer Anstalt.

Ingeborg macht mir zwei Geschenke – einen Satz und eine Geschichte: »Kein Wunder, daß Ihr Körper nach Nahrung schreit; er hat entsetzliche Angst, verhungern zu müssen«, sagt sie. Dann erzählt sie die Geschichte.

»Als ich ein kleines Mädchen war, sprachen wir oft über die hungernden Kinder in Europa. Ich nahm Süßigkeiten, Spielzeug, gespitzte Bleistifte mit zur Schule, irgend etwas, das klein und einfach zu verschicken war. Meine Mutter redete zwar verrücktes Zeug, aber sie konnte sich die nützlichsten Sachen ausdenken, wenn ich sie darum bat. Wir packten alles in einen Karton, und das Rote Kreuz verschickte ihn. Jede Klasse hatte ihren eigenen Karton. Nie hätte ich mir vorgestellt, daß ich einmal einem der hungernden Kinder begegnen würde. Sie sind eines dieser hungernden Kinder.«

Ich sehe die zwei kleinen Mädchen, die sich auf der mit Trümmern übersäten Wiese beim See entgegengehen. Sie sind beide blond, beide ungefähr sieben; ihre Gesichter sind voller Hoffnung, aber um sie her herrscht Dunkelheit und Zerstörung. Ein verlassener Zirkuswagen mit abblätternder Farbe steht im Hintergrund, darin ist eine hoffnungslose, düstere Frau hinter Gittern eingesperrt. Das kleine Mädchen, das aus ihrer Richtung kommt, hält dem anderen Mädchen, das viel dünner ist, eine mit Brot und Obst gefüllte Schale hin. Es ist ein Bild reiner Menschenliebe.

Als ich mir die Szene vorstelle, wird mir bewußt, daß mir Ingeborg als drittes Geschenk Tränen gegeben hat. Tränen haben sich in Ingeborgs großen blaugrauen Augen gesammelt, sie laufen über ihr schönes Gesicht. Sie weint meinetwegen, was noch nie jemand getan hat. Nach beinahe fünfzig Jahren bin ich endlich imstande zu fühlen. Meine eigenen Tränen fließen, und mehr Worte steigen in mir auf.

TEIL II

Trennung von Lettland

Am Tag, bevor wir unser Haus verlassen mußten, schien die Sonne, der Himmel über den Birken und Ahornbäumen war blau und ungetrübt. Einige Blätter färbten sich schon gelb und rot, aber immer noch summten Bienen um die Beete mit den violetten und weißen Astern und den blaßgelben Chrysanthemen, die meine Mutter so liebte. Mein Vater vergrub eine mit Tafelsilber, Kelchen und dem Samowar gefüllte Kiste und schärfte meiner Schwester und mir ein, uns ja die Stelle zu merken. Wir räumten unsere Puppen und Spielsachen in einen Schrank, den man auf den Dachboden getragen hatte, und meine Mutter und ihre Freundin Elvīra brachten dort oben auch Kleidung und Wäsche unter.

Meine Schwester und ich erhielten die Erlaubnis, zu »Burtnieki«, dem Nachbarhaus, zu gehen, um Lebewohl zu sagen. Hand in Hand liefen wir am Floß auf dem Teich voller Seerosen vorbei, an dem wir nicht allein spielen durften und es dennoch manchmal taten, vorbei an der mit duftendem Heu gefüllten Scheune, in der wir im vergangenen Sommer geschlafen hatten, und über die Wiese, auf der Zīlīte (»Kleine Eichel«) graste. Um die alte weiße Stute, die wir ohne Sattel ritten, würde sich während unserer Abwesenheit ein Mann aus Vaters Pfarrei kümmern. Wir freuten uns beide darauf, den Nachmittag im Nachbarhaus zu verbringen, einem magischen Ort, wo wir immer länger aufbleiben durften als zu Hause, wo im Sommer offene Schalen voll gekochter und mit Zucker gesüßter Giftpilze auf den Fenstersimsen standen und Hunderte von Fliegen ins Verderben lockten und wo im Winter Asparagus in Töpfen blühte. Hinter dem Haus wuchsen wilde Erdbeeren in Hülle und Fülle. Der Webstuhl, an dem mich Frau Anderson manchmal unter ihrer strengen Aufsicht arbeiten ließ, stand im niedrigen kühlen Flur.

Als es dunkel wurde, gingen Beate und ich nach Hause, an dem Hügel vorbei, auf dem zum Mittsommerfest in der Johannisnacht ein riesiges Freudenfeuer gebrannt hatte. Auf Vaters Schultern reitend, hatte ich Dutzende von Feuern auf anderen Hügeln gesehen und dem Gesang gelauscht, der sich von einem Hügel zum nächsten fortpflanzte. Die große Rasenfläche vor dem Pfarrhaus war von Gräben durchzogen, und wir wußten, daß wir uns darin verstecken mußten, wenn das Schießen losging. Bisher hatten wir in den Nächten, in denen Flugzeuge über uns dröhnten, im Keller geschlafen, und alle Fenster wurden mit schweren schwarzen Tüchern verdunkelt, bevor wir die Lampen anzündeten.

Die Ostfront rückte näher und näher. Wenn wir unser Haus nicht bald verließen, würden wir im Kreuzfeuer zwischen Nazis und Sowjets getötet oder verstümmelt werden. Oder verhaftet, in Viehwaggons gesperrt und in Arbeitslager nach Sibirien deportiert, so wie es, ohne daß ich mich daran erinnern konnte, bereits schon einmal fast geschehen wäre, 1941, im Jahr des Schreckens.

Doch all das kam mir noch unwirklich vor. In viel größeren Schrecken versetzte mich die neue Hausgehilfin, Frau Detlava, die auf meine Schwester und mich aufpassen mußte, wenn meine Eltern nicht zu Hause waren. Sie packte uns, steckte uns ins Bett und erteilte ihre Befehle.

»Wenn ich das Licht ausgemacht habe, seid ihr mucksmäuschenstill, Mädchen, stiller als ein Grab!«

Sie kniff mich in die Unterlippe und zog sie schmerzhaft zu sich hin.

»Hör' ich auch nur den kleinsten Mucks von euch, spucke ich

da rein.« Sie zeigte in meinen Mund und räusperte sich vielsagend.

»Und merkt euch, im Spucken nehm' ich's mit jedem auf.«

Schockiert und zugleich fasziniert von ihren bösen Absichten, kicherten wir.

»Mir läuft schon das Wasser im Mund zusammen, Mädchen, und ich tu's, wenn's sein muß«, drohte sie. »Auch du bist gemeint, Beate, du bist der Wildfang. Du denkst dir ständig neue Streiche aus und machst sie deiner kleinen Schwester vor.«

Wenn sie uns dabei erwischte, daß wir sehnsüchtig zur Korridortür blickten, herrschte sie uns an: »Und daß ihr mir ja nicht versucht, hinter meinem Rücken hinauszuschleichen. Ein Schritt aus dieser Tür, und ihr müßt sterben. So einfach ist das. Deutsche Rabauken sind in der Gegend, die verdammten Nazis sind da draußen und warten nur darauf, lettische Kinder zu fangen. Und die Russen, diese gottlosen Kommunisten, sind auch nicht weit. Und noch ganz andere schreckliche Gestalten. Ich brauch' sie euch gar nicht alle aufzuzählen.«

Aber natürlich zählte sie sie trotzdem auf: Teufel, Dämonen, Hexen, Zauberer, Vampire, Werwölfe, Geister und wilde Eber. Und *Meris*, die Pest, ein Skelett, als Herr verkleidet, mit schwarzem Umhang und Juwelen, bereit, die Glückswürfel zu werfen und zu gewinnen.

»Ihr könnt froh sein, daß ihr noch eine Zeitlang drin bleiben könnt, gut behütet in euren eigenen Betten.«

Seit Wochen waren Flüchtlinge an unserem Haus vorbeigezogen, doch ich glaubte nicht, daß wir lange wegbleiben würden, bestimmt nicht für immer. Einmal war ich mit meinen Eltern auf einer Reise gewesen, im vorangegangenen Sommer, als ich fünf war, und ich wußte noch, daß ich es kaum hatte erwarten können wegzufahren, wie vollkommen glücklich ich dann aber war, wieder zurückzukommen, zum Haus und den Bäumen, zu den Tieren, zu meinen Spielsachen und meinem Bett. So stellte ich mir auch jetzt unsere Rückkehr vor. Wir würden wieder zu Hause sein, noch bevor der lange Streifen von Osterglocken vor den Schlafzimmerfenstern blühte, noch bevor der Duft von Flieder und Pfeifenstrauch, den wir Jasmin nannten, die Veranda erfüllte. Auch meine Eltern müssen das geglaubt haben, denn mein Vater schloß sorgfältig die Tür ab und legte den Schlüssel in seine Aktentasche. Einen zweiten hatte er uns für die Nachbarn mitgegeben und einen dritten mit dem Samowar und den anderen Sachen vergraben.

Auf dem Weg zum Meer wohnten wir bei Verwandten und Freunden meiner Eltern. Obwohl die Erwachsenen niedergeschlagen davon sprachen, daß die deutschen Besatzer in Lettland uns nicht erlaubten, nach Amerika zu gehen, und obwohl sie fürchteten, kein Schiff mehr zu finden, das uns nach Deutschland bringen würde, schienen mir auch diese Ängste unwirklich zu sein. Wir lernten Cousins und Cousinen kennen, die wir noch nie gesehen hatten, und freundeten uns auch leicht mit anderen Kindern an, die ebenfalls unterwegs zur Küste waren. Früh ins Bett gehen, Zähneputzen, still sein, wenn Erwachsene sprechen, solche Regeln wurden nicht mehr so streng durchgesetzt wie zu Hause. Nur wenn die Erwachsenen sich um das ganz leise eingestellte Radio drängten und den von BBC gesendeten Kriegsnachrichten lauschten, mußten wir uns absolut ruhig verhalten.

Ich kann mich nur an einen unheimlichen Zwischenfall auf unserer Reise zum Meer erinnern. Unsere Kolonne von ungefähr sieben Wagen sollte auf dem Gut der Schwester einer Musikfreundin meiner Mutter haltmachen. Doch als wir bei ihrem großen Haus auf dem Lande ankamen, war es verlassen. Die Tür war aufgebrochen und halb aus den Angeln gerissen worden, monoton schlug sie gegen den Türrahmen. Drinnen hatte man die Schränke geplündert, Kleider und zerbrochenes Geschirr lagen verstreut auf dem Boden, Fliegen schwirrten um ein zerrissenes dunkles Kleidungsstück, von dem meine Mutter sagte, es rieche nach Blut.

Die Erwachsenen waren sich nicht einig, was zu tun sei. Meine Mutter versuchte, die örtliche Polizei anzurufen, doch das Telefon blieb stumm, der Hörer baumelte nutzlos an seinem langen schwarzen Kabel. War die Hausbesitzerin von selbst fortgegangen, oder hatte man sie entführt? Hatten die Nazis sie verhaftet, oder war sie von russischen Partisanen – unrasierten Männern mit gehetztem Blick, die im Wald lebten – verschleppt worden? Zwei Partisanen waren eine Woche zuvor in unser Haus gekommen und hatten eine Menge bedrohlicher Fragen gestellt. Doch Ōmite, die Mutter meiner Mutter, war so klug, ihnen zu erzählen, daß alle Männer hinter dem Hügel auf dem Feld arbeiteten und zum Abendessen zurück sein würden. Dabei waren sie nach Riga gefahren, um zu versuchen, eine Schiffspassage zu buchen, auf irgendeinem Schiff, das Lettland verließ.

Das menschenleere Haus und der verlassene Hof machten einen großen Eindruck auf mich, erlebte ich hier doch zum ersten Mal wirkliche Zerstörung und Vertreibung. Vor allem die aufgebrochene Tür versetzte mich in Schrecken. Ich bekam eine Ahnung, wie gefährdet wir sein würden, wenn wir blieben; ich konnte das eintönige Hin- und Herschlagen der Tür kaum aushalten, auf – zu, auf – zu, immer wieder, so daß ich sehr erleichtert war, als unsere aus einem halben Dutzend Familien bestehende Kolonne weiterzog.

Sonnenlicht liebkoste die dunkelroten und weißen Chrysanthemen in dem einsamen Hof. Die Blumen hatten die Farben der lettischen Flagge, die auf den blutbefleckten weißen Umhang zurückgehen, den Gefolgsleute eines sterbenden Helden zum Sieg über deutsche Eroberer trugen. Doch das wußte ich damals noch nicht.

Die Blumen sind mir so lebhaft im Gedächtnis geblieben, weil es der letzte sonnige Tag bis lange nach dem Krieg war, an den ich mich erinnere, obwohl es natürlich auch später solche Tage gegeben haben muß. Lettland ist in meiner Erinnerung für immer mit Sonnenlicht verbunden. Wenn ich mir das Grundstück mit dem Pfarrhaus vorstelle, scheint immer die Sonne, und selbst wenn ich im Schatten der düsteren Eichen stehe, ist es immer ein sonniger Tag im Sommer oder späten Frühjahr. Die lettischen Ureinwohner beteten die Sonne und die Bäume an, was ihre deutschen Unterdrücker zu unterbinden suchten, um ihnen statt dessen Christus und das Kreuz aufzuzwingen. Sie stellten die Sonne in stilisierten Formen auf ihren Schmuckstücken dar und priesen sie in Volksliedern und Sagen. Später verherrlichten lettische Dichter die Sonne in Versen. Meine Schwester und ich sangen all die Lieder von der Sonne, obwohl unser Familienname, Nesaule, »kein Sonnenlicht« bedeutet.

Das letzte Haus, in dem wir uns aufhielten, gehörte meinem Onkel Jaša, der Chirurg war und nicht lutherischer Pfarrer wie die anderen Männer der Verwandtschaft. Da wir bei Einbruch der Dunkelheit auf dem Schiff sein mußten, brachen wir am grauen, kalten Nachmittag auf. Meine Mutter weinte, weil ihre Freundin Elvīra nicht wiedergekommen war und wir sie zurücklassen mußten, doch alle anderen waren ruhig und schienen sich mit der Situation abgefunden zu haben. Meine Tante Zenta ging ins Haus zurück, um sich zu vergewissern, daß sie nichts vergessen hatte, und als sie wieder herauskam, blieb sie auf der Veranda stehen und winkte den Onkel herbei.

»Komm, schließ die Tür ab«, rief sie.

Als hätte er nichts gehört, blieb Onkel Jaša im Wagen sitzen und wartete auf sie.

»Schließ die Tür ab, Jaša, wir können sie doch nicht offenlassen«, wiederholte Tante Zenta.

»Ach, wozu denn?« Er zuckte die Schultern. Als sie ihn mit zitternder Stimme nochmals rief, stieg er vom Wagen, legte die Arme um sie und streichelte ihr Haar.

»Verriegeln hat keinen Sinn, Liebes«, sagte er. »Andere werden hier wohnen, wenn wir weg sind. Flüchtlinge, Zigeuner, Partisanen, Militär. Die brechen wenigstens nicht die Tür auf, wenn ich sie nicht abschließe.«

»Aber unsere Sachen«, rief sie. »All die Bücher und Bilder. Das ganze Geschirr und die Kleider. Und Ilzes Puppen. Ich will, daß alles sicher verwahrt ist, bis wir wieder zurück sind.« Sie begann nun, richtig zu weinen.

»Wir werden nicht mehr zurückkommen, man wird uns hier nie wieder wohnen lassen.« Er fuhr fort, sie zu trösten, machte aber keine Anstalten, die Tür abzuschließen.

Schließlich zog er den schweren schwarzen Eisenschlüssel heraus und legte ihn auf das Fensterbrett. »Lassen wir ihn für die nächsten da«, sagte er sanft zu ihr. »Es hat keinen Sinn abzuschließen. Lassen wir ihnen doch den Schlüssel, falls sie ihn wollen. Die Deutschen haben unser ganzes Land genommen, den Schlüssel können sie auch noch haben. Und wenn die Russen zurückkommen, sollen sie darum kämpfen und sich gegenseitig umbringen.«

Tante Zenta erwiderte nichts mehr darauf, und mein Vater verriet ihnen nicht, wie sorgfältig er unsere Tür abgeschlossen und die Schlüssel verwahrt hatte. In den wenigen kurzen Wochen, seit wir unser Haus verlassen hatten, mußte sich also einiges verändert haben. Eine Rückkehr war nicht sehr wahrscheinlich, doch wir wollten es noch nicht recht wahrhaben.

Nachdem das Schiff ausgelaufen war, brachten meine Mutter und die Tanten meine Schwester, mich und mehrere Cousinen und Cousins an Deck. Wir hatten den Hafen von Liepāja bereits hinter uns gelassen und sahen nur noch schwarzes Wasser, dunkelgrauen Himmel und viel Nebel.

Dann trat zu unserer Linken der Umriß eines Baumes aus dem düsteren Nebel. Es war eine weiße Birke, für die alten Letten ein heiliger Baum, und sie stand ganz allein auf einem Hügel. Es war bestürzend, sie so einsam und blattlos zu sehen, sie erschien uns entblößt und schutzlos.

»Schaut«, Tante Zenta zeigte auf die Birke. »Lettlands letzter Baum. Der allerletzte, versucht, ihn im Gedächtnis zu behalten.« Sie legte mir die Hände auf den Kopf und ließ sie dort, damit ich zu der Birke hinsah.

Zum ersten Mal hielt ich es nun für möglich, daß ich vielleicht nicht mehr zu meinem Bett mit der blauen Daunendecke und zu der auf der Weide grasenden Zīlīte zurückkehren würde. Eine Welle schmerzlicher Traurigkeit überkam mich. Ich wollte den Baum berühren, mich an ihm festhalten, aber das konnte ich natürlich nicht. Ich ließ ihn nicht aus den Augen, bis er im schmutzigen grauen Nebel verschwand.

»Versprich mir, ihn niemals zu vergessen«, sagte meine Mutter, und ich nickte.

Noch immer träume ich manchmal von dem Baum, und jedesmal überfällt mich jäh die gleiche unermeßliche Traurigkeit, und immer, wenn ich eine einsame Birke sehe – und das geschieht häufiger, als man annehmen möchte –, muß ich an ihn denken.

Meine Cousine erzählte mir kürzlich, daß während jener Nacht der Schiffskonvoi, in dem wir uns befanden, bombardiert und das vor uns fahrende Schiff getroffen wurde. Benommene und verletzte Menschen drängten in unsere bereits überfüllten Kabinen, deutsche Soldaten schrien und schoben. Die Überlebenden mußten von ihrem sinkenden Schiff springen oder über schwankende Planken gehen, damit wir sie an Bord nehmen konnten. Meine Cousine sagte, die Schreie jener, die Familienangehörige verloren hatten, seien entsetzlich gewesen. Es war grauenvoll zu wissen, daß die Bomben uns gegolten hatten und wir nur durch großes Glück am Leben geblieben waren.

Ich kann mich an nichts von all dem erinnern, obwohl ich es gesehen und gehört haben muß. Das einzige, woran ich mich erinnere, ist das schmerzliche Gefühl von Verlust, als ich die letzte Birke entschwinden sah. Immer und immer wieder habe ich den Augenblick durchlebt. Hinter dem grauen Nebel, der den Baum umhüllte, waren Lettland und Sonnenschein und unser Haus und mein Zimmer mit meinem Bett darin.

Die Erwachsenen hatten angenommen, daß wir, einmal in Deutschland, uns mit Freunden in Verbindung setzen, einen Ort zum Leben suchen und uns frei bewegen dürften. Statt dessen ließen uns uniformierte Wachen mit Hakenkreuzarmbinden und Gewehren tagelang auf Bahnsteigen warten, kommandierten uns schließlich in einen Zug, der quer durch Deutschland nach Polen und wieder zurück nach Deutschland fuhr. Nach ungefähr einer Woche im Zug brachte man uns an einen Ort namens Lehrte.

Ein hoher Stacheldrahtzaun umgab die schäbigen grauen Baracken. Eisenstäbe vergitterten die schmutzigen Fenster, Ketten und Gitter sicherten die Türen. Die Landschaft außerhalb des Lagers war flach und grau. Weder Bäume noch Häuser unterbrachen die Monotonie der verlassenen Felder.

Innerhalb der Tore war der Boden ein einziger Morast. Sollte hier jemals Gras gewachsen sein, so war inzwischen längst jeder einzelne Halm zu Tode getrampelt worden. Schlamm, nichts als Schlamm breitete sich vor uns aus. Da und dort lagen Bretter, damit man nicht ständig einsank, aber auch diese waren mit Schmutz bedeckt und schlüpfrig.

Wachen in dunklen Uniformen und hohen schwarzen Stiefeln trieben uns vorwärts. Sie trugen dünne Stöcke, die wie Reitgerten aussahen, mit denen sie ungeduldig gegen ihre Stiefelschäfte schlugen. Große schwarze Hunde zerrten an ihren Leinen. Die schwarzen Schirme der Mützen, die die Wachen trugen, glänzten matt.

Eine Fahne mit einem Hakenkreuz auf rotem Grund flatterte in der Mitte des von Baracken gesäumten schmutzigen Platzes.

Hier ließ man uns antreten, mitten im Morast, und händigte uns Nummernschildchen aus. Diese mußten wir auf unsere Kleider nähen. Eine Wache schrie auf deutsch, und jemand übersetzte es ins Lettische, wir hätten unsere Nummern jederzeit zu tragen, man würde uns von nun an bei der Nummer und nicht beim Namen rufen, ohne Nummer bekomme niemand etwas zu essen, und wer seine Nummer nicht trage, werde bestraft.

Die Männer und Jungen ließ man in einer Reihe antreten und führte sie in die eine Richtung weg, die Frauen und Kinder in die andere. Man brachte uns in einen langen Raum und befahl uns, uns auszuziehen, während die Wachen durch die offene Tür zusahen. Es war beängstigend und beschämend. In dem Raum war es bitter kalt, und auf den Holzbänken gab es nicht genügend Platz, um die Koffer und Kleider ordentlich hinzulegen. Meine Mutter und die Tanten versuchten, ihre Uhren unter den Haufen von Spitzenunterröcken und Seidenblusen zu verstecken, die sich auf den rohen Holzbänken ganz kläglich und unpassend ausnahmen.

Es war unangenehm, in einem gemeinschaftlichen Duschraum von den nackten Körpern so vieler Frauen und sogar von Knaben meines Alters umgeben zu sein. Das Wasser, das zuerst eiskalt und dann zu heiß war, prasselte wie mit stechenden Nadeln herab. Doch seit mehr als einer Woche, seit wir von Lettland weggegangen waren, hatten wir uns nicht mehr gewaschen, und so fühlten wir uns erfrischt, als wir uns mit den dünnen rauhen Tüchern abtrockneten, die man uns ausgeteilt hatte. Man brachte uns dann an einen anderen Ort, wo die Wachen alle Koffer öffneten, Geld und Schmuck konfiszierten und dann den Kofferinhalt mit unangenehmen Chemikalien besprühten. Darauf steckten sie die Zerstäuber zuerst vorn in unsere Kleider, dann hinten, dann unter die Röcke. Von dem chemischen Mittel brannten uns Augen und Nase, und der scharfe, süßliche Geruch haftete uns während der ganzen Zeit in Lehrte an Haut,

Haaren und Kleidern, doch nach jeder Dusche wurden wir von neuem besprüht. Die Erwachsenen entdeckten, daß es das gleiche Mittel war, mit dem sie zu Hause Kakerlaken bekämpft hatten, das sie jedoch niemals bei Menschen eingesetzt hätten. In den fünfziger Jahren, in den Vereinigten Staaten, erinnerte mich der Geruch von DDT daran.

Man brachte uns in einen Raum, in dem wir die nächsten drei Monate verbringen sollten. Er war ungefähr viereinhalb Meter breit und sieben Meter lang, mit vergitterten Fenstern und voll von Menschen, die sich auf Etagenbetten zusammendrängten. Die Wache schloß die Tür und verriegelte sie hinter uns. Wir waren eingesperrt. Von nun an hatten wir nicht einmal mehr die Freiheit, ohne die Erlaubnis der Wachen auch nur die elementarsten Bedürfnisse zu befriedigen – zu essen, uns zu waschen, etwas frische Luft zu schnappen oder einen Schluck Wasser zu trinken, hinaus auf die Toilette zu gehen.

Die Tage in Lehrte waren lang und eintönig. Jeden Morgen wurden wir von Sirenen geweckt, zogen uns in der blaugrauen Kälte an und eilten hinaus, um, wenn irgend möglich, an die Latrinen und Waschbecken zu gelangen. Es gab nicht genug davon, und so waren Mißgunst und wortloses Drängeln an der Tagesordnung. Wir standen in einer Reihe auf dem Platz, bis die Bewacher alle unsere Namen abgehakt hatten, was sehr lange dauern konnte, wenn jemand fehlte oder zu spät kam. Dann stellten wir uns wieder in eine Reihe, in der Hand den flachen Blechnapf, den man uns ausgehändigt hatte, und warteten darauf, daß wir etwas zu essen bekamen. Es war immer das gleiche: eine dünne und saure graue Suppe aus Kohlrabi und Kohl, die vormittags wie abends ausgeteilt wurde. Es war wichtig, sich sofort anzustellen, wenn die Sirenen ertönten, denn manchmal wurde die Suppe in den riesigen Kesseln knapp, und wer am Ende der Reihe stand, ging leer aus. Blieb aber von der Suppe einmal etwas übrig, wurde nicht etwa ein zweites Mal geschöpft; der Rest wurde einfach bei der nächsten Mahlzeit ausgegeben. Manchmal erhielten wir auch Brot, das aber entweder schimmlig oder so hart war, daß es auch in die Suppe getunkt nicht genießbarer wurde. Wir hungerten und froren die meiste Zeit.

Das Licht wurde früh gelöscht, und wir versuchten einzuschlafen, wurden aber von den Wanzen, die sich vom DDT an unseren Körpern und Kleidern nicht abschrecken ließen, zur Verzweiflung getrieben. Prall, schwarz, mit Blut vollgesogen, kamen sie zu Hunderten aus den Wänden und den hölzernen Pfosten der Etagenbetten gekrochen. Das qualvolle Jucken hielt uns die ganze Nacht hindurch wach. Onkel Jaša wollte sich den Wanzen nicht ausliefern; entgegen den Vorschriften schlief er in der Mitte des Raumes auf dem harten Boden, den Kopf auf seinem Koffer.

Alle Methoden, mit denen wir versuchten, die Tortur zu lindern, versagten. Die Erwachsenen wachten abwechselnd und fächelten den Schlafenden Luft zu, doch das half nicht viel. Aufregend wurde es, wenn nach dem Löschen des Lichts alle im Raum fünf Minuten lang still dasaßen, um den Wanzen Gelegenheit zu geben, ihre Verstecke zu verlassen. Dann zündete mein Vater eine Kerze an, und wir versuchten, so viele wie möglich zu zerstampfen, zu zerdrücken oder totzuschlagen. Sogar die Kerze wurde gebraucht, um fliehende Wanzen zu versengen.

Cousin Guks wandte die wirksamste Technik an. Er erhitzte ein aus einer geradegebogenen Sicherheitsnadel gefertigtes Instrument, spießte damit die Wanzen auf und hielt sie über die Kerzenflamme. Sie zerbarsten mit einem wohltuenden Knakken. Dann blies er die Kerze aus, wir saßen weitere fünf Minuten still und wiederholten die Prozedur. Die Zahl der Wanzen verringerte sich nicht, doch die Jagd auf sie war spannend, und ich bedauerte es sehr, als die Wache die Kerze konfiszierte.

Wir blieben drei Monate in Lehrte, doch ich erinnere mich kaum an einzelne Ereignisse. Im Gedächtnis geblieben sind mir vor allem die Eintönigkeit und die Kälte und der allgegenwärtige Schmutz. Von der Fahne mit dem Hakenkreuz abgesehen, kann ich mich an keine andere Farbe als an Grau erinnern. Zwei Begebenheiten jedoch haben sich mir eingeprägt.

Ich stand an einem vergitterten Fenster, blickte auf den Hof und den Stacheldrahtzaun dahinter. Es fing an zu schneien; eine leichte Puderschicht lag auf dem gefrorenen Morast und den schmutzigen grauen Brettern. Es war aufregend, denn der Schnee würde sie weiß färben. Ich dachte an die Vögel mit den roten Brüstchen, die in Lettland vor den Eßzimmerfenstern an den von den Bäumen hängenden Speckschwarten herumgepickt hatten. Im Schnee hatten sie immer besonders fröhlich ausgesehen. Ich wünschte mir, es gäbe hier irgend etwas zu sehen – Bäume, Vögel oder andere Tiere.

Ein alter Mann kam aus der Baracke gegenüber und schlurfte zu den Latrinen. Es bestürzte mich, ihn da zu sehen, denn um diese Zeit durfte niemand hinaus. Er ging langsam, als hätte er Schmerzen, und achtete darauf, nicht von den schlüpfrigen Brettern abzurutschen. Ich wurde ungeduldig, wünschte mir, er würde schneller machen, damit ihn die Wache nicht entdeckte.

Er kam bis in die Mitte des Hofes, dann blieb er stehen und sah sich um, überlegte, wo er jetzt hintreten könnte. In diesem Moment gellte eine Trillerpfeife, doch der alte Mann blickte weiter wie gebannt auf seine Füße hinunter. Zwei Wachen rannten durch den wirbelnden Schnee, schwangen ihre Knüppel und schrien. Sie packten ihn und begannen, auf ihn einzuschlagen. Heute, in einer Zeit, da jedermann Schlägereien und Morde zu Tausenden im Fernsehen gesehen hat, kann ich nur schwer erklären, wie schockierend und widernatürlich das war. Ich hatte noch nie zuvor gesehen, wie jemand geschlagen oder gar verprügelt wurde; meine Schwester und ich hatten nie einen Klaps auf den Hintern oder eine Ohrfeige bekommen, ich hatte noch nie einen Faust- oder einen Ringkampf gesehen. Zitternd stand ich am Fenster, konnte den Blick nicht von dem alten Mann wenden, der hilflos versuchte, seinen Kopf vor den Hieben der Wachen zu schützen. Blut rann ihm aus der Nase oder vielleicht auch aus dem Mund, und er hielt sich beide Hände vor das Gesicht, ging in die Knie, während er die Schläge empfing.

Unterdessen hatten die Erwachsenen den Aufruhr gehört und standen auch an den Fenstern. Sie sahen zu, wie der alte Mann verprügelt wurde; heute bin ich überzeugt, daß die Wachen wollten, daß wir es sahen. Bald legte mir meine Mutter die Hand über die Augen, und ich wehrte mich nicht dagegen. Sie zog mich und meine Schwester vom Fenster weg und ermahnte uns von neuem, ganz still und ganz artig zu sein, damit die Wachen nicht böse auf uns würden. Ganz still und ganz artig zu sein, bedeutete hier etwas völlig anderes als in Lettland.

Ich hörte nicht auf zu zittern, und an jenem Abend bekam ich hohes Fieber, verursacht von einer vergrößerten Milz, wie mein Onkel Jaša diagnostizierte. Später hatte ich andere Beschwerden, die meine Beine so stark anschwellen ließen, daß ich nicht mehr gehen konnte und die restliche Zeit in meinem Etagenbett verbrachte. Irgendwie bekam meine Mutter die Erlaubnis, mir und der alten Lettin, die im Bett unter mir schlief, Suppe zu bringen.

Ich kann mich nicht an ihren Namen erinnern, nur daran, daß sie sehr alt war. Sie war mager und gebeugt und sah viel älter aus als meine Großmutter. Sie war Monate vor uns nach Deutschland gekommen. Die meiste Zeit stand sie an den vergitterten Fenstern, blickte auf den schmutzigen Hof hinaus und reckte den Hals, um die Tore zu sehen. Sie wartete auf ihre Tochter, von der sie im Menschengedränge getrennt worden war, als sie einen überfüllten Zug besteigen wollten. Sie hoffte, daß ihrer Tochter nichts Schlimmes passiert sei, und befürchtete, die Behörden hielten sie voneinander fern, um sie zu quälen. Sie glaubte, sobald ihre Tochter einträfe, würde sie freigelassen, und dann würden sie zusammen in einer ruhigen eleganten Straße in Wien oder Berlin wohnen. Oder vielleicht würden sie sogar gemeinsam nach Lettland zurückkehren.

Als sie kränker und gebrechlicher wurde, verbrachte sie die meiste Zeit im Bett, bat andere, für sie aus dem Fenster zu spähen, und wir zwei wurden gute Freundinnen. Sie kannte Geschichten und Lieder, die sie mir langsam und mit zittriger Stimme vortrug, und ich lehnte mich über den Bettrand und blickte hinunter auf ihr Gesicht, um sie zu hören.

Eines Nachmittags – ich hatte gerade wieder einmal mein Märchenbuch aus Lettland ausgelesen, das ich inzwischen auswendig kannte – blickte ich hinunter, um zu sehen, ob ich sie wohl dazu bringen könnte, mir eine Geschichte zu erzählen. Die Erwachsenen waren um den schmalen Brettertisch am andern Ende des Raums versammelt.

Ihre verblaßten blauen Augen waren offen und der Mund ebenfalls, und als ich sie ansprach, gab sie keine Antwort, sondern blickte weiter starr nach oben, an mir vorbei. Ihr Körper war ungewöhnlich reglos. Eine Fliege hatte sich auf ihre Wange gesetzt, und sie versuchte nicht einmal, sie zu verscheuchen. Etwas an diesem Anblick versetzte mich in Schrecken, und ich schrie so laut, daß die Erwachsenen herbeieilten. Meine Mutter schloß mich in die Arme und legte mir die Hände über die Augen, damit ich nichts mehr sähe, eine Gebärde, die mit der Fortdauer des Krieges immer vertrauter und sinnloser wurde. Als letztes sah ich, wie meine Großmutter die alte Frau auf die Wange küßte und ihr dann die Augen zudrückte.

Ich weiß immer noch nicht genau, was für ein Ort Lehrte eigentlich war. Das knappe Essen, die Brutalität der Wachen, die Nummern, die wir auf unseren Kleidern tragen mußten, das alles läßt auf ein Konzentrationslager schließen, aber es war bestimmt kein Vernichtungslager. Als die alte Frau starb, brach zwischen den polnischen Landarbeitern, die mit uns das Zimmer teilten, und meinem Vater und den Onkeln ein erbitterter

Streit aus. Die Polen wollten die Leiche ein paar Tage versteckt halten, statt sie zu melden, damit die zusätzliche Schale Suppe von andern gegessen werden konnte. Die Leiche wurde praktisch sofort entdeckt, und die Wachen befahlen, daß man sie hinaustrug, aber der Streit läßt doch ahnen, wie hungrig wir waren.

Einmal befragte ich meine Schwester über Lehrte, und sie erklärte mir, daß dort Leute festgehalten wurden, denen die Nazis mißtrauten, daß es einem Konzentrationslager ähnlich, aber in Wirklichkeit keines gewesen sei. Als ich Ingeborg von Lehrte erzählte, sagte sie: »Es war ein Gefängnis, und ihr wart Gefangene.« Das schockierte mich. »Nein«, erwiderte ich, »es war einem Gefängnis ähnlich, aber Gefangene waren wir nicht.«

Heute glaube ich, es war ein Gefängnis, und wir waren die Gefangenen, aber es gibt so vieles, dessen wirkliche Bedeutung ich nicht erkennen kann. Ein paar Wochen nach dem Zwischenfall mit dem alten Mann und dem Tod der alten Frau traf ihre Tochter ein. Mager, dunkelhaarig, in grauschwarz gestreifter Kleidung, kam die Frau, von zwei Wachen eskortiert, herein. Sie erlaubten ihr, das Kissen des Etagenbettes zu berühren, das einmal das ihrer Mutter gewesen war, und sie ließ sich für einen Moment darauf nieder, obwohl es schon jemand anders zugewiesen worden war. Als die Wachen sie über die schmutzigen Planken wegführten, hätte ich nicht sagen können, ob sie sie beim Gehen stützten oder sie festhielten. War sie ein geachteter Gast oder eine Gefangene auf dem Weg zur Hinrichtung in einem anderen Lager?

Der Keller

Wir hatten das außerordentliche Glück, zur Arbeit verpflichtet zu werden, was uns ermöglichte, Lehrte zu verlassen. Onkel Jaša und seine Familie wurden zuerst entlassen, damit er in einem Krankenhaus eingesetzt werden konnte, in dem wegen der häufigen Luftangriffe dringend Ärzte für die Verwundeten gebraucht wurden. Kurz darauf erhielten mein Vater und mein Onkel Gustavs Arbeit in der Anstalt für Geistesgestörte Lobetal, wo sie zusammen mit den Insassen auf den Feldern, meine Mutter und die Tante in der Küche arbeiten sollten. Alle waren überglücklich. Die Reise in den mit stoßenden und drängenden Menschen überfüllten Zügen würde zwar beschwerlich werden, doch wir glaubten, das Schlimmste schon unter den Wachen durchgestanden zu haben. Lobetal war völlig anders als Lehrte. Statt von Stacheldraht und endlosem grauen Morast, war es von Obst- und Gemüsegärten, von Flüssen und Seen umgeben.

Der Keller unter dem Hauptgebäude der Anstalt diente vor allem als Vorratslager. Er bestand aus mehreren Räumen, die gefüllt waren mit vollen Einmachgläsern, Sauerkraut in Fässern, Kartoffeln, Karotten und Zwiebeln auf Horden. Der Keller war kein geeigneter Ort, um sich während der Luftangriffe zu verstecken, denn durch die in der Nähe niedergehenden Bomben hätten Gläser bersten und die Splitter unsere Gesichter verunstalten oder Venen durchtrennen können. Auch als der Krieg weiterging und die Vorräte im Keller allmählich schwanden, suchten die Leute dort nur selten Schutz, denn das riesige Gebäude darüber schien ein geeignetes Angriffsziel zu sein.

Nahe beim See stand ein altes Bootshaus. Das obere Geschoß

war teilweise zerstört, doch der untere, in die Uferböschung hineingebaute Teil war sicher. Vergnügungs- und Fischerboote hatte man früher in den weiten unterirdischen Räumen eingestellt. Jetzt waren alle Boote verschwunden. Wenn sich die großen Holztore schlossen, hatte man einen Zufluchtsort, der vor herumfliegenden Glassplittern schützte. Die drei ausgedehnten Räume im Bootshauskeller waren durch Trennwände unterteilt, so daß jede Familie oder Insassengruppe ihren eigenen kleinen Bereich hatte, der mit Buchstaben und Nummern bezeichnet war, mehr der Ordnung als der Orientierung wegen, denn gewöhnlich rannten wir, wenn die Sirenen heulten, im Dunkeln zu diesem Schutzraum.

Bei den ersten nächtlichen Angriffen schliefen wir noch in unseren eigenen Betten und hofften jede Nacht, daß die Flugzeuge der Alliierten nicht zu uns kommen würden. Im Laufe der Wochen wechselten wir in das Bootshaus hinüber, um nicht jedesmal in Panik über den Hof hetzen zu müssen, wenn wieder Sirenen heulten und in der Ferne Lichter aufblitzten. Wir schliefen auf dünnen Matratzen, auf Heuhaufen, über die wir Decken gebreitet hatten und in schmuddeligen Liegestühlen, die einmal fröhlich gestreift gewesen waren. Wir waren froh, während der Bombenangriffe einen Zufluchtsort zu haben.

Die vor den Kellertüren aufeinandergeschichteten Heuballen dämpften das Krachen der Bomben nicht, die manchmal weit weg, manchmal ganz in der Nähe niedergingen. Alle verhielten sich sehr still, wenn die Bomben pfeifend zur Erde sausten. Manchmal sagte jemand: »Gott sei Dank«, wenn eine Bombe in der Nähe einschlug und unser Unterstand verschont blieb, ansonsten waren Worte selten. Es war schwer festzustellen, wo die Bombe niedergegangen war. Einmal applaudierten wir, weil wir glaubten, eine Bombe sei, ohne Schaden anzurichten, im See gelandet, doch später erfuhren wir, daß sie im Dorf einen Flügel des Waisenhauses zerstört und ungefähr ein halbes

Dutzend Waisenkinder getötet hatte, zehn- und zwölfjährige Mädchen.

Es kam vor, daß in ruhigen Augenblicken zwischen den Angriffen in der Dunkelheit Streit ausbrach. Jemand zündete eine Kerze oder eine Taschenlampe an, andere protestierten, das schwache Licht könnte durch einen Spalt doch irgendwie gesehen werden. Auch die Heuballen gaben Anlaß zu Unstimmigkeiten. Legte man sie besser innen oder außen vor die Tore? Hatten wir überhaupt eine Chance herauszukommen, wenn sie Feuer fingen? Wäre es nicht besser, ganz darauf zu verzichten?

Doch gewöhnlich war es während der Luftangriffe sehr still. Einmal begann ein junger Anstaltsinsasse im Dunkeln zu pfeifen, wurde aber sofort von allen Seiten zur Ruhe ermahnt.

»Ihr glaubt wohl, die könnten ihn dort oben im Flugzeug hören, mit ihren dröhnenden Motoren?« lachte Pastor Braun, der Direktor der Anstalt. Aber das »Pscht« hielt an, und das Pfeifen verstummte.

Unstimmigkeiten wegen der zugewiesenen Plätze wurden von Pastor Braun rasch geschlichtet, der die Leute meistens dazu brachte, freundschaftlich zu tauschen. Auf jeden, der möglichst weit weg von den Toren sein wollte, kam einer, der Angst hatte, im Falle eines Brandes eingeschlossen zu sein, und daher auf einen Platz erpicht war, der sich dichter am See befand.

Deutsche Soldaten kamen selten in den Keller, so wie sie auch selten im Dorf auftauchten. Sie kämpften an der Front. Einmal traf ein Jeep voller Männer in Naziuniformen ein. Sie gingen durch den Keller, leuchteten mit Taschenlampen in die Gesichter. Alle hielten den Atem an und beteten zu Gott, daß die Gestapo nicht nach ihnen suche. Die Uniformierten wollten Ausweise sehen, und Pastor Braun, der ein Aufenthaltsbuch mit sich führte, setzte sich für die Anstaltsinsassen ein. Die Nazis zerrten eine junge dunkelhaarige Frau aus einem Bett. Sie flehte sie an, und Pastor Braun sprach eindringlich auf einen Offizier ein.

Aber am Ende nahmen sie die Frau doch mit, beachteten weder seine Argumente noch ihr Bitten. Sie stammte aus Wien und war erst seit kurzer Zeit als Küchenhilfe angestellt. Ihre Papiere schienen nun doch nicht in Ordnung zu sein. Pastor Braun konnte sie nicht gut als Anstaltsinsassin ausgeben, weil Lobetal eine reine Männeranstalt war.

Er war es zwar gewohnt, mit den Nazibehörden zu verhandeln, aber auch seine Möglichkeiten hatten Grenzen. Die siebenhundert Männer, die in der Anstalt wohnten und arbeiteten, wurden »Geistesgestörte« genannt. Dazu gehörten die psychisch Kranken, die geistig Behinderten und die mit neurologischen Schäden. Erst Jahre nach dem Krieg erzählte mir meine Mutter, daß politische Flüchtlinge und Juden in ihrer Mitte versteckt waren. Pastor Braun wurde regelmäßig nach Berlin gerufen, wo er den Fortbestand der Anstalt und ihrer Insassen zu rechtfertigen hatte. Mit einfachen Worten: Er mußte die Nazibehörden davon abhalten, die Menschen in Lobetal umzubringen. Die Nazis betrachteten schon allein ihre Existenz als Affront gegen das Ziel, eine Herrenrasse zu züchten.

Immer wenn Pastor Braun nach Berlin fuhr, machten sich die Erwachsenen Sorgen. Bisher war es ihm gelungen, alle am Leben zu erhalten, weil er nachweisen konnte, daß die in den weiten Feldern und Obstgärten hinter der Anstalt arbeitenden Insassen viel mehr produzierten, als sie selbst verzehrten, und so ihren Beitrag zur Kriegsversorgung leisteten. Man verlangte von ihm immer detailliertere Berichte über die Produktion jeder einzelnen Wohneinheit und jeder Arbeitsgruppe. Er mußte mit seinen Zahlen jonglieren, weil er befürchtete, daß bestimmte Gruppen von Männern als weniger leistungsfähig beurteilt und aus diesem Grund getötet werden könnten. Er könnte auch angewiesen werden, separate Aufzeichnungen über die Produktivität jedes einzelnen Mannes zu führen, was die Ältesten und Schwächsten gefährdet hätte. Und bestimmt hatte er große

Angst davor, daß die Juden und die politisch Verfolgten entdeckt und als Vergeltung dafür alle Insassen hingerichtet werden könnten. Er selbst und seine Angestellten müßten dann natürlich ebenfalls sterben, und Lobetal würde niemandem mehr Schutz bieten. Pastor Braun arbeitete ständig an seiner Buchhaltung, mit Hilfe einer Taschenlampe sogar während der Luftangriffe. Niemand wagte es, offen gegen dieses schwache Licht zu protestieren, aber einige murrten vernehmlich.

Meine Mutter bewunderte Pastor Braun und saß oft neben ihm. Auch er schien das Gespräch mit ihr zu genießen, in Erinnerung an eine schönere und sorglosere Vorkriegswelt. Beim Einschlafen hörte ich sie mit leisen Stimmen deutsch sprechen; sie unterhielten sich über Bücher und Musik, über Ruderfahrten auf dem See, über Konzerte und Opernbesuche. Manchmal rezitierten sie Gedichte auf russisch oder französisch, was beide beherrschten. Er sagte ihr zu jener Zeit nichts von seiner Angst um die Insassen, und ich glaube kaum, daß meine Mutter seine Besorgnis noch verstärkte und ihm erzählte, was die Nazis in Lettland mit Ārijs gemacht hatten.

Ārijs war der Bruder von Elvīra, einer Freundin meiner Mutter. Meine Mutter und sie hatten zusammen das Lehrerinnenseminar besucht und für kurze Zeit im selben Dorf unterrichtet. Nachdem meine Mutter geheiratet hatte, kam Elvīra regelmäßig ins Pfarrhaus, und sie verbrachte auch die Sommerferien bei uns. Elvīra faszinierte mich, weil sie keine Familie hatte und die dunkelsten Geheimnisse zu kennen schien. Ihr Bruder Ārijs war ein Mörder. Einst der Lieblingssohn seiner Mutter und ein brillanter Philosophiestudent, nahm er eines Tages eine Axt und erschlug seine Mutter.

In Lettland war Mord etwas derart Seltenes, daß es beinahe unvorstellbar war. Noch 1944, als die meisten Familien von den Hinrichtungen und Deportationen nach Sibirien während der russischen Besetzung von 1940 bis 1941 betroffen waren, als andere Familien Söhne im Krieg verloren hatten und erleben mußten, wie Nachbarn von den Nazis verhaftet wurden, gab ein »normaler« Mord bei den Erwachsenen Anlaß zu leidenschaftlichen Diskussionen. Ein Mann hatte den Geliebten seiner Frau durch ein vorhangloses Fenster beobachtet und erschossen. Über diesen Fall wurde endlos spekuliert.

Elvīra kannte nicht nur einen Mörder, sie hatte sogar mit ihm zusammengelebt; er war ihr Bruder, und er hatte ihre Mutter ermordet. Ich wartete darauf, daß Elvīra etwas Dramatisches über diesen Bruder erzählen würde, doch sie sprach selten von ihm. Wenn überhaupt, sagte sie etwas Unbedeutendes, wie zum Beispiel, sie hoffe, mit den Socken fertig zu werden, die sie gerade strickte, damit sie sie mitnehmen könne, wenn sie ihn besuchen gehe.

Manchmal begleitete meine Mutter Elvīra bei diesen Besuchen. Die beiden bummelten dann am Vormittag durch die Stadt und besuchten anschließend Ārijs in der Anstalt. Sie saßen bei ihm und sahen ihm zu, wie er in den Heften, die sie ihm mitgebracht hatten, einfache Bilder ausmalte oder selbst zeichnete. Er freute sich jedesmal, wenn er sie sah, doch oft schien er nicht zu wissen, wer Elvīra war. Er war überglücklich, wenn sie ihm Obst oder Süßigkeiten mitbrachten. Für Blumen bedankte er sich zwar höflich, ließ sie aber liegen, wo er sie gerade hingelegt hatte. Er sprach jeden, dem sie auf dem Spaziergang durch das Anstaltsgelände begegneten, fröhlich an. Auf dem Rückweg in die Stadt weinte Elvīra, aber dann schneuzte sie sich die Nase und sagte, eigentlich sei er doch in guter Verfassung und ganz zufrieden, und sie wolle nun versuchen, auch wieder besseren Mutes zu sein. Meine Mutter und sie ließen sich dann in einem Kaffeehaus bei Kaffee und Kuchen nieder und kehrten gut gelaunt von ihrem Ausflug nach Hause zurück.

Es war im späten Frühjahr, als sie ihn zum letzten Mal besuchen gingen. Als sie die lange geschwungene Auffahrt zur Anstalt hinaufschritten, bewunderten sie die blühenden Apfelbäume hinter der Küche, und so fiel ihnen zuerst gar nicht auf, wie leer alles war. Es standen nicht wie gewöhnlich Karren und Fahrräder da, auch der Wagen des Direktors fehlte. Vielleicht hatten sie sich im Besuchstag geirrt, vielleicht war er geändert worden. Unter der deutschen Besatzung wurden ständig neue Regelungen erlassen. Sie rüttelten an den schweren Türen, doch die waren abgeschlossen.

Sie klingelten, warteten, klingelten wieder. Erst jetzt wurde ihnen richtig bewußt, wie still alles war. Sie traten zurück und blickten am Flügel mit den vergitterten Fenstern hoch. Niemand sah durch die Gitterstäbe zu ihnen hinaus, niemand saß auf den Holzbänken unter den Bäumen, wo sie so oft mit Ārijs gesessen hatten. Sie kletterten auf ein Gesims und spähten durch ein Fenster. Sie konnten eine Ecke der Empfangshalle und die durch Glasscheiben davon abgetrennten Büros der Sekretärinnen sehen. Alles war leer.

»Man hat sie bestimmt an einen anderen Ort verlegt«, sagte meine Mutter, obwohl sie keineswegs davon überzeugt war.

»Ja, das glaube ich auch«, stimmte Elvīra halbherzig zu.

Sie gingen die Treppe hinunter, ohne zu wissen, was sie als nächstes tun sollten.

»Vielleicht weiß man in der Stadt, was passiert ist.«

Als sie am Tor angelangt waren, blickten sie noch einmal zurück. Aus diesem Winkel konnten sie den Kräutergarten neben dem Obstgarten sehen. Sie waren erleichtert, als sie fünf oder sechs Insassen, vielleicht waren es auch Pfleger, im Garten arbeiten sahen. Im Laufschritt eilten sie auf sie zu.

»Wo ist Ārijs? Wo sind die anderen alle?« rief Elvīra, noch bevor sie in Hörweite war. Die Männer schaufelten weiter. Der Mann, der an einem Baum lehnte, war ein alter Bauer, die für ihn arbeitenden Männer sahen aus wie russische Kriegsgefangene.

»Wo ist Ārijs?« Endlich war Elvīra nahe genug herangekommen.

»Sie sind tot. Alle sind sie tot«, sagte der Bauer. Er blickte an ihr vorbei.

»Tot? Wie kann er denn tot sein? Letzte Woche ging es ihm doch noch gut.«

»Alle sind tot, das hab' ich Ihnen doch eben erklärt.« Er wandte seinen Blick nicht von der Straße.

»Aber Sie meinen bestimmt nicht meinen Bruder, meinen Bruder Ārijs. Wo ist er? Kennen Sie ihn?«

Endlich blickte der Bauer ihr ins Gesicht, während das Grüppchen Gefangener weiter die Erde einebnete.

»Alle Insassen sind tot.«

»Das ist doch nicht möglich? Letzte Woche war er ja nicht einmal krank.«

»Wenn die doch bloß eine offizielle Mitteilung an die Tür heften würden. Sie sind heute schon die dritte, der ich es erklären muß. Vorgestern haben sie allen vergifteten Tee gegeben. Wir mußten pausenlos arbeiten, um sie zu begraben. War ein hartes Stück Arbeit, die da sind ganz erschöpft.« Er zeigte auf die Gefangenen. »Wenigstens haben sie die Insassen Anfang der Woche den Graben schaufeln lassen, weiß nicht, wie wir es sonst geschafft hätten. Das Zuschaufeln war schon anstrengend genug.«

»Er meint nicht Ārijs, das kann nicht sein«, sagte Elvīra zu meiner Mutter. »Sie können doch Ārijs nicht einfach umgebracht haben.«

»Doch«, wiederholte der Mann finster.

»Wo ist der Direktor? Ich will ihn sprechen.«

»Der ist schon lange weg, hat sich letzte Woche davongemacht.«

Der Bauer wandte sich wieder den Gefangenen zu. Er zeigte auf eine unebene Stelle des riesigen Grabens und bedeutete einem der Männer gereizt, sie zu ebnen.

»Die können doch Ārijs nicht umgebracht haben«, wiederholte Elvīra an diesem Nachmittag immer wieder, als sie Leute in der Stadt befragten, vor dem Büro des Bürgermeisters anstanden und versuchten, die Adresse einer der Sekretärinnen ausfindig zu machen, von der Elvīra meinte, sie würde sich vielleicht an sie erinnern. Aber man hatte Ārijs umgebracht und alle anderen auch.

Elvīra wollte nie wahrhaben, daß ihr Bruder tot war. Sie ging immer und immer wieder in die Stadt, sie stand an, forschte nach, versuchte es mit Bestechung, schrieb Bittschriften. Als die russische Armee näher rückte und wir zur Küste fuhren, um uns nach Deutschland einzuschiffen, nahm meine Mutter Elvīra mit. Mittlerweile sprach Elvīra nur noch von Ārijs; sie mußte daran erinnert werden zu essen, sich zu kämmen, die Schuhe zu schnüren. Sie hielt wildfremde Leute an, die mit ihren selbstgebauten Karren vorbeizogen, und forderte sie auf, endlich zuzugeben, daß sie ihren Bruder gesehen hätten.

Kurz bevor wir uns alle nach Deutschland einschiffen sollten, begann Elvīra davon zu reden, daß sie zurück ins Pfarrhaus wolle, um das Hochzeitskleid meiner Mutter zu holen. Es sei ja nicht so weit, meinte sie, und wenn sie schnell genug marschiere, bleibe ihr genug Zeit, um rechtzeitig zurück zu sein. Meine Mutter versuchte zuerst, sie mit Bitten davon abzuhalten, dann verbot sie es ihr kurzerhand. Elvīra schien das zu akzeptieren, sie erwähnte das Hochzeitskleid nicht einmal mehr, das als listiger Vorwand für eine Reise herhalten sollte, bei der sie mit größter Wahrscheinlichkeit hinter die vorrückende russische Front geraten wäre.

Doch an dem Morgen, an dem wir an Bord gehen sollten, war Elvīra verschwunden. »Ich gehe Dein Hochzeitskleid holen«, hatte sie geschrieben. »Du wirst es brauchen, wenn Deine Töchter heiraten.« Meine Mutter weinte, sie beschwor meinen Vater und ihre Brüder, eine spätere Überfahrt zu buchen, was unmöglich war, wie sie wohl wußte. Sie stand am Fenster und wartete bis zur letzten Sekunde auf Elvīra. Als wir Lettland auf einem der letzten Schiffe verließen, war Elvīra nicht bei uns. Sie war zurückgegangen, um ihren Bruder zu suchen.

Auch wenn meine Mutter Pastor Braun nie etwas von dem vergifteten Tee erzählte, hatten alle im Keller Grund genug zur Angst. Die Insassen waren natürlich ständig durch die Nazis bedroht. Meine Eltern befürchteten, daß die Arbeitsaufträge, die wir in Lehrte erhalten hatten, widerrufen und wir dorthin zurückgebracht oder in ein anderes, viel gefährlicheres Lager geschickt würden. Alle hatten Angst, daß uns die für ihre Brutalität berüchtigte russische Soldateska heimsuchen würde. Sie würden die Männer verhaften, die Frauen vergewaltigen und alle erschießen, auch die Kinder. Alle fürchteten sich vor den Amerikanern und den Engländern, die das Gebiet Nacht für Nacht bombardierten. Jeder Uniformierte – Lagerwache, Polizist, Pilot oder Soldat – versetzte uns in Schrecken.

Täglich kamen Flüchtlinge mit ihren Karren durch die Tore der Anstalt, zum Eintreten ermutigt von der einladenden Christusstatue, die vom lutherischen Kirchenrat, der Lobetal und andere Heimstätten für Obdachlose und Benachteiligte verwaltete, errichtet worden war. Man gab ihnen Wasser und Suppe und erlaubte ihnen, an einem dafür bestimmten Platz im Keller zu schlafen. Die Flüchtlinge brachten Nachrichten von der Front mit und hegten widersprüchliche Fluchtpläne. Sie stritten sich untereinander, welcher Teil Deutschlands am ehesten von den Deutschen gehalten, welcher von den Alliierten besetzt würde. Aber alle waren sich einig, daß es das Schlimmste wäre, in die Hände der Russen zu fallen.

Eine Familie, die nur aus einem verkrüppelten Vater, einer zwölfjährigen Tochter und einem fünfjährigen Jungen bestand, blieb mehrere Tage. Die Mutter war bei einem Luftangriff umgekommen. Das Mädchen wusch ihre Kleider, hängte sie zum Trocknen auf und fütterte dann ihren Vater, der wie betäubt schien, geduldig mit Suppe. Ich sah zu, wie diese Familie ihren Karren belud. Verschiedene meiner Schulkameradinnen waren ohne Vater; die Väter standen an der Front oder waren gefallen. Aber keine Mutter mehr zu haben, das schien mir das Schrecklichste von allem.

Von denen, die Lettland gemeinsam mit uns verlassen hatten, waren Onkel Jaša und Tante Zenta nicht mehr bei uns. Sie waren nach Fischbach gegangen, in ein Gebiet, das später von den Amerikanern besetzt wurde. Jetzt verabschiedeten sich andere Verwandte und Freunde. Der letzte, der wegging, war Onkel Gustavs, der älteste Bruder meiner Mutter. Mit seiner Frau Hermīne, der fünfzehnjährigen Tochter Astrīda und dem dreizehnjährigen Guks baute er aus Holz- und Metallresten einen Karren. Die Zahl der Flüchtlinge wuchs, der Lärm der Kanonen kam näher. Es war unwahrscheinlich, daß der Karren rechtzeitig fertig wurde. Onkel Gustavs beschloß, alles, was sie besaßen, aufzugeben und einfach in Richtung Westen zu marschieren. Wenn sie den Russen entkamen, würden sie vielleicht überleben und Astrīda nicht vergewaltigt werden.

Die letzten Onkel, Tanten, Cousins und Cousinen waren fort.

Nachdem Onkel Gustavs gegangen war, strömten die Flüchtlinge noch einen Tag lang an den Toren vorbei. Ein ständiger dumpfer Kanonendonner lag in der Luft, deutsche Flugzeuge dröhnten bei Tag über uns hinweg, die amerikanischen flogen nachts. In der Nähe hörten wir Detonationen, die Bombeneinschläge folgten sich jetzt noch schneller.

Und dann versiegte der Flüchtlingsstrom plötzlich. Niemand zog mehr die Straße entlang. Nur das bedrohliche Dröhnen der Kanonen hielt an, sonst war die Straße still und leer. Die Erwachsenen spähten in die Ferne, horchten, warteten. Ein schwachsinniger Junge war der letzte, der vorbeirannte. Er blickte beim Laufen über die Schulter zurück. Er hielt nicht an, um unsere Fragen zu beantworten.

Der Nachmittag war bewölkt, grau und zu kalt für das späte Frühjahr. Es sah aus, als würde es lange vor dem Abend dunkel werden. Wir trafen uns im Hof auf dem Weg zum Keller.

»Gebe Gott, daß uns nichts geschieht«, sagte meine Mutter, als Pastor Braun eine Gruppe von Anstaltsinsassen an uns vorbei zu ihrem Unterstand führte.

»Er wird sein Licht leuchten lassen über uns«, entgegnete er zuversichtlich.

»Es tut mir leid, daß ihr meinetwegen zurückgeblieben seid«, sagte Ōmite. »Ich habe mein Leben gelebt, aber die Mädchen ihres nicht.«

»Sei jetzt still«, beschwichtigte sie meine Mutter. »Wir würden dich nie verlassen, das weißt du. Wir sind immer zusammengewesen.«

»Einer alten Frau werden sie nichts antun. Aber ihr hättet die Mädchen nehmen und weggehen sollen.«

»Wir werden dich niemals im Stich lassen. Wir bleiben zusammen, was immer auch passiert.«

»Verzeih mir für all die Male, als ich böse zu dir war«, sagte Ōmite. Und sie umarmte meine Mutter und küßte sie, was sehr selten vorkam. Gewöhnlich berührten sich die beiden nicht, und anders als beim Anblick ihrer Söhne hellte sich Ōmites Gesicht nicht auf, wenn sie meine Mutter sah. Als würde sie sich ihrer Gefühle schämen, beugte sich Ōmite jetzt herab, streichelte meine Stirn, strich mir das Haar glatt. Ich hielt die Hand meiner Mutter und drückte sie fest.

»Es wird schon alles gut, es passiert bestimmt nichts Schlimmes«, sagte meine Mutter. »Wir gehen einfach in den Keller, schlüpfen unter unsere Decken und schlafen ein. Wenn wir erwachen, sind vielleicht schon die Amerikaner hier. Und wenn nicht, geschieht uns auch nichts. Wir sind ja beisammen.«

»Ja, habt keine Angst«, sagte Ōmite. »Uns passiert nichts, und wir sind ja beisammen«, wiederholte sie.

Ich war froh, daß wir nicht wie meine Onkel weggegangen waren und Ōmite allein gelassen hatten. Ōmite wäre so traurig ohne uns, sie hätte jetzt große Angst, sie würde weinen, und niemand würde sie trösten. Ich ertrug es kaum, sie mir so einsam und verlassen vorzustellen. Und ich selbst fühlte mich auch geborgen. Ich wußte, daß meine Eltern und meine Schwester auch mich unter keinen Umständen im Stich lassen würden, so wie sie Ōmite nicht im Stich ließen.

Ich zog meine Mutter an der Hand. »Bitte, lach doch mal«, bettelte ich. In Lettland hatte ich meine Mutter manchmal darum gebeten, wenn sie zerstreut und traurig aussah, aber jetzt war mein Bedürfnis, sie glücklich und aufmerksam zu sehen, noch viel stärker. Meine Mutter und meine Großmutter lächelten beide.

Papa schleppte eilig einen weiteren Koffer aus dem Hauptgebäude. Unser ganzes Hab und Gut sollte im Keller verstaut werden.

Er kam uns schwankend entgegen, der Koffer war viel zu schwer für ihn, aber ich merkte, daß auch sonst etwas nicht stimmte.

Er weinte.

Obwohl er sich alle Mühe gab, die Fassung zu bewahren, schwammen seine Augen in Tränen, und ein wildes, krampfhaftes Schluchzen brach aus ihm hervor. »Sie bringen uns um. Wir müssen sterben.« Er ließ den Koffer fallen und streckte die Arme nach meiner Mutter aus.

»Nicht vor den Mädchen«, sagten meine Mutter und Ōmite wie aus einem Munde.

»Wenn sie uns nicht erschießen, werden wir bestimmt getrennt, sie deportieren uns in Folterlager nach Sibirien«, flüsterte er. Meine Mutter ließ meine Hand los, um ihn zu trösten.

Es war das erste Mal, daß ich meinen Vater weinen sah. Er tat mir zutiefst leid, und ich hätte alles getan, um ihm zu helfen. Aber mein Mitgefühl ging in einer Welle nackten Entsetzens unter. Jetzt wußte ich, daß mein Vater uns nicht beschützen konnte, daß nun doch etwas Schreckliches geschehen würde.

»Genug jetzt, wir wollen den Mädchen keine Angst einjagen.« Ōmites Stimme klang bestimmt.

Entschlossen richtete sich mein Vater auf. »Jetzt kann uns nur noch Gott helfen. Wir wollen beten«, sagte er.

Zu fünft standen wir im Kreis auf dem verlassenen Hof. »Unser Vater in dem Himmel…«

Nach dem Gebet sagte meine Mutter: »Es wird uns nichts geschehen. Oder es wird zumindest rasch vorbei sein«, fügte sie noch hinzu.

»Wir sind in Gottes Hand, er wird uns beschützen«, sagte Ōmite.

Aber diesmal glaubte ich ihr nicht.

Eine andere Sirene heulte, die Kanonen schienen viel näher gekommen zu sein. Ein kalter Regen setzte ein, der Himmel im Osten war ganz dunkel. Wir rannten in den Keller.

Wir erwachten, bevor es hell wurde, als jemand die Türen aufstieß. Schwere Schritte polterten herein, unwirsche Stimmen fluchten in einer fremden Sprache, Lampen blendeten uns.

»*Krievi*, die Russen«, flüsterte meine Mutter.

Das Dunkel verbarg die Gesichter der Soldaten, die den Keller durchsuchten. Sie packten einen der Anstaltsinsassen und stießen ihn zur Tür hinaus.

»*Uhri, Uhri*«, brüllten die Soldaten. »*Uhri!*« Sie waren auf Uhren aus.

Sie leuchteten mit einer Taschenlampe in Papas Gesicht, dann auf seine Hände und Arme. Sie rissen ihm die Uhr vom Handgelenk. Dunkle Finger zeigten auf seinen Ehering. Als er Mühe hatte, ihn vom Finger zu streifen, machte einer der Soldaten eine Hackbewegung und lachte dazu. Ich sah sein grausames Gesicht mit den durch das flackernde Licht grotesk betonten Mulden. In den schrägstehenden Augen lag keine Heiterkeit. Er sah ungerührt zu, als mein Vater mühsam seinen Ring vom Finger zog und ihn dem Soldaten ergeben aushändigte.

»*Uhri, Uhri*«, schrien die Soldaten weiter durch den Keller. Sie schütteten den Inhalt einiger Koffer auf den Boden, traktierten die Sachen mit Fußtritten und stampften darauf herum. Dann verschwanden sie hinter der Trennwand.

»Ist alles vorbei? Haben sie aufgehört? Gehen sie jetzt weg und kommen nie wieder?« flüsterte ich meiner Mutter zu.

»Im Augenblick sind sie weg, aber sie kommen wieder. Alles wird gutgehen, solange wir uns ganz still verhalten und sie uns nicht bemerken. Du darfst nicht reden und nicht weinen, sonst werden sie böse.«

»Hast du alles verstanden, was sie gesagt haben?« fragte Ōmite.

»Nein. Einige von ihnen sind, glaube ich, Mongolen«, sagte meine Mutter.

»Mein Gott, steh uns bei«, antwortete Ōmite.

Die Soldaten kamen umgehend zurück und begannen von neuem, in Gesichter zu leuchten. Onkel Gustavs und seine Familie hatten sich in der Nacht zur Umkehr gezwungen gesehen. Die in die Sicherheit führende Straße war von russischen Panzern versperrt gewesen. Meiner Schwester und mir hatte man strikt verboten, jemandem von ihrem Fluchtversuch zu erzählen, andernfalls würde ihnen Schreckliches zustoßen. Vielleicht hatte jemand anders den Soldaten davon erzählt; meine Schwester oder ich waren es ganz sicher nicht gewesen, das wußte ich. Onkel Gustavs und Guks waren die ersten, die man mit Gewehrläufen zur Kellertür stieß. Dann wurden weitere Männer hinausgedrängt.

»Sie erschießen sie, o mein Gott, sie erschießen sie«, schrie eine der Frauen. Ein Soldat versetzte ihr einen Stoß mit dem Gewehrkolben.

Zwei Soldaten rissen Papa von seiner Matratze hoch. Als er versuchte, die Hand meiner Mutter zu berühren, um sich festzuhalten oder um Lebewohl zu sagen, versetzte ihm ein Soldat von hinten einen Fußtritt. Es war zu dunkel, um deutlich sehen zu können, doch ich hörte ihn stolpern. Ich wünschte, so fest ich nur konnte, daß sie ihm nicht weh tun würden, daß er nicht weinen müßte.

»Erschießen sie ihn?« Ich zog am Arm meiner Mutter.

»Pscht«, sagte Mama. »Du mußt ganz still sein, sonst werden sie wütend. Ich glaube nicht, daß sie alle erschießen. Nicht sprechen.« Sie legte mir die Hand auf den Mund.

Die Soldaten durchsuchten den Keller, zerrten Bündel aus den Ecken und warfen sie beiseite, stießen alle Männer zur Tür. »Unser Vater in dem Himmel«, begann Pastor Braun, und andere fielen ein. Die Soldaten brüllten sie an und brachten sie zum Schweigen.

Die Männer mußten sich in einer Zweierreihe aufstellen. Onkel Gustavs und Guks bildeten ein Paar; Pastor Braun hielt Hans, einen der Anstaltsinsassen, bei der Hand, doch Papa wurde ganz nach vorn gestoßen, weg von ihnen. Das letzte, was ich sehen konnte, war, daß er allein ging. Ich machte mich steif und konzentrierte mein ganzes Wünschen darauf, daß sie ihn nicht zum Weinen bringen würden.

Hilda

HILDA WAR EINE JUNGE, hagere, sommersprossige, rothaarige Deutsche, die als Sekretärin in der Anstalt Lobetal arbeitete. Ihr Mann war an der Front. Sie erzählte jedem, wie beunruhigt sie sei, weil seine Briefe so unregelmäßig eintrafen. Allen, die es hören wollten, erzählte sie offen von ihren Ängsten und Hoffnungen. Die Leute lachten nachsichtig über ihren Mangel an Zurückhaltung. Sie hatte gehofft, schwanger zu werden, als ihr Mann drei Tage auf Urlaub zu Hause war, »aber«, meinte sie, »man weiß ja nie, wie es kommt«. Sie befürchtete, daß ihr Mann fallen und nichts von ihm bleiben würde. Als die Russen kamen, hatte sie ihn seit fast einem Jahr nicht mehr gesehen.

Nachdem die Soldaten alle Männer abgeführt hatten, setzten sie ihre Suche nach Wertsachen fort. Sie befahlen uns, alle Koffer zu öffnen und den Inhalt auf den Boden zu kippen. Sie durchsuchten die Kleider der Frauen und tasteten ihre Körper ab. Meine Mutter hatte ihren Ehering im Schuh versteckt, doch das schienen die Soldaten zu kennen. Sie befahlen ihr und anderen Frauen, Schuhe und Mäntel auszuziehen. Als Hilda zögernd und nervös an ihren Knöpfen nestelte, schlugen sie sie und schrien sie an. Dann wollten zwei Soldaten sie hinter eine Trennwand ziehen.

»Nein«, schrie sie. Sie fiel auf dem schmutzigen Boden auf die Knie und hob die Hände wie zum Gebet. »Nein, nein, nein«, flehte sie.

Doch die Soldaten blieben ungerührt. Sie zerrten sie nur noch brutaler weg, so daß ihre Knie über den rauhen Zementboden schleiften. Für den Moment verschont geblieben, blickten die anderen Frauen weg. Wenn die Soldaten Hilda nahmen, würden sie vorläufig ihnen nichts tun. Wenn Hilda sich zu sehr widersetzte, holten sich die Soldaten vielleicht eine von ihnen.

Ōmite flüsterte Hilda etwas zu; Hilda nickte. Sie rappelte sich auf, zog den Rock hoch und streckte schamlos ihren Bauch hervor. Er war flach und glatt unter ihren dicken grauen Baumwollunterhosen. Sie versuchte, den Bauch noch weiter vorzustrecken, sie tätschelte ihn mit der freien Hand und rieb ihn dann mit wilden kreisenden Bewegungen. Die Soldaten hielten inne und berieten sich untereinander. Dann zerrten sie Hilda gewaltsam zur Trennwand.

Doch das kurze Zögern machte anderen Hoffnung. Die Soldaten dieser Einheit der russischen Armee kamen aus der Mongolei, und obwohl Vergewaltigungen durchaus zu ihren männlichen Traditionen gehörten, schienen sie vor Müttern aus unbestimmtem Grund Respekt zu haben. Hildas Versuch, sie von einer Schwangerschaft zu überzeugen, schlug zwar fehl, doch später am Vormittag wiederholte sich die Szene mit einer Flüchtlingsfrau, die erst wenige Tage zuvor angekommen war. Sie war im siebten Monat schwanger und wurde nicht vergewaltigt. Als sie ihren Rock hob und die Unterhose hinunterzog, um ihren runden, blaugeäderten Bauch zu entblößen, ließen sie von ihr ab. Da stand sie allein in unserer Mitte, das Gesicht rot vor Scham, und schlich dann auf Zehenspitzen an ihren Platz zurück.

Die Soldaten hatten bisher auch noch keine der Frauen mit Kindern hinter die Trennwand geholt. Ich wurde aufgefordert, die Hand meiner Cousine Astrīda zu halten und so zu tun, als wäre sie meine Mutter, doch dieser Plan mußte aufgegeben werden, weil ich mich weigerte, meine Mutter loszulassen. Astrīda, die das Gesicht mit Ruß beschmiert und das Haar mit einem grauen Schal bedeckt hatte, hielt nun die Hand meiner Schwester. Jedesmal, wenn die Soldaten näher kamen, ergriff mich panische Angst, Astrīda würde weggeführt und ich sei schuld daran.

»Was machen sie mit Hilda?« flüsterte ich meiner Mutter zu.

»Pscht. Sie still. Weine nicht. Pscht.«

Ich hörte, wie Hilda stöhnte, dann das Grunzen, das Gelächter und Gejohle der Soldaten. Dann wieder Grunzen. Grinsende Soldaten drängten sich an der Trennwand. Hilda schrie ein paarmal schrill auf, dumpfe Geräusche folgten, dann brachte sie nur noch ein Wimmern hervor. Schließlich gab sie keinen Laut mehr von sich.

»Ist sie tot?« flüsterte ich wieder, aber diesmal legte mir meine Mutter nur die Hand auf den Mund und schüttelte den Kopf. Ob sie sie mit einem Schirm töten würden, wollte ich gerne wissen, doch traute ich mich nicht zu fragen. Am Abend zuvor hatte ich die schwangere Frau von russischen Soldaten erzählen hören, die irgendwie einen Schirm in eine Frau gesteckt, ihn dann geöffnet und sie so umgebracht hätten. Ich konnte mir nicht vorstellen, wie sie das gemacht hatten – hatten sie ihr den Schirm in den Mund oder in den Po gezwängt? Ich zitterte, als ich es mir auszumalen versuchte.

Nach langem Geraufe und Gegrunze stießen die Soldaten Hilda hinter der Wand hervor. Krampfhaft zog sie den Mantel über der Taille zusammen; Gesicht und Hals waren hochrot angelaufen. Ihre dicken braunen Baumwollstrümpfe bauschten sich um die dünnen Knöchel, ihre Beine waren blau. Sie sah aus, als schäme sie sich.

Als sie zaghaft an ihren Platz zurückgekehrt war, rückten die Frauen enger zusammen, weg von ihr, und zogen die Röcke fester um sich. Hilda hielt die Augen gesenkt, so als hätte *sie* etwas Schreckliches getan. Die anderen Frauen warfen sich verstohlene Blicke zu. Wer würde die nächste sein? Niemand sagte etwas.

Und dann begann Hilda zu wimmern. Sie wiegte sich vor und

zurück; in ihrem Wimmern schien der ganze Schmerz der Welt zu liegen. Wieder und wieder und wieder waren die wortlosen, verhaltenen Laute der Qual zu vernehmen. Die anderen Frauen saßen wie versteinert da. Die Soldaten, die uns beobachteten, schienen nichts zu hören. Niemand tat etwas. Das Weinen hielt an. Es würde nie aufhören. Wir würden es für immer hören müssen.

Plötzlich erhob sich Ōmite. Herausfordernd blickte sie den Soldaten, die uns gefangenhielten, ins Gesicht, als sie über den schlammigen Boden ging. Die sollten sie nicht daran hindern. Ihr Gang schien unnatürlich langsam, und alle warteten gespannt, ob die Soldaten sie ergreifen würden. Als sie bei Hilda ankam, rückten die deutschen Frauen noch weiter weg.

Ōmite setzte sich neben Hilda, nahm ihre Hände und begann, sie sanft zu reiben, dann massierte sie ihr Schultern und Nacken. Als sich Hilda endlich entkrampfte, legte Ōmite die Arme um sie. Sie drückte sie an sich, strich ihr über das Haar, als wäre sie ein kleines Kind, mit der gleichen Zärtlichkeit, die sonst meine Schwester und ich von ihr erfuhren. Hilda wimmerte noch eine Weile, dann beruhigte sie sich allmählich. Die Soldaten lehnten sich gegen die Trennwand, musterten uns. Ich spürte, wie Astrīda neben mir zitterte. Auch ich registrierte jede einzelne Bewegung der Soldaten.

Alle übrigen kinderlosen Frauen wurden mit der Zeit hinter die Trennwand gezerrt. Sie bettelten, weinten, flehten, beteten. Sie wehrten sich, bis Ohrfeigen sie gefügig machten. Sie schützten Schwangerschaften vor, behaupteten, krank zu sein, gaben sich wahnsinnig, erbrachen, klammerten sich an Pfosten, fielen auf die Knie, riefen nach ihren Müttern, beteten zu Gott. Nichts half. Es ging immer weiter. Grunzen, Gelächter, dumpfe Schläge, Schmerzensschreie und wieder Grunzen.

Einmal rissen die Soldaten eine Frau vor der Trennwand zu Boden und zerrten an ihren Kleidern. Ein Soldat fiel über sie her, grunzend und wühlend. Meine Mutter versuchte zu verhindern, daß ich etwas sah, aber es war zu spät. Mit einem Mal begriff ich alles – das Flehen der Frauen, das Grunzen der Soldaten und wie sie mit einem Schirm eine Frau töten konnten. Die panische Angst jeder Frau und jedes Mädchens dort war von nun an auch meine Angst.

Die Soldaten verbrachten den Tag damit, uns zu umkreisen, zu bedrohen, mit ihren Gewehren in unseren verschmutzten Habseligkeiten herumzustochern, nach Wertsachen zu suchen, Matratzen und Stühle mit Fußtritten zu traktieren aus lauter Enttäuschung, daß sie nichts mehr fanden. Sie stießen oder schlugen jeden, der ihnen in die Quere kam. Jedesmal, wenn neue Soldaten eintrafen, hielten wir den Atem an. Würden sie Mädchen vergewaltigen? Würden sie ohne Skrupel auch Frauen mit Kindern vergewaltigen? Wie oft würden sie die gleiche Frau vergewaltigen? Vorläufig hatten die Soldaten noch keine alten Frauen oder sehr junge Mädchen genommen, aber konnte das, würde das im Verlaufe des langen Tages so bleiben? Würden sie meine Mutter vergewaltigen? Meine Schwester? Mich?

Ich kämpfte mit den Tränen, versuchte, ganz still zu sitzen, mein Zittern zu unterdrücken, damit sie mich nicht beachteten.

In einem der kurzen Momente, als einige der Soldaten gerade hinter der Trennwand waren und andere den Keller verlassen hatten, fürchtete Tante Hermīne plötzlich um die Sicherheit ihrer Tochter Astrīda, ganz gleich, ob nun ich oder meine Schwester vorgaben, ihr Kind zu sein. Ich war nicht imstande gewesen, länger als ein paar Sekunden auf Astrīdas Schoß zu sitzen, bevor es mich wieder zu meiner Mutter zog, und auch Beate versuchte, sich zugleich an Astrīda und an unserer Mutter festzuklammern. Wenn es den Soldaten darauf ankam, war es ein leichtes für sie, herauszufinden, wer unsere richtige Mutter war.

Tante Hermīne und meine Mutter hoben eine der mit Stroh gefüllten Matratzen, und Astrīda legte sich flach auf den Zementboden. Sie legten die Matratze über sie und türmten Kissen und Mäntel darauf. Halb saßen, halb lagen wir dann auf der Matratze. Wir spürten, wie Astrīda sich unter uns hilflos bewegte, und wir versuchten, uns nach vorn zu lehnen und unsere Stellung immer wieder zu ändern, um sie von unserem Gewicht zu entlasten. Einmal, als zwei Soldaten direkt zu uns hinüberblickten, regte sich Astrīda gerade ziemlich heftig. Tante Hermīne und meine Mutter gähnten beide und streckten sich. Die Soldaten betrachteten uns argwöhnisch, wandten sich dann aber von neuem der Trennwand zu, hinter der wieder eine Frau vor Schmerzen stöhnte.

Hilda, die bei Ōmite saß, hatte jetzt einen stieren Ausdruck im Gesicht. Und sie begann zu sprechen: »Ich bring' mich um, ich bring' mich um«, wiederholte sie mit monotoner Stimme.

»Pscht, Liebes«, beschwichtigte Ōmite sie, doch schien sie nicht wirklich zu erwarten, daß sie aufhören würde. Sie streichelte Hildas Hand, während diese in ihrer Litanei fortfuhr.

Immer wenn die Soldaten wegsahen, zupfte ich meine Mutter am Rock.

»Lach doch«, flüsterte ich, »bitte, lach doch.« Meine Mutter zwang sich zu einem Lächeln.

»Sag, daß alles gut wird, sag, daß die Soldaten wieder weggehen.«

»Es wird alles gut, und die Soldaten gehen wieder weg. Aber du mußt ganz still sein. Verärgere sie nur nicht«, flüsterte meine Mutter mechanisch.

»Lach doch, bitte.« Meine Mutter verzog das Gesicht wieder zu einem grimassenartigen Lächeln und verharrte so für ein oder zwei Sekunden. Während dieser kurzen Momente fühlte ich mich unendlich viel besser; vielleicht würde doch noch alles gut werden. Aber Traurigkeit und Angst bedrückten mich von neuem, sobald meine Mutter wieder ihr besorgtes Gesicht machte.

Während anderer kurzer Pausen flüsterte meine Mutter meiner Schwester und mir zu: »Es wird euch nichts passieren, wenn ihr betet. Betet ›Unser Vater in dem Himmel‹. Sagt es ganz leise, aber sagt es immer wieder vor euch hin. Dann geschieht euch nichts.«

Während die Soldaten umhergingen, flüsterte ich das Gebet vor mich hin und wünschte mir dabei, so fest ich nur konnte, daß sie uns nichts antun, daß sie verschwinden würden. Es war schwierig, sich auf die Worte des Gebetes zu konzentrieren und sich zugleich etwas zu wünschen, aber ich brachte es irgendwie doch fertig. Ich wiederholte das Gebet immer wieder, sagte die Worte wie besessen vor mich hin, den ganzen regnerischen Nachmittag lang bis in die Nacht hinein.

In der Morgendämmerung wurden alle Frauen und Kinder im Keller geweckt und hinausgeführt. Unterdessen waren wir froh, hinausgehen zu dürfen. Wir konnten uns nicht vorstellen, länger zu ertragen, was wir am vergangenen Tag und in der Nacht im Keller erlebt hatten. Wir ahnten noch nicht, daß wir noch tagelang im Keller bleiben mußten. Wer sich den Tod herbeigewünscht hatte, war erleichtert. Vielleicht würden wir jetzt endlich alle erschossen.

Es war immer noch kalt, es nieselte immer noch. In der Ferne rollte immer noch Geschützdonner, ein Flugzeug dröhnte über unseren Köpfen. Eine Explosion und vorübergehende Stille folgten. Doch die russischen Soldaten waren nicht beunruhigt. Sie waren sich sicher, diese Gegend fest in ihrer Hand zu haben. Der See war dunkel, fast schwarz, der Boden vom Regen durchweicht.

Alle Frauen und Kinder mußten sich im Halbkreis vor einer alten Eiche von vollkommenem Wuchs aufstellen. Die Äste hätten uns vor dem kalten Nieselregen schützen können, hätte man uns nur erlaubt, uns darunter zu stellen. Wir blickten einander ratlos an. Wenn sie uns erschießen wollten, warum mußten wir uns dann so aufstellen? Ich hatte geglaubt, daß man sein eigenes Grab schaufeln mußte, bevor man erschossen wurde. So hatten sie es mit Ārijs gemacht, so hatten sie es mit den Menschen gemacht, die während der Besetzung Lettlands durch die Russen hingerichtet wurden. Ich hatte die Erwachsenen in Lettland spätnachts am Eßtisch darüber sprechen hören. Wie wollten sie uns denn alle erschießen und begraben, wenn wir so aufgestellt waren? Ich konnte meine Mutter nicht fragen, weil die Soldaten uns ansahen. Sie würden böse werden, wenn ich sprach.

Die Soldaten drängten sich unter der Eiche zusammen, reichten eine Flasche herum. Die meisten hatten sich zum Schutz vor dem kalten Nieselregen Frauenregenmäntel und Halstücher um Kopf und Schultern, ja sogar um die Hüften gebunden. Es war noch zu früh, um vor den dunklen Umrissen der Panzer das leuchtende Rot und Gelb der Kleidungsstücke zu sehen, die sie den Frauen weggenommen hatten. Wir schauderten; der Regen wurde kälter, rann uns den Rücken hinunter und ließ Hände und Füße taub werden. Niemand sagte ein Wort.

Plötzlich hörten wir ein Pfeifen: laut, unerschütterlich, melodiös. Jemand pfiff »Näher, mein Gott, zu dir«. Pastor Braun erschien auf dem Weg, der vom Hauptgebäude zu uns her führte, und einen Augenblick lang erfüllte uns ein Hochgefühl. Er würde uns vor den russischen Soldaten retten, wie er so viele vor den Nazis gerettet hatte. Er war gekommen, uns zu befreien, er würde dafür sorgen, daß uns die Soldaten in Ruhe ließen, er würde uns in Sicherheit bringen.

Doch als er in den Halbkreis trat, sahen wir, daß seine Hände auf den Rücken gebunden waren, daß ihn Soldaten mit Gewehren umringten. Und er sah sich den wartenden Frauen, den verschreckten Kindern, der einzelnen Eiche und den trinkenden Soldaten gegenüber. Spätestens jetzt mußte er begriffen haben. Er pfiff die Strophe zu Ende, ohne einen Ton auszulassen.

Die Soldaten deuteten auf die Eiche. Er trat entschlossen vor, dann blieb er neben meiner Mutter stehen. »*Jubilate*«, sagte er direkt zu ihr, »freut euch, heute ist Himmelfahrtstag.«

»*Jubilate*«, antwortete sie und streckte ihm die Hand entgegen, doch ein Soldat trat zwischen sie. Pastor Braun schien ihre Gebärde zu verstehen.

»*Jubilate*.« Er nickte.

Ich sah, daß das Gesicht meiner Mutter unter dem Tuch, das sie sich über die Stirn gezogen hatte, um älter zu erscheinen, tränenüberströmt war.

Pastor Braun begann wieder zu pfeifen, so sicher und unerschütterlich wie zuvor. Er pfiff »Näher, mein Gott, zu dir«, während die Soldaten ein weißes Taschentuch brachten und ihm damit die Augen verbanden. Er pfiff, als sie ihn gegen den Baum stießen und sich selbst in einer Reihe aufstellten. Einer der Soldaten brüllte ihn an, vermutlich, um ihn zum Schweigen zu bringen, doch er brüllte auf russisch, und wegen des Tuchs konnte Pastor Braun auch nichts sehen, also pfiff er weiter. Er pfiff, während einer der Soldaten, vielleicht ein Offizier, drohend die Faust erhob und uns beschimpfte. Pastor Braun war fast bis zum Ende der zweiten Strophe gekommen, als die Soldaten schossen und sein Pfeifen mitten im Lied abbrach.

Als ich gesehen hatte, was sie Pastor Braun angetan hatten, hörte ich auf zu beten. Beten schien sinnlos. Niemand hörte zu, niemand half, und das würde so bleiben. Es war mir damals nicht bewußt, daß ich meinen naiven Glauben für immer verloren hatte. Das Bild über meinem Bett in Lettland, auf dem ein Engel Kinder sicher über eine zerstörte Brücke und aus einem gewaltigen Sturm hinausführt, sollte mir nun falsch und sentimental erscheinen. Jedesmal, wenn meine Familie gemeinsam betete, fühlte ich mich ausgeschlossen und fehl am Platz. Eine Bindung hatte sich gelöst, ohne daß ich verstand warum, und das Ausmaß dieses Verlusts war mir nicht bewußt.

Doch wenn ich sah, wie sich die Lippen meiner Mutter im Gebet bewegten, zupfte ich sie am Ärmel und flüsterte: »Lach doch, bitte.«

Pastor Brauns Leiche wurde unter der Eiche im Regen liegengelassen, und uns trieb man zurück in den Keller. Wir zitterten vor Kälte. Es war kaum zu glauben, daß die Soldaten erst seit etwas mehr als vierundzwanzig Stunden hier waren.

Niemand wußte, was sie mit den anderen Männern gemacht hatten. Ich versuchte, nicht an meinen Vater zu denken, und wurde wütend, als die Frauen flüsternd Vermutungen über den Verbleib der Männer anstellten. Sie könnten womöglich einmal sagen, mein Vater sei erschossen worden. Warum wußten sie nicht, daß es ihm gutging, solange sie nicht über ihn sprachen. Wie konnten sie es nur wagen zu flüstern? Warum brachte meine Mutter sie nicht zum Schweigen?

Die deutschen Frauen hatten meiner Mutter von Anfang an zu verstehen gegeben, daß sie anders sei als sie. Boshaft überließen sie ihr in der Küche die schwersten Arbeiten, und sie versuchten, ihr die Schuld zuzuschieben, wenn etwas verlorenging oder gestohlen wurde. Meine Mutter war die ihr aufgetragene harte körperliche Arbeit nicht gewohnt und empfand sie als noch viel schwerer, wenn sie dabei feindselig beobachtet wurde. Eines Nachts wachten meine Schwester und ich auf, weil unsere Mutter wegen all der kleinen Grausamkeiten der anderen Frauen schluchzte und mein Vater sich alle Mühe gab, sie zu trösten. Wir verhielten uns still, hatten Angst, zu erkennen zu geben, daß wir wach waren. Immer wenn ich meine Mutter bat zu lachen, wußte ich, daß sie dem Weinen genauso nahe war. Doch sie weinte nicht. Sie lächelte jedes Mal, wenn ich sie darum bat.

Ōmite mußte nicht in der Küche arbeiten. Sie verbrachte die Tage damit, Unterwäsche und Socken für die Insassen zu flicken und ein Auge auf meine Schwester und mich zu haben. Die deutschen Frauen wären ihr allein schon deshalb mit Mißtrauen begegnet, weil sie Lettin war, aber Ōmite hatte sich ihre Feindschaft auch durch ihr Verhalten zugezogen. Eines Nachmittags ging bei den Kindern im Hof das Gerücht um, jemand werde bald sterben und Deutschland den Krieg gewinnen. Wir bildeten einen Kreis, hüpften herum und sangen: »Scheißkerl Roosevelt, Scheißkerl Roosevelt, ist jetzt tot, ist jetzt tot!« Ich machte fröhlich mit. Ōmite schoß heraus, packte mich am Arm und schalt mich vor allen anderen: »Du darfst niemals einem Menschen den Tod wünschen.« Sie begann auch noch zu erklären, daß Deutschland den Krieg verliere, unterbrach sich dann aber. Ich mußte für den Rest des Tages drin bleiben. Ōmite kümmerte sich jetzt um Hilda, die irgendwie geächtet schien, nur weil sie als erste vergewaltigt worden war, während sich die anderen Frauen abgewandt hatten.

Aber meine Mutter und meine Großmutter hatten auch einen Vorteil. Da sie in Rußland gelebt hatten, verstanden sie Russisch, und so waren sie in der Lage, verschiedene Informationen zu liefern. Pastor Braun war erschossen worden, weil die Russen behaupteten, er sei ein Nazi-Kollaborateur gewesen. Nein, die Soldaten hatten bis jetzt nicht davon gesprochen, die anderen Männer zu erschießen. Nein, man würde uns nicht so bald gestatten, den Keller zu verlassen, aber ein hochrangiger Offizier werde erwartet, und vielleicht konnte der die Soldaten im Zaum halten.

Der lange graue Nachmittag ging seinem Ende entgegen. Es regnete immer noch, immer noch stand eine Traube von Soldaten bei der Trennwand, immer noch drängten sich die Frauen und Mädchen aneinander – wartend, zitternd. Astrīda bewegte sich ruckartig unter der Matratze.

Die Soldaten packten ein elf- oder zwölfjähriges Mädchen und zerrten es von seiner Mutter weg. Sie hatten sie vorher als zu jung beurteilt. Ihre Mutter, mit angegrautem Haar und formlosem Körper, erhob sich und versuchte, die Soldaten zu bewegen, sie anstelle des Mädchens zu nehmen, doch sie lachten nur und stießen sie zurück. Sie faßten das Mädchen härter an. Es widersetzte sich und blickte dabei hilfesuchend in die Runde der Frauen.

In diesem Augenblick kam Leben in Hilda. Sie hörte auf, vor sich hin zu murmeln, sprang auf und ergriff den Arm eines Soldaten. Sie wiegte ihre Hüften und lachte ihm auf eine Weise ins Gesicht, die er als Aufforderung verstand, die aber zugleich wie Hohn wirkte. Der Soldat stieß seinen Kameraden mit dem Ellbogen an und sagte etwas, worüber beide schallend lachten. Sie ließen das Mädchen los und führten Hilda hinter die Trennwand. Es folgte ein großes Gejohle und Applaudieren.

Später, als Hilda zurückkam, starrten die anderen Frauen sie voller Haß und Verachtung an. Nur die Mutter des verängstigten Mädchens wollte etwas sagen, besann sich aber anders. Hilda kehrte an ihren Platz neben Ōmite zurück, während die anderen Frauen einen Kreis bildeten, von dem sie ausgeschlossen schien. Hilda wurde noch etliche Male hinter die Trennwand gezerrt.

Schließlich wurde es dunkel, und es erschienen keine neuen Soldaten mehr. Es gingen immer dieselben im Keller ein und aus, und mit der Zeit hatten sie sich ausgetobt. Die schon immer schwache Beleuchtung funktionierte nicht, doch die Soldaten leuchteten nicht mehr mit Taschenlampen in unsere Gesichter. Es gab für sie nichts mehr zu holen. Langsam entschwanden sie ins Hauptgebäude, um zu essen und zu schlafen.

Die vorübergehende Stille wurde plötzlich von gebrüllten Befehlen unterbrochen. Diesmal wählten die Soldaten ältere Frauen aus, die sie vorher in Ruhe gelassen hatten. Sie winkten Ōmite, dann Tante Hermīne heran. Ōmite murmelte ein paar ermutigende Worte, berührte rasch meine und Beates Wange und knöpfte dann Hilda den Mantel zu. Meine Mutter saß sehr still da, grub ihre Fingernägel in meine Hand.

Als ein halbes Dutzend älterer Frauen in einer Reihe standen, öffneten die Soldaten die Kellertür und begannen, sie in den strömenden Regen hinauszutreiben.

»Barbaren«, sagte meine Mutter laut. Mit steifem Körper wartete ich auf die Schüsse, aber man hörte keine. Ein Soldat steckte den Kopf zur Tür herein und sagte etwas zu den anderen.

Der Körper meiner Mutter entspannte sich allmählich, sie lockerte ihren Griff an meiner Hand, dann nahm sie sie gedankenverloren und küßte sie.

»Ōmite kommt wieder. Sie bringen sie nur zum Hauptgebäude. Sie und die anderen müssen Kartoffeln schälen und Sauerkraut kochen. Sie kommt wieder.«

Wir saßen still, horchten mit halbem Ohr trotzdem noch auf Schüsse. Immer noch war das Grollen der Geschütze zu hören, aber in nächster Nähe wurden keine Schüsse abgefeuert. Vielleicht würde Ōmite zurückkommen, wenn die Soldaten mit dem Abendessen fertig waren.

Wir hatten den ganzen Tag weder gegessen noch getrunken. Das war vermutlich ein Segen, denn die Soldaten erlaubten niemandem, auf die notdürftigen Toiletten gleich vor der Tür zu gehen. Wir wagten nicht, die Eimer hinter einer der Trennwände zu benutzen, wie wir es während der Luftangriffe getan hatten. Die Soldaten wären bestimmt über jede hergefallen, die halb entblößt war. Wir froren, waren mit Urin besudelt, waren hungrig, durstig und krank vor Erschöpfung.

Ich schloß die Augen, doch ich konnte immer nur Ōmite sehen, wie sie allein im kalten Regen zum Hauptgebäude ging, und meinen Vater, ebenfalls allein, weit vor Ōmite her marschierend. Sie sahen beide so verängstigt und allein gelassen aus, daß ich das Verlangen verspürte, sie zu berühren, doch das ging natürlich nicht. Die Zwangsvorstellung, daß Soldaten meinen Vater so wie Pastor Braun zur Eiche stoßen, verfolgte mich jedesmal, wenn ich die Augen schloß, so starrte ich statt dessen

Hilda an. Das »Vaterunser« herzusagen half nicht mehr, weil ich mich nicht konzentrieren konnte und die Worte jede Bedeutung verloren hatten. Ich saß still da, registrierte mit jeder Faser meines Körpers jede einzelne Bewegung der Soldaten.

Die wenigen Soldaten, die zurückgeblieben waren, um uns zu bewachen, machten es sich auf Matratzen bequem, von denen sie die Frauen weggejagt hatten. Sie reichten Zigaretten und Wodkaflaschen herum. Ihr rauhes Lachen klang verhaltener; vielleicht würden sie endlich einschlafen.

Frau Franz, eine sehr alte Deutsche mit runzligen Händen voller Leberflecken, die sich beim Gehen auf einen kunstvoll geschnitzten Stock stützte, bekreuzigte sich. Sie strich ein Kissen hinter sich glatt, versuchte, es sich bequemer zu machen. Sie löste ein paar Haarnadeln und schüttelte ihr dünnes graues Haar, so wie Ōmite es vor dem Schlafen machte. Dann griff sich Frau Franz mit den knotigen Händen in den Mund, um die falschen Zähne herauszunehmen.

Ein Soldat sprang auf sie zu. Den oberen Teil des Gebisses hatte er schon in den Händen, und er zwängte die Finger in ihren Mund, um auch den unteren Teil herauszuholen. Sie schrie vor Schmerz und versuchte vergeblich, nach den Zähnen zu greifen, die der Soldat in Armeslänge von ihr weghielt.

Als sich der untere Teil löste und der Soldat beide Hälften in seine Tasche stecken wollte, stürzte sich meine Mutter auf ihn. Die Wut, die sich bei ihr aufgestaut hatte, als die Soldaten ihr den Mann, die Mutter und den Ehering wegnahmen, gab ihr Kraft. Einen Augenblick lang sah es aus, als wollte sie den Soldaten beißen, ihm die Zähne in den Nacken schlagen, ihn zerfleischen. Überrascht stieß der Soldat sie weg.

Sie holte tief Luft und faßte sich. Dann begann sie zu sprechen. Sie schnitt Grimassen, sie gestikulierte, sie zeigte auf Frau Franz' Mund, dann auf ihren eigenen. Der Soldat hörte ihr einen Moment lang zu; er hatte nicht erwartet, daß eine der Frauen

Russisch sprach. Dann sagte er wieder etwas mit groben Worten, stopfte das Gebiß tiefer in seine Tasche und drohte meiner Mutter mit der Faust. Er war sehr zornig. Später erfuhren wir, was er gesagt hatte: Seine Mutter in Rußland habe keinen einzigen Zahn mehr, und dieses alte deutsche Luder habe ganze Reihen davon. Auch das gehörte zur Achtung, die die Soldaten Müttern entgegenbrachten.

Meine Mutter versuchte nochmals, ihm klarzumachen, daß ein Gebiß für einen ganz bestimmten Mund gemacht sei, daß es der alten Frau in Rußland gar nichts nützen werde, die alte Frau hier hingegen ohne ihr Gebiß nicht essen könne. Der Soldat wollte nichts mehr davon hören. Er erhob drohend den Arm, als wollte er sie schlagen.

Als meine Mutter noch etwas sagte, ohrfeigte er sie, dann stieß er sie gegen die Pritsche und versetzte ihr mit der Faust einen derben Schlag ins Gesicht. Die anderen Soldaten umringten sie sogleich. Ich stürzte mich auf einen von ihnen und versuchte, ihn wegzuziehen, faßte ihn an einem Bein, trat ihn, trommelte auf ihn ein und versuchte zu beißen. Ich sah das verblüffte, wütende Gesicht des Soldaten und spürte dann, wie mir ein Gewehrlauf vor die Brust gestoßen wurde.

Ein brennender Schmerz durchzuckte mich, so daß ich rückwärts umfiel, und obwohl ich mich abmühte, konnte ich nicht mehr aufstehen. Die Soldaten zerrten meine Mutter zur Tür hinaus. Sie schrie, und sie beschimpften sie mit Worten, deren Unflätigkeit trotz der Fremdheit der Sprache unverkennbar war. Sie führten sie weg, in die regnerische Dunkelheit hinaus. Ich meinte, ihre Schritte sich in Richtung der alten Eiche entfernen zu hören, und versuchte aufzustehen, um ihnen zu folgen, doch ich fiel wieder hin. Dann wurde es sehr dunkel.

Es wurde hell. Es nieselte immer noch, und der Himmel war grau, doch das Schießen hatte nachgelassen. Hilda saß allein da, den Mantel wieder aufgeknöpft. Sie murmelte vor sich hin: »Ich bring' mich um, ich bring' mich um.« Immer wieder dasselbe, mit monotoner Stimme. Es war sehr kalt, ungewöhnlich so spät im Frühjahr.

»Wo ist Mama?« fragte ich. »Haben sie sie erschossen?«

»Vielleicht kommt sie ja wieder«, sagte meine Schwester.

»Wann? Ich will zu ihr. Komm, wir suchen sie.« Doch der Schmerz in meiner Brust hielt mich zurück.

Beate zog die schwere Decke enger um uns beide, so daß ein kleines warmes Nest entstand. »Vielleicht wird alles gut«, sagte sie zweifelnd.

Ich wollte sie bitten zu lächeln, vielleicht würde sie das für mich tun, doch ich wußte, daß es nichts zu bedeuten hätte. Wir schmiegten uns unter der Decke so eng wie nur möglich aneinander, ließen aber die Augen nicht von der Tür. Wir sehnten uns nach unserer Mutter. Nie in meinem Leben hatte ich mir etwas so sehnlich gewünscht wie ihre Rückkehr. Nie mehr würde ich um etwas anderes bitten, wenn sie nur zurückkäme.

Statt dessen trafen neue Soldaten ein.

Mütter und Töchter

MEINE MUTTER KAM ZURÜCK. Sie kam am nächsten Morgen, begleitet von einem russischen Offizier. Die Soldaten hatten sie hinausgeführt, um sie zu erschießen. Ich weiß nicht, was man ihr vorwarf und ob es einer Anschuldigung überhaupt bedurfte, aber gewisse Vorschriften für das Erschießen von Zivilisten muß es gegeben haben, denn sie brachten sie nicht direkt zu dem offenen Platz bei der Eiche. Halb zerrten, halb stießen sie sie zum Hauptgebäude, wo Soldaten, Prostituierte und ein paar Offiziere die Nacht verbrachten. Für einen kurzen Augenblick sah sie Ōmite, die in der Küche arbeitete.

Sie führten sie in einen Korridor und ließen sie fast die ganze Nacht dort warten. Lautes Rufen und Singen drang aus dem Eßsaal und der Empfangshalle. Einige der Lieder kannte sie, und so begann sie, bei einem mitzusummen – tat etwas, irgend etwas, um dem Soldaten, der sie bewachte, zu zeigen, daß sie ein Mensch war. Sie versuchte, ihn zu überreden, sie laufenzulassen, doch er befahl ihr in scharfem Ton, den Mund zu halten.

Man brachte sie in Pastor Brauns Büro. Alle Spiegel in der Empfangshalle waren zerschmettert, alle Gemälde an der Wand zerschlitzt. Die Tür zum Bad stand weit offen, zwei Soldaten spielten dort an den Wasserhähnen, drehten sie auf und zu. Ein dritter wusch sich die Füße im Klosettbecken. Durch eine andere halboffene Tür konnte sie einen Soldaten sehen, der sich auf einer nackten Frau auf und ab bewegte. Die weit geöffneten Augen der Frau sahen an dem Soldaten vorbei auf die kahle Wand.

Die meisten Soldaten dieser Einheit waren mongolische Bauern, für die Spiegel, fließendes Wasser und Elektrizität etwas Neues waren. In ihrer Kindheit in Sibirien hatte meine Mutter Menschen wie sie gekannt. Sie erzählte von ihnen, sie hätten ihre Pferde geliebt und gehätschelt, ihre Frauen dagegen geschlagen, und im Sommer hätten sie schwere dunkle Kleider getragen, weil diese angeblich vor der Hitze schützten. Sie erzählte auch die Geschichte von dem Bauern, der immer wieder versucht habe, mit dem Eimer helles Tageslicht in seine fensterlose Hütte zu tragen. Sie sprach ihre Sprache, aber sonst hatte sie mit ihnen nicht viel gemein.

Man ließ sie in Pastor Brauns Büro von neuem warten. Ein junger Soldat versetzte ihr einen Stoß, als sie sich setzten wollte, doch im übrigen ignorierte er sie. Das Gejohle der Soldaten wurde lauter, sie tranken mehr Wodka. Je betrunkener sie waren, desto gefährlicher wurden sie.

Endlich erschien ein höherer Offizier. Er wurde von dem Soldaten begleitet, der der alten Frau das Gebiß weggenommen hatte. Gekränkt und voller Wut beschuldigte der Soldat meine Mutter, die Siegerarmee angegriffen zu haben. Er entrüstete sich darüber, daß seine Kameraden sie nicht auf der Stelle erschossen hatten.

Da begann meine Mutter zu reden. Das ist es, was ich am meisten an ihr bewundere: daß sie in so einem Moment sprechen konnte, daß sie die Sprache beherrschte und wußte, was zu sagen war.

Zudem kam ihr ein glücklicher Zufall zu Hilfe. Der Offizier war in der Stadt aufgewachsen und ein gebildeter Mann, und deshalb sah er die Sache mit den falschen Zähnen in einem anderen Licht. Dazu kam, daß er in der Nähe von Omsk gewohnt hatte, so wie meine Mutter als Kind. Sie kannten zum Teil die gleichen Straßen, die gleichen Läden, die gleichen Leute. Er hatte die gleiche Schule wie die Brüder meiner Mutter besucht. Er lastete meiner Mutter ihre russische Vergangenheit nicht an, obwohl sie und ihre Eltern nach Ausbruch der Revolution aus dem Land geflohen waren und zur besitzenden Klasse gehört hatten, die der ökonomischen Gerechtigkeit im Wege stand. Vielmehr stellten er und sie Vermutungen über das Schicksal bestimmter Lehrer der Schule an, und er erzählte ihr, daß die Mühle, die ihre Eltern gebaut hatten, immer noch in Betrieb sei. Beide sprachen wehmütig von den Blumenwiesen und den dunklen Wäldern.

Er befahl den Soldaten, sie freizulassen. Meine Mutter wußte, daß ihre Sicherheit nur so lange gewährleistet war, wie sie im Haus blieb, deshalb überredete sie ihn, ihr weiter beizustehen. Er gestattete ihr, Ōmite und Tante Hermīne zu holen, die in der Küche dösten, und dann begleitete er die drei persönlich zurück.

»Die Zustände im Keller sind grauenhaft«, klagte ihm meine Mutter, »Vergewaltigungen, Plünderungen, Brutalität.«

»Das ist gegen die Vorschriften«, entgegnete er. Ob er ihr nun glaubte oder nicht, er erklärte sich bereit, uns an einen anderen Ort zu bringen. Eine andere Einheit hielt das Waisenhaus besetzt, und vielleicht war es dort sicherer. Er geleitete uns alle – auch Cousine Astrīda und Tante Hermīne waren dabei – den See entlang zum Waisenhaus des Dorfes.

All das hatte sich abgespielt, als meine Mutter weg war. So hat sie es mir jedenfalls erzählt, und ich bemühe mich, ihr zu glauben. Ich kann mich erinnern, mit meiner Mutter und einem russischen Offizier auf dem sandigen Weg gegangen zu sein. Wenn ich mir das Wiedersehen mit meiner Mutter und meiner Großmutter vorzustellen versuche, kann ich mich nur an sehr weniges erinnern, doch ich muß wohl unbeschreiblich glücklich gewesen sein. Ich sehe nur noch den Augenblick vor mir, als sie zur Kellertür hereinkam. Ihr Gesicht war gerötet, sie zog den Mantel eng um sich, und sie senkte den Blick. Sie sah beschämt aus, so wie Hilda, aber vielleicht bilde ich mir das nur ein.

Wir sind im Speisesaal des Waisenhauses, in das uns der russische Offizier gebracht hat. Er ist kein wirklich sicherer Zufluchtsort, da er über der Erde liegt, doch man fühlt sich geschützt, denn die zerschlagenen Fenster sind mit Brettern zugenagelt, und der Lärm der Kanonen und Flugzeuge hat nachgelassen. Hier leben nur Frauen und Mädchen, mehr Mädchen als im Keller. Die Mädchen tragen alle dunkelblaue Uniformen mit weißem Kragen und schwarzen Schürzen. Einige sind in meinem Alter, ungefähr sieben, doch die meisten sind älter. Drei ältere Nonnen sitzen vor ihnen auf einer Bank; sie beten den Rosenkranz. Die Mädchen sitzen eng beisammen und schweigen.

Es gibt hier nicht so viele Soldaten, doch sonst sieht es gleich aus. Der Boden ist mit schmutzstarrenden Kleidern und mit Papier übersät. Scherben von Kristallglas und Porzellan knirschen unter den schmutzigen schwarzen Stiefeln der Soldaten. Sie trampeln auf Fotografien herum, die zu Hochzeiten und Taufen aufgenommen wurden. Die Mädchen ziehen sich in sich selbst zurück, genauso wie die Frauen im Keller, aber hier gibt es keine Trennwand. Meine Mutter flüstert, diese Soldaten seien keine Mongolen, und das ist vielleicht ein weiterer Unterschied.

Die Frauen und Mädchen starren uns an, auch hier gehören wir nicht hin, aber sie machen uns auf einer der Bänke Platz. Wir setzen uns und breiten die alte Wolldecke über unsere Beine. Wir warten. Die Soldaten gehen ein und aus, sie unterhalten sich und fuchteln mit ihren Gewehren, ihre Stiefel sehen genauso aus wie die der Mongolen. Aber sie erlauben uns, mit unserer einzigen Tasse Wasser aus einem Eimer zu schöpfen, und sie hindern niemanden daran, nebenan auf die Toilette zu gehen. Der Offizier hat meiner Mutter einen Laib Brot gegeben, den wir jetzt verschlingen. Ich spüre, wie uns die Waisenkinder mit hungrigen Blicken dabei zusehen.

Die Müdigkeit überwältigt uns, wir waren noch nie so erschöpft. Wir versuchen, es uns auf der harten Bank bequem zu machen, aber sie hat keine Lehne. Ich schließe die Augen und lehne den Kopf an meine Mutter. Ich zittere nicht mehr. Hier ist es friedlicher.

Doch plötzlich wird die Tür aufgerissen, und noch mehr Soldaten drängen in den Raum. Es sind Mongolen, wie die Soldaten im Keller. Ich würde die schräg gestellten Augen, die dunkel glänzende Haut und die hohen Backenknochen überall erkennen. Sie werfen einen flüchtigen Blick über die zusammengedrängten Frauen und fixieren dann die Waisenkinder. Die Nonnen breiten die Arme vor ihnen aus. Ihre weißen Hauben flattern. Ein Soldat tritt einen Schritt vor, dann bleibt er stehen.

Die Soldaten mustern uns, die wir auf den anderen Bänken sitzen. Dunkle Hände mit schwarzen Rändern unter den Fingernägeln greifen nach uns; sie packen eine der Frauen an den Haaren, um ihr Gesicht besser betrachten zu können. Sie weicht zurück, versucht, sich zusammenzurollen, doch der Soldat reißt ihr mit seinen schmutzigen Händen den Kopf hoch. Er drückt ihr sein Knie in den Schoß, damit sie sich aufrichtet, so daß sie entscheiden können, ob sie die ist, die sie haben wollen.

»Gott wird euch strafen«, sagt eine Nonne. Ihr Gesicht ist unbewegt; nur ihre Haube zittert. Die Soldaten scheinen sie nicht zu hören, aber sie würden sie ohnehin nicht verstehen. Sie zerren die sich noch immer krümmende Frau zur Tür.

Und dann geschieht etwas Wundersames. Eine andere Frau, die aussieht wie die Schwester von der, die sie gepackt haben, geht zum Flügel, der in der Ecke des Raumes steht. Sie setzt sich, öffnet den Deckel und beginnt zu spielen. Eine Melodie erfüllt den Raum. Sie spielt »Die Lorelei«.

Ich weiß nicht, was soll es bedeuten,
Daß ich so traurig bin;
Ein Märchen aus alten Zeiten,
Das kommt mir nicht aus dem Sinn ...«

Es ist eine liebliche, klagende Melodie, seltsam passend zu unserer Situation.

Verblüfft wenden sich die Soldaten ihr zu. Das haben sie nicht erwartet. Sie halten die andere Schwester nicht mehr ganz so fest; einer läßt beide Hände sinken. Wie versteinert bleiben sie in der Mitte des Raumes stehen und hören der Musik zu. Die Frau am Flügel spielt die erste Strophe zu Ende und beginnt mit der nächsten.

Die Augen auf die Klavier spielende Frau gerichtet, lassen die Soldaten ihre Schwester los. Sie folgen den Händen auf dem Flügel, sie hören aufmerksam zu, gehen selbst in der Melodie auf.

Die junge Frau, die mitten im Zimmer stehengelassen wurde, geht zögernd einen Schritt rückwärts, weg von den Soldaten. Sie sehen sie gleichgültig an, versuchen nicht, sie daran zu hindern. Sie verfolgen die Hände, die die Musik hervorbringen. Behutsam und mit größter Vorsicht, voller Angst, die Soldaten aufzuscheuchen, schleicht das Opfer zurück an seinen Platz. Sie hat ein paar Minuten Gnadenfrist gewonnen – ist es vermessen zu hoffen, daß sie ganz davongekommen ist? Sie zieht sich wieder in sich zurück, rollt sich zusammen. Sie würden sie nur mit Gewalt wieder hochziehen können.

Ihre Schwester hört nicht auf zu spielen. Sie spielt »Die Lorelei« mehrere Male, und als sie merkt, daß die Aufmerksamkeit nachläßt, fängt sie mit einem Walzer an. Sie spielt Walzer, Mazurken, Märsche und Kirchenlieder. Die Soldaten werden müde vom Stehen und lassen sich einer nach dem anderen auf dem Boden nieder. Sie bilden einen Kreis um die Frau am Flügel. Das Kinn auf die Knie gestützt, verfolgen sie mit verzückter Miene die über die Tasten gleitenden Hände der Frau.

Andere Soldaten stürzen herein, zur Gewalt bereit, doch die Melodien, die den Raum erfüllen, und die gebannten Gesichter der lauschenden Soldaten halten sie zurück. Sie stehen ein paar Augenblicke unschlüssig da, sie legen die Gewehre nieder, sie setzen sich auf den Boden. Sie nehmen die Helme ab, lockern die Kragen ihrer Uniformen, ihre Körper werden geschmeidig, gemeinsam wiegen sie hin und her.

Die Frau spielt und spielt, und die Soldaten hören zu. Als sie müde wird, nickt sie ihrer Schwester zu, die neben sie auf die Klavierbank gleitet. Zusammen spielen sie ein Duett, wechseln mit Leichtigkeit in die zweistimmigen Melodien, die sie als Mädchen geübt haben müssen. Sie erlauben sich nicht die kleinste Unterbrechung. Musik kann Wut und Haß bannen.

Als die erschöpfte Frau aufsteht, spielt ihre Schwester weiter. Ein Soldat packt die müde Frau beim Ellbogen und drückt ihre Finger zurück auf die Tasten; der Mißklang macht ihn wütend. Die Schwester aber spielt unbeirrt weiter, bis er begriffen hat, daß die Musik noch nicht aufhört, und er die Frau an ihren Platz zurückgehen läßt. Die Schwester spielt, bis sie nicht mehr kann, dann gleitet eine andere Frau durch den Raum und auf die Klavierbank. Musik von Mozart und Chopin klingt durchs Zimmer; die Soldaten sind still.

Auch meine Mutter spielt. Sie spielt ein russisches Volkslied, und die Soldaten stoßen einander erfreut an. Sie verlangen lauthals, daß sie es noch einmal spiele. Es ist gut möglich, daß sich im Kreis um den Flügel auch jene Soldaten befinden, die sie aus dem Keller geholt haben, mit der dunklen Haut und den unbewegten Gesichtern sehen sie sich alle so ähnlich. Ich habe Angst, ihrem Blick zu begegnen, und kann sie deshalb nicht auseinanderhalten; doch selbst wenn sie dabei sind, sie stören das Klavierspiel meiner Mutter nicht. Sie murren, als sie aufhört, geben sich aber zufrieden, als eine andere Frau »Näher, mein Gott, zu dir«, spielt.

Solange die Frauen zu spielen vermögen, solange die Soldaten gewillt sind zuzuhören, sind wir sicherer als zuvor. Die Frauen spielen alle Stücke, die ihre Mütter sie als Mädchen üben hießen. Sie spielen bis zum Einbruch der Dämmerung.

Mit der Zeit beginnen die Soldaten, sich zu langweilen und unruhig zu werden, sie entfernen sich zu zweit oder zu dritt. Der Regen hat nachgelassen, es nieselt noch ab und zu, und es ist immer noch kalt. Nur wenige Soldaten bleiben im Speisesaal, und als es dunkel wird, gehen auch die letzten beiden. Eine gute Gelegenheit zum Schlafen. Obwohl ich mehrmals aufschrecke und mich das helle Entsetzen packt, weil ich zurückkehrende Soldaten zu hören glaube, liege ich beinahe die ganze Nacht hindurch in leichtem Schlaf.

Der Morgen des nächsten Tages ist wieder einmal grau und kalt. Als die Soldaten, die Gewehre in der Hand, in den Raum dringen, sind wir bereits wach. Wir werden hinauskommandiert.

Wir müssen uns in einer Zweierreihe aufstellen. Ich halte meine Mutter an der Hand, meine Schwester die Großmutter. Die Soldaten sind wieder gereizt, ganz anders als in der Abenddämmerung. Sie treiben uns mit ihren Gewehrläufen an, sie beschimpfen uns, sie stoßen jede umher, die nicht da steht, wo sie stehen soll. Es ist sehr wichtig, sich ganz still und gefügig zu verhalten, damit sie einen nicht beachten und nicht wütend werden. Beate streckt die Hand nach der Mutter aus, doch ein Soldat stößt sie grob gegen Ōmite.

Im kalten Nieselregen müssen wir zum See marschieren, dann zwischen schlanken Birken das Ufer entlang. Ihr junges hellgrünes Blätterkleid sieht verletzlich aus. Niemand weiß, wohin sie uns bringen. Einmal blicke ich zurück. Die drei Nonnen sind in der Kolonne, aber die Waisenkinder wurden im Saal zurückgelassen, allein mit anderen Soldaten. Wir müssen auf den sandigen Weg achtgeben. Wir steigen über knotige Wurzeln, und nasse Grasbüschel streifen beim Gehen unsere Beine. Wir spüren mehr, als daß wir sehen, wohin wir gebracht werden. Der Keller ist ganz in der Nähe, und weiter hinten liegt die Lichtung mit der alten Eiche. Wir sind wieder am Ausgangspunkt.

Einen Fuß vor den anderen setzend, heften wir den Blick an den Boden. Die Soldaten befehlen uns anzuhalten, vorne ist ein Durcheinander entstanden. Meine Mutter horcht konzentriert auf ihre Rufe, dann wendet sie sich ihrer Mutter zu.

»Sie stellen uns auf, um uns zu erschießen, hast du gehört?« flüstert sie.

»Ich weiß nicht«, flüstert Ōmite zurück, doch sie widerspricht meiner Mutter nicht.

»Komm«, sagt meine Mutter plötzlich. »Komm, wir gehen nach vorn. Wenn sie uns schon erschießen, dann wollen wir die ersten sein. Jetzt kann uns nichts mehr retten. Und ich ertrage es nicht, noch mehr Leute sterben zu sehen.« Ihre Stimme klingt vollkommen mutlos. »Komm, wir gehen an den anderen vorbei.« Sie beginnt, mich am Arm zu ziehen.

Sie will, daß ich erschossen werde, denke ich.

»Nein, nein, ich will nicht.« Ich bohre meine Fersen in den sandigen Boden des Pfades. Vor uns stehen vielleicht zwanzig Frauen. Zuerst müssen sie die erschießen.

»Doch, es muß sein. Komm jetzt«, sagt meine Mutter bestimmt. Sie zieht mich an der Hand. »Mach schon. Es ist zu schrecklich, sie alle sterben zu sehen.«

Doch ich wehre mich. »Ich komm' nicht, ich komm' nicht. Ich will nicht.« Ich ziehe gegen das Ende der Kolonne, möchte die allerletzte sein. Ich versuche, mich an einem tiefhängenden dünnen Birkenast festzuhalten. Die jungen Blätter zerreißen und knüllen sich in meiner Hand, als meine Mutter mich heftig vorwärts zerrt. Ich greife nach einem anderen Zweig.

Meine Mutter gibt es auf, mit mir zu kämpfen, und versucht, mich statt dessen zu überreden.

»Komm, mein Liebes, es tut nicht weh. Wir halten uns einfach bei den Händen, sie werden uns die Augen verbinden. Und wenn sie es nicht tun, mußt du sie nur, so fest du kannst, zumachen. Preß sie zusammen, und mach sie unter keinen Umständen wieder auf. Halt sie geschlossen, dann spürst du nichts. Es tut nicht weh, mein Herz, ich versprech's dir. Komm mit.«

»Nein.«

Ich rühre mich nicht von der Stelle.

Meine Mutter spricht wieder mit verärgerter Stimme: »Du *mußt* kommen, wir können nicht dastehen und zusehen, wie die anderen erschossen werden.« Sie macht einen weiteren Versuch, mich bei der Hand zu nehmen und mich vorwärts zu zerren.

Nicht ahnend, daß ich mich dieser Worte wegen für den Rest meines Lebens schuldig fühlen werde, sage ich: »Ich will es sehen, ich will sehen, wie sie sterben.« Ich bin außer mir. »Ich komme nicht.«

Ein Soldat brüllt uns an, ruhig zu sein, und wir stehen beide schweigend und vor Wut bebend da. Es ist unmöglich zu erkennen, was auf der Lichtung vor uns geschieht, es ist etwas Schreckliches, aber die Wut auf meine Mutter kennt keine Grenzen. Ich möchte so weit wie möglich von ihr weg sein, aber zugleich klammere ich mich so fest an ihre Hand, daß man sie abhacken müßte, damit ich losließe.

Vorn fallen Schüsse. Soldaten winken uns vorwärts. Sie treiben uns mit ihren Gewehrläufen an, weil wir ihnen zu langsam gehen. Ich habe Angst, meine Mutter würde wieder versuchen, mich an die Spitze der Kolonne zu zerren, doch sie tut es nicht. Plötzlich scheint sie erschöpft und völlig kraftlos. Sie beugt sich zu mir herab und streichelt mir die Wange, sie dreht sich um und küßt meine Schwester aufs Haar.

»Denk daran, die Augen zu schließen und sie geschlossen zu halten«, sagt sie. »Es tut nicht weh. Und vergiß nicht, beim Warten das Vaterunser zu beten. Es tut nicht weh, und dann kommst du in den Himmel. Ich versprech' es dir, du kommst in den Himmel, mein Liebes. Denk einfach daran, wie schön es dort oben ist, ganz viele Engel und wunderschönes Licht. Komm, wir beginnen: ›Unser Vater in dem Himmel...‹«

In der Kolonne, die sich nur sehr langsam vorwärts geschoben hat, gibt es plötzlich einen Ruck. Wir treten in die Lücke, die zwischen uns und den Frauen vor uns entstanden ist, und kommen jetzt zur Lichtung, sind wieder bei der alten Eiche.

Ich erwarte, vor die Eiche gestellt zu werden, da, wo sie Pastor Braun hingestellt haben. Deshalb dauert es eine Weile, bis mir bewußt wird, daß wir wieder einmal in einen Halbkreis von Zuschauern gedrängt werden. Meine Mutter versucht, mir die Augen zuzuhalten, will nicht, daß ich sehe, was unter der Eiche liegt.

Ein Soldat reißt meine Mutter wieder von mir weg. Diesmal läßt sie es geschehen, und ich ebenfalls. Ich habe das erwartet.

Der Soldat zerrt mich aus dem Halbkreis. Er legt mir die Hände um den Hals und tut so, als wolle er mich erwürgen. Das ist genau so grauenerregend wie der Moment, als die Soldaten meine Mutter abführten, so grauenerregend wie der Kampf mit ihr, aber irgendwie ist diese Angst noch schneidender und greller. Sie sprengt mir fast das Herz, ich bekomme keine Luft. Ich kann weder schreien noch beten. Ich kann die Augen nicht zumachen. Ich spüre, wie ich die Kontrolle über meinen Körper verliere; warmer Urin läuft mir die Beine hinunter und tropft auf die verdreckten Stiefel des Soldaten. Die Scham, die ich empfinde, wird Teil dieses Augenblicks.

Ich weiß, daß er jedes Recht hat, mich zu töten.

Der Soldat blickt auf seine nassen Stiefel hinunter, flucht, drückt die Hände fester um meinen Hals und schleudert mich dann von sich weg. Ich bin darauf gefaßt, gegen den Baum zu schlagen, ich würde gern die Besinnung verlieren, doch meine Mutter steht zwischen der Eiche und dem Soldaten, und so falle ich gegen ihre Beine. Sie zieht mich hoch und drückt mich dabei so fest an sich, daß mir die Schultern weh tun.

Der Soldat legt mir wieder die Hände um den Hals. Brüllend befiehlt er meiner Mutter zu übersetzen.

Endlich verdeckt er mir nicht mehr die Sicht, so daß ich erkennen kann, was unter dem Baum ist. Dort auf der Erde liegt Heidi, das Mädchen, das in der Schule neben mir sitzt. Heidis Gesicht ist blau und aufgedunsen, aber ihr Körper sieht fast unverändert aus. Sie ist barfuß und trägt keinen Mantel, nur ein kurzärmeliges Kleid mit winzigen blauen Blütenzweigen darauf. Das bißchen Unterrock, das hervorguckt, ist schmutzig. Ihre Kleider und ihre Haare sind durchnäßt; sie muß lange hier gelegen haben. Irgendwie scheint sie schwerer geworden zu sein.

Neben Heidi liegt ihre Mutter, Frau Heimlich. Ihre Augen sind mit einem Lappen verbunden. Sie hat ein dunkles Loch in der Wange, und in der Brust hat sie ebenfalls zwei oder drei dunkle Löcher. Auch sie ist barfuß. Das Kleid ist ihr bis über die Hüften hochgestreift, zwischen ihren Beinen ist ein dunkler Fleck.

Meine Mutter übersetzt, ihre Stimme zittert. »Er sagt, wenn noch eine versucht, einen Mord oder einen Selbstmord zu begehen, wird sie erschossen und alle anderen auch. Er sagt, diese Mutter habe ihre Tochter erwürgt und versucht, sich selbst umzubringen, doch sie hätten sie gerade noch rechtzeitig daran hindern können. Sie haben sie erschossen, um uns zu zeigen, was passiert, wenn noch jemand versucht, sich das Leben zu nehmen.«

Sie hält inne, und der Soldat brüllt noch etwas.

»Er sagt, wir sollten wissen, daß sie nicht gern töten. Er sagt, wenn eine von uns irgend jemanden umzubringen versucht, werden sie uns alle erschießen. Dann müßten wir alle sterben.«

Als meine Mutter fertig gesprochen hat, versucht sie von neuem, mir die Augen zuzuhalten, und ich lasse es geschehen. Ich habe alles gesehen. Ich werde es immer und immer wieder sehen. Wenn ich die Augen schließe, sehe ich Heidis aufgedunsenes Gesicht und ihren schweren Leib und das von ihr abgewandte Gesicht ihrer Mutter. Es ist, als wären sie irgendwo hinter meinen Augen eingebrannt.

Ich versuche zu begreifen, daß die Mutter Heidi erwürgt hat, genau wie es der Soldat an meinem Hals demonstriert hat, wo ich immer noch den Abdruck seiner Hände spüre. Sie muß fester zugedrückt haben, sonst wäre Heidi noch am Leben. Ich versuche es mir vorzustellen, doch es will mir nicht gelingen. Später müssen die Soldaten ihre Mutter hinausgebracht und vor die Eiche gestellt haben, so wie sie es mit Pastor Braun gemacht haben. Sie haben ihr noch etwas angetan, bevor sie sie erschossen haben. Sie haben sie bestraft.

Ich vergrabe mein Gesicht im Rock meiner Mutter und klammere mich so fest an sie, wie ich nur kann. Sie befreit sich nicht mit einer jener sanften Bewegungen von mir, wie ich es gewohnt bin. Mit einem Arm drückt sie mich fest an sich, mit dem andern meine Schwester. Dann läßt sie meine Schwester los und preßt mein Gesicht mit beiden Händen so heftig an ihren Bauch, daß ich nicht mehr atmen kann, so als wolle sie den Anblick der toten Mutter mit ihrer toten Tochter in mir auslöschen.

Ich spüre die Wärme meiner Mutter, aber es hat etwas Bedrohliches, so eng von ihr umfangen zu werden. Was wird sie als nächstes tun, wozu mich zu zwingen versuchen? Als sie mich losläßt, reibe ich mir mit den Fäusten heftig die Augen, doch Heidi und ihre Mutter sind immer noch da, vor mir in der Dunkelheit und dem Funkenregen, den ich mit meinen Fäusten in den Augen erzeuge. Ich weiß, daß ich sie schon einmal irgendwo gesehen habe und daß ich sie für immer sehen werde.

Ein Traum blitzt auf. Es ist fast zwei Jahre her, daß ich ihn unter meiner blauen Gänsedaunendecke in meinem Bett in Lettland geträumt habe. Meine Mutter hat mich immer wieder wegen dieses Traums beruhigen müssen. Damals bekümmerte mich nur, daß sie traurig und abwesend war.

Jetzt erscheint mir der Traum viel bedrohlicher. Ich glaube, er war ein Omen, er hat irgendwie vorweggenommen, wie sie mich vorwärts zerrt, doch habe ich ihm keine Beachtung geschenkt.

In diesem Traum wandere ich auf einem sandigen, von Birken gesäumten Pfad, entferne mich vom Pfarrhaus in Lettland auf den Wald zu. Es ist ein klarer, blauer Sommertag, ich bin vollkommen glücklich. Meine Mutter in ihrem weißen, in der Sonne leuchtenden Leinenkleid geht vor mir her. Der Weg biegt nach links ab, so daß ich sie aus den Augen verliere und laufen muß, um sie einzuholen. Sie bewegt sich rasch auf die dunklen Tannen hinter den Birken zu, also renne ich schneller, um mit ihr Schritt zu halten.

Im tristen Licht unter den Tannen ist das Kleid meiner Mutter plötzlich schwarz. Ich merke, daß sie von mir wegzulaufen versucht, sie will mich nicht bei sich haben. Ich will sie unbedingt erreichen, doch sie entzieht sich mir. Sie klettert in die Astgabel eines verkrüppelten Baumes und läßt mich unten zurück. Als es mir gelingt, den Saum ihres Kleides zu fassen, bemerke ich, daß sich alle ihre Sachen verwandelt haben, sie sind ganz schwarz. Sie trägt schwarze geschnürte Männerschuhe, nicht die leichten weißen Riemchensandalen, die sie auf dem Weg trug.

Ich strecke ihr die Arme entgegen, damit sie mich hochhebe, doch dann schrecke ich entsetzt zurück. Ihre Haut ist voller Runzeln, ihr Gesicht grausam und wissend, die Finger knochig und spitz. Sie winkt mich aufmunternd näher. Sie hat sich verwandelt, sie ist eine Hexe, meine richtige Mutter ist verschwunden. Ich schreie, bis ich aufwache.

Damals bat ich meine Mutter immer, das Licht anzumachen, ich wollte sicher sein, daß sie sich nicht in etwas Böses verwandelt hatte. Sie versprach mir dann, sie würde sich nie verwandeln, sie würde immer für mich dasein, sie sei sie selbst. Und ich glaubte ihr, daß sie mich immer beschützen würde, war sicher, daß sie mir niemals etwas antun würde. Genau wie im Traum klammere ich mich jetzt an meine Mutter, obwohl ich Angst vor ihr habe.

Ich blicke wieder auf die beiden Gestalten unter der Eiche. Heidis Augen sind offen, sie starrt unentwegt in den Regen. Ihre Mutter ist von ihr abgewandt; sie würde über den See schauen, wären ihre Augen nicht mit dem Tuch verbunden. Mutter und Tochter liegen kaum einen Meter auseinander, sie strecken sich die Hände entgegen, doch ihre Finger berühren sich nicht.

Wir stehen da und schauen zu, wie der Regen auf die Leichen fällt. Sogar die Soldaten verhalten sich still.

Meine Mutter beugt sich zu mir und flüstert: »Geht es wieder, mein Liebes?«

Ich nicke. Ich würde ihr gerne sagen, daß es mir nicht gutgeht, ich würde sie gern fragen, wann und wo ich die tote Mutter mit der toten Tochter schon einmal gesehen habe. Woher nur weiß ich, daß das alles schon einmal geschehen ist, warum bin ich so sicher, daß es immer und immer wieder geschehen wird?

Aber ich sage nichts. Ich nicke und tue so, als ginge es mir gut. Ich bitte meine Mutter, ein frohes Gesicht zu machen, und sie lächelt. Ich tue so, als würde mich das glücklich machen, ich halte ihre Hand, ich schließe die Augen, doch die graue Kälte bleibt in mir.

Die Leichen blieben mehrere Tage im Regen liegen. Jemand hatte eine alte Pferdedecke über sie geworfen, um Heidis offene Augen und das von ihr abgewandte, dem See zugekehrte Gesicht ihrer Mutter zu verdecken. Ihre nackten Füße, schutzlos und beinahe schwarz, schauten unter dem groben grauen Tuch hervor.

Man brachte uns in den Keller zurück und hielt uns dort für einige weitere Tage fest. Die Frauen sprachen flüsternd über das, was Frau Heimlich getan hatte. Ein Motiv mußte gefunden werden, und man fand auch eins. Offenbar hatte sie Nachricht erhalten, daß ihr Mann an der Front gefallen sei, und weil sie aus Verzweiflung darüber nicht mehr leben wollte, brachte sie ihre Tochter um und wollte dann selbst Gift nehmen. Doch die Soldaten hinderten sie daran, um sie dann hinzurichten. Das tröstete mich nicht; es machte alles nur noch schlimmer. Wenn mein Vater nicht zurückkäme, was würde meine Mutter dann tun?

Hilda wiegte sich immer noch hin und her. »Ich bring' mich um, ich bring' mich um, ich bring' mich um.« Die anderen Frauen redeten auf sie ein, erklärten ihr, daß sie das nicht tun dürfe: es wäre ihre Schuld, wenn wir alle umgebracht würden. Meine Mutter versuchte, einen anderen russischen Offizier zu überreden, uns ziehen zu lassen, diesmal, weil wir Letten seien, keine Deutschen. Er erwiderte, man würde uns in einen Zug setzen und zurück nach Lettland schicken. Unser Land sei mit der Besetzung durch die Russen befreit worden, erklärte er. Von da an gaben wir vor, Deutsche zu sein. Bei den seltenen Gelegenheiten, wo wir miteinander sprachen, redeten wir nur noch deutsch. Es war eine weitere unumgängliche Verstellung.

»Lach doch mal«, sagte ich immer wieder auf deutsch zu meiner Mutter. Und wenn sie lächelte, tat ich so, als ginge es mir gut. Doch Hilda, die anderen vergewaltigten Frauen, die in der Gewalt der Soldaten zurückgelassenen Waisen, die klagenden Melodien auf dem Flügel verfolgten mich.

Ich war auch nicht imstande, über das zu sprechen, was zwischen meiner Mutter und mir an jenem Morgen durchtrennt wurde, und sie auch nicht. Das ganze Universum war für mich während des Krieges mutterlos und blieb es noch lange Zeit.

Die Nachwehen

Meine Mutter wurde wieder von den Soldaten abgeführt, diesmal, weil eine Mahlzeit, deren Zubereitung sie überwachen mußte, zu wünschen übrigließ. Die hungrigen Frauen in der Küche hatten den größten Teil des Fleisches gegessen, und die Soldaten machten meine Mutter dafür verantwortlich. Man führte uns alle wieder hinaus, um uns zu erschießen, aber ein anderer Offizier ordnete an, uns zurückzubringen. Im Keller herrschten weiterhin Gewalt und Chaos.

Doch die Geschichte wird langsam eintönig.

Allmählich veränderte sich die Lage. Es kamen weniger Soldaten in den Keller, es blieben weniger da. Es gab für sie nichts mehr zu holen. Und eines Morgens, ungefähr zehn Tage, nachdem die ersten Soldaten eingetroffen waren, waren nur noch Frauen und Kinder da. Man hatte uns schon früher am Morgen einmal hinausgebracht, um uns vorzuführen, wie drei Soldaten erschossen wurden, die gegen das Verbot, Zivilisten zu töten, verstoßen hatten. Es waren offenbar diesselben, die Heidis Mutter erschossen hatten, doch sie sahen aus wie alle anderen. Das war die letzte Hinrichtung, die man uns mit anzusehen zwang.

Danach zogen die Soldaten allmählich ab. Es dauerte eine ganze Weile, bis uns bewußt wurde, daß uns niemand mehr bewachte und daran hinderte, den Keller zu verlassen. Niemand beschimpfte oder bedrohte uns. Einige Stunden lang saßen wir still an dem trostlosen Ort, bis wir annehmen konnten, daß wir uns offenbar frei bewegen durften.

Wir marschierten den Seeweg entlang in Richtung Dorf, dann quer über die Felder zu einem verlassenen Hof. Die Soldaten waren wahrscheinlich noch immer im Dorf, so daß es gefährlich gewesen wäre, dort hinzugehen. Eine der Frauen im Keller war aus den Wäldern gekommen, wo sie ungefähr einen Tagesmarsch von Lobetal entfernt eine seltsame Nachrichtenstation entdeckt hatte. Sie wäre am liebsten für immer dort geblieben. Hinter den riesigen Spiegeln und Suchscheinwerfern befanden sich Gebäude voller Lebensmittelvorräte. Sie hatte Büchsenfleisch gegessen, dicke gesüßte Dosenmilch getrunken und davon auch etwas mitgebracht.

Meine Mutter und Tante Hermīne beratschlagten, ob wir versuchen sollten, diesen Ort zu finden, doch schließlich entschieden sie sich dagegen. Es war ein zu langer Fußmarsch für uns. Ōmite war erschöpft, Astrīda schwitzte und fieberte, ihre Haut war grau von der Asche und dem Staub, mit denen sie versucht hatte, ihr Gesicht zu entstellen, und ich fühlte mich schwach wegen der Schmerzen in der Brust. Auch wenn wir es bis zu der Station schafften, sie war womöglich von Soldaten besetzt oder geplündert worden oder beides zugleich. Und mein Vater, mein Onkel und die Cousins würden uns nie finden, wenn wir uns zu weit entfernten. Falls sie noch am Leben waren und man sie freiließ, würden sie in Lobetal nach uns suchen. Wenn sie uns nicht fanden, kehrten sie vielleicht nach Lettland zurück, und wir würden sie nie wiedersehen.

Mehrere Tage lang wanderten wir heimlich von einem verlassenen Hof zum anderen. Wir machten uns Notbetten aus irgendwelchen alten Kleidern, die wir fanden, drängten uns alle im gleichen Raum zusammen, in einer Zimmerecke, möglichst weit weg von Türen und Fenstern. Wir suchten nach Eßbarem, doch außer ein paar rohen Kartoffeln und Rüben fanden wir nichts.

Das Schlafen fiel uns in jener ersten Zeit und in den Monaten danach am schwersten. Ich streckte mich aus, schloß die Augen, zählte bis hundert und wieder zurück, so wie es mir meine Mutter geraten hatte, aber wenn ich damit fertig war, lag ich immer noch wach. Ich spürte, wie Soldaten sich an uns heranschlichen. Wenn meine Mutter mich fragte, ob ich das Vaterunser gesprochen hätte, nickte ich und zählte statt dessen ein zweites Mal bis hundert. Wenn ich merkte, daß ich langsam in den Schlaf hinüberglitt, gab ich mir einen Ruck, um wach zu bleiben, denn ich dachte, mit geschlossenen Augen könnte ich die sich nähernden Soldaten nicht hören. Oder ich nickte ein und schreckte dann mit pochendem Herzen auf, weil ich Soldatenhände meinen Hals umschließen spürte. Alle anderen waren gewöhnlich ebenfalls wach, horchten in die Stille, beteten, die in der Ferne zu hörenden Lastwagen möchten weiterfahren, an uns vorbei. Ich gab den Versuch zu schlafen auf und betrachtete das Mondlicht, das durch die vorhanglosen Fenster auf die nackten Böden, auf meine Schwester, meine Mutter und meine Großmutter fiel. Alle lagen sehr ruhig da und taten, als schliefen sie, um die anderen nicht zu stören.

Schließlich sahen wir keinen Sinn mehr darin, einfach so in der Gegend herumzuziehen, und wir beschlossen, nach Lobetal zurückzukehren. Dort lagerten immer noch Vorräte, und vielleicht waren mein Vater und die anderen da, oder wir würden wenigstens etwas von ihnen hören. Vielleicht waren auch noch Soldaten da, doch wohin sollten wir sonst gehen?

Der Weg vom Tor zum Haus war leer, aber in den Gräben lagen überall verblichene und verunstaltete Fotografien, leere Benzinkanister, zerrissene Kleider, einzelne Schuhe. Die Fenster des Hauptgebäudes waren zertrümmert, die Türen aus den Angeln gerissen, die Schlösser aufgebrochen. Die Sonne schien sehr hell; Fliegen und andere Insekten schwärmten auf der von Unrat übersäten Veranda. Es war alles sehr vertraut, keineswegs überraschend, sogar irgendwie stimmig.

Wir gingen langsam von Zimmer zu Zimmer, voller Angst vor weiteren Entdeckungen. Alles, was zerstört werden konnte, war zerstört, aber Leichen fanden wir nicht. Die Küche war leer, der Boden mit zerbrochenen Tassen und Schüsseln übersät. Über allem lag ein feiner Staub von verschüttetem Mehl. Niemand war da, doch irgend jemand hatte einen der großen Anstaltsherde abgewischt und ein paar Töpfe bereitgestellt.

Wir stiegen in Erwartung des Sülzfleisches und der eingemachten Früchte in den Keller hinunter. Wir waren völlig ausgehungert. Doch als wir die Tür zum großen Vorratsraum öffneten, sahen wir, daß auch hier alles verwüstet war. Der Gestank verdorbener Nahrungsmittel, vermischt mit dem von Exkrementen, stieg uns in die Nase. Wir hielten den Atem an, bedeckten Nase und Mund mit den Händen. Glasscherben waren in die übelriechende, schlüpfrige Masse eingebettet, und wir versuchten, möglichst nicht gerade da hinzutreten, wo der Schmutz am tiefsten war.

Die betrunkenen Soldaten hatten alles verwüstet, nur mit dem Sauerkraut waren sie sorgfältig umgegangen. Die hölzernen Fässer, in denen es gelagert hatte, waren leergegessen. Für uns war nichts Eßbares übriggeblieben.

Hinter uns knarrte die Treppe, und wir erstarrten vor Angst. Es kam zwar nicht so sehr darauf an, wann wir getötet wurden, aber wir waren trotzdem in ständiger Angst. Wir regten uns nicht, sahen einander schuldbewußt an, atmeten die übelriechende Luft, unsere Herzen hämmerten. Die Schritte kamen näher.

Die Tür wurde aufgestoßen, aber es war nur Frau Braun, die Frau des toten Direktors. Ihre Wangen waren eingefallen, die Augen rot, die Kleider hingen ihr lose am Leib. Über einem schlottrigen Sommerkleid trug sie etwas, das wie eine von Pastor Brauns Jacken aussah. Ihr Haar war matt, die dunklen Augen schienen riesig. Sie glich kaum mehr der eleganten Frau, die sie noch vor wenigen Wochen gewesen war. Eine Perlenkette um den Hals, in einem schicken Kostüm mit Schulterpolstern, die

Krokodilledertasche fest in der Hand, saß sie damals selbstbewußt neben ihrem Mann, wenn sie zu den Behörden nach Berlin fuhren.

Sie schüttelte den Kopf, unsere Fragen vorwegnehmend. »Hier gibt es nichts zu essen. Aber drüben, hinter den Scheunen, haben sie Karotten. Sie kochen sie gerade.«

Ich machte kehrt, um zu gehen, war schon halb die Treppe hinauf, an Frau Braun vorbei.

»Sind wir da auch willkommen?« fragte meine Mutter, und ich blieb stehen, hatte Angst vor Frau Brauns Antwort. Sie war meiner Mutter immer reserviert begegnet, vielleicht weil sie Pastor Brauns offensichtliche Zuneigung zu ihr nicht ertrug.

Frau Braun zögerte, dann sagte sie freundlich: »Alle sind willkommen. Wir sind hier in Lobetal, Obdachlose sind willkommen.«

Dann sah sie meiner Mutter direkt ins Gesicht: »Ich bin froh, daß Sie zurückgekommen sind«, sagte sie, »hier sind Sie viel sicherer.«

»Danke«, erwiderte meine Mutter mit zitternder Stimme, »danke für Ihre große Güte.«

»Und dann brauchen wir Sie hier auch. Sie können uns beim Aufräumen helfen.« Frau Braun zeigte auf die Schicht aus verfaulenden Lebensmitteln und Unrat. Es schien unvorstellbar, daß dieser Keller je wieder makellos sauber und aufgeräumt sein würde, und schon gar nicht gefüllt mit Vorräten.

»Karotten«, sagte ich. Ich befürchtete, es blieben keine mehr übrig, wenn wir weiter zögerten. Und ich hoffte, Frau Braun würde mit uns kommen, dann würden uns die Leute, die die Karotten hatten, nicht fortjagen. Ich wußte, daß sie nicht uns gehörten und daß wir kein Recht darauf hatten.

»Komm«, sagte Frau Braun, »ich zeige dir, wo es ist.« Sie wischte an mir vorbei, nahm mich dann bei der Hand. »Es ist nicht sehr weit.«

Später an diesem Nachmittag wanderten wir nicht enden wollende Kilometer zum Gemeindehaus des Dorfes. Auch hier waren die Fenster eingeschlagen, und die meisten waren mit Brettern zugenagelt, doch durch die Ritzen spähten ein paar unrasierte, erschöpfte Männer. Weitere Männer sahen durch die Gitter der Fenster im zweiten Stock ins Freie. Ein russischer Soldat saß zurückgelehnt auf einem Stuhl im Eingang, das Gewehr über den Knien. Er streckte sich lässig aus und blinzelte uns in der Nachmittagssonne an, machte aber keine Anstalten, meine Mutter und meine Schwester wegzujagen.

Meine Mutter sprach mit einigen der am nächsten stehenden Männer, dann rief sie denen etwas zu, die im zweiten Stock aus den Fenstern starrten. Eine kurze Unruhe entstand, nach einigem Warten und erneutem Durcheinander erschien mein Vater am Fenster über uns. Mein Onkel Gustavs und mein Cousin Guks standen hinter ihm. Abgemagert und mit blauen Ringen unter den Augen, sahen sie müde und völlig erschöpft aus.

»Seid ihr am Leben? Geht es euch gut?« rief meine Mutter.

»Es war schrecklich«, erwiderte mein Vater.

»Das tut mir so leid. Habt ihr etwas zu essen gehabt?« fragte meine Mutter.

»Wir sind wohlauf, Valda. Wir leben noch.« Der Bruder meiner Mutter unterbrach meinen Vater: »Seid ihr alle wohlauf? Wo ist Hermīne? Geht es Astrīda gut?«

Meine Mutter legte wieder die Hände an den Mund. »Ja, uns geht's gut. Hermīne und Astrīda auch.« Ihre Stimme war leblos.

Wir standen da, sahen uns an, zu weit voneinander entfernt, um in Ruhe miteinander zu sprechen oder uns zu berühren.

»Sie haben mir den Ehering weggenommen.« Mein Vater hob die Hand und deutete auf seinen nackten Finger, an dem er den Ring getragen hatte. Er schien vergessen zu haben, daß wir alle dabeigewesen waren, als er unter dem Gelächter des Soldaten mühevoll den Ring abzustreifen versucht hatte.

»Später hat mich ein Soldat hinauskommandiert, weg von den anderen. Ich habe gedacht, er wolle mich erschießen. Aber ich mußte nur auf der Toilette alle meine Kleider ausziehen, und er hat sie genommen. Die Stiefel hat er mir auch weggenommen, ich bin barfuß.« Er zeigte auf seine Füße, als könnten wir sie sehen.

Meine Mutter streckte die Arme nach ihm aus, um ihn zu trösten. Ich konnte die weißen Streifen an ihren Fingern und am Handgelenk sehen. Sie sagte nichts von ihrem eigenen goldenen Ehering und den anderen fehlenden Ringen, und er fragte auch nicht danach. Man hatte ihnen beiden etwas genommen, das viel wichtiger war als Hab und Gut.

»Wir werden bald freigelassen«, rief Onkel Gustavs, »vielleicht schon morgen. Sie warten nur noch auf eine weitere Liste von Nazioffizieren und wollen uns darum überprüfen, aber hier sind keine.« Die Männer, die sich an den Fenstern drängten, waren entweder alt, oder es waren sehr junge Burschen, die sich den letzten Einberufungen am Ende des Krieges irgendwie hatten entziehen können.

»Wird alles gutgehen?« fragte meine Mutter den Vater.

»Ja.« Seine Stimme bebte ein wenig, und ich hatte Angst, er würde weinen, aber das tat er nicht. »Einmal haben sie mich erschießen wollen, doch Pastor Braun hat eingegriffen. Er hat mir das Leben gerettet. Ich danke Gott und Pastor Braun.«

»Ja«, sagte meine Mutter teilnahmslos.

Wir standen noch eine Weile herum, blickten hinauf. Es gab nicht mehr viel zu sagen, und wir hatten Angst, den Soldaten zu erzürnen, wenn wir zu lange blieben. Wir winkten und machten uns auf den Weg zurück nach Lobetal.

Ich hatte mich danach gesehnt, meinen Vater wiederzusehen, und als er am Fenster erschien, klopfte mein Herz wie wild vor Freude. Jetzt, während wir zurück zur Anstalt gingen, sprach niemand ein Wort. Meine Mutter sah betrübt aus, und ich bat sie nicht, zu lächeln. Ich hatte erwartet, glücklich zu sein, statt dessen war mir traurig zumute. Ein bleibender grauer Schleier legte sich über alles.

Meine Eltern waren wieder zusammen. Wir arbeiteten alle sehr hart, um dem Chaos und dem Schmutz beizukommen. Wir schleppten Eimer voll übelriechendem Unrat hinter das Haus, kehrten zerbrochenes Glas zusammen und sammelten die Abfälle an den Straßenrändern auf. Wir sahen zu, wie die Erwachsenen Fenster vernagelten, verschmutzte Kleider auskochten, sofern sie noch brauchbar aussahen, Arbeitsflächen in der Küche mit heißem Wasser schrubbten und das wenige nicht zerbrochene Geschirr sauberscheuerten. Draußen brannte ein riesiges Feuer, in das wir alles warfen, was nicht gerettet werden konnte. Einige der Insassen waren bereits an Ruhr und Typhus erkrankt, das Reinemachen muß also ebenso Teil eines vergeblichen Bemühens gewesen sein, die Ausbreitung der Krankheit einzudämmen, wie ein Weg, die allgemeine Ordnung wiederherzustellen.

Ein Zimmer nach dem anderen wurde saubergemacht. Unsere Familie teilte sich ein einziges Zimmer, freiwillig, nicht der Not gehorchend, denn nebenan gab es auf beiden Seiten viele kahle, leere Räume. Später, als Ōmite an Ruhr erkrankte, zog sie in eines dieser Zimmer, weil sie befürchtete, uns anzustecken. Wenn wir nachts Lastwagen oder Panzer hörten, lauschten wir gemeinsam.

Alle schliefen schlecht. Die Leute geisterten erschöpft umher, mit aschfahlen Gesichtern und rotgeränderten Augen. Doch tagsüber arbeiteten wir. Die einzige Hoffnung lag in dem Versuch, wieder Ordnung herzustellen.

Vielleicht haben meine Eltern mit meiner Schwester und mir, vielleicht haben sie miteinander über das gesprochen, was geschehen war, doch erinnern kann ich mich nicht daran. Ich sehe sie heute vor mir, wie sie schweigend arbeiteten: meine Mutter in einem groben grauen Kleid auf Händen und Knien, die Böden in Ermangelung von Seife mit scharfkörnigem Sand scheuernd; meinen Vater, zertrümmerte Möbel und verschmutzte Matratzen zum Scheiterhaufen hinter dem Haus schleppend. Ich hielt mich da auf, wo ich meiner Mutter zusehen konnte. Doch ich hatte Angst, ihr zu nahe zu kommen.

Ich kann mich aber erinnern, daß andere redeten; tatsächlich sind mir aus dieser Zeit nur Geschichten lebendig geblieben. Die Leute erzählten, während wir auf Besen und Rechen gestützt um den Haufen demolierter, mit Exkrementen verschmierter Möbel standen und zusahen, wie sie verbrannten. Oder wenn wir auf rauhen grauen Decken oder Sackleinen in der Sonne saßen, in der Ferne hinter uns die Trümmer der Kirche und ein Flügel des zerbombten Waisenhauses. Die Geschichten schienen ungemein lustig. Die Frauen hoben ihre Schürzen und wischten sich die Tränen ab, so sehr mußten sie lachen, und die wenigen Männer wiederholten die Pointen und brachen in heiseres Gelächter aus.

Eine Geschichte handelte von einem offiziellen Ball in Berlin, den hochrangige russische Offiziere, Generäle eingeschlossen, in einer der von ihnen beschlagnahmten Villen gaben. Gewöhnliche Soldaten und Prostituierte – das heißt, die hungernden deutschen Frauen, die den Soldaten anhingen – waren im Ballsaal nicht erwünscht; der Anlaß wäre für sie viel zu vornehm gewesen. Das Orchester stimmte eine Polonaise an, die Lichtergirlanden an den Bäumen im Garten funkelten, die Tische ächzten unter der Last der Köstlichkeiten. Zuerst trafen ein paar schöne deutsche Frauen ein. Auch sie gehörten zum Truppenanhang, doch sie waren die Freundinnen der Offiziere, nicht der einfachen Soldaten. Diese Frauen waren gut gekleidet und wohlgenährt. Sie trugen Abendkleider und leichte Sommerstolen, Blumen und Schmuck zierten ihr Haar; sie plauderten charmant über Musik und Kunst. Nur deutsche Frauen wußten, was echte Eleganz war, nur sie hatten Geschmack.

Dann kamen die dicken Russinnen, die Ehefrauen der Offiziere. Sie waren billig angemalt, mit gekräuselten Haaren, und sie trugen Nachthemden aus Satin oder Seide – richtig, Nachthemden. In den Lagerhäusern voller Kleider und Schmuck, die man Privatpersonen abgenommen hatte, hatten sie sich aussuchen dürfen, war ihr Herz begehrte, und *dafür* hatten sie sich entschieden: für Nachthemden. Keine deutsche Frau, die etwas auf sich hielt, hätte sich außerhalb ihres Schlafzimmers in solcher Aufmachung gezeigt. Waren die Russinnen nicht dumm, dick, ungebildet, minderwertig, blöd? »Reizend, reizend«, hatte ein russischer General gemurmelt. Trotz seiner Macht und seiner Privilegien war auch er ein ungehobelter Tölpel. »Reizend, reizend«, kreischten wir hysterisch.

Dann gab es noch die Geschichte von dem russischen Soldaten, der auf der Straße eine alte Frau angehalten hatte und sie zwang, ihm den Herrenmantel, den sie trug, zu übergeben. So etwas taten die Soldaten die ganze Zeit; wir alle hatten selbst gesehen, wie sie auf Stiefel, Mäntel, Schuhe zeigten, auf alles, was sie haben wollten, jetzt, da niemand mehr Schmuck besaß. Die alte Frau klagte, ihr sei kalt, sie flehte ihn an, ihr den Mantel zu lassen, sie würde sonst erfrieren. Doch der Soldat blieb ungerührt. Die alte Frau fiel auf die Knie und küßte dem Soldaten erst die Hand, dann die Füße. Sie bat ihn, an seine Mutter zu denken und den Mantel wenigstens zu tauschen. Der Soldat, betrunken und ungeduldig, nahm der alten Frau den Mantel weg, doch in einem Anflug von Rührseligkeit warf er ihr seine stinkende, zerlumpte Armeejacke vor die Füße.

Und wißt ihr was? Die alte Frau war wirklich sehr schlau, sie wußte genau, was sie tat. Im Ärmelfutter und in den Taschen der schmutzigen Jacke waren Hunderte von Golduhren eingenäht. Der gierige Soldat war zu betrunken, um noch an seinen Schatz zu denken. Die Uhren verhalfen der alten Frau zu reichlichem Essen und warmer Kleidung; sie konnte sie eine nach der anderen eintauschen. Für den Rest ihres Lebens konnte sie essen, was sie nur wollte, und es sich in ihrem Haus für immer warm und gemütlich einrichten. Der herzlose Soldat jedoch erwachte am nächsten Morgen mit einem fürchterlichen Kater und bereute schwer. Er suchte nach der alten Frau, aber er konnte sie nicht finden. Am Ende mußte er sich wieder zum Dienst zurückmelden, doch er hatte keine Uniformjacke mehr und wurde deswegen bestraft. Er wurde erschossen, so wie er es verdiente. Während er auf die Kugeln wartete, die ihn in Stücke reißen würden, weinte er laut und bat um Verzeihung dafür, daß er geplündert, geraubt, vergewaltigt, geprügelt und gemordet hatte.

Das Vergnügen an dieser Geschichte wurde durch ein Ereignis, das sich ein paar Wochen später zutrug, noch gesteigert. Die Soldaten kommandierten uns alle in den Speisesaal der Anstalt, wo wir uns einen Film über den Sieg der Russen über die Deutschen ansehen sollten. Ein Leintuch wurde an der Wand festgemacht, wir saßen auf Bänken davor, und meine Mutter übersetzte die Ansprache eines Offiziers, der erklärte, die Russen hätten viele Länder befreit, wofür wir alle dankbar sein sollten. Er belehrte uns, die Russen seien, wie wir gleich sehen könnten, bei ihrem großen Sieg von den Alliierten zwar ein ganz klein wenig unterstützt worden, aber wir sollten auf die Knie fallen und die Erde küssen, weil wir jetzt in russischen Händen seien.

Dann ging endlich das Licht aus, und es wurde hell auf der Leinwand. Panzer und Lastwagen mit amerikanischen Soldaten rollten durch die Straßen von Städten, Frauen und Kinder verteilten Blumen und schwenkten Fähnchen. Ich hatte noch nie zuvor einen Film gesehen, es erschien mir wie Zauberei. Das war viel interessanter als die winzigen Leute, die ich einst im Innern von Radioapparaten vermutet hatte. Man konnte hier sitzen und etwas sehen, das früher passiert war, an einem weit entfernten

Ort. Ich war hingerissen. Die Kameras schwenkten zu einem Platz, voll von Soldaten, die auf das historische Treffen von General Eisenhower und General Schukow in Berlin warteten. Eine ernste Stimme sprach über die Bedeutung dieses Augenblicks, in dem die siegreichen alliierten Streitkräfte in Berlin zusammenträfen. Eisenhower schritt General Schukow mit festem Tritt entgegen; Militärmusik spielte. Schukow ging freudig erregt auf Eisenhower zu, die Arme zum Willkommensgruß ausgebreitet.

»*Uhri, Uhri*«, rief jemand im Hintergrund des Speisesaals. Genau im richtigen Moment, spöttisch und perfekt den russischen Akzent nachahmend. Schukow war scharf auf Eisenhowers Uhr. Die Zuschauer brachen in schallendes Gelächter aus.

Der Filmvorführer stellte den Film ab und schaltete das Licht ein. Soldaten mit Gewehren drängten sich zwischen die Tische und Bänke und suchten nach dem Schuldigen. Vor der leeren Leinwand stand schimpfend der Offizier. Es gelang uns, das Lachen zu unterdrücken.

Schließlich wurde das Licht wieder ausgeschaltet und der Film nochmals von Anfang an gezeigt. Wieder standen Reihen von Soldaten auf dem Platz, Fahnen flatterten, die Militärkapelle spielte den Willkommensmarsch. Schukow streckte die Arme erwartungsfroh aus.

»*Uhri, Uhri*«, ertönte es aus einer anderen Ecke des Raums.

»*Uhri, Uhri*«, echote eine Stimme, ähnlich der, die sich schon vorher hatte vernehmen lassen.

Wir prusteten los und konnten auch nicht mit Lachen aufhören, als die Soldaten wieder Licht machten. Sie rissen einige der Anstaltsinsassen hoch. Als sie einen von ihnen geohrfeigt hatten, erreichten sie endlich, daß niemand mehr eine Miene verzog.

Das Licht wurde wieder ausgeschaltet. »*Uhri, Uhri*«, rief es aus dem Zuschauerraum, sobald der erste russische Soldat auf der Leinwand erschien. Sie machten wieder Licht und gaben für diesmal den Versuch auf, den Film noch einmal zu zeigen. Unter dem Gebrüll der Soldaten gingen wir einer hinter dem andern kichernd hinaus. Das allgemeine Gelächter entschädigte uns beinahe dafür, daß wir den Rest des Films nicht sehen konnten. Noch einige Tage lang fielen wir jedesmal fast um vor Lachen, wenn jemand »*Uhri, Uhri*« sagte.

Andere Geschichten handelten von der Suche nach Lebensmitteln, besonders von den Schwierigkeiten und Enttäuschungen dabei. Ein Mann tauschte heimlich auf dem Schwarzmarkt den Ehering seiner Frau gegen zwei Dosen Butter ein. Man hatte ihm eine Kostprobe aus einer Dose, die er selbst aussuchen konnte, angeboten. Die Butter schmeckte über alle Maßen köstlich-sahnig, frisch, kühl, süß, geschmeidig. Doch als er nach Hause kam und die Dose öffnete, enthielt sie groben Kartoffelbrei. Er öffnete die zweite Dose, aber auch die war mit dem gleichen ungenießbaren Brei gefüllt. Und dafür hatte er nun den Ehering seiner Frau hergegeben!

Einem anderen Mann bot man einen Schweinebraten an, und so grub er seinen ganzen Familienschatz wieder aus, den er zuvor vergraben hatte, und brachte ihn zum Bahnhof, wo er seine Kontaktperson treffen sollte, einen Mann mit dunkler Haut und noch viel dunkleren Augen. Sie tauschten verstohlen ihre Koffer aus, und der Mann machte sich glücklich auf den Heimweg. Beim Gedanken an den Schweinebraten, den er zum Abendessen genießen würde, lief ihm das Wasser im Mund zusammen. Doch als er auf dem nächsten Bahnsteig seinen Koffer hinstellte, rann ein wenig Blut heraus, wie er schon befürchtet hatte. Ein russischer Soldat bemerkte es und befahl ihm, den Koffer zu öffnen. Der Mann flehte ihn an und versuchte, ihn zu bestechen, damit er sich mit ihm den Inhalt des Koffers teile. Schließlich willigte der Soldat ein. Doch als sie den Koffer öffneten, erfreute kein Braten oder Schinken ihr Auge. In dem Koffer befand sich die zerstückelte Leiche eines kleinen Kindes, und der abgetrennte Kopf starrte sie mit weit aufgerissenen Augen an.

Ich verbrachte eine Menge Zeit damit, über solche Geschichten nachzugrübeln, erfand Variationen und neue Schlüsse: Ich schlug mich irgendwie nach Lettland durch und grub dort den silbernen Samowar und die Löffel wieder aus, die mein Vater beim Pfarrhaus neben den Taglilien und der Iris vergraben hatte. Ich blieb nur kurz, um für meinen Vater noch ein Paar Stiefel zu holen, wie sie in meiner Vorstellung Mutters Onkel Žanis in den dunklen Wäldern Rußlands getragen hatte. Diese Stiefel würden meinem Vater Kraft und Glück bringen. Ich eilte nach Deutschland zurück und tauschte unseren ganzen Schatz erfolgreich ein, weil ich ja nichts ungesehen und ungeprüft annahm. Oder ich ging in den Wald und fand die Funkstation voll von Büchsenfleisch und Dosenmilch. Irgendwie überredete ich einen Soldaten, die Eheringe meiner Eltern zurückzugeben, und sie waren wieder glücklich. Alle Onkel und Tanten versammelten sich noch einmal zu einem großen Mahl. Oder ich traf die alte Frau mit der Soldatenjacke, und weil ich sehr artig war, schenkte sie mir ein paar von den Uhren und Schmuckstücken. Meine Mutter war überglücklich, sie küßte mich und sagte: »Dank dir, mein Liebes.« Alles war wieder so wie in Lettland, nur noch schöner.

Solche Geschichten und Phantasien illustrierten, was in Lobetal und anderswo geschah. Als der Vorrat an Karotten schwand, erzählten sich die Leute nicht mehr so viele Geschichten, sie wurden verbitterter, wir lachten weniger oft über unsere Bezwinger. Das Hungern begann jetzt erst richtig.

Hilda wanderte vor sich hin murmelnd umher, ihr ohnehin schon schlanker Körper war jetzt beinahe durchscheinend. Sie war schwanger. Der Fötus klammerte sich an ihr Skelett; seine grausamen Mongolenaugen verengten sich dabei noch mehr, er schien unter ihren Kleidern sichtbar, saugte Nahrung aus ihr, zog sie hinab, erwürgte sie. Ōmite hatte sich bemüht, auf sie aufzupassen, und meine Mutter und Frau Braun lösten sie ab, als sie krank wurde. Doch eines Nachts ertränkte sich Hilda im See, so wie sie es angedroht hatte.

Während der Jahre meiner Ehe träumte ich immer wieder von ihr. Ich sah sie im dunklen Wasser um sich schlagen, sich dagegen wehren, von dem monströsen Fötus, der nicht von ihr abließ, hinabgezogen zu werden. Sie versuchte zu sprechen, um Hilfe zu rufen, sich zu erklären, zu schreien, doch sie brachte kein Wort heraus. Niemand konnte sie hören. Ich schreckte während jener langen Jahre jeden Morgen um vier voller Entsetzen aus dem Schlaf, doch am Tage versuchte ich, es zu vergessen. Der Krieg war ja nicht so schlimm gewesen, niemand aus meiner Familie war getötet worden, wie bei anderen. Ich war eine Versagerin, weil ich ihn nicht vergessen konnte. Während der langen grauen Jahre, in denen ich verheiratet blieb, träumte ich immer wieder von Hilda, weil niemand da war, der den Mut hatte, mich anzuhören, niemand, dem ich mich hätte anvertrauen können. Es gab keinen, mit dem ich im Bett hätte reden können.

Die Flucht

JEDEN MITTWOCH UND jeden Sonntag gingen meine Mutter, meine Schwester und ich uns die Massenbegräbnisse anschauen. Von den siebenhundert Insassen der Anstalt Lobetal starben mehr als vierhundert an Unterernährung, Typhus oder Ruhr. Meine Mutter sagte immer, daß auch wir bald da begraben sein würden, und obwohl ich solches Gerede haßte, gab es keinen Grund, irgend etwas anderes zu erwarten. Wir befanden uns tief in russisch besetztem Gebiet, wir waren wie betäubt von dem, was uns widerfahren war, und wir litten Hunger. Alle um uns herum hungerten. Uns blieb nichts anderes übrig, als zu warten.

Lobetal lag ungefähr achtzig Kilometer von Berlin entfernt, aber es hätte ebensogut auf dem Mond liegen können. Autos und Motorräder waren konfisziert worden oder rosteten nutzlos vor sich hin, weil Ersatzteile fehlten. Benzin war nicht zu bekommen. Pferde waren requiriert oder zum Verzehr geschlachtet worden. Auf den Straßen patrouillierten überall Soldaten, Brücken wurden bewacht. In den ersten Wochen der Besetzung waren wir noch weite Strecken zu Fuß gegangen, um nach Nahrung zu suchen, doch jetzt fehlte uns die Kraft dazu. Wir warteten.

In den ersten Tagen nach Kriegsende war Berlin noch nicht die geschlossene, geteilte Stadt, zu der sie später wurde. Die Berliner Mauer war noch nicht gebaut, und man konnte von dem durch die Russen besetzten Sektor in den britisch besetzten gehen. Trotzdem gab es keinen Grund, nach Berlin zu fahren. Wir hörten, daß die Stadt in Trümmern liege und daß sie von Tausenden hungernder, obdachloser Menschen überschwemmt sei. In Lobetal hatten wir wenigstens ein Dach über dem Kopf. Auf dem Weg nach Lobetal waren wir auch durch Berlin gekommen. Noch während eines Luftangriffs hatte man uns aus einem Schutzraum gewiesen. Die Besitzer warfen uns auf die Straße, und wir mußten uns dicht an einer Hausmauer auf die Erde legen und die Arme zum Schutz über den Kopf halten. Wir wußten also bereits, was es hieß, dort obdachlos zu sein.

Guks, mein vierzehnjähriger Cousin, war vor kurzem in Berlin gewesen. Er arbeitete gelegentlich für einen Zimmermann im Nachbardorf. Jeder, der sich auf irgendwelche Reparaturen verstand, war sehr gefragt, obwohl Material Mangelware war. Mit Geld war nichts anzufangen, und so ließ der Zimmermann Guks als Entlohnung das Mittagessen mit seiner Familie einnehmen und schenkte ihm hie und da Nahrungsmittel. Der Zimmermann verbrachte ebensoviel Zeit mit dem Auftreiben und Einhandeln von Altmaterial wie mit dem Reparieren von zerbombten und verwüsteten Häusern.

Im Oktober, sechs Monate nach dem Eintreffen der Russen, kam dem Zimmermann zu Ohren, daß in Berlin jemand Nägel zu tauschen habe. Er kannte einen Autohändler, der noch einen mehr oder weniger fahrtüchtigen Lastwagen besaß. Und der Zimmermann verfügte über genügend Zigaretten und Schmuck, um bestechen und bezahlen zu können. Er nahm Guks mit nach Berlin, wo dieser ihm, was immer sie auch eintauschen würden, beim Aufladen helfen sollte. In der Stadt angekommen, schickte er Guks weg, er solle sich bis zum Einbruch der Dunkelheit amüsieren. Der Zimmermann wollte den Nachmittag mit einer Frau verbringen, die einmal Schriftstellerin gewesen war. Zusammen mit ihren beiden Töchtern war diese Frau von einer Einheit russischer Soldaten tagelang in einem Keller festgehalten und immer wieder vergewaltigt worden. Der Zimmermann sagte, das hätte ihr den Dünkel ausgetrieben, und sie täte jetzt alles, um ständig betrunken zu bleiben. Er hatte eine Flasche Wodka und etwas Büchsenfleisch für sie mitgebracht.

Guks verbrachte den Nachmittag damit, in der Stadt umherzuwandern, sich die zerbombten Gebäude anzusehen und Soldatengruppen auszuweichen. Schließlich setzte er sich ermüdet auf eine Parkbank, um sich auszuruhen, und nickte ein. Er erwachte und hörte Frauenstimmen lettisch sprechen. Es klang sehr vertraut. Ja, zuerst dachte er sogar, es könnten seine Mutter und seine Schwester sein; es war unverkennbar der Dialekt von Alūksne, der Gegend, wo er mit seiner Familie gelebt hatte.

Auf der Bank nebenan saßen zwei junge Frauen, blendende Erscheinungen, gut gekleidet und wohlgenährt. Ihre Gesichter strahlten von Schminke und Lebenslust. Sie kicherten und sprachen laut lettisch, und sie schienen keine Angst zu haben, daß man sie hören und nach Lettland zurückschicken könnte.

Guks hätte sie vielleicht nicht angesprochen, hätten sie nicht etwas typisch Lettisches getan. Weil es so wenige Letten gibt, gehen wir gewöhnlich davon aus, daß uns niemand sonst versteht. Und so begannen die zwei Schwestern, sich über ihn zu unterhalten. Wie kommt es, daß ein so hübscher Junge so furchtbare Sachen trägt, wunderten sie sich. Sollten sie ihn nach Hause mitnehmen und ihn dort ausziehen? Was würde er wohl tun, wenn sie ihn in die Badewanne steckten und einseiften, ihm Gesicht, Hals und Ohren wuschen? Hätte er wohl etwas dagegen, wenn sie ihm die Brust einschäumten? Und wie stand es um seine anderen Körperteile?

Ja, dagegen hätte er was, sagte Guks. Er fand sie zwar sympathisch, aber er wollte sie nicht im Glauben lassen, er wisse nicht, daß sie über ihn gesprochen hatten. »Oh, wie schrecklich«, kreischten sie und erröteten, aber eigentlich waren sie ganz entzückt. Sie hatten schon so lange keine anderen Letten mehr gesehen.

Sie nahmen ihn mit in ihre Wohnung, die mit feinstem Porzellan, wunderschönen Kleidern und mehr Lebensmitteln angefüllt war, als es in Guks' Vorstellung irgendwo auf der Welt geben konnte. Sie setzten ihm ein üppiges Essen vor und überredeten ihn, sich ein neues Hemd mit Krawatte aus einem Schrank voller Männergarderobe auszusuchen. Sie neckten ihn mit dem Bad, versicherten ihm aber, diesmal würden sie ihn nicht waschen, denn sobald es dunkel werde, träfen ihre Kunden ein, und sie müßten sich selbst noch zurechtmachen. Aber nächstes Mal, da würden sie ihn schrubben, bis seine Haut rosarot, glänzend und glatt sei, und danach würde er nie mehr der gleiche sein. Guks wurde rot und lachte und fühlte sich geschmeichelt.

Sie erzählten ihm ein wenig von sich und fragten ihn über seine Familie aus. Sie waren aus Alūksne, wie Guks sich schon gedacht hatte, und hatten bis Kriegsende in einer Fabrik gearbeitet. Dann wurde ihnen klar, daß sie, wenn die Soldaten kamen, unweigerlich vergewaltigt würden, und so hatten sie sich unter den Schutz von Offizieren begeben, wie sie es formulierten. Es beschützten sie jetzt viele Offiziere: Das war viel besser, als von einer Horde gewöhnlicher Soldaten vergewaltigt zu werden, außerdem konnten sie sich mehr Luxus leisten als irgend jemand sonst in Berlin.

Als Guks ihnen seinen Nachnamen nannte, entfuhren ihnen noch mehr Freudenschreie. Sie kannten Tante Hermīne, Guks' Mutter; sie hatte nur ein paar Häuser von ihrer Mutter entfernt gewohnt. Aber nach ihrer Heirat mit einem prüden lutherischen Pfarrer hatten sie den Kontakt zu ihr verloren. Sie selbst hätten sich mit so einem zu Tode gelangweilt. Aber Hermīne war eben selbst sittsam und religiös und saß gern in der Kirche und hörte sich Predigten an, anstatt das Leben zu genießen. Sie hatten Guks' Vater einmal auf der Kanzel erlebt, er habe furchtbar grimmig ausgesehen, doch das sei bei einer Beerdigung gewesen, und vielleicht war das der Grund. Sonst gingen sie nicht sehr oft in die Kirche. Sie waren also gewissermaßen alte Freunde. Sie küßten Guks und zausten ihm das Haar.

Als Guks ihnen vom Hunger und der Hoffnungslosigkeit in Lobetal erzählte, waren sie entsetzt. Wie grauenhaft, ihr müßt dort sofort weg, riefen sie und tätschelten ihm die Wangen. Ihr müßt nach Berlin kommen, hier wird es euch besser ergehen, versprachen sie leichthin.

Doch dann erinnerte sich Marta, die ältere der Schwestern, daß sie schon von Letten gehört hatte, die tatsächlich nach Berlin gekommen waren. Einer der Offiziere hatte ihr erzählt, in einem anderen Teil der Stadt sei ein Lager für Heimatlose und Vertriebene eingerichtet worden. Er hatte gesagt, es seien viel zu viele gekommen, die man gar nicht alle habe aufnehmen können. Leute mit falschen Papieren oder der falschen politischen Einstellung müßten ferngehalten werden; sie zu überprüfen sei eine äußerst aufwendige Angelegenheit. Aber eine ganze Anzahl Letten sei schon im Lager, wo sie Essen und Unterkunft erhielten. Marta erklärte Guks, wie man dorthin kam.

Sie gaben ihm ein Paket mit Büchsenfleisch und Konfitüre mit und entließen ihn satt, glücklich und mit Lippenstift verschmiert. Sie nahmen ihm das Versprechen ab, daß er sie wieder besuchen komme, sobald er sicher in Berlin gelandet sei. Er sei dann auch schon älter, und sie könnten ihm das Bad bereiten, ohne als Knabenschänderinnnen dazustehen. Sie sähen ihm an, daß er richtig Lust dazu hätte.

Guks' Rückkehr rief helle Aufregung hervor. Die Büchse mit dem Fleisch, die er mitgebracht hatte, wurde geöffnet, und spät in der Nacht bekamen wir alle eine dünne Scheibe davon. Wieder einmal saßen die Erwachsenen, wenn auch in verminderter Zahl, um einen Tisch und berieten flüsternd, was zu tun sei. Sollten wir versuchen wegzugehen? Welchen Gefahren setzten wir uns dabei aus? Wie groß war die Chance, daß wir es zunächst bis Berlin und dann ins Lager schafften? Vor einem Jahr, in Lettland, hatten sie auch so geplant, und es war nicht gut ausgegangen. Damals wurde Guks noch als Kind betrachtet, und er hatte oft mit meiner Schwester und mir gespielt, während die Erwachsenen diskutierten. Er hatte uns mächtig imponiert, wenn er rohe Eier aussog und waghalsig an den Sparren der Scheune herumturnte. Jetzt akzeptierte man ihn als Erwachsenen, der für die Ausarbeitung des Fluchtplans wichtig war.

Die Erwachsenen berieten sich im Flüsterton. Hatte es überhaupt einen Sinn zu versuchen, nach Berlin zu gelangen? Was für Letten wurden ins Lager aufgenommen, und wo standen sie politisch? Vielleicht wurde nur aufgenommen, wer 1940, während der ersten Besetzung Lettlands, mit den Russen kollaboriert hatte. Vielleicht würde man uns nur einlassen, um uns den Russen auszuliefern und uns wieder ins besetzte Lettland zurückzuschicken, wo wir wegen unseres Fluchtversuches hingerichtet würden. Vielleicht aber blieben uns die Tore auch verschlossen, und wir hätten keine andere Wahl, als durch die Straßen zu irren, weil wir nicht nach Lobetal zurückkonnten. Hier hatten wir wenigstens eine Unterkunft, jetzt, wo der Winter vor der Tür stand.

Und wie würden wir überhaupt nach Berlin kommen? Wer würde uns hinfahren, und wie wollten wir den entschädigen, der ein solches Risiko auf sich nähme? Würde es uns gelingen, den Straßenpatrouillen auszuweichen? Hatte es überhaupt Sinn, den Versuch zu wagen, wenn vielleicht alles nur darauf hinauslief, auf diese Weise eher zu sterben als in Lobetal? Vielleicht war es gerade dieses letzte Argument gegen das Weggehen, das sie schließlich dazu bewog, es zu versuchen. Wir waren ohnehin am Verhungern, also konnten wir ebensogut die Flucht riskieren. So würde es wenigstens früher zu Ende sein. Außer Guks hatte niemand einen Grund, besonders zuversichtlich zu sein.

Die ganze Familie legte zusammen, was sie noch besaß. Mein Vater und Onkel Gustavs hatten ihre schweren Silberkreuze, die sie während des Gottesdienstes über ihrem schwarzen Talar trugen, auf Lobetaler Grund vergraben. Meine Mutter hatte einige goldene Teelöffel, die Ōmite gehörten und aus einem anderen Krieg gerettet worden waren, ebenfalls in der Erde versteckt. Ihre Familie hatte die Löffel auf der Flucht nach dem Ersten Weltkrieg den ganzen Weg quer durch Rußland mit sich getragen. Hätte man auf dem Schwarzmarkt Lebensmittel erhalten, wären sie schon lange eingetauscht worden. Jetzt schien es, als hätte eine glückliche Fügung das verhindert.

Jede Einzelheit des Plans muß mit Gefahren verbunden gewesen sein. Es war bestimmt schon riskant, den richtigen Zeitpunkt herauszufinden, zu dem man mit einer Schaufel in der Hand in den Wald gehen, die genaue Stelle suchen, die Kreuze und Löffel ausgraben und sie zurücktragen konnte, ohne angehalten zu werden. Dann mußte jemand gefunden werden, dem man vertrauen konnte, jemand, der gewillt war, solche Sachen als Bezahlung entgegenzunehmen, jemand, der den Plan für sich behielt, auch wenn er ihn nicht ausführen sollte.

Sie mußten jemanden mit einem fahrtüchtigen Lastwagen auftreiben, der unterwegs nicht stehenblieb, und dazu einen Fahrer, der Benzin beschaffen konnte und der sich in dem ganzen System von Patrouillen, Wachposten und Bestechungsgeldern auskannte. Und wer garantierte, daß eine so geschäftstüchtige Person nicht einfach die Wertsachen als Bezahlung entgegennahm und uns im Handumdrehen an die russischen Soldaten verriet? Und selbst wenn das nicht geschah und wir wie durch ein Wunder an allen Wachposten vorbeikamen: Würden wir am Schluß im Lager aufgenommen?

Es wäre schon schwierig gewesen, solche Pläne zu schmieden, wenn alle gesund und guten Mutes gewesen wären. Meine Eltern waren niedergeschlagen, erschöpft und ausgezehrt. Beide hatten bereits als Kinder einen Krieg erlebt, beide waren davon gezeichnet. Trotzdem schafften sie es, alle notwendigen Vorbereitungen zu treffen. Kaum eine Woche, nachdem Guks eine zweite Mahlzeit und dazu ein Bad versprochen worden war, waren wir startbereit.

Wieder mußten wir uns auf den Tod einstellen. Wir baten einander um Verzeihung für begangenes Unrecht und umarmten uns förmlich, genauso wie vor der Ankunft der russischen Soldaten. Dann beteten alle gemeinsam, wobei sie mit ihren gesenkten Köpfen sehr vereint aussahen. Ich tat auch so, als betete ich, wartete aber nur darauf, daß sie fertig würden. Und ich bat meine Mutter nicht mehr, zu lachen. Doch das Allerwichtigste wußte ich: Ich durfte nicht sprechen, und ich durfte nicht weinen. Ich würde andere erzürnen, wenn ich es tat. Es war sehr wichtig, sich zu fügen und so zu tun, als wäre alles in Ordnung.

Nach Mitternacht schlichen wir uns, ohne von jemandem gesehen zu werden, auf Zehenspitzen den Flur entlang und zur hinteren Tür hinaus. Es war eine klare, kalte, mondhelle Herbstnacht. Wir eilten zum Wald hin. Wir hatten nicht viel zu tragen, nur kleine Kleiderbündel.

Erneut wurde ich ermahnt, ganz still zu sein. Sollten uns Soldaten anhalten, würde nur meine Mutter mit ihnen reden. Wenn wir erst einmal auf dem Lastwagen waren, der uns nach Berlin bringen sollte, würde der Fahrer mit den Wachposten sprechen. Für den Fall, daß man mich direkt befragte – vor allem, wenn ich von den anderen getrennt würde –, durfte ich keinerlei Reaktion zeigen, nicht einmal, wenn mir die Soldaten weh taten. Der Fahrer würde bei jedem Wachposten eine andere Geschichte erzählen, und ihm zu widersprechen könnte verhängnisvoll sein.

Wir erreichten den Wald, ohne angehalten worden zu sein. Es war eine Erlösung, von der Straße wegzukommen, von der wir uns im Mondlicht deutlich abhoben. Mondlicht war aber nötig, weil der Fahrer eine bestimmte Kreuzung mit ausgeschalteten

Scheinwerfern passieren wollte. Wir setzten uns dicht an den Waldrand, die Füße in einem ausgetrockneten Graben, und wenn sich jemand genähert hätte, wären wir schnell in den Wald gelaufen und hätten uns versteckt.

Wir warteten ziemlich lange. Obwohl ich wußte, daß wir etwas sehr Gefährliches unternahmen, war die Sache für mich auch spannend, sah ich der Fahrt mit dem Lastwagen ungeduldig entgegen und war neugierig, wie es anderswo aussehen würde. Vielleicht kamen wir weit weg von den Soldaten.

Endlich hörten wir in der Ferne ein schwaches Geräusch, und wir verkrochen uns im Wald. Ein Lastwagen ohne Licht kam die sandige Straße herunter. Als er in unserer Nähe war, verlangsamte er die Fahrt, hielt an, fuhr ein Stück rückwärts.

»Das ist er«, flüsterte meine Mutter.

Der Fahrer beriet sich in hastigem Flüsterton mit den Männern, und wir kletterten rasch in den Wagen. Der hintere Einstieg wurde hochgeklappt, die Plane heruntergelassen, und schon fuhren wir los.

Auf der hölzernen Pritsche sitzend, blieben wir wachsam. Jedesmal, wenn der Wagen die Fahrt verlangsamte, jedesmal, wenn er mit einem Ruck stehenblieb, warteten wir angespannt darauf, daß die Plane hochgehoben und wir alle hinausgezerrt würden. Einmal diskutierte der Fahrer leise mit ein paar anderen Männern, doch wir konnten die Worte nicht verstehen. Nach kurzer Zeit bekamen wir die Erlaubnis zum Weiterfahren.

Dann hielt der Lastwagen wieder an. Schritte knirschten auf dem Schotter neben der Straße, als jemand um den Wagen herum nach hinten kam. Ein russischer Soldat hob die Plane und leuchtete mit seiner Taschenlampe jedem einzelnen ins Gesicht. Er sagte etwas auf russisch, dann auf deutsch. Wir saßen alle ganz still da und taten, als könnten wir weder hören noch sprechen. Nach einer weiteren gedämpften Diskussion und einer noch viel länger dauernden Stille stieg der Fahrer wieder in den Lastwagen und fuhr los. Ein Jeep mit zwei bewaffneten Soldaten folgte uns mehrere Kilometer weit, dann machte er kehrt.

Es dämmerte, als wir Berlin erreichten. Der Fahrer ließ uns auf einer verlassenen Straße aussteigen, die nach seiner Einschätzung in der Nähe des Aufnahmezentrums sein mußte. Er wollte uns nicht näher heranbringen, weil er Angst hatte, von den Engländern verhört zu werden, und er war auch nicht bereit, später nochmals vorbeizukommen, für den Fall, daß wir nicht aufgenommen würden. Er hatte seinen Teil der Abmachung erfüllt und wollte keine weiteren Risiken eingehen. Wir waren auf uns selbst gestellt.

Wir setzten uns neben unseren Bündeln auf das Pflaster, während mein Vater nach dem Zentrum Ausschau hielt. Er kam schon bald wieder zurück mit der Nachricht, daß man gut zu Fuß hingehen könne. Alles lief reibungslos.

Doch als wir um die letzte Ecke vor dem Zentrum bogen, sahen wir eine mehrere hundert Meter lange Menschenschlange. Das verschlossene Tor schien nun plötzlich kilometerweit entfernt. Hunderte von Flüchtlingen, darunter viele, die schon einen, ja sogar zwei Tage hier warteten, standen vor uns. Enttäuscht trotteten wir ans Ende der Schlange. Später stellten sich noch Hunderte hinter uns an.

Alle möglichen Gerüchte machten die Runde. Nur Esten und Ungarn würden zugelassen, Letten könnten ebensogut auch jetzt schon aus der Reihe treten. Nur solche, die ihr Land während einer ganz bestimmten Zeitspanne verlassen hätten, würden aufgenommen, wer auch nur einen Tag früher oder später weggegangen sei, würde abgewiesen. Nur jene aus den britisch besetzten Gebieten hätten eine Chance, die von anderswo hätten Pech; die Engländer wollten es mit ihren russischen Verbündeten nicht verderben und würden deshalb keine Personen aus russisch besetztem Territorium einlassen, da diese ja rechtmäßig den Russen unterständen. Niemand ohne Paß und Geburtsurkunde würde eingelassen. Dieses letzte Gerücht ließ das Ganze ziemlich hoffnungslos erscheinen, denn alle unsere Papiere waren im Verlauf der Plünderungen verlorengegangen.

Als das Tor am Vormittag endlich geöffnet wurde, bewegte sich die Schlange so langsam, wie wir es noch nie erlebt hatten, und wir waren das Anstehen inzwischen gewöhnt. Die Leute stellten sich auf die Zehenspitzen, um etwas zu sehen, und um ihre eigenen Chancen besser einschätzen zu können, befragten sie jeden, der zurückgewiesen worden war. Wenn jemand versuchte, sich nach vorne zu drängen, wurde er von den anderen wüst beschimpft.

Unsere einzige Hoffnung, am Leben zu bleiben, war die Aufnahme in dieses Zentrum.

Wir standen den ganzen Tag auf dem kalten Asphalt. Langsam schob sich die Schlange vorwärts. Manchmal ging jemand an uns vorbei, der zurückgewiesen worden war, beschämt, daß man ihn nicht für würdig befunden hatte. Wir versuchten herauszukriegen, worin sich die jeweilige Person von uns unterschied. Am späten Nachmittag beschloß ein junges lettisches Paar mit einem kleinen Baby, das Warten aufzugeben, weil es ihnen hoffnungslos erschien. Sie hatten schon seit dem Vortag in der Schlange gestanden, aber sie mußten jemanden in einem Außenbezirk von Berlin treffen, und der würde keine Minute länger als bis fünf auf sie warten. Wenigstens würden sie im Winter ein Dach über dem Kopf haben. Sie trösteten sich damit, daß die Aufnahmechancen für Letten ohnehin nicht groß seien; sie hätten nur von ganz wenigen gehört, die man eingelassen habe.

Neue Gerüchte zirkulierten, nach denen die britischen Offiziere die Tore jede Minute schließen würden, denn am Tag zuvor hätten sie das auch ungefähr um diese Zeit getan. Wir warteten weiter und beobachteten dabei die Soldaten. Sie standen auf, reckten sich, unterhielten sich, und manchmal entfernte sich sogar einer von ihnen, doch dann fingen sie wieder an zu arbeiten. Sie befragten die Männer, notierten ihre Antworten, berieten sich, fällten Entscheidungen. Niemand kannte die Regeln. Die Wahrheit zu sagen konnte uns ebensogut zur Obdachlosigkeit verdammen wie zur Rettung verhelfen.

An diesem Abend, als gerade ein kalter Regen einsetzte, waren wir die letzte Familie, die ins Aufnahmezentrum gelassen wurde. Ich weiß nicht, wie mein Vater und Onkel Gustavs zu dem Zeitpunkt überhaupt noch ein Wort herausbringen konnten. Den ganzen Tag hatten wir ohne Wasser und Nahrung angestanden. Wir mußten die Wahrheit sagen, und wir wurden dann nach mysteriösen, zufälligen Kriterien beurteilt. Auch diese Soldaten hätten beschließen können, daß wir es nicht wert seien, ernährt zu werden. Und wir wären nirgendwo untergekommen, wenn man uns für unwürdig erklärt hätte.

Ein Offizier winkte uns ins Lager, an den Tischen vorbei, an denen andere befragt wurden. Nachdem wir eingetreten waren, erhoben sich zwei Soldaten und schoben das schmiedeeiserne Tor zu, sicherten es dann mit Schloß und Kette.

Ein Gemurmel, das wie Stöhnen klang, erhob sich aus der Menschenmenge hinter uns. »Bitte, lassen Sie uns hinein.« »Bitte, machen Sie das Tor noch nicht zu.« »Um wieviel Uhr öffnen Sie morgen?« »Werden Sie morgen auch öffnen?« »Lassen Sie uns doch bitte auch hinein.« »Bitte.«

Ich spürte die Verzweiflung und den Zorn hinter mir. Ich hatte Angst davor, mich umzudrehen und die vielen zu sehen, die man draußen gelassen hatte. Ein siebenjähriger Junge aus Estland hatte mit seiner Großmutter gleich hinter uns in der Reihe gestanden. Er hatte keine Eltern mehr, sein Gesicht hatte gestrahlt, als wir aufgerufen wurden. Ich wollte jetzt nicht ihre Gesichter sehen. Aber es kam mir auch vor, als würden all die Leute, die noch immer in Lobetal hungerten, ebenfalls in der Schlange vor dem Tor stehen. Ich spürte die Enttäuschung der zu Hunderten draußen in der Dunkelheit Stehenden, ihr Gemurmel verfolgte mich, ihr Zorn brannte mir im Rücken, als wir zum Speisesaal des Zentrums gingen.

Was nun folgt, ist eine meiner liebsten Erinnerungen, ich denke oft daran. Man brachte uns in den Speisesaal. In dem prunkvollen Privathaus, das die Briten beschlagnahmt hatten, mußte er einst der Ball- oder Bankettsaal gewesen sein. Die Parkettböden glänzten, die Kristalleuchter funkelten. Lange weiße Tische standen auf der wärmeren Seite des Raums bereit, weit weg von den Fenstern. In meiner Erinnerung sind sie mit weißem Damast bedeckt, aber es war bestimmt nur einfaches, gescheuertes Holz. Wieder standen wir in einer Schlange, diesmal aber nur kurz. Unsere schäbige Kleidung, unsere Furunkel, unsere spindeldürren Glieder spielten keine Rolle. Wir hatten Hunger, und man gab uns zu essen.

Wir bekamen warmen starken Tee mit Zucker und Kondensmilch, weiches weißes Brot, dicke feste Scheiben Margarine und löffelweise Himbeerkonfitüre. Mein Vater sprach ein Gebet. Ōmite wischte sich während des Essens die Augen. Wir lobten alles ein übers andere Mal, obwohl eigentlich alles sehr komisch schmeckte. Der Tee, den ich in Lettland getrunken hatte, war heiß und klar und roch nach Kamille oder Pfefferminze, das Brot war schwer und grob und dunkel, die Butter sahnig und weich. Doch für mich ist es immer noch die wunderbarste Mahlzeit meines Lebens. Ich träume oft von dem Saal, besonders davon, wie sich die Leuchter in den Fenstern spiegeln und die kalte regnerische Nacht aussperren und wie wir alle in Sicherheit um einen Tisch versammelt sind.

Inzwischen habe ich gelesen, daß in England während der Kriegsjahre Himbeerkonfitüre aus Sacharin, Lebensmittelfarbe und Sägemehlstückchen anstelle von Fruchtkernen bestanden habe, und ich frage mich, ob wir so was gegessen haben. Für die Engländer selbst waren Lebensmittel bis 1950 rationiert, doch sie gaben uns von dem wenigen, das sie hatten. Sie nahmen uns auf, ernährten und beherbergten uns und übernahmen Verantwortung für uns. Wie der Tag selbst, mit dem langen Warten und dann mit den Schuldgefühlen gegenüber den vielen, die draußen vor dem Tor zurückgelassen wurden, war ihre Großzügigkeit nicht vollkommen. Sie war menschlich und nicht ohne Mängel, aber sie war echt und beständig, und sie hat uns gerettet.

TEIL III

Warten

Das Leben in den Lagern bedeutete Warten. Dreimal täglich standen wir nach Mahlzeiten an, eintönigen zwar, aber daß es sie überhaupt gab, war ein Segen. Die geschmacklose graue Erbsensuppe, die zu jedem Essen serviert wurde, erhielt den Spitznamen Grüner Schreck. Das helle trockene Brot war aus einem uns nicht vertrauten Korn – aus Mais – gebacken, einem Korn, das in Lettland *Kukurūza* und von den britischen Soldaten *Maize* genannt wurde, ein Wort, das auf lettisch wiederum »Brot« bedeutete. Manchmal gab es Rührei aus Pulver in Büchsen und Milch, die aus klebrigem weißem Puder angerührt wurde, der sich in großen blauen Dosen mit der Aufschrift KLIM (»MILK« rückwärts buchstabiert!) befand. Eine Woche lang erhielt jedes Kind ein Täfelchen Schokolade aus dem fernen England – so süß, so aromatisch, so köstlich –, doch diese Regelung wurde ohne weitere Erklärung wieder eingestellt. Niemand bekam Obst, Käse, Gemüse, Fleisch, Fisch, Süßigkeiten oder Gebäck. Die Leute sprachen sehnsüchtig davon, was sie alles essen würden, wenn sie nur könnten.

Vor dem Einschlafen schwärmten meine Schwester und ich flüsternd von den dünnen, mit Kalbfleisch und Pilzen gefüllten oder dick mit Erdbeerkonfitüre und Schlagsahne bestrichenen butterigen Pfannkuchen, die wir in Lettland gegessen hatten. Wir waren staksige Mädchen mit so dünnen Gliedern, daß wir sogar unter den Lagerinsassen auffielen. »Da kommen die beiden Bindfäden«, schrien die Jungen, wenn sie uns kommen sahen. Aber unsere Furunkel waren verschwunden, unsere Haut war nicht mehr so blaß, unser Haar schien nur darauf zu warten, in der Sonne zu glänzen. Wir verspürten wieder Hunger; wir würden leben.

Während meiner fünf Jahre im D.P.-Lager* – von meinem siebten bis zum zwölften Lebensjahr – verbrachte ich Tausende von Stunden damit, in einer Schlange zu warten, und Behörden bestimmten, was ich haben durfte, wohin ich gehen durfte, was mir zustand. Zu reklamieren oder zu versuchen, etwas zu ändern, war sinnlos, denn damit verärgerte man die Behörden nur. Es war schändlich, nicht für alles und jedes dankbar zu sein. Die Lektion, die ich während der Terrorherrschaft der russischen Soldaten gelernt hatte – daß ich weder weinen noch sprechen durfte, daß ich ruhig und fügsam sein mußte und daß ich nur warten, nicht handeln konnte –, erhielt immer wieder neue Gültigkeit.

Wir warteten alle. Wir warteten auf das Essen, auf Kleider, auf ärztliche Behandlung. Wir warteten auf die Tage, an denen wir für ein paar Stunden außerhalb der Tore in den Wäldern der Umgebung oder auf staubigen Straßen zu halbleeren deutschen Dörfern wandern durften. Wir warteten auf die Gelegenheit, das Lager zu verlassen, nach Lettland zurückzukehren oder, wenn das nicht ginge, in ein anderes Land auszuwandern. Als sich endlich konkrete Möglichkeiten auftaten, warteten wir wieder, bis andere entschieden hatten, ob wir gut genug waren, ob wir es auch verdienten, dahin zu gehen, wo wir hinzugehen wünschten. Wir warteten alle auf die Möglichkeit, ein richtiges Leben zu führen.

Während wir anstanden, redeten wir miteinander. Die Erwachsenen schwärmten von echtem Bohnenkaffee, denn sogar die aus gerösteten Zichorien gebraute wäßrige Flüssigkeit war nicht regelmäßig zu haben. Sie sprachen von den Zigaretten, die

* D. P. – Displaced Persons, Bezeichnung für nichtdeutsche Personen, die im Zweiten Weltkrieg nach Deutschland verschleppt wurden.

sie geraucht hatten, von den Zeiten, wo sie so viele davon besaßen, daß sie sie achtlos in Kristallschalen auf ihren Kaffeetischchen liegenließen oder in flachen Silberetuis bei sich trugen und nonchalant Freunden und Bekannten anboten. Sie beschrieben die französischen Cognacs, die sie Freunden kredenzt hatten, und die in ihren Kellern gelagerten Weine. Sie erinnerten sich an Obstgärten mit Apfelbäumen, an Himbeerplätze, wilde Erdbeeren, Forellen, Pilze, man brauchte nur zuzugreifen, in Lettland, zu Hause.

Sie sprachen vom Tauschen und Organisieren. Einige besaßen immer noch Goldringe, Uhren, Manschettenknöpfe und Schmuck, die sie auf dem Schwarzmarkt gegen Lebensmittel und Kleider eintauschen konnten. Tauschgeschäfte mit der deutschen Bevölkerung in der Umgebung waren verboten und gefährlich, es gab häufig Schlägereien und Überfälle, doch die Leute riskierten es trotzdem.

Alle freuten sich, als Herr Jansons begann, den Vermittler zu spielen. Im Lager Montgomery hatte er seinen ersten großen Erfolg. Er erwarb von einem deutschen Bauern aus der Gegend ein Dutzend winzige rosarote Ferkel und brachte sie den Familien, die in der glücklichen Lage waren, mit Wertgegenständen bezahlen zu können.

Dieses Lager bestand im Gegensatz zu den vier anderen, in denen ich vorher gelebt hatte, aus Baracken und nicht aus Nissenhütten. Meistens gab es unter dem Barackenboden ein wenig Raum, der für Lagerzwecke genutzt werden konnte. Falltüren führten von einigen Zimmern direkt zu diesen dunklen, gemütlichen höhlenähnlichen Nischen, in denen die Schweine untergebracht waren. Man fütterte sie mit Küchenabfällen, mit Schalen und Kraut von gelegentlich erhältlichen Rüben, mit dem, was auf dem Land ergattert werden konnte und mit Hilfe von Herrn Jansons' Tauschgeschick; sie gediehen und wurden fett. Wir malten uns aus, wie weit die Besitzer diese Fülle wohl teilen würden, doch wir freuten uns auch einfach am Wohlergehen der kleinen Ferkel – ein hoffnungsvolles Zeichen für die Zukunft.

Doch eines Morgens suchte ein Trupp britischer Soldaten mit Gewehren, Seilen und Stöcken das Lager heim. Sie gingen von Tür zu Tür, befragten jedermann, suchten systematisch nach Falltüren. Sie bestimmten mehrere Dolmetscher, die zu den ungefähr zwölf verschiedenen Nationalitäten im Lager sprechen mußten. Meine Mutter gehörte auch dazu, sie übersetzte ins Lettische, was eine ungarische Schauspielerin mit Englischkenntnissen zuvor ins Russische übersetzt hatte. Die Soldaten behaupteten, Schweine in den Baracken seien unhygienisch, ihr Geruch unangenehm, der Schmutz würde zu Krankheiten, ja sogar zum Tod von Kindern führen.

Das überzeugte niemanden. Inzwischen hatten alle Schweine Namen, bis in alle Einzelheiten besprochene Charaktereigenschaften und einen sicheren Platz in den Familien ihrer Besitzer. Sie waren nicht einfach zukünftiger Schweinebraten und knuspriger Speck, sondern Haustiere, die mit Zärtlichkeit gepflegt wurden.

Von schimpfenden Frauen und höhnenden Männern behindert, krochen die Soldaten in die engen Nischen. Sie tasteten in der Dunkelheit nach den schlüpfrigen Schweinen, von denen manche tatsächlich fast so sauber wie Kinder gehalten wurden. Mit aufgesetzt heiterer Miene riefen sich die Soldaten gegenseitig Anweisungen zu und versuchten, die quietschenden Schweine einzufangen, die ihnen munter entschlüpften. Mit der Zeit entwickelten die Männer eine Methode. Ein schwitzender Soldat drehte das kleine Schwein flach auf den Rücken, und ein anderer versuchte, die kurzen, in der Luft zappelnden Beine zusammenzubinden. Zuletzt hievten sie das gefesselte Ferkel in den bereitstehenden Lastwagen.

Zuerst war ich entsetzt über die Soldaten, die offenbar das Recht hatten, zu tun, was sie wollten. Doch mit der Zeit beruhigte ich mich, fand Trost im Gefühl der Solidarität mit den anderen Zuschauern. Wer nicht um sein eigenes Schwein kämpfen mußte – weil das doch so sauber, so ruhig und so klug war –, stand dabei, sah zu und lachte über die Engländer.

Ein junger Soldat mit vor Anstrengung hochrotem Gesicht zerrte Frau Saulītis' Ferkel Pārslina (»Schneeflöckchen«) hinaus. Frau Saulītis, deren Name »Sonnenlicht« bedeutete, lief hinterher, schalt zum einen die Soldaten, sie sollten sich schämen und sich zum Kämpfen einen richtigen Krieg aussuchen, und ermunterte zum anderen Pārslina, die unbeholfen auf Armeslänge entfernt festgehalten wurde, immer wieder zum Entwischen. Ein rothaariger Feldwebel mit Schnurrbart verlor das Gleichgewicht und stolperte, stieß dabei so heftig gegen den jungen Soldaten, daß dieser Pārslina fallen ließ, die auf dem Rücken lan-dete und vor Schreck nicht einmal quietschen konnte. Sie richtete sich aber augenblicklich auf, flüchtete in Frau Saulītis' ausgestreckte Arme und vergrub den Kopf in ihrem Busen. Frau Saulītis streichelte Pārslinas Kopf, murmelte ihr zärtliche Worte ins Ohr, küßte sie und drückte sie fester an sich.

Ein ungleiches Tauziehen begann nun. Die Soldaten versuchten, Pārslinas weiches rosarotes Hinterteil zu fassen, der Anstand verbot es ihnen aber, sie um die Mitte oder bei den Schultern zu packen, da die in Frau Saulītis' große warme Brüste eingebettet waren. Wir spornten Pārslina und Frau Saulītis mit aufmunternden Zurufen an und lachten hämisch über die Bemühungen der Soldaten. Als der rothaarige Soldat Pārslina am Schwanz zog, buhten wir ihn aus, und Pārslina quietschte erbärmlich. Frau Saulītis warf den Soldaten einen giftigen Blick zu und beruhigte und tätschelte Pārslina fürsorglich.

Ich war überwältigt vor Bewunderung. Wie mutig Frau Saulītis doch war! Was für ein Glück für Pārslina, eine solche Beschützerin zu haben! Wie geliebt mußte sich Pārslina fühlen, selbst wenn sie angegriffen wurde!

Die Soldaten versuchten, mit Frau Saulītis zu diskutieren.

»Sagen Sie ihr, sie wird sich bei ihrem Schwein noch eine Krankheit holen.«

»Nein«, entgegnete Frau Saulītis, »Pārslina ist sehr gesund, sie hat keine Bakterien. Und ich bin auch sehr gesund, wie Sie sehen. Sie können mich ja untersuchen, wenn Sie wollen.« Am Rand der Menge prusteten ein paar junge Männer los, sie pfiffen, applaudierten und stampften mit den Füßen. Frau Saulītis warf ihnen einen mißbilligenden Blick zu.

Als nächstes wurde Hauptmann Vilciņš gerufen. Er war Vorsitzender des gewählten Lagerrates, der die englischen Soldaten bei der Führung des Lagers unterstützte und in dem auch mein Vater regelmäßig mitarbeitete. Hauptmann Vilciņš erschien, schneidig in seinem langen Ledermantel, der noch aus den Zeiten stammte, als er in ganz Europa Reitturniere gewonnen hatte. Er kam gerade aus einer Sitzung, in der Einsatzpläne für den für alle obligatorischen Küchendienst aufgestellt, Streitigkeiten geschlichtet, gemeinschaftliche Aktivitäten geplant und Räume zugewiesen worden waren. Zwei andere Ratsmitglieder standen dicht hinter ihm, als er Frau Saulītis anwies, die Befehle zu befolgen. Frau Saulītis weigerte sich.

Schließlich wurde der britische Lagerkommandant persönlich herbeigerufen.

»Sagen Sie dieser Frau, daß sie öffentliches Ärgernis erregt. Wenn sie das Schwein nicht hergibt, lasse ich sie verhaften und in den russischen Sektor von Berlin bringen. Sie riskiert noch, nach Lettland zurückgeschickt zu werden, wenn sie nicht aufpaßt«, sagte Oberleutnant Sutherland in knappem Ton.

Da gab Frau Saulītis endlich nach. Sie küßte Pārslina und legte sie sanft in die Arme des rothaarigen Feldwebels, der sie schuldbewußt und auf Zehenspitzen zum Lastwagen trug. Er setzte sie behutsam nieder. Erleichtert schlugen die anderen Soldaten die

Türen ihrer Lastwagen und Jeeps zu. Sie fuhren davon und hinterließen eine Wolke aus feinem Staub.

Gleich danach machte eine Geschichte die Runde: Einer Frau aus Litauen sei es gelungen, ihr Schwein zu retten, indem sie es in ein Kleidchen gesteckt und ihm ein Tuch um den Kopf gebunden habe. Sie habe gejammert, ihr kleines Töchterchen sei von einem rätselhaften Fieber und Flecken auf der Haut befallen und dem Tode nahe. Darauf machten die Soldaten kehrt, überzeugt, die Frau beuge sich liebevoll über ein fieberndes Kind und nicht über ein Schwein, das am litauischen Unabhängigkeitstag gebraten werden sollte. Diese Litauer seien mutig und gar nicht auf den Kopf gefallen, obwohl die meisten von ihnen katholisch seien, sagten die Letten. Die Esten hingegen behaupteten, die Letten, diese gerissenen Schlawiner, hätten es fertiggebracht, ein paar Schweine im Wald zu verstecken, weil sie von der Lagerverwaltung im voraus einen Wink erhalten hätten. Wie dem auch sei, es tauchte nie wieder ein Schwein – weder gebürstet noch gewaschen, mit einer Schleife geschmückt oder zum Auslüften an einer Leine geführt – im Lager Montgomery auf.

Ich verließ die Menschenmenge in Gedanken an eventuell überlebende Schweine und folgte Frau Saulītis zu ihrem Zimmer, das sie mit zwei anderen Familien teilte. Ich scheute mich, ihr so nahe zu kommen, daß ich den unauslöschlichen Schmerz hätte sehen müssen, der mir vom Gesicht meiner Mutter her so vertraut war, und doch zog es mich zu ihr hin. Ich wollte sie über den Verlust Pārslinas hinwegtrösten.

Frau Saulītis ging langsamer und langsamer, so daß ich stehenbleiben mußte, um nicht von ihr entdeckt zu werden. Ich hörte einen leisen murmelnden Laut. Weinte Frau Saulītis? Was konnte ich schon für sie tun? Doch nein, das war kein Schluchzen. Frau Saulītis räusperte sich, sie summte vor sich hin, sie sang ganz allein zu ihrem eigenen Vergnügen, während sie in

Richtung der grauen Baracken ging. Ich war überrascht, eine Frau so fröhlich vor sich hin singen zu hören. In den Liedern meiner Mutter hatten schon in Lettland Sehnsucht und Schmerz mitgeklungen. Jetzt sang sie überhaupt nicht mehr. Aber Frau Saulītis sang und wiegte sich im Gehen ein bißchen dazu.

»Es meitina ka rozite,
Ka sarkana zemenite,
Pienu edu, pienu dzeru,
Piena muti nomazgaju.

Ich bin ein kleines Mädchen, wie eine kleine Rose,
Wie eine kleine rote Erdbeere,
Ich esse Milch, ich trinke Milch,
und ich bade mein Gesicht in Milch.«

Als das Lied zu Ende war, strich sie sich mit den Händen so liebevoll und zufrieden über die Hüften, daß es mir vor Bewunderung den Atem verschlug. Sie warf einen trägen Blick über die Schulter, bemerkte mich und blieb stehen.

»Was trippelst du denn hinter mir her wie eine Maus? Komm schon her und leiste mir Gesellschaft.«

Sie streckte mir die Hand entgegen.

Einfach so.

Wir gingen schweigend weiter, bis ich schließlich meinen ganzen Mut zusammennahm und sagte: »Das mit Pārslina tut mir wirklich leid. Es tut mir leid, daß man sie Ihnen weggenommen hat.«

»Ja, mir auch.«

»Ich mochte sie. Sie war ein wunderbares Schwein.«

»Ja, das war sie. Sehr hübsch, sehr empfindsam, aber fröhlich. Ein außergewöhnliches Schwein.«

»War sie klug?« wollte ich wissen.

»O ja, sehr intelligent, beinahe intellektuell. Ein wundervolles Schwein.« Frau Saulītis suchte nach dem richtigen Ausdruck. »Einzigartig. Wirklich einzigartig.«

»Es tut mir leid«, wiederholte ich, »bitte, seien Sie nicht traurig.« Ich wurde verlegen, etwas so Persönliches gesagt zu haben. Doch es schien ihr nichts auszumachen.

Sie drückte mir sanft die Hand. »Mach dir keine Sorgen, mein Herz«, sagte sie. »Es tut mir zwar leid, daß ich sie hergeben mußte. Aber da kann man nichts machen. So was passiert eben.«

Mein Herz! Schon lange hatte mich niemand mehr so genannt. Ich blickte Frau Saulītis ins Gesicht. Ihre klaren blaugrünen Augen waren nicht mit Tränen gefüllt, sie unterdrückte kein Schluchzen, wenn sie lächelte. Sie täuschte nichts vor.

»Und, wie war ich?« fragte Frau Saulītis nach einer Pause. »Diesen Soldaten hab' ich's gezeigt, meinst du nicht auch? Die werden mich bestimmt nicht so schnell vergessen.«

»Ich fand Sie wunderbar.«

»Wirklich?« Frau Saulītis freute sich und lachte laut heraus. »Ich mich eigentlich auch. Bestimmt werden sich ein paar von denen heut nacht ganz schön herumwälzen und von mir träumen. Und die Mitglieder des Lagerrats, diese Schlappschwänze, können froh sein, daß ich nicht allen erzählt habe, was ich über sie weiß. *Dir* erzähl' ich es später mal.«

Vor der Tür ließ sie meine Hand los und drückte mich kurz an sich. Warme Energie strömte aus ihrem vollen rotbraunen Haar und der weichen weißen Haut und belebte meine trockene Haut und mein mattes Haar.

»Ja«, sagte Frau Saulītis, »wetten, daß mich dieser Feldwebel jetzt nicht mehr vergessen kann, daß ich in seinem Herzen eingebrannt bin. Wer weiß, vielleicht hat auch so eine Geschichte noch ihr Gutes. Aber die arme, liebe Pārslina. Ich darf gar nicht daran denken, was sie mit ihr machen!«

Jeden Morgen verließ meine Mutter schon früh das Zimmer,

das wir mit einer anderen Familie teilten, um zu ihrer Arbeit als Lehrerin und Dolmetscherin zu gehen. Sobald sie weg war, rannte ich los. Ich wollte Frau Saulītis am Anschlagbrett neben der Küche treffen, wo Listen mit den Namen derjenigen aushingen, die in andere Lager versetzt werden sollten. Ich wußte, daß auch ich jederzeit wieder auf einen wartenden Lastwagen kommandiert werden konnte.

In einigen anderen D.P.-Lagern hatten es die Leute besser. Sie wurden von den Aufnahmezentren, wie dem britischen Zentrum in Berlin, direkt in Lager gebracht, wo sie die nächsten vier oder fünf Jahre bleiben durften. Sie hatten Gelegenheit, die Gegend und ihre Besonderheiten zu erkunden und sich die Zimmer etwas wohnlicher einzurichten. Sie konnten Gemüsegärten anlegen und sich Hühner und Gänse halten, unbehelligt von den Behörden, die bei Tieren, die kleiner waren als Schweine, ein Auge zuzudrücken schienen. Und was noch wichtiger war: Onkel und Tanten, Cousins und Cousinen und Großeltern konnten alle zusammenbleiben. Es war möglich, Freundschaften zu schließen, und man konnte sich darauf verlassen, seine Freunde wiederzusehen.

Doch unsere Familie hatte es in eine Gruppe verschlagen, die von den Engländern von Lager zu Lager weitergeschoben wurde, als Privathäuser nach und nach an Zivilisten zurückgegeben, Soldaten demobilisiert und Einheiten zusammengelegt wurden, um die Verwaltung zu vereinfachen. In fünf Jahren wurden wir etwa ein dutzendmal verlegt. Die Zimmer in den Militärbaracken, Nissenhütten oder requirierten Privatwohnungen waren zum Teil ganz angenehm, aber sie sahen dennoch trist aus, denn die von Bomben zersplitterten Fenster waren mit Brettern zugenagelt und ließen nur wenig Licht herein. Auch Betten und Gepäck wurden vor die Fenster geschoben, weil dringend Platz gebraucht wurde. Mit Wolldecken, Leintüchern, Segeltuchplanen, Sperrholzplatten, Kartons oder was immer sonst geeignet erschien, eine Illusion von Privatsphäre zu schaffen, wurden Zimmer in immer kleinere Bereiche unterteilt. Sich zu bewegen war schwierig, außer man ging seitwärts. Man unterhielt sich im Flüsterton. Bei Streitereien tat man so, als hätte man nichts gehört. Höflichkeit und Selbstbeherrschung waren lebensnotwendig.

Manchmal war Ōmite bei uns, dann wieder bei einem ihrer Söhne in einem anderen Lager. Nicht ohne Grund erwartete ich, daß wir, sobald wir uns irgendwo eingerichtet hatten, sobald ich Freundschaften geschlossen hatte, einen Anschlag lesen würden, daß man uns wieder in ein anderes Lager verlegen würde. Die nächste Ansammlung häßlicher, mit Stacheldraht umzäunter Baracken würde noch trister sein, weil sie uns fremd war.

An welchem Morgen würde Frau Saulītis weggebracht? Wie schnell kam der nächste Verlust?

Aber in den Zeiten dazwischen gab es auch Erfreuliches. Fast überall, wo ich wohnte, sah ich, wie Frauen kleine Gärten anlegten. Sie sammelten und tauschten Samen von Radieschen, Karotten und Gurken, sie verpflanzten wilde Erdbeeren aus den umliegenden Feldern, sie gruben winzige rosa und weiße Gänseblümchen und einfache violette Astern aus, die in dichten Büscheln an den verlassenen Straßen wuchsen. Wicken blühten unter den Fenstern der überfüllten Baracken und wurden wegen ihres Duftes in die Zimmer geholt. Zum erstenmal reiften Früherbsen, und Frau Saulītis kochte eine wunderbare grünweiße Suppe aus Trockenmilch und Erbsen, die mit der graugrünen Brühe, die in den Speisesälen serviert wurde, nicht die geringste Ähnlichkeit hatte. Sie reichte mir eine volle Schüssel und unterhielt sich mit mir, während ich aß.

Hauptmann Vilciņš, der in Paris studiert hatte, leitete den Lagerrat mit Entschlossenheit und Stil. Er ließ zwei Baracken abreißen und auf dem Zementboden einer ehemaligen Latrine einen Springbrunnen errichten. Mit seinem zierlichen Stöckchen und dem im Winde flatternden weißen Seidenschal stand er stramm und entschlossen da und wachte darüber, daß seine Anweisungen befolgt wurden. Nach seiner Vorstellung sollten Flaggen von allen im Lager vertretenen Nationen wehen, sollten über Nacht Bäume wachsen und die Leute am Abend auf der schattigen Plaza spazierengehen. Bald würden wir vergessen haben, daß diese gemeinnützigen Verbesserungen mit noch größerem Gedränge in den Baracken erkauft wurden. Wir sollten das zertrampelte Gras auf dem Platz und die bescheidene Herkunft des glitzernden Springbrunnens übersehen. Doch schon während der von unendlich langen Reden geprägten Einweihung der Helden-Plaza stieg das Wasser nur stotternd auf und fiel dann ganz in sich zusammen, gerade so, als wollte es die Aufmerksamkeit auf seine Herkunft lenken. Wir verbrachten die Abende auf dem offenen Platz an der anderen Seite des Lagers und mieden die Plaza, die sehr bald in »Latrinen-Promenade« umgetauft wurde.

Doch an diesem Morgen sprudelte reichlich Wasser aus dem Brunnen. Ich sah die Wasserstrahlen, als ich erleichtert zu Frau Saulītis' Tür rannte. Unsere Namen waren nicht auf der Liste, und vermutlich würde es vor Dienstag – noch vier ganze lange Tage – keine neue geben. Regenbogenfarben funkelten im Sprühregen, der Boden war nicht mehr so rissig und staubig.

Ich hätte jede freie Minute mit Frau Saulītis verbracht, wenn es meine Mutter und Frau Saulītis selbst erlaubt hätten. Frau Saulītis widmete mir aber mehr Zeit, als ich zu hoffen gewagt hatte. Jedesmal wenn ich anklopfte, rechnete ich damit, weggeschickt zu werden, und war dann überglücklich, wenn sie mich hereinbat.

Frau Saulītis ließ mich unter ihrem Fenster, das zu Hauptmann Vilciņš' Brunnen hinausging, graben und Unkraut jäten. Sie half mir, wilde rosafarbene Rosen aus der Erde zu heben, ohne dabei die Wurzeln zu verletzen, sie zeigte mir, wie man sie sorgfältig in ein Stück Sackleinen wickelte, zum Lager trug und wieder einpflanzte. Einmal ließ sie mich eine ganze Reihe Gänseblümchen verpflanzen.

»Die werden noch hier sein, auch wenn du fort bist«, sagte Frau Saulītis.

»Aber dann sehe ich sie ja gar nicht blühen. Oder bin ich dann noch hier?« Vielleicht wußte Frau Saulītis etwas.

»Mag sein, daß du dann nicht mehr hier bist. Aber die Gänseblümchen werden sich freuen, so einen guten Platz zum Wachsen zu haben, in einer so geschützten sonnigen Ecke. Sie werden dir dankbar sein, daß du sie gesetzt hast. Sie werden blühen, nachdem du gegangen bist. Und du hast die Welt schöner gemacht.«

Ihre Worte waren ein richtiges Geschenk für mich, sie weckten meine lebenslange Liebe zu Blumen und zur Gartenarbeit, die mir über manch schwierige Zeit hinweggeholfen hat.

Doch damals erkannte ich den Wert ihres Geschenkes noch nicht. »Ich will aber hierbleiben, ich möchte überhaupt nie mehr umziehen«, sagte ich.

»Ich weiß, mein Schatz«, sagte Frau Saulītis, »aber das hier ist nicht das wahre Leben. Wir können nicht ewig so weiterleben. Jeder braucht ein Heim, eine Arbeit, eine Zukunft, die er planen und auf die er sich freuen kann.«

Ich hielt den Kopf gesenkt und stocherte mit einer Kelle, Frau Saulītis' einzigem Werkzeug, gedankenverloren in einer Grasscholle herum. Diese Art Gespräch gefiel mir gar nicht; das hatte ich alles schon so oft gehört.

Die Männer fragten: »Wozu leben wir eigentlich? Wir sind Anwälte, Betriebswirte, Ingenieure, Architekten, Politiker und haben nichts zu tun. Immer nur warten. Unsere Ausbildung ist nutzlos, wenn wir keine Arbeit haben.«

Und meine Mutter sagte verbittert: »Künstler ohne Leinwand und Farben, Bauern ohne Land und Tiere, Zimmerleute ohne

Material und Werkzeug, Musiker ohne Instrumente. Was für einen Sinn kann ein solches Leben haben? Aber wenigstens sind Vater und ich immer beschäftigt.«

Es gefiel mir nicht, daß meine Eltern nie zu Hause waren, aber ich hatte gehört, wie sie von anderen um ihre Arbeit beneidet wurden. Mein Vater hielt Predigten, zelebrierte Begräbnisse und Hochzeiten, tröstete die Trauernden, organisierte Bibel- und Jugendgruppen, arbeitete im Lagerrat mit, und manchmal verließ er sogar das Lager, um an kirchlichen Tagungen teilzunehmen. Er gab auch Religionsunterricht, vor allem evangelisch-lutherischen, ein Pflichtfach in der Grundschule, und am Gymnasium unterrichtete er Theologie und Philosophie.

Auch meine Mutter war nie zu Hause. Sie unterrichtete Lettisch und Deutsch, Pflichtfächer in der Grundschule, Französisch und Latein am Gymnasium. Sie hatte auch angeboten, Russisch zu unterrichten, doch das wollte niemand lernen, die Erinnerungen an die russischen Greueltaten waren noch viel zu frisch. Sie arbeitete bis spätabends als Dolmetscherin in der Lagerverwaltung. An manchen Abenden begleitete sie meinen Vater zu Familienfeiern und kirchlichen Veranstaltungen.

»Es ist schwer, so zu leben«, meinte Frau Saulītis, »schwer, aber nicht hoffnungslos.« Sie zog ihr silbernes, mit Lilien graviertes Zigarettenetui hervor, das sie immer bei sich hatte, betrachtete darin ihr Spiegelbild und zog die Lippen mit ihrem dunkelroten, beinahe schwarzen Lippenstift nach. Sie fuhr sich mit der Hand befriedigt durch das rotbraune gewellte Haar.

Sie lächelte mir zu. »Wer weiß«, sagte sie, »vielleicht passiert heute noch was Schönes. Warten wir's mal ab, und wenn wir dabei hübsch aussehen, schaden tut's bestimmt nicht.«

Und tatsächlich, es geschah etwas Schönes. Frau Saulītis bekam ein eigenes Zimmer, ein einmaliges Ereignis in einem Lager, wo sich zwei oder drei Familien in einem einzigen Raum zusammendrängen mußten. Ihr Mann, den sie nie erwähnte, war im Krieg verschollen, also konnte auch nicht der Anschein erweckt werden, als würde sie bald wieder mit ihm vereint sein. Diese neueste Einrichtung rief massive Kritik an den Mitgliedern des Lagerrates hervor, die sich in diskretes Schweigen hüllten.

Man hatte beobachet, wie Frau Saulītis, auf ihren hochhackigen Lackschuhen balancierend, mit einem der englischen Soldaten, dem, der Pārslina am Schwanz gezogen hatte, zum Wald stöckelte. Man hatte sie an seinem Arm ins Lager zurückkommen sehen, ein bißchen errötet zwar, doch ziemlich selbstsicher; ihre hohen Absätze waren in den Boden eingesunken, und der rothaarige Feldwebel hatte sich besorgt zu ihr gebeugt. Die Leute warfen sich Blicke zu und rümpften vielsagend die Nase, wenn sie vorbeiging, doch niemand sagte etwas.

In den Lagern wurde zwar auch geheiratet, und Frauen bekamen Kinder, doch ein Geschlechtsleben schien nicht zu existieren, und für die große Mehrheit existierte es vermutlich tatsächlich nicht. Die Leute erholten sich von der Unterernährung und den unmittelbaren Auswirkungen des Krieges, und sie trauerten um die Menschen, die getötet oder von denen sie getrennt worden waren. Depressionen müssen weit verbreitet gewesen sein, doch niemand kannte das Wort oder die Definition dazu. Die Theorie von posttraumatischen Störungen kam erst Jahrzehnte später auf. Frischverliebte junge Paare gingen zwar im Wald spazieren, wenn die Tore offen waren. Aber erwartungsvoll grinsende Banden von Jungen folgten ihnen, um zu sehen, ob es etwas zu sehen gab; man lief also bei solchen erotischen Abenteuern ständig Gefahr, überrascht zu werden und in eine peinliche Situation zu geraten. Frau Saulītis dachte aber bestimmt nicht ans Heiraten.

Nachdem Frau Saulītis ihr eigenes Zimmer bezogen hatte, erschien der Feldwebel jeden Samstagnachmittag mit Paketen beladen. Ich stellte mich in die Reihe der anderen Kinder, die ihn schweigend beobachteten. Frau Saulītis ließ sich immer sehr viel Zeit, bis sie die Tür öffnete, und er rückte unterdessen seine Krawatte zurecht, fingerte an seinem Schnurrbart herum und tat so, als sähe er uns nicht. Er ging erst spätnachts wieder weg, und er war sogar schon beobachtet worden, wie er erst am Sonntagmorgen in seinen Jeep stieg. Eine neue dicke olivgrüne Wolldecke hing nachts vor Frau Saulītis' Fenster.

Während wir wilden Mohn pflanzten, erzählte mir Frau Saulītis von ihrer Liebesaffäre mit dem Feldwebel. Ich war hingerissen, daß sie mich ins Vertrauen zog. Sinnlichkeit und Liebeslust waren ihr während des Krieges nicht abhanden gekommen wie meiner Mutter. Dramatische Erlebnisse und Aufregung gab es nur in Frau Saulītis' Leben. Sie gärtnerte in einem geblümten Seidenkimono, der auseinanderklaffte und den Blick auf einen schwarzen Satin-Büstenhalter freigab, der sich knapp über ihre feste weiße Brust spannte. Sie plauderte aus, welche der Männer ihr gern ein bißchen näherkommen würden, wer spätnachts versucht habe, in ihr Zimmer zu steigen, und wer jetzt vor Eifersucht vergehe, weil sie in den Feldwebel verliebt sei. Herr Ķiploks, ein hochangesehenes Mitglied des Kirchenvorstands *und* des Lagerrates *und* noch dazu ein verheirateter Mann, hatte damit gedroht, sich die Pulsadern aufzuschneiden, weil er so in sie verliebt sei. Sie mußte ihm rasch ein Glas Wasser holen, um ihn zu beruhigen. Sie hatte Angst, er könnte schon tot sein, wenn sie von der Pumpe neben der Küche zurückkam, aber er saß nur da, blickte auf seine Uhr und klopfte ungeduldig mit dem Fuß auf den Boden, denn er wollte seinen dramatischen Auftritt wiederholen, sobald sie zurück war. Er hatte keine Ahnung, daß sie ihn durchs Fenster gesehen hatte und deshalb wußte, daß er gar nicht so verzweifelt war, wie er nun tat. Natürlich seien Männer interessant, sagte Frau Saulītis, aber vertrauen sollte man ihnen besser nicht. Sie mochten noch so leidenschaftlich verliebt und treu erscheinen, in Wirklichkeit seien sie unberechenbar wie gesunde junge Fohlen.

Doch der Feldwebel liebte sie, davon war sie überzeugt. Er bat sie, mit ihm nach England zu kommen, doch sie liebäugelte mit Amerika. Er war verzweifelt, daß sie ihm einen Korb gegeben hatte, und schenkte ihr doch tatsächlich eine Flasche Coca-Cola. Das sei, erklärte sie mir, ein außergewöhnlich köstliches Getränk, eine Mischung aus feinsten Aromen, eigentlich gar nicht zu beschreiben, aber wenn sie unbedingt sagen müßte, womit es zu vergleichen sei, würde sie es als Mischung von Ambrosia und einem exotischen französischen Likör beschreiben. Man fühle sich ganz anders danach – freier, stärker, hoffnungsvoller. Sie wünschte, daß ich irgendwann einmal Gelegenheit hätte, es zu kosten. Sie hätte mir gern einen Schluck aufgehoben, doch der Feldwebel, der sie wahnsinnig liebte, habe darauf bestanden, daß sie es bis zum letzten Tropfen austrinke. Sie zeigte mir die kleine dicke grüne Glasflasche, die auf ihrem Fenstersims stand und den Neid der Vorbeigehenden auf sich zog.

Ein anderes Mal zeigte mir Frau Saulītis ein Paar Nylonstrümpfe, etwas, das bisher noch keiner gesehen hatte. Sie hielt sie ans Licht und spannte sie über die Finger, um zu demonstrieren, wie durchsichtig sie waren. Alle anderen im Lager trugen vielfach gestopfte Woll- oder Baumwollstrümpfe. Ich hatte bei Festen schon Seidenstrümpfe gesehen, doch die waren nichts im Vergleich zu Nylon. Meine Schwester und die größeren Mädchen, mit denen sie nun die ganze Zeit zusammen war, kamen auch bei Frau Saulītis vorbei, um mit ihr zu plaudern und sie zu bitten, ihnen die Strümpfe zu zeigen, wozu sie gern bereit war.

Frau Saulītis brachte mir auch die ersten Worte Englisch bei: »thank you«, »please« und »I love you«. Doch die glanzvollsten kamen erst. Frau Saulītis erklärte mir, in England sei es in den höheren Schichten üblich, die Wochenenden statt in London in wunderschönen Landhäusern inmitten herrlicher Gärten zu verbringen.

»Weekend, weekend, holiday – das mußt du lernen. Damit du es auch verstehst, wenn dich dein Geliebter einlädt, mit ihm aufs Land zu fahren. Oder wenn du eines Tages in deinem eigenen Haus mit herrlichem Garten wohnst und Gäste einladen willst, kannst du es selbst sagen.«

Samstag morgens, bevor sie sich für den Feldwebel zurechtmachte, setzte sich Frau Saulītis auf einen Baumstrunk und sonnte sich.

»Weekend, weekend, holiday«, sagte sie lächelnd und winkte allen zu, die vorbeigingen.

»Weekend, weekend, holiday«, äfften die Leute sie hinter ihrem Rücken nach, doch das störte sie nicht. Bald sagten alle im Lager: »Weekend, weekend, holiday.«

Frau Saulītis lachte gutmütig. »Ich mag ja vielleicht Anstoß erregen«, sagte sie, »aber merkst du, wie sie mich nachmachen? Genau wie die Mutter meines Mannes.«

»Was ist mit ihr?« fragte ich. Eigentlich wollte ich aber wissen, was mit Frau Saulītis' Mann los war.

»Ach die! Die ist noch in Lettland. Kann sein, daß sie in russischer Gefangenschaft ist, aber das würde ich nicht einmal ihr wünschen, dieser alten Giftschlange. Sie wollte Haus und Hof und Scheunen und Speicher nicht zurücklassen. Sie sagte, lieber würde sie sterben, als alles aufgeben, was sie ihr ganzes Leben lang angehäuft habe. So blieb sie denn, auf die Gefahr hin, umgebracht zu werden.«

»Und was ist mit Herrn Saulītis? Ist er auch geblieben?«

»Wer? Sie war Witwe.«

»Nein, Herr Saulītis. Ihr Herr Saulītis.«

»Oh, du meinst meinen Mann. Über den schweigt man am besten. Er hat sich, sobald er konnte, der deutschen Armee angeschlossen. Er wolle auf der Siegerseite stehen, hat er gesagt, aber in Wirklichkeit wollte er nur die Gelegenheit beim Schopfe packen und Zigeuner und Juden zusammenschlagen. Er hat oft genug gegen sie gegeifert. Gott sei Dank hat er nicht mehr viel anrichten können. Er ist bald, nachdem er übergelaufen war, gefallen.«

Ich begriff das nicht. Meine Eltern sprachen mit Bewunderung von Letten, die Juden vor der Gestapo versteckt hatten oder wie wild mit dem Rad herumgefahren waren, um Zigeuner zu warnen, wenn ein deutscher Konvoi die Straße entlangkam. Sie sprachen mit der gleichen Empörung von den Nazis und den Kommunisten. Auch Letten waren von der Gestapo in Salaspils gefangengehalten oder nach Polen in andere Konzentrationslager verschleppt worden. Ich hatte immer geglaubt, daß alle Letten den Nazis Widerstand geleistet hätten.

»War er denn kein Lette?« fragte ich.

»Natürlich war er Lette. Und er war nicht der einzige, der sich so verhielt. Woher, glaubst du denn, hat der zwielichtige Herr Ziemelis seine Narbe? Jetzt erzählt er jedem, er hätte sie sich in seiner Studentenzeit beim Duellieren zugezogen. Aber ich habe gehört, er sei von zerbrochenem Glas verletzt worden, als er zusammen mit anderen Strolchen ein jüdisches Juweliergeschäft verwüstete.«

Dieses Gespräch und andere dieser Art verfolgten mich Jahre später, als ich Fotografien mit den Gesichtern von Opfern der Konzentrationslager betrachtete.

Lettin zu sein, sprach mich nicht von Verantwortung und Schuld frei.

Aber nun versuchte ich, direkter zu fragen.

»Sind Sie nicht traurig, daß er tot ist? Haben Sie ihn denn nicht geliebt?« Und als Frau Saulītis keine Antwort gab, hakte ich nach, von meiner eigenen Kühnheit überrascht: »Warum haben Sie ihn denn geheiratet?«

Frau Saulītis überlegte sich die Antwort sorgfältig. »Nein,

ich habe ihn nicht geliebt. Meine Eltern wollten, daß ich ihn heirate.«

»Warum?«

»Sie wollten ihren Besitz zusammenhalten; der Hof meines Vaters grenzte an den seiner Mutter. Und so sahen sie es sehr gern, als Helmuts begann, an Sonntagnachmittagen vorbeizukommen. Ich mußte ihm den Tee servieren, und sie setzten mich jedesmal neben ihn, wenn er zum Abendessen blieb. Als er bei meinem Vater um meine Hand anhielt, sagte der natürlich ja.«

»Und was haben Sie gesagt?«

»Ich war doch erst siebzehn. Ich bin keine Intellektuelle wie deine Mutter, ich wurde zum Heiraten großgezogen. Und Helmuts sah damals gut aus mit seiner rosigen Haut und den breiten Schultern. Er wirkte so gebieterisch, wenn er mit geradem Rücken und in seinen gewichsten schwarzen Stiefeln dastand, daß ich fast in Ohnmacht gefallen wäre. Erst später, als jede Unterhaltung mit ihm im Streit endete, als er jedesmal wütend wurde oder sich anbiederte, wenn jemand nicht seiner Meinung war, mochte ich ihn nicht mehr. Und als seine Mutter nicht bereit war, ihm das Gut zu überschreiben, wurde es noch schlimmer. Er prahlte damit, einen alten Juden am Bart gezerrt zu haben, und einmal war ich dabei, als er einen Zigeunerwagen von der Straße drängte. Er fing an, mich jede Nacht zu wecken und wach zu halten, und er schrie mich an, weil ich keine Kinder bekam, aus denen er gute Nazis hätte machen können.«

Mit Frau Saulītis' Fröhlichkeit war es jetzt vorbei. Ich sah, daß sie weinte und ihre Tränen nicht zu verbergen suchte. »Nein, ich war froh, daß er zum Militär ging, bevor er auch noch anfing, mich regelmäßig zu schlagen. Ich habe nicht getrauert, als ich hörte, daß er nicht mehr zurückkommt.«

Nach einer Weile wischte sie sich die Augen. »Ist schon gut, mein Schatz«, sagte sie. »Du siehst, für mich hat der Krieg auch sein Gutes gehabt. Ich versuche jedenfalls, es so zu sehen. Ich hatte mich schon darauf eingestellt, für den Rest meines Lebens von morgens früh bis abends spät die ganze harte Arbeit auf dem Hof zu machen und dazu jede Nacht Helmuts' Zudringlichkeiten zu ertragen. Doch zumindest das hat mir der Krieg erspart, auch wenn ich nicht mehr nach Hause kann.«

Sie drückte meine Hand. »Komm«, sagte sie, »ich habe im Schatten hinter den Vorratsschuppen einen kleinen Pfingstrosenbusch entdeckt, der erstickt im Unkraut. Laß uns doch mal sehen, ob wir einen Platz finden, wo er besser gedeiht.«

Ein paar Wochen später mußten wir wieder umziehen, während Frau Saulītis in dem Zimmer blieb, das man ihr auf Fürsprache des Feldwebels zugeteilt hatte.

Ich ging wie in Trance umher, sprach zu niemandem, hörte nicht, wenn jemand mich ansprach. Wie jedesmal, wenn ich unter großer Anspannung stand, wurde ich krank. Ich bekam hohes Fieber und wurde in einen wartenden Lastwagen getragen. An den eigentlichen Umzug kann ich mich nicht mehr erinnern, auch nicht daran, Frau Saulītis Lebewohl gesagt zu haben.

Im neuen Lager schlief ich auf einer mit Stroh gefüllten Matratze in der wärmsten Ecke des Zimmers, die mir meine Mutter mit viel Mühe gesichert hatte. Sie maß mir die Temperatur und zwang mich, eine Tasse heißes Wasser nach der anderen zu trinken. Mein Vater saß bei mir, legte mir seine kühle Hand auf die Stirn. Beate verzichtete diesmal sogar darauf, mit der Gruppe der älteren Mädchen im Lager auszugehen.

Beate war viel geselliger als ich, und wo immer wir auch wohnten, sie brannte darauf, in diese Gruppen aufgenommen zu werden. Sie war beliebt und wurde rasch zu einer der Anführerinnen gewählt. Gewöhnlich kümmerte es sie nicht, daß die Älteren mich oder andere Jüngere mit Schmährufen vertrieben.

Sie machte mir klar, daß ich nicht mit ihnen umherziehen dürfe. Aber jetzt saß sie bei mir, las mir vor, beschwor mich, wieder gesund zu werden.

Mein Fieber sank schließlich. Ich verließ das Bett und ging wieder zur Schule. Frau Saulītis erwähnte ich nicht. Ich kann mich nicht erinnern, mit irgend jemandem über sie gesprochen zu haben.

Doch im nächsten Lager begann ich, mich systematisch an kinderlose Frauen zu halten. Sie brachten mir alles bei, was sie konnten: Stopfen, Stricken, Sticken, Flicken, Solitair, Handlesen. Ich war versessen darauf, ihre Aufmerksamkeit auf mich zu lenken. Einmal hatte ich mich gleichzeitig mit zwei Frauen angefreundet; mit dem mageren, korrekten unverheirateten Fräulein Tieviņš und der sanften, traurigen verwitweten Frau Dumplītis. Aus irgendeinem Grund konnten sich diese beiden Frauen nicht ausstehen, und beide Beziehungen aufrechtzuerhalten, erforderte außergewöhnliches Taktgefühl und ständige Vorsicht, doch irgendwie gelang es mir doch. Aber niemand besaß Frau Saulītis' Wärme oder ihr Gespür für das Mögliche.

»Der Reichtum des Herzens«

DIE SCHULE WAR für mich der einzige verläßliche Halt. In jedem Lager organisierten die verschiedenen Nationalitäten eigene Schulen, damit die Kinder nachholen konnten, was sie während des Krieges versäumt hatten, und für die Zukunft gerüstet waren. Schon Erstkläßler gingen sechs Tage in der Woche zur Schule, vom frühen Morgen bis zum Mittag. Und dann bekamen wir so viele Hausaufgaben auf, daß wir bis zur Abenddämmerung und länger drinnen bleiben mußten. Die Erwachsenen stellten jedes Kind zur Rede, das sie draußen beim Spielen antrafen. Sie sparten nicht mit Belehrungen darüber, wie wichtig es sei, die Hausaufgaben zu machen, gute Noten zu bekommen und für die Zukunft gerüstet zu sein.

Die Anforderungen waren überall gleichermaßen hoch, die Disziplin streng. Wenn ein Lehrer das Klassenzimmer betrat oder verließ, erhoben wir uns und standen stramm, bis die Erlaubnis erteilt wurde, sich zu setzen. Körperliche Strafen wurden niemals angewendet, doch in der Ecke stehen zu müssen, war so beschämend, daß nur einige der wildesten Jungen es durchstanden. Wir wurden ständig dazu angehalten, kerzengerade auf Kisten oder Bänken ohne Lehnen zu sitzen. Federn und Bleistifte waren Mangelware, später gab es Schiefertafeln und Kreide und sogar Papier. Ein Rechenbrett und eine Wandtafel wechselten immer wieder das Zimmer. Es gab ein paar billig vervielfältigte Taschenbücher, und die Lehrer lasen laut aus Bänden vor, die sie sich von verschiedenen Lagerinsassen geliehen hatten.

Wir mußten vor allem auswendig lernen. Sobald wir schreiben konnten, diktierten uns die Lehrer den Stoff, und wir mußten ihn uns dann einprägen und später hersagen. Wir memorierten Einmaleinstabellen, die Endungen der Fälle, Namen von Elementen, Bäumen, Sternbildern und Wolkenformationen, Beispiele für den Gebrauch der Satzzeichen, die Namen von Figuren aus Romanen und Erzählungen. Mindestens einmal in der Woche wurde unsere Fähigkeit geprüft, einen literarischen Text korrekt nach Diktat zu schreiben. In Großschreibung, Kommasetzung, Beherrschung diakritischer Zeichen und Worttrennung sollten wir sattelfest sein. Jeden Montag mußten wir ein auswendig gelerntes Gedicht aufsagen, wortgetreu und mit »dem notwendigen Gefühl«.

Ich lernte fleißig. Meine Eltern waren beide hervorragende Schüler gewesen, hatten Preise und Auszeichnungen gewonnen, und sie betrachteten es als eine Selbstverständlichkeit, daß Beate und ich ebensogut abschnitten. Wenn wir eine Fünf, das heißt die beste Note, erhielten, war das keinerlei Kommentar wert, doch eine Vier war Anlaß zu Bestürzung und Enttäuschung. Eine Drei war eine Schande. Eine Zwei, eine ungenügende Note, hätte bedeutet, sitzenzubleiben und im folgenden Jahr mit jüngeren Kindern zu lernen. Da wäre man lieber gestorben. Die Hausaufgaben nicht zu machen war unvorstellbar.

Ich hatte entsetzliche Angst vor den Lehrern und vor Mißerfolg, doch ich lernte auch sehr gern. Wir wurden ständig daran erinnert, wie wichtig das Lernen sei. Die am häufigsten zitierten Worte – »Der Reichtum des Herzens rostet nicht« – stammen aus einem Gedicht von Kārlis Skalbe. Ihr Sinn wurde uns so erklärt: Man könne seinen ganzen materiellen Besitz durch Plünderung und Krieg verlieren, man könne auch Familie, Freunde und die Heimat verlieren, Wissen aber bleibe einem als kostbares Gut für immer erhalten. Ich bezweifelte das nicht. Hier gab es zumindest etwas, das gut und dauerhaft war. Ich wußte, daß ich beinahe alles erreichen konnte, wenn ich mich nur genug anstrengte, und das verschaffte mir wirkliche Befriedigung und ein Gefühl von Selbstbestimmung.

Sobald die Lehrer das Zimmer verließen, wurde geschwatzt und geflüstert, Zettel wurden herumgereicht und Papierbällchen geworfen, doch wenn sie sich nur umdrehten, geschah das höchst selten. Wild ging es vor allem auf dem Schulweg zu, aber nur Jungen und ältere Mädchen schienen dabei mitzumachen. Ich konzentrierte mich darauf, hervorragende Noten zu bekommen und ganz still und brav zu sein.

So war ich eines Morgens sehr überrascht, als Mädchen der vierten Klasse Galīna, die neben mir in der ersten Reihe saß und auch lauter Fünfer bekam, auslachten und verhöhnten.

»*Sūdīgā krieviete*, Scheiß-Russin«, riefen sie.

Galīna sah sich nicht um, sie lief mit gesenktem Kopf rasch weiter.

Ērika, das größte Mädchen in meiner Klasse, zupfte mich an der schwarzen Schürze. »Halt, du bleibst hier bei uns. Untersteh dich, mit dieser Scheiß-Russin zu gehen.«

»Genossin Galīna, Genossin Galīna«, lispelte jemand spöttisch.

»Aber sie ist doch Lettin«, brachte ich schüchtern vor. Galīna hatte eben einen Preis für den besten lettischen Aufsatz gewonnen und hörte sich genauso an wie alle anderen, wenn sie etwas vortrug.

»Das meinst *du*. Ihr Vater ist Russe, ein Linker. Er ist ein dreckiger russischer Kommunist und Jude.«

»Aber ihr Vater ist doch tot«, wandte ich ein.

»Spielt keine Rolle, die Juden haben Lettland ausgesogen«, gab Ērika zurück.

»Die Juden fangen Christenkinder. Sie legen sie in Fässer mit Nägeln und rollen sie den Hügel hinunter«, wußte eine andere.

Ein Lied wurde angestimmt.

»*Žīdiņš, jūdiņš, kamparsūdiņš.* – Kleiner Jude, kleiner Judas, kleiner Kampferdreck.«

»Nein«, sagte Ausma, sehr viel mutiger als ich. »Ich muß zur

Strafe drinnen bleiben, wenn jemand meiner Mutter erzählt, was wir da gerufen haben. Sie hat schon Frau Pļaviņš ausgeschimpft, nur weil sie gesummt hat

›Lietiņš līst, saulīte spīd,
vecam žīdam tupeles plīst.
Der Regen regnet, die Sonne scheint,
des alten Juden Pantoffeln platzen.‹«

Frau Pļaviņš habe nicht einmal alle Wörter gesungen, sagte Ausma, aber ihre Mutter sei trotzdem wütend geworden.

»Gut, dann singen wir das nicht«, stimmte ich Ausma erleichtert zu.

»Also, kennt jemand irgendwelche russischen Verse?«

Ich sagte nichts von den Versen, die ich vor den russischen Soldaten aufgesagt hatte.

»So kommt schon, laßt euch was einfallen«, befahl Ērika.

Ich sah, wie sich Ausma langsam seitwärts entfernte, und löste meinen Arm aus Ērikas Umklammerung.

»Findest du das nicht fies, was die da sagen?« fragte ich Ausma, als ich sie eingeholt hatte. »Sagst du auch schmutzige Wörter auf russisch?«

»Nein, ich nicht. Und ein paar von den anderen sicher auch nicht.«

»Das ist gut. Es ist gemein. Galīna ist Lettin, sie ist nett, sie ist gescheit, das können sie nicht mit ihr machen!«

»Nein«, entgegnete Ausma ruhig, »sie ist wirklich eine dreckige Russin und eklige Jüdin. Ihre Mutter ist Lettin, aber Galīna wurde in Moskau geboren.«

Das weckte in mir einen noch stärkeren Beschützerinstinkt. Es war bei Galīna wie bei meiner Mutter: Sie war zwar Lettin, jedoch ebenfalls in Rußland geboren und dadurch anders als die anderen.

»Aber es gehört sich nicht für eine Dame, so zu kreischen«, erklärte Ausma geziert. »Alle im Lager können uns sehen. Ich führe mich nicht wie ein Marktweib auf, bloß weil es Ērika so will. Es gehört sich einfach nicht.«

Es kam nicht zu den angedrohten Schmähungen, vielleicht weil Ērika wegziehen mußte, vielleicht auch, weil das Schuljahr beinahe vorüber war. Alle interessierten sich mehr dafür, was für den Sommer geplant war.

Die meisten Letten in den Lagern waren gut ausgebildete Leute mit qualifizierten Berufen. Sie gaben weiter, was sie beherrschten; Chorsingen, Theaterspielen, Turnen, Buchbesprechungen, Schachturniere, Vorträge und Handwerkskurse gehörten zum ständigen Programm. Die Kinder sahen den Volleyball-, Korbball- und Fußballspielen zu. Man nahm uns auf Wanderungen in die Natur mit und erzählte uns am Lagerfeuer Geschichten. Die Mädchen lehrte man Stopfen und Säumen, lettische Fausthandschuhe mit komplizierten Mustern zu stricken, Kissenbezüge aus Sacktuch mit winzigen Kreuzstichen nach den traditionellen Vorlagen zu besticken.

Galīna und ich verbrachten einen ganzen Sommer lang jede freie Stunde zusammen. Im Lager Seedorf, das an einer wenig befahrenen Landstraße lag, war es strikt verboten, ins Dorf zu gehen. Männer und Jungen waren von Deutschen verprügelt worden, deshalb war das Spazierengehen im Wald, das Spielen auf Brücken und Bahndämmen untersagt. Doch niemand kümmerte sich darum, wenn Galīna und ich über den Graben sprangen und auf die Wiese gingen. Das Zementfundament eines Bauernhofes stand immer noch da, und ein paar kümmerliche Fliederbüsche verdeckten die Sicht auf die Baracken.

Wir lagen unzählige Stunden auf einer Decke, die wir auf dem duftenden Gras in der Sonne ausgebreitet hatten. Wir lasen alles, was uns in die Finger kam. Ich liebte Bücher über das Leben auf dem Bauernhof, darüber, wie gepflanzt und geerntet wird, wie man vor dem langen Winter Getreide und Heu in Scheunen lagert und wie man Ödland in fruchtbaren Boden verwandelt. Mir gefielen auch die Geschichten – meist Übersetzungen aus anderen Sprachen –, in denen Menschen mit Wölfen durch die Wälder zogen, mit Wildgänsen davonflogen oder allein auf einer verlassenen Insel lebten. Diese Bücher, deren Deckel mit braunem Packpapier eingeschlagen waren, konnte man in der Schule für einen Tag ausleihen, und sie mußten deshalb sofort gelesen werden.

Das Beste waren jedoch die Bücher, die man uns streng verboten hatte. Galīna brachte eines über Dschingis Khan mit, der seine Füße in den blutigen Eingeweiden der noch lebenden weiblichen Gefangenen wärmte, und wir lasen es uns abwechselnd laut vor. Unter meinem Rock schmuggelte ich ein dickes Buch mit katholischen Heiligenlegenden hinaus, das meine Mutter in einem Graben außerhalb des Lagers gefunden hatte. Mein Vater bezeichnete das meiste darin als Aberglauben, und meine Mutter bemängelte den naiven Stil und die primitiven Gefühle, und beide waren sich darin einig, daß vieles darin nur für Erwachsene bestimmt sei. Wir kamen nur langsam voran, denn die Blätter wiesen Wasserspuren auf und waren gewellt, so daß die interessantesten Stellen oft unleserlich waren. Dazu kam, daß es in Deutsch geschrieben war, was ein mühseliges Nachschlagen in einem deutschen Wörterbuch notwendig machte, das uns meine Mutter in dem Glauben ausgeliehen hatte, wir wollten Vokabeln für die Schule lernen. Wenn sich jemand näherte, mußten wir aufhören zu lesen, auch wenn wir mitten in einem Abschnitt waren, wo römische Legionäre einer Frau die Kleider auszogen, um sie auszupeitschen.

Doch gewöhnlich störte uns niemand. Wir unterhielten uns über die Geschichten, die wir gelesen hatten, und wenn sie ein trauriges Ende genommen hatten, erfand ich ein glückliches.

Wir flochten Kränze aus Klee und Kornblumen, beobachteten Frösche und Insekten und taten, als lebten wir irgendwo, nur nicht in einem Lager.

Eines Nachmittags, als wir in den Duft von rotem Klee und Pfefferminze eingehüllt, im hohen Gras lagen und den glänzenden Libellen zuschauten, hielt ein Lastwagen quietschend an, und ein paar Soldaten stiegen aus. Der Fahrer und ein anderer Soldat sprangen über den Graben, setzten freundliche Mienen wie Masken auf und schritten auf uns zu. Lächelnd, die Freundlichkeit in Person, begannen sie, uns auszufragen.

Ich hütete mich zu antworten. Man hatte mir Dutzende von Malen gesagt, wenn die Russen herausbekämen, daß unsere Familie im Lager sei, würden sie von den Engländern unsere Auslieferung verlangen, damit wir nach Lettland zurückgebracht werden konnten. Dort würde man uns einsperren und foltern, uns die Nägel ausreißen, die Knie brechen, die Haare versengen. Schließlich würden wir erschossen.

Der Soldat sprach zuerst russisch, dann wechselte er auf Deutsch.

»Kommt schon, kommt, wir wissen doch, daß ihr Mädchen Deutsch sprechen könnt«, sagte er. Vielleicht hatte er das Wörterbuch gesehen, das gut sichtbar auf der Decke lag.

»Wer wohnt sonst noch in dem Lager dort? Letten? Litauer? Oder vielleicht Esten?«

Mir blieb das Herz stehen; offenbar wußte er etwas. Ich konzentrierte mich auf eine Ameise, die über meine nackten Zehen krabbelte.

»Wie viele Leute sind im Lager? Sind alle Gebäude besetzt?«

Er ließ sich von unserem Schweigen nicht beirren und wechselte die Taktik. »Ich gebe euch etwas ganz Besonderes, wenn ihr es mir sagt.«

Er ging zum Wagen zurück und holte zwei große orangenfarbene Früchte, wie wir sie noch nie gesehen hatten. Er warf eine in die Luft, dann die andere. Er jonglierte geschickt mit ihnen.

»Sagt mir wenigstens, ob ihr Mädchen Deutsch könnt.«

»Das können wir«, sagte Galīna und streckte die Hand nach einer der Früchte aus.

»Verstecken sich da Polen oder Ungarn? Ich weiß, daß ihr zwei keine dreckigen Deutschen seid, das sieht man sofort. Ich gebe jeder eine Orange, wenn ihr mir sagt, woher ihr kommt.«

»Komm, wir sagen ihnen, wir seien aus Estland«, flüsterte Galīna.

»Nein, wir können ja nicht einmal Estnisch. Der merkt doch, daß das nicht stimmt.«

»Was ist das für eine Sprache? Ist das Polnisch? Gibt es viele Polen im Lager?«

»Ja«, sagte Galīna. Sie wandte keinen Blick von den Früchten.

»Und was noch?«

»Russen«, sagte Galīna, »viele Russen.«

»Gut. Genau das wollte ich wissen.«

Er gab jeder eine Orange. »Ihr seid brave Mädchen, das sieht man. Muß ein hartes Leben sein im Lager, hm?«

Wir bedankten uns mit einem Knicks. »Komm, wir rennen«, flüsterte Galīna, und das taten wir, so schnell uns die Füße trugen. Wir ließen sogar die Decke liegen, die konnten wir später holen. Im Schutze der Latrine beobachteten wir, wie die Soldaten Baracken zählten, Maße schätzten, sich berieten, rauchten.

»Das hättest du nicht sagen sollen.« Meine Orange fest umklammernd, rügte ich sie selbstgerecht. »Jetzt werden sie alle Polen festnehmen.« Die Russen waren mir vollkommen gleichgültig.

»Hoffentlich tun sie's«, flüsterte Galīna wütend. »Scheiß-Polen, Scheiß-Deutsche, Scheiß-Russen, hätt' ich ihnen doch gesagt, sie sollen auch euch Scheiß-Letten gleich mitnehmen.«

»Bitte nicht, Galīna, sag das nicht.«

»O doch. Ich hoffe, sie stellen euch alle an die Wand und erschießen euch. Ich hasse alle.«

»Galīna, bitte.«

»Ich sage, was ich will. Ich hoffe, sie ziehen dich nackt aus, bevor sie dich erschießen, du bist auch eine von diesen Scheiß-Letten, ihr steckt immer alle zusammen. Ich hasse dich«, schrie mir Galīna ins Gesicht.

Die Worte waren bitter, doch die Orange schmeckte, wie Frau Saulītis' Coca-Cola, unbeschreiblich köstlich. Meine Mutter lobte mich, weil ich sie zum Teilen mitgebracht hatte. Sie erzählte, wie sie vor langer Zeit, im Jahr bevor sie heiratete, in Riga Orangen gegessen hatte. Dazu gab es knuspriges weißes Brot, aromatischen schwarzen Kaffee mit dicker süßer Sahne und fetten Käse. Sie habe dieses Mahl mit meinem Vater geteilt. Er habe ihr eine lustige Geschichte erzählt und sie damit zum Lachen gebracht.

Jetzt schnitt sie die Schale ein, löste sie sorgfältig ab, teilte die Orange in Scheiben. Das Fleisch hatte einen leicht rötlichen Stich, die weißen Kerne waren schlüpfrig und bitter, die süße Frucht platzte unter meinen Zähnen. Ich schwor mir, daß ich irgendwann einmal Orangen haben würde, ganze, soviel ich wollte.

Ich war froh, daß meine Mutter, kaum daß wir mit dem Essen fertig waren, bereits wieder anderes im Kopf hatte und mich nicht näher ausfragte.

»Ja, ja«, nickte sie zerstreut, als ich ihr erklärte, einige Soldaten hätten einfach angehalten und Galīna und mir Orangen geschenkt.

Nach diesem Vorfall befürchtete ich jedesmal, wenn ein Lastwagen auf der sonst ausgestorbenen Straße erschien, jedesmal, wenn eine neue Meldung ausgehängt wurde, jedesmal, wenn ich Galīna begegnete, die tat, als sehe sie mich nicht, daß die Polen zusammengetrieben, in Handschellen gelegt und den russischen Soldaten ausgeliefert würden. Doch nichts dergleichen geschah.

Mit der Zeit verblaßten die Erinnerungen an die Überredungskünste der Soldaten und an Galīnas Wutausbruch; doch der Duft und der Geschmack der Orange, die Art, wie sich die Schale löste und die Frucht enthüllte, die Art, wie sie sich in Scheiben darbot, und der glückliche Gesichtsausdruck meiner Mutter, das blieb mir.

Meine Mutter war selten mit uns zusammen, und wenn es einmal vorkam, dann war sie müde oder traurig. Ich sah ihr zu, wenn sie sich für die Taufen und Trauungen zurechtmachte, bei denen mein Vater als Pfarrer waltete. Sie seufzte, wenn sie ihr einziges gutes, dunkelblaues Wollkleid musterte, das vom Sitzen abgewetzt war und glänzte. Sie hielt ihre beiden Garnituren weißer Kragen und Manschetten – eine aus Leinen, die andere aus Spitzen – gegen das Licht und betrachtete die beinahe durchscheinend dünnen Falten, dann seufzte sie von neuem und knöpfte sich eine Garnitur an.

Manchmal bezog sie auch mich kurz mit ein.

»Da, halte mal den Spiegel«, sagte sie. Ich gab mir alle Mühe, die acht Zentimeter lange Scherbe, die einst Teil eines großen schönen Ovals gewesen war, ruhig zu halten.

Sie strich sich das Haar straff zurück und drehte es im Nacken mit geübtem Griff zu einem strengen Knoten zusammen. Etwas an dieser stillen Geste stimmte mich jedesmal traurig. Am liebsten hätte ich mich ihr in die Arme geworfen und geweint und mich dann von ihr trösten lassen, aber ich tat es nicht. Ich wußte, daß zwischen uns etwas zerbrochen war, doch nicht, wie man die Wunde heilt.

Das Haar meiner Mutter schien gröber und krauser, die Haut auf ihren Händen stumpfer und nicht mehr so unverwechselbar wie damals, als sie mich in Lettland im Bett zudeckte.

Meine Mutter legte sich das Kettchen mit dem Bernsteinanhänger um den Hals, ihren einzigen Schmuck aus Lettland, und seufzte. Ich hätte zu gern noch einmal die Geschichte gehört, wie meine Eltern dieses dunkle, glänzende, durchsichtige Juwel im Sand der Ostsee fanden, wie mein Vater es im Jahr, als sie heirateten und vollkommen glücklich waren, für sie polieren und in Silber fassen ließ. Doch ich bat sie nicht darum.

Meine Mutter rieb an den Kerben und Kratzern auf der Oberfläche. Vermutlich dachte sie mehr an die Stiefel der Soldaten, die den Bernstein beschädigt hatten, als an die Wellen der Ostsee, die ihn in Hunderten von Jahren sanft poliert hatten. Noch immer hätte ich sie gern gebeten, ein frohes Gesicht zu machen, statt dessen zwang ich mich selbst zu einem Lächeln.

»Wann seid ihr zurück?«

Als sie keine Antwort gab, versuchte ich es nochmals. »Wer kommt sonst noch zu dem Fest?«

»Oh, niemand Besonderes.«

»Kommen auch Lehrer von mir? Machen sie etwas Spezielles?«

Ich war empört gewesen, als ich hörte, Fräulein Lazda, die Lehrerin der fünften Klasse, sei hinter der Gemeinschaftsküche mit einer Zigarette im Mund gesehen worden. Das hätte ich gern meiner Mutter erzählt, dann hätte sie mir vielleicht auch etwas über die Lehrer anvertraut, und wir hätten über sie sprechen können.

»Es wird so sein wie immer, nehme ich an«, sagte sie trocken. »Hol bitte die Streichhölzer, und zünde eins an.«

Ich ließ das hölzerne Streichholz so weit wie nötig niederbrennen, blies darauf, um es abzukühlen, und reichte es meiner Mutter, die sich damit die Augenbrauen nachzog.

»Kommt Hauptmann Vilciņš auch?«

»Ja. Er kommt immer. Ich hab' dir doch gesagt, es sei so wie immer.«

»Sitzt er neben dir? Küßt er dir die Hand?« Frau Saulītis hatte trotz ihrer Liebe zu dem Feldwebel eine Romanze mit Hauptmann Vilciņš in Erwägung gezogen. Mit seiner männlichen Erscheinung und den tadellosen Manieren hätte er einen wunderbaren Liebhaber abgegeben. Ich wünschte mir sehnlichst, meine Mutter würde mir gestehen, Hauptmann Vilciņš bewundere sie heimlich, nur sei er eben ein ehrbarer Mann und zu vornehm, sich ihr zu erklären, sie habe aber immer noch Macht über Männer, über ihn und andere. Ich wünschte, sie hätte noch das Strahlende, das sie in Lettland besessen hatte, als sie mit ihrem Fahrrad vom Obstgarten wegfuhr, wilde Erdbeeren nach Hause brachte, jemanden zu Musik inspirierte.

»Kann sein, daß sich Hauptmann Vilciņš neben mich setzt«, sagte meine Mutter im gleichen Ton, in dem sie bemerkt hätte, daß es am nächsten Tag wohl regnen würde.

Die Fragen waren mir ausgegangen, aber ich schaute ihr weiter zu.

»Hast du deine Hausaufgaben gemacht?« fragte sie mich schließlich.

»Ja.«

»Hast du dein Gedicht auswendig gelernt?«

»Ich kann es, bestimmt.«

»Schau's dir lieber noch mal an. Lernen ist wichtig. Vergiß nicht, den Reichtum des Herzens kann dir niemand wegnehmen.«

»Ja.«

Sie seufzte und betrachtete sich ein letztes Mal im Spiegel. »Es ist schon so, Bildung ist das einzige, worauf wir bauen können.« Sie hielt inne und deutete vage ins Zimmer und auf ihr Gesicht.

»Alles andere ist völlig hoffnungslos«, sagte sie.

Doch manchmal kam Leben in meine Mutter. Sie übernahm eine neue Aufgabe, die sie viel Energie kostete: Sie betreute Verwirrte und Selbstmordgefährdete beziehungsweise Verrückte, wie sie damals allgemein genannt wurden. Sie besuchte sie, trat in ihr Leben, hörte sich ihre Geschichten an, die von anderen als abstrus abgetan wurden, rechtfertigte ihre Ansichten und ihr Verhalten, sorgte sich um sie, gab auf sie acht.

Die erste war Vilma, eine schlanke, blasse, ungelenke Fünfzehnjährige, die meiner Mutter auffiel, weil sie in der Schule mit niemandem sprach und auf niemanden reagierte. Langsam und mit viel Geduld brachte meine Mutter Vilma zum Sprechen und gewann schließlich auch ihr Vertrauen. Vilmas Mutter hatte zu ihr gesagt, sie wünschte, Vilma wäre nie zur Welt gekommen; sie zog den jüngeren Bruder vor, einen lebhaften blonden Achtjährigen. Doch Vilmas Mutter war tot, in Dresden unter Trümmern begraben. Vilmas Großmutter, eine strenge, starrköpfige Frau, übernahm die Kinder, bevorzugte aber Vilitis ebenfalls und schimpfte Vilma ständig aus. Von Vilmas Vater hatte man nichts mehr gehört, seit er mit einem Lastwagen weggebracht worden war, um für russische Soldaten Gräben auszuheben. Doch meine Mutter versicherte Vilma, ihr Vater werde zurückkommen. Sie schwor, daß ihr Vater sie von ganzem Herzen liebe.

Als Vilma mit Selbstmord zu drohen begann, blieb meine Mutter die Nacht über oft bei ihr, um sicherzugehen, daß nichts passierte. Meine Mutter teilte die damals allgemein herrschende Ansicht nicht, daß Menschen, die offen mit Selbstmord drohen, sich nie umbringen. Später verschwand Vilma immer wieder und hinterließ Nachrichten für meine Mutter. Sie sei in den Wald gegangen, um sich zu erhängen, zum Fluß, um sich zu ertränken, zur Eisenbahnbrücke, um sich auf die harten Steine zu stürzen. Außer sich vor Besorgnis, lief meine Mutter zur Lagerleitung, um Suchtrupps ausschicken zu lassen, die sie selbst begleitete. Dann brachte sie Vilma in unser Zimmer, deckte sie mit einem Schal zu, rieb ihr die Hände warm, versuchte, sie dazu zu bewegen, etwas Warmes zu trinken, und beschwor sie, ihr doch zu versprechen, keinen Selbstmordversuch mehr zu unternehmen.

Als Vilma schließlich in eine Anstalt in Bremen eingewiesen und von ihrer Großmutter vergessen wurde, nahm meine Mutter einige Mühe auf sich, um sie zu besuchen. Während der nächsten dreißig Jahre pflegte sie den Kontakt zu Vilma über zwei Kontinente hinweg. Sie schickte ihr zu Weihnachten, Ostern und zu Geburtstagen Pakete und schrieb ihr regelmäßig Briefe. Sie versuchte, aus den Dutzenden von vollgekritzelten, meist zusammenhanglosen Seiten klug zu werden, die Vilma ihr als Antwort sandte. Als Vilma von einem verheirateten Pfleger in der Bremer Anstalt schwanger wurde und er sie nicht wie versprochen heiratete, tröstete meine Mutter sie. Sie nahm auch das Baby, ein schwächliches, bleiches kleines Geschöpf in die Reihe ihrer Schützlinge auf und trauerte aufrichtig mit Vilma, als das kleine Mädchen starb.

Auch Herr Banderis gehörte zu den Sorgenkindern meiner Mutter. Er war hochgewachsen, zitterte und war so dünn, daß alle witzelten, er müßte sich nur zur Seite drehen, um unsichtbar zu werden. Er saß oft bei meiner Mutter. Er sammelte Wiesenblumen, preßte sie und legte sie sorgfältig in eine Bibel; oder er schrieb in mühevoller Blockschrift Briefe an prominente Persönlichkeiten. Meistens wollte er mit meiner Mutter besprechen, für wen er sich opfern sollte. Sollte er sich anbieten, Prinzessin Margaret zu heiraten, wenn sie älter wurde, auch wenn er persönlich sie nicht besonders hübsch fand? Er würde es gern tun, so könnte er der britischen Nation die Schmach ersparen, eine alte Jungfer als Prinzessin zu haben. Die Engländer hätten ihn sehr gut behandelt, deshalb würde er, wenn nötig, alles, was man von ihm verlangte, auf sich nehmen. Oder sollte er sich bereit erklären, die Herzogin von Windsor zu heiraten, damit sie ihren alten König zurückbekämen? Herr Banderis würde beide Augen zudrücken, was die Magerkeit der Herzogin betraf.

Herrn Banderis' ganze Familie war nach Sibirien deportiert worden, und er machte sich bittere Vorwürfe, weil er nicht zu Hause gewesen war und deshalb nicht auch mitgenommen wurde. Er machte sich große Sorgen um sie, stellte sich vor, daß sie froren, so barfuß in Eis und Schnee; er wußte, daß sie Hunger litten.

Meine Mutter überredete ihn zu essen, doch mit der Zeit nahm er überhaupt nichts mehr zu sich und mußte hospitalisiert werden. Das letzte, was sie von ihm hörte, war die Bitte, für ihn einen Brief an Präsident Truman zu übersetzen und aufzugeben. Er fand es schade, daß der Präsident eine so hausbackene Tochter hatte, aber das mußte nicht unbedingt heißen, daß sie eine einsame alte Jungfer bleiben würde, da ja er, Herr Banderis, bereit war, sich zu opfern. Er würde sie heiraten, er würde alles tun, um sie glücklich zu machen, er würde Amerika die Schande einer Präsidententochter ohne Ehemann ersparen.

Neben Vilma und Herrn Banderis hatte meine Mutter ein weiteres halbes Dutzend Leute, die ihr am Herzen lagen. Meine Schwester und ich mochten die meisten von ihnen nicht, und ihre Anwesenheit und die Aufmerksamkeit, die unsere Mutter ihnen widmete, ärgerten uns.

»Da kommt wieder einer von ihren Bewunderern«, flüsterte Beate einmal, als sie Herrn Banderis, gegen den Wind kämpfend, über den von Baracken gesäumten Platz kommen sah. Sie rückte näher an mich heran und nahm meine Hand.

»Dieser blöde, blöde, blöde Herr Banderis«, flüsterte ich.

»Und diese blöde, blöde, blöde…« sagte Beate.

»Pscht, das darfst du nicht sagen«, murmelte ich und verfolgte mit den Augen meine Mutter, die ihm entgegenlief, ihn am Ellbogen faßte und ihn zuvorkommend hereinführte. Aber ich wünschte mir, der Wind würde sie beide umblasen.

»Und er ist gar nicht verrückt, er tut bloß so«, meinte Beate noch.

»Vilma auch nicht, die denkt sich das alles nur aus«, behauptete ich.

Meine Schwester und ich teilten die allgemeine Auffassung, daß verwirrte Menschen nur simulieren und sich einfach zusammenreißen und »aufhören müßten, verrückt zu sein«. Schließlich war ihnen gar nichts besonders Schlimmes widerfahren. Andere hatten Schlimmeres durchgemacht.

Sich im Lager über irgend etwas zu beschweren ging nicht an; man verlangte von allen Selbstbeherrschung und Disziplin. Krankheit, das Fehlen von sinnvoller Arbeit, hoffnungslose Zukunftsaussichten – alles mußte mit stoischer Gelassenheit hingenommen werden. Wir mußten Dankbarkeit dafür empfinden, daß wir noch am Leben waren, und der Stolz sollte es uns verbieten, den siegreichen Russen zu erkennen zu geben, daß sie nicht nur unser Land, sondern auch unseren Geist und unsere Moral besiegt hatten.

Schließlich waren im Jahr des Terrors, das heißt während der russischen Besetzung von 1940 bis 1941, Tausende von Letten deportiert, gefoltert oder hingerichtet worden; Tausende mehr wurden während der deutschen Besetzung verhaftet; und im Jahr 1944 folgte die endgültige russische Okkupation. (Die russischen Truppen verließen Lettland erst 1994, und eine große Anzahl pensionierter Militärs und anderer Russen lebt auch heute noch im Land.)

Wie eine Glocke, die ruft, erreichten uns alle paar Monate Nachrichten von Verwandten und Freunden. Sniegs, der begabte, aber gequälte Musiker, war deportiert worden. Vielleicht hob er irgendwo in einem fernen, eisigen sibirischen Arbeitslager Gräben aus oder sägte Holz, statt religiöse Lieder voll erotischer Sehnsüchte zu komponieren. Er war kein kräftig gebauter Mann und inzwischen vielleicht bereits tot; lebte er noch, hatten ihn die unmenschlichen Bedingungen bestimmt gebrochen. Sollte er überleben, würde er nie wieder Musik machen. Seine

Hände wären ruiniert und sein Lebenswille zerstört, wenn nicht durch Folter, dann durch die harte Arbeit.

Auch Elvīra war tot. Sie war wenige Kilometer von der Pfarrei entfernt ins Kreuzfeuer der russischen und deutschen Truppen geraten, als sie das Hochzeitskleid meiner Mutter holen wollte. Meine Mutter betete für sie, daß sie endlich Frieden finde und nicht mehr länger wegen ihres geliebten, von den Nazis vergifteten Bruders gepeinigt werde.

Alle in Lettland zurückgebliebenen Onkel und Tanten waren jetzt ebenfalls nicht mehr dort. Mein Vater kam aus einer großen Familie mit sechs Kindern. Er hatte seine Brüder und Schwestern ein zweites Mal verloren, wie schon mit sieben Jahren, als sie durch den Tod ihrer Eltern auseinandergerissen wurden. Oscars war zu Zwangsarbeit in einem sibirischen Gefangenenlager verurteilt worden, Anniņa war spurlos verschwunden, Lilija war sehr krank und würde kaum überleben. Die an Vilis gesandten Briefe kamen ungeöffnet zurück. Milda durfte nicht mehr in Riga wohnen, sondern mußte in einer Kolchose harte körperliche Arbeit verrichten. Wenn sie Briefe aus dem Ausland erhielte, würde sie verhaftet oder erschossen.

Ich nahm mir vor, nicht an diese Onkel und Tanten zu denken, mit denen ich zwar nur kurzen, aber sehr intensiven Kontakt gehabt hatte. Um sie zu weinen, hätte nur Selbstmitleid und Jammern bedeutet. Tante Milda mit ihren violetten Seidenkleidern und den von mir bewunderten, sehr hochhackigen roten Schuhen und Onkel Oscars, den ich besonders gern mochte, weil er mit den Ohren wackeln konnte – beide waren nicht mehr da, und ich sollte sie vergessen. So wie die Cousins und Cousinen, wie die Nachbarn und Freunde.

Ich lag im Bett und lauschte, wenn die Eltern flüsternd von ihnen sprachen. Ich versuchte, die immer wieder auftauchenden Bilder zu vertreiben, die Oscars und Milda mit von dunklem, verkrustetem Blut umränderten Schußwunden in Gesicht und

Brust zeigten. Ich schalt mich selbst dafür, daß ich ständig an sie dachte. Zwar waren sie noch am Leben, doch getrauten sich meine Eltern nicht, ihnen zu schreiben, aus Angst vor weiteren Repressalien gegen sie. Ich würde sie nie wiedersehen, ich sollte mich zwingen, sie zu vergessen. Ich war überzeugt, daß etwas mit mir nicht stimmte, weil es mir nicht gelang.

Der vierzehnte Juni, der Tag der Massenverhaftungen von Letten durch die Russen im Jahr 1941, wurde immer mit feierlichen Zeremonien begangen. Zu diesem Tag gehörten Fahnen auf Halbmast, Gedenkkränze, Reden und feierliche Musik. Alle gelobten, der Deportierten, der Gefolterten und der Hingerichteten zu gedenken. Wir gelobten, Lettland nie zu vergessen, das kleine, wehrlose, wunderschöne Land mit seinen Birken und duftenden Tannen, das Besetzung, Gewalt, Unterdrückung, Untergang erleiden mußte.

Im Vergleich zu anderen hatten Vilma und Herr Banderis nichts zu klagen. Im Vergleich zu anderen sollte vor allem ich immer froh und dankbar sein. Meine Familie hatte Glück gehabt, wir alle hatten Schutzengel, wir kamen wie durch ein Wunder immer wieder davon. Doch wenn mein Vater sagte, daß er Gott zutiefst dankbar sei, weil er uns beschützt und in Sicherheit geführt habe, stieg in mir ein stummes, würgendes Gefühl von Wut auf.

Im Jahr des Terrors, als ich in einem Alter war, an das ich mich nicht mehr erinnern kann, sollten meine Eltern nach Sibirien deportiert werden. Eine Frau aus Vaters Pfarrgemeinde hatte auf einer Liste gesehen, wer am nächsten Tag verhaftet werden sollte. Sie lief quer über die dunklen Felder und durchwatete einen Bach, um uns zu warnen. Meine Eltern versteckten sich mit Beate und mir im Wald. Sie kehrten einen Monat später nach Hause zurück, als die deutsche Armee die Russen vertrieben hatte und Lettland selbst besetzt hielt.

Aber wie sehr ich mich auch anstrengte, es gelang mir nicht, meiner Träume mit Willenskraft Herr zu werden. Ich träumte von schwarzen Stiefeln, die mitten in der Nacht auf Kopfsteinpflaster knallten, von Lastwagen, die vor Häusern mit nächtlich verdunkelten Fenstern quietschend zum Stehen kamen, von Viehwaggons, die auf gewaltsam auseinandergerissene Mütter und Töchter, Männer und Frauen warteten. Das war mit Verwandten geschehen und auch mit anderen Letten, mit Juden, Zigeunern, Sozialisten, mit aufgeklärten und selbständig denkenden Menschen in ganz Europa. Ich verachtete mich selbst, weil ich nicht immerzu glücklich war, aber wenigstens jammerte und klagte ich nicht die ganze Zeit wie Vilma und die anderen Schützlinge meiner Mutter. Darauf konnte ich ein bißchen stolz sein.

Doch etwas von dem leidenschaftlichen Interesse meiner Mutter wuchs heimlich auch in mir. Ich spürte, daß die Schützlinge meiner Mutter etwas wußten, das niemand sonst wußte, daß sie in einer authentischeren Wirklichkeit lebten und daß ihr Wissen wichtig war. Sie hatten sich selbst schreckliche Wahrheiten eingestanden, Wahrheiten, die wir anderen krampfhaft zu verdrängen suchten.

Meine Mutter hielt den Versehrten und Leidenden die Treue. Während der nächsten dreißig Jahre sprach sie in Bibliotheken und auf der Straße regelmäßig Verwirrte, Betrunkene und Obdachlose an. Nichts in ihrer Not oder in ihrem Verhalten überraschte sie. Sie unterhielt sich mit ihnen sehr persönlich und gab ihnen gelegentlich kleine Geschenke oder Geld, obwohl andere vor solcher Großzügigkeit dringend abrieten. Erst Jahre später ging mir auf, daß die Sorge um Vilma, die Tochter, die nicht so geliebt wurde wie der Sohn, oder um Herrn Banderis, den Mann, der alles und alle, die ihm wichtig waren, verloren hatte, für meine Mutter eine Ausdrucksform ihres eigenen Schmerzes war. Ich wünschte mir dann – zu spät –, daß ich meiner Mutter ebensoviel Zuwendung und Liebe hätte geben können, wie sie ihnen gab.

Neben den Schützlingen meiner Mutter gab es viele andere Anzeichen dafür, daß nicht alles zum besten stand. Bittere, ironische Witze über Vertriebene waren weit verbreitet. Manche Menschen waren stumm und lethargisch. Trunkenheit war wegen des Mangels an Spirituosen selten, doch hin und wieder hatten Männer von Alkohol verursachte Ausbrüche, sie weinten und wünschten sich den Tod. Einmal peitschte ein Vater mit Nesseln brutal auf die nackten Beine seines achtjährigen Sohnes ein, bis Frauen und Männer herbeieilten und ihn wegrissen. Ein stummer, an einer Kriegsneurose leidender junger Mann, der auf den Befehl britischer Wachsoldaten, stehenzubleiben, nicht reagierte, wurde erschossen, als er verzweifelt weiterrannte. Und monatelang sah man immer wieder grauenvoll gefolterte Katzen und Eichhörnchen an Zaunpfosten hängen, zu häufig, um das Werk einer einzelnen Person zu sein.

Ein zwölfjähriger Junge namens Kārlis, einer der hübschesten Jungen, die ich je gesehen habe, mit schwarzem gewelltem Haar, verträumten grauen Augen, rosigen Wangen und einer Haut wie Marmor, deren einziger Makel ein paar wenige sprießende Barthaare waren, hatte begonnen, hinter den Latrinen und am Lagerzaun Mädchen in die Enge zu treiben. Er zog ihnen die Unterhosen herunter, knebelte und würgte sie und versuchte, sie zu vergewaltigen. Ich konnte schneller rennen als er, wußte aber, daß er schlau war. Er versteckte sich hinter Ecken und kauerte in der Dämmerung unter der Küchentreppe. Es war nur eine Frage der Zeit, bis er mich erwischte.

Es meiner Mutter zu erzählen kam nicht in Frage, also sagte ich es meiner Schwester. Beate beriet sich sogleich mit ihrer Gruppe größerer Mädchen, die gewöhnlich miteinander flüsterten, Jungen neckten und dann mit großen Sprüngen lachend davonrannten. Sie hielten eine offizielle Sitzung ab, auf der sie Kārlis zu einer angemessenen Strafe verurteilten. Sie erwischten ihn in einer Wiese auf der anderen Seite der Straße und drückten ihn zu Boden. Beate und ihre Freundin Irisa hielten Kuhmist über sein Gesicht, bis er schwor, daß er mir nie mehr nachstellen werde. Von da an ließ er mich in Ruhe. Im strengen Auswahlverfahren für die Auswanderung blieb er aber nicht hängen, er ging nach Kanada und ermordete dort später ein zehnjähriges Mädchen.

Amerika für Frauen

MIT DER ZEIT ERGABEN sich dann doch Möglichkeiten zur Auswanderung. England, Kanada und Australien begannen, junge, unverheiratete Arbeitskräfte zuzulassen, meistens für Arbeiten, für die sich unter den eigenen Landsleuten niemand finden ließ. Wieder wurden Familien getrennt. Meine Cousine Astrida ging als Achtzehnjährige allein nach Kanada, um als Dienstmädchen zu arbeiten. Ein paar Monate später heiratete sie dort einen jungen lettischen Lagerarbeiter. Außer ihren kanadischen Arbeitgebern nahm niemand an der Trauung auf dem Standesamt teil; schon am nächsten Morgen spülte sie wieder Geschirr und machte die Betten. Ein Cousin ging nach England, um in einem Kohlenbergwerk zu arbeiten.

Als die Vereinigten Staaten ihre Tore öffneten, war es wieder nur für die am meisten begehrten Arbeitskräfte, das heißt, für die jungen und tauglichsten, für jene, die nicht mit Kindern, Krankheit oder Alten belastet waren. Ōmite, die endlich wieder mit der Familie vereint war, durfte nicht mit uns auswandern, weil Amerika pro Arbeitskraft nur einen unterstützungsbedürftigen Angehörigen zuließ. Wieder einmal beschwor Ōmite uns alle, doch zu gehen, erklärte, sie hätte ihr Leben gelebt. Doch nicht einmal, als die russischen Soldaten kamen, hatten wir sie im Stich gelassen, wie hätten wir es denn jetzt tun können?

Die Zukunft in den Lagern war aussichtslos und traurig, und meine Eltern kämpften still gegen die Schuldgefühle, die sich schon bei dem Gedanken, Ōmite zurückzulassen, einstellten. Schließlich fuhren Onkel Jaša und Tante Zenta, die nur eine einzige Tochter hatten, in die Vereinigten Staaten. Dort leiteten sie unverzüglich das für Ōmites Nachzug notwendige komplizierte Verfahren ein. Auch wenn keine Gewähr auf Erfolg bestand, gab diese Entwicklung der Dinge doch Grund zur Hoffnung, und meine Eltern fühlten sich jetzt frei, den Versuch auszuwandern ebenfalls zu wagen. Das Wort »Auswanderung« benutzte aber in Wirklichkeit niemand. Nach Amerika gehen bedeutete für die Leute »fortdauerndes Exil«. Die meisten Leute sehnten sich danach, nach Lettland zurückzukehren, sie träumten davon, daß Lettland irgendwann einmal wieder von der russischen Besetzung befreit sein würde, und sie trauerten, wenn sie Europa verlassen und auf einen anderen Kontinent ziehen mußten, denn das verringerte die Wahrscheinlichkeit, nach Lettland heimkehren zu können. In den amerikanischen lettischen Gemeinden wird noch heute eher von »Exil« als von »Auswanderung« gesprochen.

Alle, die nach Amerika auswandern wollten, mußten erst einmal einen Bürgen stellen, der Gewähr dafür bot, daß die Neuankömmlinge Arbeit und Unterkunft hatten und der Öffentlichkeit nicht zur Last fielen. Darauf folgte eine gründliche politische Durchleuchtung, um Nazis und Kommunisten oder Mitglieder von Tarnorganisationen der einen oder der anderen Seite auszusondern. Auch mußte man wiederholt körperliche und psychologische Untersuchungen über sich ergehen lassen.

Die Spannung in den Lagern wurde beinahe unerträglich. Da war einmal die Angst, sich von neuem von Familie und Freunden trennen zu müssen, und dazu kamen die verschiedenen Tests, denen wir uns unterziehen mußten und deren Resultate wir meistens nicht einmal erfuhren. Lese- und Rechenfähigkeit, Zähne, Augen, Ohren, Haut und Körperhöhlen wurden wieder und wieder kontrolliert. Ein dunkler Schatten auf der Lunge oder partielle Taubheit auf einem Ohr bedeutete für den Betroffenen, dazu verdammt zu sein, für immer im Lager bleiben zu müssen.

»Da haben wir unsere Pferde anständiger behandelt«, meinte Hauptmann Vilciņš.

Im Lagerbulletin erschien eine Karrikatur mit einem staunenden Kamel und der Legende: »Eher kommt ein Kamel in den Himmel als eine D. P. in die Vereinigten Staaten von Amerika.«

Tuberkulose war in den Lagern weit verbreitet und ein Grund für eine Ablehnung durch die Vereinigten Staaten. Ein Test ergab bei meiner ganzen Familie: Tb positiv. Als nächstes wurden wir geröntgt, ohne daß man uns informierte, was dabei herauskam. Dann wurde ich allein über Lautsprecher zu weiteren Röntgenaufnahmen aufgerufen, dann noch einmal. Darauf herrschte wieder Stillschweigen. Am Tage machte ich mir Sorgen, daß meine Familie durch meine Schuld im Lager bleiben müßte und alle anderen gehen könnten. Nachts träumte ich, alle seien fortgezogen und hätten mich allein zurückgelassen, so wie es Vilmas Großmutter mit ihr getan hatte.

Einzeln und in Gruppen wurden wir gefragt, ob wir wüßten, daß die Vereinigten Staaten ein demokratisches Land seien und ob wir für Demokratie einträten. Man fragte uns, ob wir geisteskrank, homosexuell, alkoholabhängig, kriminell oder unsittlich veranlagt seien.

»Gibt es unter euch hier Prostituierte?« fragte der Beamte am Kopf des Tisches mit sachlichem Gesichtsausdruck in einen Raum voller Leute hinein. Andrejs, ein Junge aus Beates Klasse, gab uns beiden von hinten einen so starken Schubs, daß wir erschreckt auffuhren, gerade so, als wollten wir uns freiwillig melden. Der Beamte blickte uns stirnrunzelnd an, und meine Mutter sagte, wir sollten uns schämen. »Ihr habt vor aller Augen den Nachttopf umgestoßen, könnt ihr euch denn nicht besser zusammennehmen?« tadelte sie. Wer nach Amerika wollte, durfte sich keine Späße erlauben.

Eine lutherische Gemeinde in Indianapolis hatte sich bereit erklärt, für unsere Familie zu bürgen, und wir unterzogen uns allen Prüfungen und Untersuchungen in der Hoffnung, uns dort niederlassen zu können, auch wenn der Ort für uns nur ein Name war. Da sorgte unerwartet ein Brief aus Brasilien für Aufregung. Eine lutherische Gemeinde stellte meinem Vater eine Stelle als Hilfspfarrer in Aussicht, sobald er genügend Portugiesisch gelernt hätte.

Natürlich wollte er dorthin. In Amerika bestand keine Aussicht für ihn, seinen Beruf auszuüben. Wie Anwälte und andere Akademiker, die aus den Lagern kamen, würde er dort unqualifizierte körperliche Arbeit verrichten müssen, um möglicherweise – möglicherweise aber auch nicht – später etwas Besseres zu finden.

Meine Mutter war so oft geistesabwesend oder zerstreut gewesen, daß sie in dieser Frage kaum Einfluß zu haben schien. Doch als Amerika als Möglichkeit zu verblassen begann und Brasilien drohte, kam plötzlich Leben in sie. Offene Auseinandersetzungen zwischen meinen Eltern waren etwas sehr Ungewöhnliches, denn sie hatten es sich zum Prinzip gemacht, nicht vor meiner Schwester und mir zu streiten. Doch dieser Konflikt zwischen den beiden verschärfte sich zusehends.

»Das ist *die* Gelegenheit für mich«, erklärte mein Vater. »Ich werde auf der Kanzel stehen, statt Gräben zu schaufeln oder Lastwagen zu beladen.«

»Du mußt sowieso Gräben schaufeln, wenn du nicht Portugiesisch lernst.«

»Keine Angst, ich werd' es lernen. Ich fang' damit an, sobald ich ein Wörterbuch habe – und ein bißchen Ruhe«, ergänzte er mit einem vielsagenden Blick.

»Nach Brasilien bringst du mich nicht«, beharrte meine Mutter. »Mich nicht und meine Töchter auch nicht.«

»Warum nicht? Was hast du dagegen? Sie können dort genausogut zur Schule gehen wie anderswo.«

»Schule? In was für eine Schule werden die in Brasilien schon gehen? Kannst du mir sagen, woher wir das Geld nehmen sollen, sie zur Schule zu schicken?«

»Ich bin sicher, daß die Kirche etwas arrangieren wird, wenn es mir selbst nicht möglich ist. Eine Schule für Pastorentöchter, zum Beispiel.«

»Ich will nicht, daß meine Töchter irgendeine Schule für Pastorentöchter besuchen, eine Wohltätigkeitsschule, wo man sie Kirchenbänke scheuern und Altargewänder waschen läßt, und dann sollen sie womöglich noch dankbar dafür sein, daß sie sich abrackern dürfen. Ich will nicht, daß sie dazu erzogen werden, Pastoren zu dienen und sie zu umschmeicheln wie in *Jane Eyre*. Sie gehören nicht in den geistlichen Harem irgendeines Rektors. Meine Töchter gehen auf die Universität.«

»Die Universität? Glaubst du denn, wir werden Millionäre? Wir sind in einem Lager, wir haben keinen Pfennig, wir sind sicher nicht mit einem Schlag reich, wenn wir in Amerika festen Boden betreten.«

»Sie sind gescheit, und sie lernen fleißig.«

»Ja, natürlich, und hübsch sind sie auch. Sie werden in Brasilien ein bißchen Portugiesisch lernen, dann ein paar Jahre in einem Büro arbeiten und dann heiraten.«

»Hübsch? Heiraten?« Meine Mutter lachte bitter. »Sie brauchen Bildung. Das ist ihre einzige Hoffnung. Und in Amerika gibt es Bildung für Frauen. Sie können Stipendien erhalten und auf die Universität gehen. Sie können ein besseres Leben haben. Sie sind gescheit, es sind meine Töchter.«

»Aber ich sag' dir doch, sie können das auch in Brasilien haben.«

»Nein, in Brasilien ist Bildung nur für die Reichen. Ich will nicht in einem Land leben, wo nur die Reichen eine Chance haben. Und außerdem sind Frauen in Brasilien nicht gebildet, sie dürfen nicht einmal allein auf die Straße. Wahrscheinlich wird dort einer Frau der Kopf geschoren, wenn sie in den Verdacht gerät, untreu zu sein. Was für ein Leben ist denn das für eine Frau?«

Sogar ein Vertreter der öffentlichen Meinung wurde bemüht, um zu versuchen, meine Mutter herumzukriegen. Hauptmann Vilciņš, dessen Ledermantel vor Kälte knisterte, küßte ihr die Hand, blickte ihr bedeutungsschwer in die Augen und sprach dann lange und eindringlich über die Möglichkeiten, die mein Vater in Brasilien haben würde.

Sie ließ sich nicht umstimmen. Nur in Amerika hätten meine Schwester und ich die Chance für eine Ausbildung.

»Siehst du, Hauptmann Vilciņš sagt auch, daß Brasilien für mich *die Gelegenheit* wäre«, sagte mein Vater.

»Was weiß der schon? Er ist doch auch nur einer dieser aufgeblasenen alten Wichtigtuer, die hier alles bestimmen. Schau doch, was aus seinem Heldenplatz geworden ist.« Sie zeigte verächtlich nach vorn, obwohl wir – und er – seit dem Lager mit der Latrinen-Promenade schon fünfmal umgezogen waren.

»Er ist ein Mann von Welt, er war in ganz Europa zu Hause.«

»Das ist mir egal. Wir haben alle genug von Europa gesehen, die dunkleren Seiten jedenfalls.«

»Aber früher hast du doch auf ihn gehört. Du hast gesagt, er sei ein kultivierter Mann. Du hast seine Meinung immer respektiert.«

Bei diesen Worten meines Vaters wünschte etwas in mir verzweifelt, meine Mutter würde sich fügen. Ihr Widerstand schien mit ihrer verblühten Schönheit zusammenzuhängen, den vereinzelten Altersflecken auf ihren Händen, dem Unwillen, wenn sie sich im zerbrochenen Spiegel betrachtete. Wenn sie doch nur nachgäbe, dann könnte ich mich weiterhin den romantischen Vorstellungen hingeben, wie sie mit dem Pianisten Sniegs singt, Pastor Braun anlächelt, mit leiser Freude lacht, wenn sie und mein Vater im weißen Sand der Ostseestrände Bernstein finden. Dann müßte ich auch nicht ihrer verlorenen Sinnlichkeit, ihrem verlorenen Glück nachtrauern. Und vielleicht würde ich später auch nicht mit eigenen Konflikten zu kämpfen haben.

»Ich weiß genau, was ich tue«, sagte meine Mutter entschlossen. »Ich weigere mich, nach Brasilien zu gehen, und ich lasse auch meine Töchter nicht gehen. Hauptmann Vilciņš kann seinen ganzen Charme aufbieten, um mich gefügig zu machen, man kann mich sogar fesseln und aufs Schiff bringen; ich steige einfach nicht aus in Brasilien.«

»Aber in Amerika wird das Leben härter sein.«

Sie legte mit einer Geste der Solidarität die Arme um mich und meine Schwester. Es war aufregend. Ich war nun plötzlich doch beglückt, daß sie nicht nachgegeben hatte.

»Wir drei gehen nach Amerika, wo es Bildung auch für Frauen gibt«, sagte sie. »Es ist das Land, in dem *wir* leben wollen.«

Ganz auf sich gestellt, den Mann und die öffentliche Meinung gegen sich, setzte sie sich durch. Ohne Zeitungen und ohne neuere Bücher hatte sie doch ein klares Bild vom Klassensystem und vom Machismo in Brasilien, ein Bild, von dem sie sich nicht abbringen ließ. Sie glaubte unbeirrt an die Bildungsmöglichkeiten für Frauen in Amerika.

Der Konflikt zwischen meinen Eltern war das letzte größere Hindernis auf dem Weg, der aus dem Lagerleben hinausführte. Wenig später erfüllten wir alle Bedingungen, um in die Vereinigten Staaten einreisen zu können. Ich wurde noch mehrere Male befragt, dann offiziell zur millionsten D. P., die auswandern durfte, bestimmt. Für mich bedeutete dies, daß ich öffentlich auftreten und vor amerikanischen Journalisten auswendig etwas in einer fremden Sprache vortragen mußte, so wie ich es schon vor britischen Beamten, die das Lager besuchten, getan hatte.

Mir graute vor der Aufgabe. Ich wurde krank, wie schon so oft in Zeiten unerträglicher Spannung, und das verzögerte unsere Abreise um einen Monat. Ich fühlte mich schuldig, doch insgeheim auch sehr erleichtert. Wieder vor Fremden auftreten zu müssen versetzte mich in ebensolche Panik wie damals die russischen Soldaten. Ich wagte auch nicht, jemandem zu verraten, daß ich das Lager gar nicht verlassen wollte. Die Lager waren mir vertraut, sie boten Momente der Solidarität mit anderen und die Möglichkeit, sich wieder von jemandem wie Frau Saulītis bemuttern zu lassen. Aber wenn ich das laut gesagt hätte, wäre ich undankbar gewesen.

Als ich mich schließlich erholt hatte, fuhren wir – zum letzten Mal mit an die Kleider gehefteten Nummernschildchen – per Schiff von Bremerhaven in die Vereinigten Staaten von Amerika, wo meine Mutter Bildungsmöglichkeiten und Eigenständigkeit für Frauen zu finden glaubte.

Ich dachte, der Krieg sei vorbei, die Lager lägen hinter mir, und in Amerika würde ein völlig neues Leben beginnen. Ich glaubte, die Vergangenheit könne mir nichts mehr anhaben. Vom Augenblick meiner Ankunft in Amerika an würde ich alles Schlimme vergessen, das ich erlebt hatte. Der graue Schleier über allem würde sich heben. Ich würde glücklich sein und frei.

Ich würde mich nur noch an das Schöne in den Lagern erinnern. An das Blumenbeet unter Frau Saulītis' Fenster natürlich, an die Zeit, als jeder im Lager glänzende Tanzschuhe aus Lackleder trug, die aus Amerika geschickt worden waren und die auf den schmutzigen Wegen urkomisch aussahen, an die violetten Wolljacken. Einmal durfte meine Mutter als erste Wolldecken für uns auswählen, und sie kam mit welchen aus wunderschöner, dicht gewobener rosa und violetter Wolle zurück. Sie sparte die Zigarettenrationen auf, die sie, mein Vater und sogar meine Großmutter zugeteilt erhielten, und ließ dafür von einer deutschen Näherin für Beate und mich Winterjacken nähen. Die waren mit weißer Fallschirmseide gefüttert und wurden mit großen schwarzen Knebelverschlüssen zugemacht. Sie waren neu, sie waren noch nie von jemandem getragen worden, sie wurden speziell für uns genäht. Es waren phantastische Jacken.

Es war wunderbar, wie sich die Erwachsenen aus ihrer Lethargie aufrafften und uns so vieles ermöglichten. Das Beste waren die Theaterstücke, besonders eine Aufführung von *Was ihr wollt*, als ich zehn war. Berufsschauspieler, junge Amateure und ein berühmter Regisseur arbeiteten zusammen. Ein einfaches, mit Blumen bekränztes Gitter auf einer Bühne an einem Ende des Speisesaals stellte Illyrien dar. Der Clown sang und spielte die *Kokle*, ein traditionelles lettisches Saiteninstrument, der Zither ähnlich; die Luft war erfüllt von Musik. Die Worte, in Lettisch so magisch wie in Englisch, taten das Ihre. Ich war hingerissen und glaubte, die Ereignisse hätten sich wirklich so zugetragen, auch wenn mir die anderen erklärten, Orsino könne nur in einer erfundenen Geschichte so dumm sein, nicht sofort zu merken, daß Cesario in Wirklichkeit eine Frau sei. Noch heute sehe ich Viola und Sebastian genau vor mir, als Zwillinge erkennbar an ihren Kostümen aus gefärbter Baumwolle, die von weitem wie dunkelgrüner Samt aussah. Es spielte für mich keine Rolle, welchen Geschlechts sie waren. Ich liebte die Stelle, wo Sebastian und Viola wieder vereint sind, und ich bedauerte es, daß Bruder und Schwester nicht für immer zusammensein konnten, nur für sich allein, statt sonst jemanden zu heiraten. Die beiden Figuren, die sich so sehr glichen – beide dunkelhaarig und schlank und in dunkelstes Grün gekleidet –, waren sich gegenseitig Spiegelbild. Ich stellte mir einen solchen Bruder für mich selbst vor, lächelnd und liebevoll, der mich zum Lachen brächte. Mit ihm würde nicht diese unerklärliche schwere Traurigkeit auf mir lasten, für die ich mich schämte und der ich nur mit Lernen und sehr guten Leistungen in der Schule so weit begegnen konnte, daß sie mich nicht völlig niederdrückte.

Sebastian und Viola glauben, sie seien für immer getrennt, doch dann werden sie ganz unerwartet wieder vereint. Sie finden sich in einem anderen Land, nach Chaos und Dunkelheit und Stürmen. Sie halten sich bei der Hand, sie erzählen einander ihre Geschichte, sie finden das Glück wieder. Sie würden auch in meiner sehr fernen Zukunft eine Rolle spielen, doch das wußte ich damals noch nicht.

Erste Erfahrungen mit Amerika

SOMMER 1950. Frau Čigāns ist eine Amerikakennerin, sie ist schon drei Monate hier. Pastor McCormick zählt auf sie, wenn neu ankommende Displaced Persons am Bahnhof abzuholen sind. Mit unfehlbarem Blick entdeckt sie uns in der Menge unter den Gewölben des alten Gebäudes. Der Bahnsteig, auf dem der Zug aus New York ankommt, sieht nicht anders aus als Dutzende von Bahnsteigen, auf denen wir schon gewartet haben.

»Willkommen«, sagt Frau Čigāns zu uns. Wir sind nur zu viert: meine Mutter, mein Vater, meine Schwester und ich; Ōmite mußte in Deutschland zurückbleiben. Sie fehlt mir, und ich mache mir Sorgen, daß sie weint, weil sie einsam und verlassen ist, auch wenn ich weiß, daß sie vielleicht später nachkommt.

»Willkommen«, wiederholt Frau Čigāns. »Willkommen in Amerika«, sagt sie. Sie sieht etwas enttäuscht aus, als sie uns von nahem sieht, aber sie ist zu nett, um dergleichen zu sagen.

Ihr Name bedeutet Zigeuner, aber sie sieht amerikanisch aus. Sie schreitet keck voran, in einer Aufmachung, wie wir sie noch nie gesehen haben. Sie trägt ein Kleid aus einem merkwürdigen grünblauen Stoff, weder Baumwolle noch Leinen, mit einem Tellerrock. Die Taille ist mit einem breiten schwarzen Gürtel geschnürt, der aussieht, als wäre er aus Gummi, und ihr dunkles Haar ist in hörnchenartigen Rollen hochgesteckt. Ihre Beine sind kräftig und wohlgeformt, und schwarze Haare kräuseln sich vorwitzig über den weißen Söckchen, die in hochhackigen schwarzen Lackschuhen stecken. Sie hört auf, mit dem Schal zu winken, mit dem sie unsere Aufmerksamkeit auf sich zu lenken versuchte, und bindet ihn sich jetzt so geschickt um, daß über ihrer Stirn zwei Hasenohren wippen. Sie nimmt einen Taschenspiegel hervor und überprüft ihr leuchtendes Lippenrot.

»Also, Mädchen«, sagt sie, sobald wir in einem Taxi Platz genommen haben, »von jetzt an heißt es: aufgepaßt! Wir sind hier nämlich nicht im sicheren kleinen Deutschland, o nein.« Sie lacht und mustert ihre glänzenden roten Fingernägel. »O nein, ganz und gar nicht. Seht ihr die Ampel dort? Wenn es grün wird, müßt ihr los, und zwar dalli, und niemals über die Straße, wenn es gelb ist, an so was dürft ihr nicht einmal *denken.*«

Eine Sirene heult in der Ferne, sehr schwach zuerst, doch dann wird sie lauter, vertrauter, bedrohlicher.

»Ja«, sagt sie. »Wenn ihr das hört, müßt ihr los, so schnell ihr könnt, und auf den Gehsteig springen. Wenn ihr Angst habt, bleibt nahe an den Gebäuden, weg von der Straße, bis ihr euch daran gewöhnt habt. Doch immer so schnell wie möglich auf den Gehsteig, sonst fährt die Polizei euch einfach um, walzt euch platt wie einen feuchten Lehmklumpen und hält nicht mal an, um euch ins Krankenhaus oder auf den Friedhof zu bringen. Hier in Amerika geht alles ruck, zuck, also müßt ihr euch beeilen.«

Eine Ambulanz fährt heulend am haltenden Taxi vorbei. »Seht ihr, was ich meine?«

Beate und ich stecken die Köpfe zusammen und flüstern.

»Und noch etwas«, sagt Frau Čigāns, »glaubt ja nicht, ihr könnt miteinander lettisch sprechen, das könnt ihr nämlich nicht. Das mögen sie gar nicht, die Amerikaner. Ihr müßt immer englisch sprechen. Ihr seid jetzt drin im Schmelztiegel«, fügt sie geheimnisvoll hinzu.

Wir schweigen. Nach einer Pause lächelt Frau Čigāns uns an. »Ihr lernt das schon, keine Angst. Es ist gar nicht so schwierig. *Die* sprechen's doch auch alle, oder etwa nicht?«

In der Hotelhalle macht sie uns mit weiteren von ihr mühevoll erworbenen Erkenntnissen vertraut. Umringt von bequemen Sesseln und Sofas steht da ein Fernsehgerät. Es ist einer der allerersten Apparate in Indianapolis; nicht einmal Pastor McCormick besitzt schon einen. Wenn er nur eingeschaltet wäre, dann würden wir wirklich was sehen, meint Frau Čigāns.

Im Restaurant zeigt sie auf einen Stapel kleiner bunter Schachteln. Cornflakes. Tee in Beuteln. Jell-O-Pudding mit kleinen Fruchtstückchen drin. Coca-Cola in Flaschen. Sie weiß genau, was kommentiert zu werden verdient.

In der Mitte des riesigen Raumes steht ein mit Huhn, aufgeschnittenem Schinken, hartgekochten Eiern, weißen Brötchen, Apfelmus, Butter, Konfitüre beladener Tisch.

»Man kann nehmen, was man will, und holt sich mehr, sooft man will, bis man nichts mehr runterbringt. Also bedient euch. Dort in den Metallgestellen sind Teller.«

Mitten auf dem Tisch präsentiert sich eine ausgehöhlte Melone, die mit kleingeschnittenen Äpfeln, Orangen, Erdbeeren, Trauben und Melonenstückchen gefüllt ist. Daneben steht eine Reihe Glasschälchen bereit.

»*Melone*«, sagt meine Mutter.

»Melon«, echot Frau Čigāns. »Sieh mal an, Sie sprechen ja bereits englisch. Wir kommen später noch mal her, wenn wir von allem anderen gegessen haben. Es ist mehr als genug da.«

Aber als wir zurückkommen, ist der Obstsalat verschwunden, das Melonenschiff leer.

»Take it easy, take it easy«, sagt Frau Čigāns. »Diesen Ausdruck müßt ihr lernen. Take it easy, immer mit der Ruhe.«

Sie sieht sich im Raum um. An einem Tisch beim Fenster ißt ein älteres Ehepaar schweigend Huhn und Kartoffelbrei. Zwei mit Obst gefüllte Glasschalen stehen wartend vor ihnen.

Frau Čigāns marschiert zu ihnen hinüber, nimmt die Schalen vom Tisch des konsternierten Paares, kommt damit zurück und stellt sie energisch neben ihren eigenen Teller. Meine Mutter blickt sie mißbilligend an.

»O nein, das finde ich…«

Frau Čigāns beschwichtigt sie. »In Amerika kann man alles machen. Man braucht bloß *excuse me* zu sagen. Kommt schon, Mädchen, versucht's mal. Sagt *excuse me*.«

Wir versuchen es.

Nat King Cole singt »Mona Lisa« auf allen drei Radiostationen von Indianapolis. King, was für ein König ist er wohl? Vielleicht Engländer; niemand erwähnt, daß er schwarz ist. Beate klebt die meiste Zeit an dem winzigen Radio in einem der Schlafzimmer in Pastor McCormicks Haus. Sie lernt die Worte auswendig und singt mit.

Pastor McCormicks Gemeinde hat in letzter Zeit Mitglieder verloren, weil die Kirche in der Nähe der Slums von Indianapolis steht. Weiße der Mittelklasse ziehen weiter nordwärts, Schwarze ziehen in diese Gegend, und ein paar arme Weiße, Hillbillies genannt, bleiben. Der Pastor sagt, er habe unermüdlich versucht, neue Weiße aus den Lagern in Deutschland herüberzuholen, obschon es einigen Widerstand dagegen gegeben habe. Damen in blumengeschmückten Hüten und makellosen Handschuhen rücken ein wenig weiter in die Kirchenbänke hinein, wenn meine Eltern und ich hereinkommen.

Pastor McCormicks Haus, das fünf Zimmer hat und an einer ruhigen, von Ulmen flankierten Straße liegt, ist von Letten bevölkert. Wir schlafen in den Zimmern, in Korridoren, im Keller und auf dem Dachboden. Wir sind das Gedränge gewohnt – es kommt uns beinahe natürlich vor, obwohl wir enttäuscht sind, nachdem uns in amerikanischen Filmen Wohlstand und viel Platz versprochen worden war.

Diesen Sonntag sind alle besorgt, weil der Pastor Frau Čigāns soeben eine Rechnung für Kost und Logis überreicht hat. Sie hat dummerweise angenommen, es sei alles umsonst, bis sie eine Arbeit gefunden hat. In den Lagern hatte man sich unzählige wundervolle Geschichten über den Empfang in Amerika erzählt. Eine Familie brachte man gleich in die eigene Wohnung mit einem Küchenschrank voller Geschirr, einem Kühlschrank voller Lebensmittel, Wandschränken voller Kleider. Ein Frauenkomitee bot sich an, allen Ankömmlingen Englischunterricht zu erteilen. Eine andere Familie konnte sich im Supermarkt alles kaufen, was sie brauchte, dann fuhr man mit ihnen in ein Warenhaus, wo sie sich neu einkleiden durften. Nehmt, was ihr braucht, hatte das Empfangskomitee gesagt, wir sind hier in Amerika, die Straßen sind mit Gold gepflastert. Noch hatte niemand von den anderen Geschichten gehört, von den ehemaligen Professoren im besten Alter, die auf den Baumwollplantagen in Mississippi arbeiteten und denen mit Gefängnis und Deportation gedroht wurde, sollten sie versuchen wegzugehen. Der Fall von Frau Eglītis, die den Verstand verlor, weil sie ihr Baby nicht gebären konnte und man ihr einen Arzt verweigerte, ereignete sich erst später. »Unsere Kühe haben keine solchen Schwierigkeiten«, hatte der Plantagenbesitzer erklärt. »Sie ist kein so gutes Zuchttier, wie ich dachte.«

So ist Frau Čigāns' Rechnung über tausend Dollar für einen dreimonatigen Aufenthalt ein Schock für uns alle. In Indianapolis kostet ein mittelgroßes Einfamilienhaus nur zwölfmal soviel. Frau Čigāns weinte, hatte Angst, daß sie es in diesem Land nie schaffen würde, doch der Pastor war gütig. Er erklärte ihr, sie könne die Rechnung über die Jahre abbezahlen. Sie sagte, sie sei ihm dankbar dafür. Wir sind alle dankbar, es ist die einzige Empfindung, die wir uns erlauben. Doch unsere Angst tritt offen zutage, denn wir flüstern sogar, wenn wir uns auf lettisch über die bedrohliche Zukunft unterhalten, darüber, wieviel jeder Tag, jede Stunde kosten würde. Wir verbergen unsere Schmach geschickt, sogar vor uns selbst.

Pastor McCormick und seine Frau haben sich in ihr Schlafzimmer zurückgezogen, den einzigen Ort im ganzen Haus, wo sie für sich sein können. Wie schwierig es doch für Mrs. McCormick sein muß, das Haus voller fremder Leute zu haben, die – ganz im Gegensatz zu ihr – solches Gedränge gewöhnt sind. Am Morgen, wenn sie sich für die Arbeit zurechtmacht, meiden wir die Küche. Wir blicken uns vorsichtig um, bevor wir die Toilette benutzen. Die Frauen polieren während Mrs. McCormicks Abwesenheit die Möbel, schrubben die Küche und jäten Unkraut in den Blumenbeeten. Wir bereiten das Abendessen zu, während sie nach der Arbeit Klavier spielt oder Zeitung liest. Es ist nur zum Teil das Bemühen, sie dafür zu entgelten, daß wir ihr im Weg sind. Wir genießen diese Aufgaben an sich; es ist ein Vergnügen, in einem richtigen Haus etwas Richtiges zu tun.

An diesem Nachmittag hören wir laute Stimmen aus dem Schlafzimmer.

»Sie müssen raus«, schreit Mrs. McCormick. »Ich will sie weghaben, sofort. Ich kann sie nicht ausstehen. Verdammte Ausländer. Ich hasse sie.« Sie knallt die Schlafzimmertür zu, rennt den von Ringelblumen gesäumten Weg hinunter, in dem meine Mutter gerade Unkraut jätet, steigt in ihr hellblaues Kabriolett und schlägt die Tür zu. Als Pastor McCormick ihr ratlos folgt und auf die Veranda tritt, lehnt sie sich aus dem Auto und schreit ihn an:

»Das ist *mein* Haus, verstanden?«

Sie fährt weg. Er steigt in seinen Wagen und folgt ihr. Eine Stunde später ruft er an, um Frau Čigāns mitzuteilen, er und Mrs. McCormick blieben ein paar Tage fort. Himmlisch.

Auch wenn es erst Nachmittag ist, beginnen die Frauen und Mädchen in der Küche zu arbeiten. Wir setzen Brotteig zum Aufgehen an, damit wir am Morgen das schwere süßsaure lettische Brot haben statt der in Milch getränkten Wheaties. Wir besprechen, wieviel Geld noch im Plätzchentopf ist. Schon vor unserer jüngsten Erkenntnis über die Kosten unseres Aufenthalts haben wir darauf geachtet, nichts zu verschwenden.

Wir schälen Kartoffeln, formen winzige Fleischbällchen, braten Huhn, enthülsen Erbsen. Der Tisch im Eßzimmer wird so weit wie möglich ausgezogen. Zum Abendessen werden wir einundzwanzig Personen sein, die Mahlzeit wird den ganzen Abend dauern, und zum Abschluß werden die Erwachsenen Geschichten erzählen, von seltsamen Gestalten, die in der Dämmerung auf Friedhöfen umgehen, von schlauen Bauern, die den Teufel an seinem unauffällig in den Stiefelschaft gesteckten Schwanz erkennen, und von entsetzten Kindern, deren Arme für immer an Böden von Geisterschlössern festkleben. Über den Krieg und die Lager werden keine Geschichten erzählt.

Der Nachmittag geht schnell vorbei. Es ist angenehm in der schattigen Küche, die Frauen lachen und summen vor sich hin; es wäre schön, wenn wir bei Schulbeginn im September immer noch alle so beisammen sein könnten. Ich mache mir ständig Sorgen wegen der Schule. Die anderen Kinder werden mich wegen meiner langen Zöpfe und komischen Kleider verachten, sie werden mich quälen, weil ich kein Englisch kann.

Verfluchte Ausländer, schrien die deutschen Kinder bei den seltenen Gelegenheiten, wenn meine Schwester und ich durch die Stacheldrahttore aus dem Lager gehen durften. Die Jungen bewarfen uns mit Steinen oder Schneebällen, in denen auch Steine waren. Wir mieden die Straße, die zum Dorf führte, und bewegten uns statt dessen vorsichtig im Wald, suchten Pilze oder Anemonen. Wir hielten Ausschau nach den Banden deutscher Jungen, die plötzlich wie aus dem Boden gestampft mit Steinschleudern und Stecken auftauchen konnten.

Ich hoffe, daß ich vor den Spötteleien der amerikanischen Kinder, mit denen ich fest rechne, in eine Küche wie diese flüchten kann. Vielleicht kann mir Frau Čigāns sagen, was ich tun soll. Von meiner Mutter erwarte ich keine große Hilfe.

Als die Kartoffeln beinahe gar sind, merkt Frau Čigāns, daß wir keine Servietten mehr haben. Wir getrauen uns nicht, die leinenen Servietten aus Mrs. McCormicks Schrank zu benutzen, aus Angst, eine könnte Flecken bekommen, die auch mit Rubbeln und Bleichen in der Sonne nicht mehr herauszubekommen sind. Jemand meint, Servietten seien gar nicht unbedingt nötig, wir hätten jahrelang ohne gegessen. Doch Frau Čigāns ist anderer Meinung. In Lettland haben wir Servietten benutzt, niemand aß je ohne, und zudem sind Papierservietten etwas Amerikanisches, sie sind modern, und das hier ist ein besonderer Anlaß.

Tālivaldis, Frau Čigāns' Freund, Neffe oder Geliebter, erklärt sich bereit, zu Hooks Drugstore zu gehen. Vermutlich ist das das einzige Geschäft in der Stadt, das sonntagnachmittags geöffnet hat. Er ist ein kräftiger junger Mann in den Zwanzigern, der nicht viel spricht, aber ein sympathisches Lächeln hat und schnell errötet. Er ist nur ein paar Jahre älter als Frau Čigāns' Tochter Jautrite. Frau Čigāns erklärt uns ihre Beziehung zu ihm nicht, aber er teilt den Raum in der abgeschirmten Veranda mit Mutter und Tochter.

Frau Čigāns schreibt mit Blockbuchstaben »Napkins« – Servietten – auf ein Stück Papier, holt zwei Münzen aus dem Geldtopf, feuchtet ihr Taschentuch mit Speichel an und reibt ihm einen Fleck von der Wange, bevor sie ihn entläßt.

Mrs. McCormicks Tisch ist gedeckt. Das Geschirr glänzt auf dem weißen Tischtuch, das Huhn duftet herrlich. Die Männer fragen scherzhaft, welche der Damen wohl ihre Tischdame sein wird. Frau Čigāns weist den Kindern einen Platz am Ende des Tisches zu, zählt mich aber gnädigerweise nicht zu dieser Kategorie. Sie zeigt auf eine Frau, dann auf einen Mann, dann wieder auf eine Frau.

»Wir müssen immer einen Dorn zwischen die Rosen setzen. Also, welcher Mann ist der nächste Dorn?«

Alle lachen.

Tālivaldis kommt außer Atem zurück und reicht die Papiertüte Herrn Briedis. Dieser reißt das blaue Paket auf und beginnt, die festen dicken Baumwollpolster zu verteilen, die mehr wie Binden als wie Servietten aussehen.

Frau Čigāns stoppt ihn. »Idiot«, sagt sie und will ihm die Schachtel entreißen. »Trottel.« Dann scheint sie sich plötzlich eines Besseren zu besinnen.

»Verzeihung, Herr Professor, aber die müssen Sie wirklich mir geben.« Professor Briedis läßt nicht los, zeigt auf das Wort *Napkins*, das klar und deutlich auf der Schachtel geschrieben steht – und eben auch Damenbinden bedeutet. Tālivaldis unterstützt ihn und schwenkt sein Zettelchen, auf dem dasselbe Wort steht.

»Beides Trottel«, schreit Frau Čigāns. »Entschuldigen Sie, Herr Professor, daß ich Sie so nenne, aber – Verzeihung.« Sie entreißt ihm die Schachtel, stößt Tālivaldis zur Seite und entschwindet in die Küche. Meine Mutter hat den Rest der Binden eingesammelt und folgt ihr.

Es herrscht betretenes Schweigen. Die Frauen senken den Blick, die Männer sind sprachlos, die Kinder begreifen nichts. Der blasse, eingebildete sechzehnjährige Egīls, den Beate und ich hinter seinem Rücken Professorensäugling nennen, grinst uns triumphierend an.

Die Küchentür schwingt auf, und Frau Čigāns erscheint, in der einen Hand einen Krug mit Milch und in der anderen einen Stoß weißer Servietten aus festem Leinen, von denen, die sich niemand zu benutzen getraut hatte.

Als das Schweigen anhält, erklärt sie: »Wir waschen und bügeln sie einfach, wir haben sie doch schon letztes Mal für sie gebügelt. Und für den Fall, daß wir ein kleines Fleckchen nicht rausbekommen, sagen wir einfach *excuse me.*«

Sie lacht. Sie zaust mit den Fingern Tālivaldis' Haar. »Komm, setz dich zu mir, mein kleiner Dorn.« Sie wendet sich an Beate und mich. Wir blicken verlegen zu Boden, weil wir wissen, wie verlegen unsere Mutter ist.

»Kommt schon, Mädchen«, lacht Frau Čigāns. »Übt es. *Excuse me.* Sagt es nochmals: *Excuse me.«*

Alle lachen. Ich gäbe alles dafür, Frau Čigāns zur Mutter zu haben.

Frau Čigāns nimmt mich in die Stadtbibliothek von Indianapolis mit, ein beeindruckendes graues Gebäude, das einen ganzen Häuserblock umfaßt. Unsere Schritte hallen auf den marmornen Böden, durch die Gewölbe und langen Galerien.

Sie verhandelt mit der älteren blauhaarigen Bibliothekarin, die mich mißtrauisch mustert. Schließlich seufzt die Bibliothekarin vielsagend und beginnt, auf der Maschine zu tippen. Sie hackt ein paar Buchstaben herunter, seufzt wieder, tippt weiter und reicht mir eine gelbe Karte.

»Thank you«, sage ich in Gedanken zu ihr. Das sind die ersten englischen Worte, die ich von Frau Saulītis im Lager gelernt habe. Frau Čigāns hat mich im Bus abgehört und gesagt, es sei richtig so. Die Aussprache des *th* ist schwierig, im Lettischen gibt es keinen solchen Laut, doch Frau Čigāns versichert mir, daß ich ihn beinahe korrekt ausspreche. Trotzdem kann ich mich nicht überwinden, jetzt etwas zu sagen.

»Mit dieser Karte kannst du jederzeit drei Bücher auswählen und mit nach Hause nehmen. Du mußt sie nur nach zwei Wochen zurückbringen, dann kannst du dir drei andere aussuchen. Und laß dich bloß nicht von der da einschüchtern«, flüstert Frau Čigāns.

Alkoven, Balkone, halbdunkle Räume, alle voller Bücher. Ein Regal nach dem anderen, Reihe um Reihe bis unter die Decke. Noch nie habe ich so viele Bücher auf einmal gesehen; und ich habe nur sehr wenige Bücher in der Hand gehabt, die nicht schlecht gebunden und auf billiges, gelbliches, brüchiges Papier gedruckt waren. Die Bücher hier werde ich eins nach dem anderen lesen, ich werde versuchen, sie alle zu lesen, ich werde alles lernen, was ich wissen muß. Wenn ich jede Woche drei Bücher lese, wie lange würde es dann dauern, bis ich mit allen durch bin? Ich kann kaum erwarten, damit zu beginnen. Doch zuerst muß ich Englisch lernen. Kann ich das?

Frau Čigāns berät sich wieder mit der Bibliothekarin. »Huuh, huuh«, macht sie und wedelt mit den Armen. Die Bibliothekarin starrt sie verständnislos an. Frau Čigāns hält sich die Hände an den Mund und bläst.

»Oh«, sagt die Bibliothekarin und klappert auf ihren Absätzen über den weißen Marmorboden davon. Sie kommt mit mehreren Büchern zurück. Zuoberst liegt *Vom Winde verweht.*

Frau Čigāns übersetzt. Ich spüre, wie mir die helle Freude aus dem Gesicht strahlt, so daß die Bibliothekarin daran erinnert wird, warum sie überhaupt Bibliothekarin geworden ist, und jetzt ebenfalls lächelt. Sie stempelt die Bücher und händigt sie mir aus. Mein Mund ist trocken, und meine Hände zittern, ich kann es kaum erwarten, nach Hause zu kommen.

Vom Winde verweht wurde ins Lettische übersetzt und in den Lagern in vier einzelnen schmalen Taschenbuchbänden herausgegeben. Meine Mutter besitzt nur den ersten Band, den ich schon dreimal gelesen habe. Kann Scarlett O'Hara Ashley Wilkes dazu bringen, sich in sie zu verlieben und sie zu heiraten? Oder verliebt sie sich statt dessen in Rhett Butler? Muß sie Tara verlassen? Was geschieht mit ihr während des Krieges? Überlebt sie ihn? Kann sie je wieder nach Hause zurückkehren? Ich brenne darauf, es zu erfahren.

Sobald ich wieder im Haus des Pastors bin, hole ich das englisch-lettische Wörterbuch, das meine Eltern, beide Nichtraucher, sich durch das Zusammensparen und Eintauschen ihrer Zigarettenrationen anschaffen konnten. Auf dem obersten Treppenabsatz befindet sich neben dem Eingang zum Dachboden eine Tür, die auf einen winzigen Balkon führt, den nie jemand benutzt. Die Brüstung wackelt, und es ist so eng, daß nur eine einzige Person Platz hat. Ein idealer Schlupfwinkel – hell, ruhig und fast den ganzen Tag schattig. Hier sitzt nie jemand.

Ich hatte in den Lagern ein paar Englischlektionen besucht. »This is a pen, this is a pencil«, sagten wir Kinder auswendig auf und zeigten dabei auf Federhalter und Bleistift. Einmal schickte man uns im Sommer für eine Woche in ein abbruchreifes Haus an einem Kanal, ein Versuch der Lagerleitung, uns Sommerferien auf dem Lande zu ermöglichen, so wie sie sie in Erinnerung hatten. Wir lernten Lieder wie »My Bonnie Is Over the Ocean« und »Oh, My Darling Clementine« – über ein Mädchen, das Heringsdosen als Sandalen tragen mußte. Einmal sangen wir *»Man cepurei trīs stūri«* – Mein Hut, der hat drei Ecken –, und die englische Offizierin lachte und sang mit: »My hat it has three corners, three corners has my hat.« Aber ich weiß, daß ich noch viel mehr lernen muß.

Zuerst vergleiche ich Wörter der lettischen Übersetzung mit Wörtern auf der ersten Seite des englischen Buches. Wenn ich etwas nicht verstehe, schlage ich im Wörterbuch nach. Einige der Wörter erscheinen in verwirrenden Variationen und Beziehungen, andere sind überhaupt nicht aufgeführt. Doch die meisten finde ich. Zeile um Zeile arbeite ich mich mühsam durch die Sätze, dann durch die Abschnitte des Textes, der mir auf lettisch schon so vertraut ist. Ich interessiere mich für die Stelle, wo Scarlett die Beherrschung verliert, und suche sie heraus. Wenn sich mir ein Wort oder ein Satz verschließt, gehe ich zum nächsten über, besorgt, daß ich immer nur Teile verstehen würde. Doch ich mache weiter.

Stunden später fällt das Buch in der Mitte auf. »Ich werde nie mehr Hunger leiden«, gelobt sich Scarlett. Diesen Teil habe ich auf lettisch noch nie gelesen. Ich schlage jedes Wort nach, und dann, die Finger an verschiedenen Stellen im Wörterbuch, sehe ich mir den ganzen Satz an. Ein wunderbares tiefes Wissen erfüllt mich wie Licht. Ich verstehe es, ich kann es verstehen. »Ich werde nie mehr Hunger leiden.« Mir wird klar, daß ich den Sinn der unbekannten Teile des Buches herausbekommen kann, daß ich mir selbst Englisch beibringen werde. Ich bin beglückt. Die untergehende Sonne über dem Ahornbaum im Hof erscheint mir wie eine Bestätigung.

Ich verbringe jede freie Minute auf dem Balkon. Ich mache mir Sorgen wegen der zwei anderen Bücher, die mir die Bibliothekarin mitgegeben hat, Beschreibungen von Luftströmen und von Wetterverhältnissen, doch Frau Čigāns versichert mir, daß es der Bibliothekarin gleichgültig ist, ob ich sie gelesen habe oder nicht. In meiner Einsamkeit erfahre ich tiefste Verzweiflung, aber auch höchstes Glück. Nur Frau Čigāns fragt mich hin und wieder, wie ich vorankomme.

»Siehst du«, sagt sie, »bis die Schule beginnt, kannst du bestimmt Englisch. Du bist so gescheit wie ich. Ich habe es in einem knappen Jahr gelernt, aber ich konnte natürlich auch jeden Tag üben, es gingen ja täglich so viele amerikanische Jungs im Büro des Lagers ein und aus.« Die Bemerkung erschreckt mich, denn bis zum Schulbeginn sind es nur noch ein paar Wochen.

Doch Frau Čigāns beruhigt mich sogleich: »Du hast doch bereits gelernt, wie du Wörter, die du nicht kennst, nachschlagen kannst und wie du den Zusammenhang herausbekommst. Das ist das Schwierigste. Du bist ins kalte Wasser gesprungen, jetzt brauchst du bloß noch zu schwimmen.«

Das wirkliche Leben und das Kino

DER SOMMER IST vorüber, und, o Wunder, ich kann Englisch lesen. Obwohl ich noch viele Wörter nachschlagen muß, erschließt sich mir der Sinn der Sätze fast immer. Es freut mich, wenn einer der Erwachsenen mich bittet, etwas für eine Stellenbewerbung, auf einer Getreideflockenschachtel, in einer Zeitung zu übersetzen.

Meine Familie ist aus Pastor McCormicks Haus ausgezogen. An der Ecke 24ste Straße und Park Avenue, im Norden der Stadt, sind jetzt drei in den zwanziger Jahren erbaute Vierfamilienhäuser von Letten bewohnt. In jeder Wohnung leben mehrere Familien. Meine Familie wohnt im vorderen Teil einer einst gepflegten, jetzt aber heruntergekommenen Wohnung. Wir belegen die Veranda, ein fensterloses Wohnzimmer mit einer Kaminimitation aus Marmor und ein mit Glastüren abgetrenntes Eßzimmer. Betten, Kartons, ein Tisch mit einer Kochplatte und ein Kühlschrank nehmen fast den ganzen Raum ein. Eine Familie aus dem Hügelland von Kentucky wohnt mit drei kleinen Kindern in der anderen Hälfte, in den beiden Schlafzimmern und der Küche. Das Bad ist entweder besetzt oder dann schmutzig. Die andere Familie reinigt es nicht und wartet statt dessen, bis Beate oder ich das erledigen. Dann nehmen sie endlose Bäder und lassen Seifenränder, Schamhaare und schmutzige Windeln zurück. Meine Mutter findet, mein Vater sollte einmal mit ihnen reden, doch das tut er nicht.

Andere Familien teilen die Wohnung mit anderen Letten. Die Zimmer sind zu klein für so viele Leute; der geringste Lärm pflanzt sich durch Treppenhaus und Korridore fort. Wir sind zwar alle daran gewöhnt, keine Intimsphäre zu haben, doch eigentlich möchte sich niemand mehr immer nur ruhig verhalten. Sind wir nicht in Amerika? Alkohol, der in den Lagern kaum aufzutreiben war, spielt plötzlich eine Rolle. Junge Männer, die seit dem Krieg keinen mehr trinken konnten, bleiben lange auf, diskutieren über Politik und singen Kriegslieder. Noch besitzt niemand ein Auto. Ungefähr ein Jahr später sollten drei dieser Männer bei Kollisionen ums Leben kommen. Später wird uns diese Zeit einmal harmlos und sicher erscheinen.

Auch einige der älteren Männer entdecken den Alkohol wieder. Herr und Frau Melderis wohnen in der Wohnung unter uns. Sie sind ein winziges, wohlproportioniertes, perfekt aufeinander abgestimmtes Paar, nicht gerade Liliputaner, eher Menschen en miniature. Beate und ich sind fasziniert von den beiden. Wie haben sie sich kennengelernt, wann geheiratet? Wie hat er, der doch selbst schon so klein ist, eine noch kleinere Frau gefunden?

Meine Mutter tadelt uns, daß es unhöflich sei, über körperliche Eigenarten anderer Menschen zu sprechen. Die Größe spiele keine Rolle, sagt sie. Sie erwähnt die hochgewachsene blonde, wunderschöne Frau Liepa, die ihren kleinen Mann weit überragt. Sie ist die große Schönheit, die in Lettland den Sohn eines Millionärs wegen seines Geldes geheiratet hat. Jetzt haben sie einander am Hals und sind arm wie alle anderen auch.

Jeden Freitagabend, nach der Arbeit in den Metallwerken Vonnegut – die im Besitz der Familie eines jungen Mannes sind, der schon bald über den Krieg in Deutschland und die Bombardierung Dresdens schreiben wird –, treffen sich Herr Melderis und Herr Liepa auf der Eingangstreppe. Sie tragen dunkle Anzüge und Krawatten, die Schuhe sind poliert, das Haar ist geschniegelt. Sie schlendern in Richtung Central Avenue davon. Gewöhnlich kommen sie erst lange nach Mitternacht zurück, ein bißchen mitgenommen, singend oder sich laut unterhaltend. Sie verabschieden sich mit gegenseitigen Komplimenten: »Gute

Nacht, Inspektor Melderis«, und »gute Nacht, Herr Industrieller Liepa«.

Während sie weg sind, bleibt Frau Melderis in ihren Zimmern, kocht und putzt. Wenn sie herauskommt und sich auf die Stufen am Eingang setzt, hat sie etwas zum Stricken oder Flicken bei sich. Sie weint ein wenig, wenn eine der anderen Frauen stehenbleibt, um mit ihr zu plaudern.

Frau Liepa hingegen verläßt das Haus ungefähr eine Stunde, nachdem ihr Mann weggegangen ist. Sie trägt viel Make-up und sogar einen künstlichen Schönheitsfleck auf der Wange. Ihr Haar ist dicht gelockt, eine Wolke von Parfum – »Nuits de Paris« – umgibt sie. Sie erzählt allen, die es hören wollen, sie gedenke, jetzt bis zur Central Avenue zu spazieren und dort den Bus zum Kino zu nehmen. Sie schlendert davon. An der nächsten Ecke steigt sie in Herrn Krūmiņš' Wagen. Herr Krūmiņš, dessen Vater 1905 nach Amerika gekommen ist, hat ein Haus und ein Auto. In unseren Augen kommt er einem amerikanischen Millionär so nahe wie nur irgendwer.

Um Mitternacht nimmt Herr Melderis herzlich Abschied von seinem Gefährten und betritt seine Wohnung. Er schreit Frau Melderis an, sein Abendessen sei kalt, er habe es satt, sich nach einem gemütlichen Abend ihr langes Gesicht ansehen zu müssen, sie habe ihn mit der Heirat hereingelegt, sie komme ja aus der Gosse. Er erklärt ihr, daß er sie nie geheiratet hätte, wenn er gewußt hätte, daß sie einmal hier landen würden. Aus den Zimmern der Liepas ist nichts zu hören. Frau Liepa ist etwas früher nach Hause gekommen und läßt Wasser für ihr ausgedehntes nächtliches Bad einlaufen. Sie wird bis zwei Uhr morgens im Seifenschaum liegen und vor sich hin summen.

Eines Nachts geht Herr Melderis weiter. Der Lärm von Schreien, dumpfen und klatschenden Schlägen dringt herauf. Frau Melderis verhält sich zuerst still, doch dann fleht sie um Erbarmen.

»Du mußt nach unten gehen«, sagt meine Mutter.

»Nein«, erwidert mein Vater, »das ist etwas zwischen den beiden, zwischen Mann und Frau. Sie haben jetzt endlich ihr eigenes Zimmer, also sollen sie auch tun und lassen, was sie wollen.«

»Er macht, was *er* will, nicht was *beide* wollen. Sie will bestimmt nicht von ihm geschlagen werden. Geh hinunter, bevor er sie umbringt.«

»Nein, wir können uns da nicht einmischen.«

»Gut, dann geh wenigstens zu Professor Briedis und telefoniere. Ruf die Polizei an.«

»Du träumst wohl? Mit der Polizei wollen wir schon gar nichts zu tun haben. Die finden noch heraus, zu wievielt wir in einer Wohnung leben, und verhaften uns alle. Wir landen noch alle im Gefängnis.«

Mrs. Cohen, die Hauseigentümerin, hat uns davor gewarnt, jemandem zu verraten, wie überfüllt es hier ist. Es sei ein Entgegenkommen ihrerseits, daß sie doppelte und dreifache Belegung zulasse. Wir würden sonst immer noch in Pastor McCormicks Haus wohnen und ihm für den Rest des Lebens Schulden zurückzahlen, statt nur die zehn Jahre, die es nun vermutlich dauern wird.

»Du bist der Pfarrer, du solltest hinuntergehen«, sagt meine Mutter. Sie steht auf und zieht sich die Schuhe an.

»Was für ein Leben«, sagt sie. »Das Haus ist voller Männer; ich hätte erwartet, daß einer von euch Frau Melderis hilft.« Als sie die Treppe hinuntergeht, öffnet sich die Tür auf der anderen Seite des Korridors, und Professor Briedis stürmt an ihr vorbei.

»Hören Sie auf«, befiehlt er, »hören Sie sofort auf.«

Meine Mutter und Professor Briedis führen Frau Melderis die Treppe hinauf. Sie taumelt weinend in unser Zimmer. Sie blutet aus der Nase, und auf einer Seite des Gesichts hat sie einen großen roten Fleck von dem Faustschlag, den ihr Mann ihr versetzt hat. Über die rechte Handfläche zieht sich ein tiefer Schnitt. Meine Mutter beruhigt sie und verbindet die Wunde.

»Bestie«, murmelt sie, »Soldat, Wilder, Barbar.« »Russe« oder »gottloser Kommunist« schließt sie in ihre Litanei nicht mit ein, wie es viele andere Letten tun. Jedes Wort hat das gleiche Gewicht.

»Man sollte erwarten, wir könnten in Frieden zusammenleben, nach allem, was wir im Krieg durchgemacht haben. Mit einem *Letten* habe ich so etwas noch nie erlebt, nicht einmal in den Lagern, wo wir soviel auf uns nehmen mußten. Ich hätte das nicht für möglich gehalten.«

Sie untersucht Frau Melderis' Hand und seufzt. Frau Melderis hat sich böse verletzt, als sie versuchte, ihrem Mann das Messer zu entwinden. »Das muß genäht werden. Wir müssen morgen zu einem Arzt. Der soll uns bescheinigen, was dieser Mann Ihnen angetan hat. Agate, hol das Wörterbuch, du mußt ein paar Wörter nachschlagen und auf ein Blatt Papier schreiben: brutal, Ehemann, betrunken, geschlagen, Messer, eidesstattliche Erklärung, Scheidung.«

Ich gehorche, mache mir aber die ganze Zeit Sorgen, weil meine Mutter zum Arzt und vielleicht auch zur Polizei gehen will. Doch sie scheint genau zu wissen, was zu tun ist.

Aber Frau Melderis reicht die Scheidung nicht ein, niemand tut das. Herr Melderis erscheint am nächsten Tag mit einem Dutzend roter Rosen. Am Freitag begleitet er Herrn Liepa nicht auf seinen Ausgang. Statt dessen geht er mit Frau Melderis, die ein neues Kleid anhat und ihre verletzte Hand in einer Schlinge trägt, ins Kino. Sie hat meiner Mutter am Tag nach dem Vorfall erklärt, ihr Mann könne nichts für die Schläge. Das wirkliche Problem sei, mit so vielen Letten, die jeden Schritt beobachten und kommentieren, so eng zusammenzuwohnen. Kurze Zeit später ziehen sie nach Cleveland, da Herr Melderis von einer besser bezahlten Arbeit in einer dortigen Fabrik gehört hat. Sie werden nicht noch einmal den Fehler machen, so eng mit anderen Letten zusammenzuwohnen.

Inzwischen kann ich mit Hilfe des Wörterbuchs so ziemlich alles übersetzen, aber zu verstehen, was andere sprechen, ist schwieriger. Hin und wieder schnappe ich ein paar Wörter oder einen Satz im Radio auf. Dann muß ich jedes einzelne Wort ins Lettische übersetzen, weil ich sie noch nicht unmittelbar verstehe. Vom Englischsprechen bin ich jedoch noch weit entfernt. Ich habe Angst, in der Schule Fehler zu machen und bestraft zu werden, weil ich so dumm bin. Die anderen Kinder würden mich auf dem Heimweg bestimmt verprügeln.

Die Schule beginnt an einem sonnigen Septembermorgen. Meine Mutter arbeitet vormittags in der Küche von LaRue's Supper Club und an den meisten Abenden ebenfalls.

»Du bist alt genug, um allein zu gehen«, meint sie.

Da Beate die Shortridge High-School besucht, werden wir getrennt. Beate muß mit dem Bus fahren; sie braucht für jede Fahrt elf Cents oder einen Jeton. Sie hat Angst, die richtige Haltestelle zu verpassen und nie wieder nach Hause zurückzufinden. Ich muß bis zur Public School 45 zwei Straßen weit Spießruten laufen.

Frau Čigāns kann mich ebenfalls nicht begleiten. Sie brät in Hooks Drugstore Hamburger und lernt dort auch, wie man Sodawasser und Eisbecher macht. Der Manager hat ihr gesagt, sie sei eigentlich zu alt für die Arbeit, doch weil sie schnell begreift, hat er ihr versprochen, sie gelegentlich als Kassiererin anzulernen. Dann kann sie ein hübsches Kleid tragen, hinter einer Theke stehen und Geld entgegennehmen.

Ich fürchte mich zwar, doch zugleich bin ich erleichtert, daß meine Mutter mich nicht zur Schule begleiten kann. Sie lernt ebenfalls Englisch aus Büchern und Zeitungen, doch kann sie auch nicht besser sprechen als ich. Ich werde rot, wenn ich mir vorstelle, wie meine Mutter sich verständlich zu machen versucht. Und abgesehen davon, was würde sie anziehen? Ihr einziges gutes Sonntagskleid aus dunkelblauem Wollstoff mit weißem Spitzenkragen, Reihen winziger Knöpfe und langen Ärmeln glänzt und ist im Rücken aus der Fasson. Sie trägt schwarze Schuhe mit Schnürsenkeln. Niemand ist so angezogen. Ich schäme mich für meine Mutter, und noch mehr schäme ich mich wegen meiner Treulosigkeit.

Mrs. Cohen, die Hausbesitzerin, hat angeboten, mich hinzubringen. Ich warte auf der Treppe, als sie später als versprochen kommt. Sie ist so gekleidet, wie wenn sie neuen lettischen Familien die Wohnungen zeigt. Der Saum ihres Kleides ist abgerissen, einzelne Fäden baumeln über ihre kräftigen nackten Beine, ihr üppiger Busen ist mit Flecken übersät. Das Kleid hat einen anderen Schnitt als das meiner Mutter, aber es ist ebenfalls dunkelblau und hat winzige Knöpfchen. Mrs. Cohens strähniges Haar ist fettig und ungekämmt, das Gesicht rot angelaufen. Sie trägt abgewetzte, hinten offene Männerpantoffeln, die beim Gehen schlappen. Ihre Tasche ist prall von Schlüsseln, Zigaretten, Umschlägen mit Quittungen für die Miete. Ein Riemen ist gerissen und mit zwei Sicherheitsnadeln festgemacht. Sie ißt einen Berliner, und der Puderzucker hinterläßt noch mehr Flecken auf ihrem Kleid.

Sie holt einen zweiten Berliner hervor, teilt ihn in der Mitte und bietet mir die Hälfte an.

Als ich ablehne, schüttelt Mrs. Cohen traurig den Kopf. Sie hat ihr möglichstes getan.

Kinder gehen in Gruppen und paarweise zur Schule. Sie begrüßen einander, halten sich bei den Händen, lachen vergnügt. Niemand scheint allein zu gehen. Ich hoffe, daß sie mich mit Mrs. Cohen nicht bemerken, aber das ist ja unmöglich. Ich glaube, sie kichern und flüstern zu hören. Vermutlich beraten sie, wo sie mir später auflauern wollen. Dann darf ich aber auf keinen Fall, *auf gar keinen Fall* weinen, sonst wird das Ganze noch schlimmer.

Mrs. Cohen bringt mich ins Büro der Schulvorsteherin, Miss Abbot. Die hochgewachsene, elegante grauhaarige Dame mustert mich, zeigt auf Mrs. Cohen und fragt: »Ist das deine Mutter?« Sie wiederholt die Frage langsam. Mrs. Cohen verneint und gibt dann lange Erklärungen ab, die ich nicht verstehe.

Ich schüttle ebenfalls energisch den Kopf. Miss Abbot nickt zustimmend. Sie zeigt auf ein Blatt Papier und bittet mich, Namen und Adresse einzutragen. Mrs. Cohen übersetzt mir die Fragen ins Jiddische. Es gibt viele Felder auf dem Formular, doch Miss Abbot winkt bei den meisten mit majestätischer Gebärde ab. Sie nimmt mich beim Ellbogen und führt mich mit resoluten Schritten zur Treppe. Mrs. Cohen schlurft davon, dann dreht sie sich um und winkt mir ermutigend zu.

Die Korridore sind breit wie Zimmer; Sonnenlicht strömt durch die ungeheuer hohen Fenster der Treppenhäuser an beiden Enden des Gebäudes. Die Holzböden sind gebohnert, und an den Wänden hängen Dutzende goldgerahmter Bilder von Männern in altmodischen Gehröcken und Uniformen aus längst vergangenen Kriegen. Auf einer Seite des Korridors stehen Vitrinen voller Bücher, ausgestopfter Vögel, Globen und Karten. Es ist eine wunderschöne Schule. Ich wäre gern allein hier, es würde bestimmt einfacher sein, hier zu lernen als in den kahlen Räumen der Lager. Wenn ich lauter Fünfer mache, kann ich vielleicht anderen Kindern helfen und werde von einigen akzeptiert.

Ich werfe einen Blick auf meinen frisch gebügelten grauen Wollrock und meine graue wollene Bluse, in denen mir schon jetzt zu heiß ist. Jede Tasche der Bluse ist mit roten Erdbeeren verziert, die Ōmite im Lager gestickt hat. Meine Zöpfe sind mit kleinen roten Schleifen gebunden, meine schwarzen Schnürschuhe glänzen. Die anderen Mädchen tragen Taschen und Blusen aus Krepp oder Madras oder bedruckte Baumwollkleider und Slipper. Ich hege keine große Hoffnungen für meine Zukunft. Ich darf *auf keinen Fall, auf gar keinen Fall weinen.*

Miss Abbot führt mich in ein Zimmer, wo andere Kinder schon an ihren Plätzen sitzen, und zeigt auf ein leeres Schreibpult in der vordersten Reihe. Sie bespricht sich kurz mit Miss Buechler, der Klassenlehrerin der siebten Klasse, dann wendet sie sich an die anderen Kinder. Krieg, Lager, Lettland, Rußland, Deutschland, Amerika – ich schnappe ein paar Wörter auf. Die Augen der anderen Kinder durchbohren mich; ich fühle mich wie eine Mißgeburt. Ich wünschte, Miss Abbot würde aufhören. Was sie in diesem Moment auch tut. Sie drückt mich sanft auf meinen Stuhl nieder und geht hinaus.

Miss Buechler beugt sich über mich und fragt mich etwas, was ich nicht verstehe. Sie wiederholt es. »Ja oder nein?« versucht sie zu helfen. Ich senke verwirrt den Blick. Ich weiß nicht, was passiert, wenn ich eine falsche oder überhaupt keine Antwort gebe. »Ja oder nein?« Miss Buechler wartet.

Als ich nichts sage, streckt Miss Buechler die Hand aus und klopft mir ermunternd auf die Schulter. Diese unerwartete Freundlichkeit treibt mir Tränen in die Augen. Ich will sie unterdrücken, doch es geht nicht. »Na, na«, tröstet sie. Die Tränen kullern hinunter, es gelingt mir nicht, sie zurückzuhalten. Wird mich Miss Buechler jetzt in die Ecke stellen, weil ich geweint habe, aus dem Zimmer schicken, bis ich mich beherrsche, oder meine Mutter kommen lassen, um sich mit ihr über mein Betragen zu unterhalten?

»Ach, du armes Ding, du«, sagt Miss Buechler. Sie reicht mir eine Schachtel Kleenex, und als sie mein Zögern sieht, macht sie es mir vor, zieht ein paar Papiertücher heraus und drückt sie mir in die Hand. Sie geht zu ihrem Schreibtisch zurück, zieht eine große Schachtel mit Schokoladenplätzchen hervor und reicht sie herum. Jedes Kind nimmt eines heraus, auch ich. Miss Buechler legt ein zusätzliches Plätzchen vor mich hin. Hätte sie das doch nur nicht getan – ich falle ohnehin schon auf. Oh, könnte ich doch alles rückgängig machen, bis zu dem Augenblick, bevor ich zu weinen anfing. Die Augen der anderen Kinder wandern über meinen Rücken.

Miss Buechler gibt Anweisungen, alle holen Bücher hervor. Sie schlagen rasch die gewünschte Seite auf. Miss Buechler öffnet ein Buch, gibt es mir, zeigt auf die Stelle. Ich wünschte, ich hätte mein Wörterbuch bei mir, doch ich würde mich niemals trauen, es mitzubringen oder zu fragen, ob ich es mitbringen dürfe. Ich glaube, so etwas würde als Mogeln gelten und streng bestraft.

Etwas später öffnen die Kinder ihre Pulte. Sie haben alle Federhalter, Papier, Bleistifte, Notizbücher, Farbstifte und anderes Schulmaterial mitgebracht. Miss Buechler blickt zu mir und seufzt.

Es gibt soviel zu lernen, daß es mir hoffnungslos erscheint. Wann muß ich aufstehen, wann mich setzen? Wo ist die Toilette, und wann darf ich sie benutzen? Um wieviel Uhr kann ich zum Mittagessen nach Hause gehen, und wann muß ich wieder zurück sein? Was muß ich mir alles anschaffen, wo kann ich es bekommen, und womit bezahle ich es? Was passiert, wenn ich ohne die Sachen auf der Liste, die mir Miss Buechler gibt, zurückkomme? Was, wenn wieder jemand von mir erwartet, daß ich etwas sage? Was, wenn ich weine?

Der Vormittag vergeht nur langsam. Die Lehrerinnen lächeln mich an, die anderen Kinder beachten mich nicht. Als es endlich klingelt und ich begreife, daß wir alle zum Mittagessen nach Hause gehen können, stehe ich rasch auf. Ich gehe aus dem Gebäude, mache mich darauf gefaßt, daß man mir auflauert. Ich muß versuchen, meine Augen und das Gesicht zu schützen, wenn die Kinder zu schubsen, zu schlagen und zu treten anfangen, sobald wir außer Sichtweite der Lehrer sind.

Ich gehe die zwei Straßen weit, immer auf Angriffe gefaßt, doch nichts passiert. Die anderen Kinder sind hinter mir, sie flüstern und lachen, doch sie stürzen sich nicht auf mich. Sie blicken mir nach, als ich das baufällige Haus betrete und erleichtert die Tür hinter mir schließe.

Ich hoffe, sie glauben nicht, ich würde für immer hier wohnen, und noch mehr hoffe ich, daß sie Mrs. Cohen nicht für meine Mutter halten. Doch am allermeisten hoffe ich, daß es mir gelingt, Englisch sprechen zu lernen. Vielleicht würde sich damit etwas ändern, vielleicht kann ich mich so mit jemandem anfreunden. Es kommt mir zwar unwahrscheinlich vor, doch worauf kann ich sonst hoffen?

Und in den folgenden Monaten lerne ich tatsächlich Englisch. Mathematik eignet sich am besten dafür zu verstehen, wovon die Rede ist. Miss Pinkerton, die Mathematiklehrerin, schreibt Aufgaben und Gleichungen an die Wandtafel, und ich höre aufmerksam ihren Erklärungen zu. Es sind einfache Aufgaben, ähnliche habe ich schon vor zwei Jahren in den Lagern lösen müssen, so kann ich mich ganz auf die Wörter konzentrieren.

Die Luftschutzübungen für den Fall eines Atomkriegs sind mir ebenfalls vertraut. Jede Woche üben wir uns darin, schnell unsere Pulte zu verlassen, die Arme über dem Kopf zu verschränken und ruhig auf dem Boden des Klassenzimmers zu liegen. Die Rolläden der riesigen Fenster werden heruntergelassen. Nach ein paar Minuten läutet Miss Buechler mit einer Handglocke. »Entwarnung«, verkündet sie.

Ein anderes Mal weist man uns an, uns auf den Korridoren mit dem Gesicht nach unten hinzulegen, und die Türen zu den Schulzimmern werden geschlossen. Wir müssen fünf Minuten lang ruhig daliegen, während die Lehrer miteinander flüstern und die Zeit stoppen. Die Mädchen rümpfen die Nase, weil sie sich auf den Boden legen müssen. Später werden wir auch noch in den Keller hinuntergeschleust, wo wir uns hinkauern und den Kopf mit den Armen bedecken müssen. Manche drehen und wenden sich und beklagen sich halblaut, daß es unbequem und langweilig sei.

In solchen Momenten fühle ich mich den amerikanischen Kindern haushoch überlegen. Sie scheinen keine Ahnung zu haben, daß sie jederzeit bombardiert werden könnten. Wie dankbar wären sie dann für ein sicheres Versteck. Ich will den Lehrerinnen sagen, daß der Keller wirklich der beste Ort ist, daß aber niemand bei einem Luftangriff so lange kauern kann. Es wäre viel besser, da unten Pritschen zu haben, auf die wir uns ruhig hinlegen könnten, bis die Flugzeuge über uns hinweggeflogen sind. Die anderen kommen mir kindisch vor, wie sie sich so drehen und wenden und sich beklagen. Immer wieder statte ich den Keller in meiner Vorstellung mit bequemen Stühlen, warmen Decken, funktionierenden Radioapparaten und Batterien, mit riesigen Lebensmittelvorräten aus. Am liebsten hänge ich solchen Phantasien während der Pause nach, wenn ich allein dastehe, mir bloßgestellt und unbeholfen vorkomme und den anderen beim Spielen zusehe.

Thanksgiving nähert sich, noch so ein unbekannter Feiertag. Wie Halloween scheint dieses Fest in der Schule groß gefeiert zu werden. Pilgerväter, Truthähne und Kürbisse aus Pappe zieren die Wände. Der Himmel ist bedeckt, es ist kühl und feucht, die zwei Straßen zur Schule sind schneller gegangen. Ich gehe sie immer noch allein. Einige wenige Male – ich kann sie an den Fingern abzählen – haben die Schülerlotsen »Hi« zu mir gesagt, doch meistens spricht niemand mit mir. Ich eile nach Hause, mache die Hausaufgaben, höre Radio und lese. An zwei Abenden in der Woche wasche ich in LaRue's Supper Club Teller.

Ich blicke zur Uhr, zähle die Minuten, bis die letzte Stunde des Vormittags vorüber ist. Zu Hause wartet *Vier Schwestern* auf mich. Mir gefällt, wie die Schwestern sich ihrer Mutter anvertrauen, Laurie kennenlernen, Theaterstücke aufführen, in ihrem gemütlichen Salon zusammensitzen. Ich kann es kaum erwarten, nach Hause zu kommen und beim Mittagessen zu lesen, das Buch hinter dem Suppenteller aufgestellt. Miss Buechler erzählt von den Siedlern, die an einer felsigen Küste landen, um dann im neuen Land einen entbehrungsreichen Winter zu durchleben.

Und dann passiert es.

Plötzlich verstehe ich alles, was Miss Buechler sagt – alles! Ich verstehe nicht bloß einzelne Wörter, ich muß die Sätze auch nicht erst ins Lettische übersetzen. Ich verstehe ganz genau, was Miss Buechler sagt, genau in dem Moment, in dem sie es ausspricht.

Es ist wie ein Wunder! Mein Herz rast vor Aufregung, reine Freude durchflutet mich. Ich möchte es jemandem erzählen, allen erzählen, was passiert ist. Ich verstehe Englisch!

Ich blicke im Zimmer umher. Ich kann nicht glauben, daß andere das Wunder nicht bemerkt haben, doch es scheint so. Am liebsten würde ich es ihnen sagen, damit sie sich mit mir freuen können. Selbst der düstere Himmel erscheint heiterer. Thanksgiving kommt mir gar nicht mehr so fremd vor.

Ich renne nach Hause, hüpfend und vor mich hin summend. Ich hoffe, daß in der Park Avenue jemand ist, dem ich es erzählen kann, aber es ist niemand da. Alle sind bei der Arbeit. Ich hole mein Buch, stelle es auf und wärme mir die Suppe.

»Ich verstehe Englisch, ich verstehe Englisch«, singe ich.

Wie um meine Leistung zu feiern, kommt am Nachmittag ein Brief von Ōmite an. Sie hat alle Prüfungen und Untersuchungen hinter sich und hat jetzt auch die Bewilligung zur Einreise in die Vereinigten Staaten erhalten, wo sie bei Onkel Jaša und seiner Familie wohnen wird. Später, sobald genug Geld für die Busfahrt beisammen ist, wird sie nach Indianapolis kommen.

Dieser Tag bedeutet natürlich keineswegs, daß ich nicht mehr Englisch lernen muß, doch er ermutigt mich, weiterzumachen.

Erst lange nach Neujahr habe ich endlich den Mut, auch zu versuchen, englisch zu sprechen.

Miss Buechler steht vor der Klasse und stellt uns Fragen zu einer Geschichte, die wir eben gelesen haben. Zaghaft hebe ich die Hand. Zuerst schaut sie an mir vorbei, dann bemerkt sie mich und strahlt.

»Er ritt hin, um sie vor den Engländern zu warnen«, sage ich. Meine Stimme zittert. Ich fühle, wie ich erröte und wie auf meinem Hals rote Flecken erscheinen, aber es ist heraus.

»Richtig, so war's, sehr gut.« Miss Buechler lächelt. »Genau wie du sagst.« Die anderen Kinder hinter mir klatschen plötzlich Beifall.

»Sie hat gesprochen«, bemerkt jemand, »sie hat etwas gesagt.«

»Gut gemacht«, sagt John Stafne, der Junge, der neben mir sitzt. Ich bin verlegen und vollkommen zufrieden. Ich habe Englisch gelernt, ich habe es geschafft. Und ich habe es ganz allein geschafft.

Dieses Ereignis ändert mein Leben in der Schule nicht schlagartig. Doch allmählich beginnen die Kinder, mit mir zu sprechen. Einzelne Mädchen begleiten mich manchmal auf dem Heimweg, die meisten anderen sagen wenigstens »Hi«. Ich werde nach der Schule noch immer nicht zum Mitspielen aufgefordert und auch nicht zu Geburtstagspartys eingeladen, die in den Pausen leidenschaftlich diskutiert werden, aber ich muß den Weg nach Hause nicht mehr immer allein gehen. In der nächsten Turnstunde werde ich nicht mehr als allerletzte für das Volleyballteam gewählt.

»Du hast jetzt Freundinnen«, sagt Frau Čigāns. »Ich habe dich in Begleitung von zwei jungen amerikanischen Damen gesehen.«

»Ja, schon«, entgegne ich, aber ich weiß, daß ich keine Freundin habe. Eine Freundin besucht man zu Hause, lernt ihre Mutter kennen, telefoniert mit ihr. Wir haben kein Telefon, und ich möchte nicht, daß jemand unsere Wohnung in der Park Avenue betritt. Es wäre unerträglich für mich, wenn jemand unsere überfüllten Zimmer sähe oder unseren Schrank öffnen und meine Kleider anprobieren möchte. Ich habe weder eine Frisierkommode noch ein Schminkköfferchen, in meinen Augen beides unentbehrlich, wenn man das Anmalen von Augenbrauen und Wangen üben will. Das ist es, womit sich andere Mädchen nach der Schule beschäftigen.

Buchbesprechungen sind eine weitere Möglichkeit zu lernen. Einige Bücher, wie zum Beispiel *Vier Schwestern,* wurden von den Lehrerinnen empfohlen, doch die meisten entdecken Beate und ich selbst in der Bibliothek. Beate geht an den meisten Abenden nach der Schule putzen, und ich wasche ein paarmal Teller im LaRue's, doch am Freitagabend haben wir beide frei. Wenn wir genug Geld haben, gehen wir zur Hauptbibliothek im Zentrum. Manchmal sehen wir uns einen Film an, doch für gewöhnlich können wir uns nur das Kino an der Ohio Street leisten, wo der Eintritt einen Vierteldollar kostet. Das Kino liegt in der Nähe zweifelhafter Varietés und Bars, und wir müssen vorsichtig sein. Es ist von uniformierten jungen Männern vom Fort Benjamin Harrison und schmierigen alten Männern bevölkert, die uns an Rücken und Beinen berühren. Wir müssen unzählige Male den Platz wechseln, bis wir uns den Film in Ruhe ansehen können. Meistens gehen wir die zwölf Straßen bis zur Bibliothek an der Kreuzung 30ste Straße und Meridian zu Fuß. Wir verbringen den ganzen Abend dort, wählen Bücher aus und lesen in den bequemen Ledersesseln beim Kamin, bis ein Erwachsener kommt und wir unsere Plätze freimachen.

Wir lesen alles, was uns die Lehrerinnen als wichtig genannt haben. Miss Buechler empfiehlt mir *Geheimnis einer Mutter,* das mir aber aufs Gemüt schlägt, statt mich aufzuheitern, wie sie es offenbar beabsichtigte. Die Geschichte eines Mädchens, das wie ich in der Schule ausgeschlossen wird, weil es aus einem fremden Land kommt, tröstet mich zuerst, dann erscheint sie mir unglaubhaft. Ich kann mir nicht vorstellen, daß meine Mutter die anderen Kinder für sich einnimmt, indem sie sie lachend in eine hübsche blitzsaubere Küche einlädt, ihnen ein Essen kocht und damit ihre Wertschätzung gewinnt. Zu Miss Buechlers Erstaunen erkläre ich ihr, ich hätte für eine meiner Buchbesprechungen *Anna Karenina* gelesen.

»Hast du das Buch denn verstanden?« fragt sie.

»Ja, natürlich. Es hat mir sehr gefallen.« Auch meine Mutter hat das Buch mit zwölf gelesen. Ich kündige an, daß ich für die nächste Besprechung *Krieg und Frieden* lesen werde, doch hier zieht Miss Buechler eine Grenze.

»Dafür bist du noch zu jung. Und außerdem solltest du nicht ständig an Krieg denken. Du solltest langsam normale Interessen entwickeln.«

Ich erzähle ihr nicht, daß ich auch *In einem anderen Land* und *Wem die Stunde schlägt* gierig verschlungen, wenn auch nur teilweisen verstanden habe; ich wäre ihr sonst noch weniger normal vorgekommen. Zufällig stoße ich auf ein Buch, das wie für mich geschrieben zu sein scheint: *Ein Baum wächst in Brooklyn.* Es erzählt von einem in Armut lebenden Mädchen, das ebenfalls allein durch verlassene, gefährliche Straßen gehen muß und dessen Eltern selten da sind. Ich habe nie eine Geschichte über jemanden gelesen, dessen Lebenslage so wirklich schien, über jemanden wie mich, in einer Stadt in Amerika, nicht Jahrhunderte oder Kontinente entfernt. Ich erkläre Miss Buechler, dies sei das allerbeste Buch, das ich je gelesen hätte.

»*Ein Baum wächst in Brooklyn?* Wirklich? Ist das nicht ein bißchen zu gewagt? Hast du es auch verstanden?« fragt Miss Buechler, genauso wie ich es erwartet habe.

»Ja, ja, ich habe es verstanden«, erwidere ich. Es gibt zwar ein paar Stellen, nach denen ich Miss Buechler gern gefragt hätte, doch das würde nur beweisen, daß sich das Buch für eine Besprechung nicht eignet. Vor allem eine Stelle ist mir nicht ganz klar. Francie und ihr Bruder gucken in eine Schachtel, die ihnen ihre sexy Tante zum Spielen gegeben hat, die sie aber auf keinen Fall öffnen dürfen. Sie finden etwas, das wie fleichfarbene Ballons aussieht, die blasen sie auf und hängen sie vor das Fenster. Warum sind alle nur so furchtbar aufgebracht und verlegen, frage ich mich. Es wird noch Jahre dauern, bis ich die Bedeutung dieser kleinen Ballons verstehe.

Filme sind die beste Quelle für Informationen über Amerika. Für mehrere Monate habe ich die ideale Beschäftigung meines Lebens gefunden. Herr und Frau Kalniņš sind ein jungvermähltes Paar, das in den vorderen Teil der einst von Herrn und Frau Melderis belegten Wohnung gezogen ist. Frau Kalniņš' Mutter wohnt ebenfalls dort, teilt Wohnzimmer und Veranda mit ihnen. Frau Tumsītis ist eine einfühlsame alte Frau, die liebevoll von ihrer Tochter und ihrem frischgebackenen Schwiegersohn spricht. Sie bedauert, daß sie den jungen Leuten, die doch wirklich ein bißchen für sich allein sein sollten, sehr im Wege ist. Sie macht jeden Abend einen langen Spaziergang durch das Viertel oder trödelt im Korridor herum.

Eines Abends kommt Herr Kalniņš, um mit meinem Vater zu sprechen. Wenn ich bereit wäre, Frau Tumsītis jeden Sonntagnachmittag ins Kino zu begleiten, würde er mir gern die Busfahrt und den Eintritt bezahlen. Er sieht ein bißchen verlegen aus, weil er mit dem Pfarrer, von Mann zu Mann, spricht, anstatt mit meiner Mutter oder mit mir zu verhandeln.

So machen Frau Tumsītis und ich uns jeden Sonntag auf, um ins Kino zu gehen. Ich darf wählen, welchen Film wir uns anschauen. Ich sehe die Sonntagszeitung durch, suche nach den Filmanzeigen und den acht winzigen Fotos von Filmstars, die jede Woche abgedruckt sind. Wenn alle in der Park Avenue die Zeitung gelesen haben, schneide ich die Fotos aus, hebe sie auf und bespreche sie mit Frau Tumsītis im Bus. Debbie Reynolds,

Jane Powell, Mitzi Gaynor sind Frau Tumsītis' Lieblingsschauspielerinnen; sie mag Musicals »mit hübschen Mädchen«. Ich bewundere Stewart Granger, James Mason, Robert Taylor, Montgomery Clift, Cary Grant. Erst später, als James Dean auf der Leinwand zu sehen ist, verliebe ich mich in jemanden, der ungefähr meinem eigenen Alter entspricht.

Wir amüsieren uns unheimlich. Im Bus besprechen wir noch einmal den Film, den wir in der Woche zuvor gesehen haben, und spekulieren darüber, ob der nächste wohl besser sein würde. Wenn ich etwas über den Star des Films gelesen habe, berichte ich es. Auf dem Heimweg übersetze ich Dialoge und erkläre die Stellen, die Frau Tumsītis nicht mitbekommen hat. Wir malen uns aus, was aus den Figuren in späteren Jahren wohl wird. Wir lachen noch einmal über lustige Szenen.

Wenn wir in die Park Avenue zurückkehren, öffnet Frau Kalniņš, frisch gewaschen und angezogen, sofort die Tür und lädt mich zu einer Tasse Tee oder einem Stück Kuchen ein. Manchmal aber dauert es sehr lange, bis sie an der Tür erscheint, und wenn sie öffnet, trägt sie einen Bademantel, und ihr Gesicht ist gerötet. Herr Kalniņš liegt im Bett, in die Decken gewickelt.

Doch eines Abends haben Frau Tumsītis und ich im Bus ein höchst unerfreuliches Erlebnis. Zwei Amerikanerinnen mit Hüten, weißen Handschuhen und Handtaschen aus Plastik setzen sich vor uns hin. Sie werfen uns mehrmals Blicke über die Schultern zu und rücken näher zusammen. Als Frau Tumsītis und ich weitersprechen, dreht sich eine der Frauen um und sagt empört: »Sprecht gefälligst englisch, wir sind hier in Amerika. Nur daß ihr Bescheid wißt, hier wird englisch gesprochen.«

Ich will zu unserer Rechtfertigung erklären, daß Frau Tumsītis eben kein Englisch spreche, doch die Frau unterbricht mich: »Das ist überhaupt keine Entschuldigung. Dann soll sie es eben lernen. Sie sollte dankbar sein, daß sie in Amerika sein darf.

Wenn sie kein Englisch kann, soll sie den Mund halten oder besser gleich dahin zurückgehen, wo sie hergekommen ist.«

»Wir haben schon genug Ausländer im Land, wir brauchen nicht noch mehr«, pflichtet ihre Freundin bei.

»Wer kein Englisch spricht wie ihr, ist höchstwahrscheinlich Kommunist, sonst würde er es lernen. Gott sei Dank, haben wir Senator McCarthy, der kommt euch schon auf die Schliche. Der setzt euch auf seine Liste.«

»Sie sollten sich schämen«, sagen sie langsam und pointiert zu Frau Tumsītis, die würdevoll und still auf der Kante ihres Platzes sitzt. Sie versteht vielleicht die Worte nicht, doch der Sinn ist unmißverständlich. Frau Tumsītis und ich schweigen für den Rest der Fahrt.

»Ein Glück, daß wir die bald los sind«, »von Ausländern überlaufen«, »Kommunisten«, »Blutegel, die uns aussaugen«, schallt es hinter uns her, als wir aus dem Bus steigen.

Herr Bumbieris, ehemals Cellist im Lettischen Sinfonieorchester, ist ebenso filmbegeistert. Er geht, sooft er nach der Arbeit in den Metallwerken Vonnegut kann, ins Kino. Herr Bumbieris hat sich in Marilyn Monroe verliebt. Er spricht ständig von ihr, schwärmt von ihren Haaren, ihren Beinen, doch hauptsächlich von ihrem Busen. Er lächelt durchtrieben, befeuchtet seine Lippen und hält die offenen Handflächen unter die eigene Brust, schaudert wohlig.

»Ist die nicht Klasse? Zum Reinbeißen, sage ich. Und dann, dieser Busen!«

Als *Niagara* in die Kinos kommt, ist Herr Bumbieris völlig hingerissen von der nackten Marilyn Monroe unter dem Bettuch, mit nichts als ein bißchen Baumwolle zwischen sich und der völligen Entblößung. Siebenmal sieht er sich den Film deshalb an. Er spricht von nichts anderem als von Wasserfällen, untreuen Ehefrauen, baumwollenen Bettüchern, Marilyns Partner,

Joseph Cotten, und natürlich von ihren Brüsten. Als Professor Briedis, irritiert über diese Besessenheit, von Herrn Bumbieris wissen will, warum er soviel Geld und Zeit für ein und denselben Film vergeude, erklärt ihm dieser: »Ich warte immer darauf, daß das Bettuch verrutscht.«

Er scherzt zwar nur, aber die Geschichte macht in der Park Avenue die Runde, und man schreibt ihm eine Unschuld zu, die er gar nicht besitzt.

Herr Bumbieris lernt ebenfalls Englisch. Bei gemeinsamen Essen und Feiern, die in den überfüllten Räumen stattfinden, winkt er Beate oder mich zu sich heran.

»Kommt zu mir, Mädchen«, sagt er und blickt sich vorsichtig nach Frau Čigāns um, die ihn jedesmal, wenn er die Grenzen allzu weit überschreitet, in die Rippen stößt und ihm sagt, er solle sich anständig benehmen. Er zieht ein kleines Taschenbuch hervor, das vom häufigen Lesen schon Eselsohren hat. Der Umschlag zeigt eine Frau mit einer schulterfreien Bluse und gespreizten Beinen, die einladend winkt. Er hat noch mehrere andere Bücher dieser Art, alle zeigen Frauen mit großen Busen und bringen ihn so zum Schaudern und Schwitzen, daß er sich die Stirn trocknen muß.

Das Buch öffnet sich von selbst an einer seiner Lieblingsstellen.

»Also«, sagt Herr Bumbieris, »Agate, bring mir bitte Englisch bei, ich möchte, daß du es mir vorsprichst. Sag es laut. Was bedeutet das? Hier steht *kuunt* und *fuuk*.« Er zieht die Vokale übertrieben in die Länge und pfeift fast, so schwer muß er schnaufen.

»Komm schon, Beate, du bist doch die große Schauspielerin, wenn im Lettischen Zentrum Theater gespielt wird. Rezitieren ist eine gute Übung zur Vervollkommnung deiner schauspielerischen Fähigkeiten. Also, gut artikulieren! Lies die Stelle, wo *kuunt* und *fuuk* steht.« Wir versuchen, ihn loszuwerden, suchen uns einen Platz neben jemandem, der sich anständiger benimmt.

»Geh ihm aus dem Weg«, rät mir Beate. »Er ist schrecklich.«

»Sag beides. Sag, *I want to fuuk your kuunt.«* Er hat mich in einer Ecke des Sofas eingeklemmt. »Sag es, ich will hören, wie du es aussprichst.«

Frau Čigāns, einen Wischlappen in der Hand, geht auf ihn zu.

»Sie sind ein widerlicher alter Knacker«, sagt sie. »Lassen Sie das Mädchen in Ruhe. Ich kenne Sie.«

»Ich hab' ja gar nichts gemacht. Was hab' ich denn getan? Sie geht zur Schule, sie hat viele Bildungsmöglichkeiten, die mir die Regierung vorzuenthalten beliebte, sie erhält eine unentgeltliche Bildung, man unterrichtet sie in Englisch. Ich möchte ja nur, daß sie mir hilft, ebenfalls Englisch zu lernen.«

»Kommen Sie mir bloß nicht damit.« Frau Čigāns schwingt ihren Lappen. »Lassen Sie das Mädchen in Ruhe. Weg da!« Als Herr Bumbieris keine Anstalten macht, wirft sie den Lappen nach ihm und trifft ihn genau auf den kahlen Schädel.

»Frau Čigāns sollte sich mehr Selbstbeherrschung angewöhnen, ich habe immer gedacht, sie kommt aus einer besseren Familie«, sagt meine Mutter später vorwurfsvoll.

Doch dieser höchst ungewöhnliche Vorfall bringt Herrn Bumbieris nur bis zum nächsten Mal zum Schweigen. »Was ist das? Was bedeutet dieses Wort, *prick*?« flüstert er. »Im Wörterbuch wird es nicht richtig erklärt. Los, Mädchen, erklärt es mir mal.«

Alle lettischen Familien haben sich mit ihrer Unterschrift verpflichtet, für die nächsten zwanzig Jahre einen Beitrag an die Lettische Gesellschaft zu bezahlen, und diese hat daraufhin ein Haus an der Ecke 25ste Straße und Central Avenue gekauft. Es ist ein baufälliger Vierzimmer-Bungalow, der nach und nach neu gestrichen und ausgebessert wird. In diesem kleinen Haus finden an Abenden und Wochenenden Lyrik-Lesungen, Theateraufführungen, Vorträge, Diskussionen, sogar Konzerte und

Volkstanzkurse statt. Beate, die gesellschaftliche Veranstaltungen liebt und mich wegen meines Einzelgängertums und meines ständigen Lesens neckt, geht, wenn immer möglich, nach der Schule oder nach der Arbeit in dieses Zentrum. Ihre Hausaufgaben macht sie spät nachts, im Korridor am Boden sitzend, damit sie mit ihrem Licht niemanden beim Schlafen stört.

Ich darf nicht allein ins Kino gehen, aber Kino ist meine große Leidenschaft. Frau Tumsītis will nach dem Vorfall mit den zwei Frauen im Bus nicht mehr mitkommen, und Beate ist in ihrer Freizeit mehr daran interessiert, Theaterstücke im Zentrum zu proben und die Komplimente eines halben Dutzends junger Letten, von denen sich jeder um ihre Gunst bemüht, mit einem Achselzucken abzutun.

An einem Herbstabend gehe ich allein ins Kino. Ich weiß, daß ich sehr vorsichtig sein muß. Ohio Street mit den billigen Varietés kommt nicht in Frage. Das Kino an der 16ten Straße zeigt Schwarzweißfilme über Verbrechen und Strafe, wie zum Beispiel *Entfesselt* und *Jagd auf James A.* Im Kino Esquire geschehen noch beunruhigendere Dinge. Am Schluß des Films *Die Erbin* klopft Montgomery Clift an Olivia De Havillands Tür und wird nicht eingelassen; Farley Granger plant die Ermordung seiner Frau in *Der Fremde im Zug,* und in *Ein Platz an der Sonne* schaut Montgomery Clift zu, wie Shelley Winters ertrinkt. Doch im Stadtzentrum laufen Farbfilme, sie zeigen Frauen, die wunderschöne Kleider tragen und sich verlieben, und es gibt immer ein Happy-End. Also gehe ich ins Kino Loew an der Pennsylvania Avenue. Von dort würde ich sicher nach Hause kommen, denn der Bus hält nur eine Straße weiter an einer gut beleuchteten Kreuzung. Dann muß ich nur gut darauf achten, wer im Bus hinter mir sitzt und schnell laufen, wenn mir jemand folgt. An der 24sten Straße zwischen Central Avenue und Park Avenue gehen die Lichter früh aus. Ein kleines Lebensmittelgeschäft und ein Schuhmacher sind nur bis fünf offen. Doch ich möchte jetzt nicht an die Gefahren des Heimwegs denken. Ich brenne darauf zu sehen, wie Mitzi Gaynor tanzt, singt und umworben wird.

Im Kino Loew wähle ich sorgfältig einen Mittelplatz in einer der hinteren Reihen. Hinter mir sitzt niemand, und sollte sich jemand neben mich setzen und mich anfassen wollen, so wie es die alten Männer im Kino an der Ohio Street tun, kann ich schnell auf die andere Seite ausweichen. Das Kino ist beinahe leer, nichts Ungewöhnliches für einen Abend in der Woche. In einer der vorderen Reihen sitzt ein verheiratetes Paar mittleren Alters. Ich würde mich gerne neben sie setzen und ihren Schutz suchen, doch sie würden es bestimmt nicht schätzen, wenn ich von all den leeren Plätzen ausgerechnet einen direkt neben ihnen aussuchte. Bevor der Vorhang aufgeht, kommen noch ein paar Leute herein, meistens Männer, meistens allein. Ich merke mir, wo sich jeder hinsetzt, damit ich, wenn nötig, den Platz wechseln kann. Es sind keine jungen Männer zu zweit oder in Gruppen da, die wie die Soldaten vom Fort Benjamin Harrison im Kino an der Ohio Street versuchen würden, den Mittelgang zu versperren.

Roter Satin glänzt und Pailletten funkeln, als Mitzi Gaynor über die Leinwand tanzt. Ihre netzbestrumpften Beine bewegen sich anmutig, sie fächelt sich mit einer Straußenfeder Luft zu. Zwei Männer beten sie an – für welchen wird sie sich entscheiden?

Warme Finger berühren meine Schulter, bleiben dort liegen. Ich spüre den feuchten Atem im Nacken und Finger, die über meinen Arm streichen. Ohne den Blick von der Leinwand zu wenden, rücke ich ein paar Reihen nach vorn, näher an das Paar mittleren Alters heran. Fast gleichzeitig werde ich mir der Hartnäckigkeit des Mannes bewußt, der mir folgt und sich in die Reihe hinter mir setzt.

Ich sitze regungslos da, will ihn davon abhalten, mich anzufassen, aber er tut es trotzdem. Seine Hand gleitet über meine

Schulter zu meiner Brust. Ich stehe auf und wechsle wieder den Platz. Ich sehe weißes schlaffes Fleisch vor dem dunklen Stoff seiner Hose baumeln. Ich kann ihn hinter mir riechen, mein Nacken und meine Schultern sind so empfindlich, daß sie seine Bewegungen registrieren, bevor ich sie sehen kann.

Ich ziehe zweimal um, doch er verfolgt mich. Im Dunkel des Kinosaals erscheint er riesig, gefährlich, unerbittlich, völlig selbstsüchtig. Es ist sein gutes Recht, sich so zu verhalten; ich dürfte nicht allein hier sein. In meiner Not setze ich mich in die Reihe mit dem verheirateten Paar, doch im nächsten Augenblick spüre ich wieder seinen Atem im Nacken. Er legt mir die Hand auf die Schulter. Sie ist blaß und plump; die Fingerspitzen sind leicht nach oben gebogen. Von seiner Widerlichkeit wird mir übel, doch ich hefte meine Augen entschlossen weiter auf die Leinwand, in panischer Angst vor dem, was er als nächstes tun wird.

Ich spüre seine Erregung vor dem Zupacken, doch irgend etwas unterbricht ihn. Hinter mir entsteht Unruhe, jemand dirigiert ihn hinaus, ich höre ein kurzes Handgemenge, und schon ist er fort. Ich drehe mich nicht um, denn wenn er immer noch da ist, könnte er meinen, ich wolle ihn ermutigen zurückzukommen. Ich versuche, mich auf Mitzi Gaynors Kostüm zu konzentrieren, das aussieht wie das Korsett, das Frau Čigāns aus Lettland mitgebracht hat, nur ist ihres schwarz und zum Tragen unter dem Kleid bestimmt, während dieses hier aus lauter rotem Glitzerzeug besteht und in aller Öffentlichkeit vor Frauen und Männern getragen wird.

Doch meine Aufmerksamkeit ist nicht mehr auf den Film gerichtet, der mir jetzt falsch und kitschig erscheint. Es interessiert mich nicht einmal, ob es ein Happy-End gibt oder nicht; ich wäre lieber im Esquire. Hübsche Käfer wie Mitzi Gaynor und andere Filmheldinnen mögen auf der Leinwand noch so reizend provozieren, niemand verfolgt sie je in dunklen Kinosälen, niemand kreist im Auto bedrohlich um den Block, wenn sie zu Fuß nach Hause gehen, niemand versteckt sich an der Hintertreppe, um ihnen aufzulauern, niemand schleift sie über rauhe Zementböden. Ich wünsche all diesen hübschen Mädchen, in einer dunklen Straße in Indianapolis aus dem Auto geworfen oder in einen Keller in Lobetal gestoßen zu werden. Ich wünsche mir einen Film, der die Wahrheit zeigt.

Plötzlich klopft mir jemand auf die Schulter, und ich schnelle entsetzt hoch. Ein Mann in Uniform. Ich bin so versteinert, daß es einen Moment dauert, bis ich merke, daß es ein Polizist ist und kein Soldat. Er steht im Mittelgang und winkt mich zu sich. Was immer er mir auch vorwirft, ich bin auf jeden Fall schuldig, ich sollte nicht allein hier sein. Vermutlich werde ich jetzt verhaftet und ins Gefängnis gesteckt. Ich werde rot, mein Herz hämmert, ich halte die Tränen zurück, doch ich spüre, wie mir Urin warm die Beine hinunterläuft. Ich vergehe fast vor dieser noch größeren Schande.

Der Polizist winkt nochmals. Der Urin brennt an meinen Waden, der Unterrock klebt mir am Körper. Ich trage einen Tellerrock aus Baumwolle, meinen ersten, den ich im Handarbeitsunterricht gemacht habe. Er ist gemustert, gelbe und braune Blätter auf getupftem Hintergrund. Es besteht wohl keine Hoffnung, daß die Polizisten im Gefängnis nicht bemerken, wie ich eingenäßt bin. Mein Gesicht und mein Hals sind feuerrot. Ich zittere, als ich mit dem Polizisten den Mittelgang hinaufgehe. Die Männer in den hintersten Reihen drehen die Köpfe und blicken uns nach.

Der Polizist führt mich in einen winzigen Raum, das Büro des Geschäftsführers, und fragt mich nach Namen, Alter, Adresse und meinen Eltern. Ich weiß, daß ich nichts verbergen kann. Es tut mir sehr leid, daß ich meine Eltern nun in solche Schwierigkeiten bringe. Wider jede Vernunft hoffe ich, daß die Polizei jetzt nicht alle in der Park Avenue wegen Verstoßes gegen die

Beherbergungsvorschriften verhaftet, wie Mrs. Cohen angedroht hat.

»Warum bist du allein im Kino?« fragt er. »Wo sind deine Eltern?«

»Meine Mutter arbeitet im LaRue's. Ich weiß nicht, wo mein Vater im Augenblick ist, ich glaube, er ist in einer Versammlung, aber später ... «

»Holt er dich ab, wenn der Film zu Ende ist?«

»Nein.« Wahrscheinlich finden sie ihn im Lettischen Zentrum und führen ihn in Handschellen ab. Er wird mir sehr böse sein. Daß ich allein hier bin, ist nur eine meiner Schandtaten.

Plötzlich klopft jemand, und die Tür wird aufgestoßen. Draußen steht mein Verfolger, die Bedrohung im Dunkel des Kinos.

»Das ist der Mann, der dich belästigt hat«, sagt der Polizist, der ihn festhält, in bestimmtem Ton. »Du mußt ihn identifizieren.«

Ich zögere. Ich habe eine klare Erinnerung an die Finger des Mannes und an seinen feuchten, widerlichen Atem in meinem Nacken. Doch dieser Mann ist kleiner, älter und viel menschlicher, als ich ihn in Erinnerung habe. Seine Haut ist von einer ungesunden Blässe, ein paar wenige kraftlose braune Haare sind über die kahle Stelle auf seinem Kopf verteilt, er schwitzt. Er trägt einen schäbigen dunkelblauen Anzug und ein verschmutztes weißes Hemd; über dem Arm hat er einen Regenmantel. Er sieht sehr verängstigt aus.

Der Polizist merkt, daß ich zu lange zögere.

»Er hat bereits vorher das Mädchen am Imbißstand belästigt, und sie ließ uns durch den Platzanweiser rufen. Wir standen hinten im Saal und haben beobachtet, wie er dir jedesmal gefolgt ist, wenn du den Platz gewechselt hast. Ist das der Mann?«

Ich blicke auf die Hände des Mannes, die blassen zurückgebogenen Fingerspitzen, die leicht schmutzigen Nägel.

»Ja, ich glaube schon.«

»Also, ist er's, oder ist er's nicht?«

»Er ist es.«

»Bist du sicher?«

»Ja.«

»Gut, dann können wir ihn aufschreiben und einbuchten. Wenn wir Schwein haben, bedeutet das Landesverweisung.«

»Landesverweisung?« fragt der andere Polizist.

»Klar, ist einer von diesen dreckigen Ausländern, die sind heut überall. Ein Franzmann. Gehört zum Tingeltangel, hat nur ein Besuchervisum. Zurück mit ihm, wo er hingehört. Um den ist's nicht schade.«

Der Mann beginnt zu protestieren. »Nein, nein, ich habe nichts getan, sie hat mir zugezwinkert. Nein, nein.«

Als die Polizisten ihn nicht beachten, beginnt er zu betteln und zu weinen.

»Bitte, bitte«, wiederholt er und wischt sich das Gesicht erst mit einem Taschentuch, dann am Ärmel ab. Er fleht noch, als der Polizist ihn abführt.

»Schluß jetzt«, sagt der Beamte, »in diesem Land können wir auf ausländisches Gesindel verzichten.«

»Und jetzt brauchen wir eine Aussage über das, was sich der Verdächtige hat zuschulden kommen lassen. Wann hast du ihn zuerst bemerkt? Hast du ihn gesehen, bevor du dich in seine Nähe gesetzt hast?«

Das Verhör geht weiter. Ich erwarte, daß er wissen will, ob ich dem Mann zugezwinkert habe, und daß er mir dann nicht glaubt. Doch das scheint den Polizisten nicht zu interessieren. Er will vor allem Auskunft darüber, wann und wie oft ich den Platz gewechselt habe und über die genaue Stellung der Hände und des Körpers des Mannes.

»War seine Hose offen? War sein Penis entblößt?«

Als ich verwirrt dreinblicke, zeigt der Polizist auf seinen eigenen Schoß. Ich weiß genau, worauf er hinauswill, ich kann mich an die russischen Soldaten im Keller erinnern. Das Blut schießt mir so heftig in Hals und Gesicht, daß es pocht.

»Ja.«

Zuletzt gibt mir der Polizist eine Telefonnummer.

»Ruf mich an, wenn du vor dem Gerichtstermin noch irgendwelche Fragen hast.«

»Vor Gericht?« Das Schlimmste ist wahr geworden.

»Ja, du bist bestimmt eine ausgezeichnete Zeugin. Wir bringen ihn definitiv hinter Schloß und Riegel. Deine Mutter soll dich begleiten.«

»Muß meine Mutter dabeisein?« Ich habe die Illusion, daß ich irgendwie allein vor Gericht gehen könnte, daß es meine Eltern nie zu erfahren brauchten.

»Ja, deine Mutter muß mitkommen. Es wird nicht lange dauern. Du brauchst nur genau das zu sagen, was du mir schon erzählt hast. Meinst du, du kannst es behalten?«

»Und was ist mit dem Mädchen vom Imbißstand? Könnte nicht sie als Zeugin aussagen? Er hat sie doch vor mir belästigt.« Ich habe eine solche Angst vor der Reaktion meiner Mutter, daß ich es sogar wage, dem Polizisten Fragen zu stellen.

»Oh, die hat ihn auf der Stelle abblitzen lassen. Bei der hatte er keine Chance.«

Es gibt kein Entrinnen. Ich muß es meiner Mutter erzählen, die über diese Schande weinen wird. Manchmal verfällt sie in krampfhaftes Schluchzen und vergräbt das Gesicht in den Armen, sagt aber meistens kein Wort. Der Schmerz, den ich ihr zufüge, ist mein schlimmstes Vergehen.

»Ja, ich weiß, das macht dir angst«, sagt der Polizist. »Ich habe auch Töchter. Aber deine Mama kümmert sich schon um dich, sie wird bei dir sein, das ist gar keine große Sache.«

Da kennt der Polizist meine Mutter aber schlecht.

Aber wenigstens bringt er mich nicht ins Gefängnis. Er fragt mich, ob ich gern bleiben und mir noch den Rest des Films ansehen möchte; er läßt mich laufen. Als ich den Kopf schüttle, nickt er befriedigt. Dann setzt er mich in den Fond des Streifenwagens, mit dem nassen Rock und allem, und fährt mich zur Bushaltestelle.

»Wenn ich dir noch einen Rat geben darf«, sagt er, bevor er mich aussteigen läßt. »Du bist ein sehr hübsches Mädchen und mußt deshalb auf der Hut sein. Du mußt selbst aufpassen.«

Ich warte. Ich verstehe nicht, was Hübschsein damit zu tun haben soll, aber es freut mich, daß der Polizist mich hübsch findet.

»Ich habe auch Töchter. Ich rate dir das gleiche wie ihnen: Geh nicht allein ins Kino, fahr nicht allein mit dem Bus. Bleib zu Hause. Du bringst dich nur in Schwierigkeiten, wenn du abends noch draußen bist. Du ermutigst diese Typen nur, du animierst sie, und die armen Teufel können eigentlich gar nichts dafür. Ich hoffe, daß ich dich nicht noch mal befragen muß.«

Ich weiß, daß es Männer gibt, die in Kinosälen lauern, im hinteren Teil des Busses, in Autos, die an den Gehsteig heranfahren. »Komm mal her, Süße«, rufen sie, obwohl mein Gesicht und mein Körper im Dunkeln sind. »Komm mit auf eine Spritztour, Baby, komm mit.« Ich gehe nie auf der Ostseite der Central Avenue bis zur Ecke 11te Straße, wo die Bars sind, ich gehe immer schon vorher hinüber und marschiere gegen den Verkehr. Nach der Arbeit im LaRue's laufe ich, so schnell ich kann, wenn ich nach Mitternacht aus dem Bus steige. Ich weiß, daß Männer gefährlich sind, ich weiche aus, wenn jemand mich belästigt. Aber das reicht nicht. Ich bin die Schuldige.

Niemand ist zu Hause, als ich die Tür aufschließe. Ich versuche zu lesen, doch die Wörter ergeben keinen Sinn. Das Ungeheuerliche meiner Tat, die Probleme, die ich meinen Eltern eingebrockt habe, quälen mich zu sehr. Ich würde alles tun, um meiner Mutter zu helfen, diese Sache durchzustehen.

Als sie nach Hause kommt, erzähle ich es ihr. Es dauert lange, denn sie schluchzt, geht ins Badezimmer und läßt kaltes Wasser laufen, netzt sich das Gesicht, sagt, sie könne nicht mehr länger zuhören, doch dann stellt sie dieselben Fragen noch einmal.

»Wie konntest du nur allein ins Kino gehen? Wie konntest du uns nur die Polizei auf den Hals hetzen? Wie konntest du uns nur so was antun?«

Ich versuche zu erklären, aber vor allem warte ich. Meine Mutter straft mich, indem sie mich mit ansehen läßt, welchen Kummer ich ihr verursache. »Wie konntest du uns nur so was antun?« fragt sie immer und immer wieder.

Dann endlich hört sie auf. Sie zieht sich die Schuhe aus und steigt ins Bett. Sie nimmt ein Buch zur Hand. »Schön, dann werde ich eben mit dir gehen müssen. Ich muß den Tag frei nehmen, und dabei geht mir der Lohn verloren. Ich weiß nicht, womit wir die Miete bezahlen sollen. Erzähl nur Vater nichts davon. Und jetzt will ich nicht mehr darüber reden, ich will lesen.«

Meine Eltern schlafen schon, als Beate heimkommt. Ich gehe auf Zehenspitzen an ihrem Bett vorbei und zu Beate ins Badezimmer.

»Sie ist furchtbar wütend. Ich habe etwas Schlimmes angerichtet«, flüstere ich. Ich erzähle ihr rasch die ganze Geschichte. Beate ist überhaupt nicht überrascht, wundert sich über gar nichts.

»Was hat *er* denn dazu gesagt?« Sie zeigt in die Richtung, wo unsere Eltern schlafen.

»Sie hat es ihm noch nicht erzählt. Sie hat überhaupt nichts gesagt, als er nach Hause kam.«

»Dann sagt sie es ihm wahrscheinlich auch nicht, also mach dir darüber keine Sorgen. Hat der Kerl die Hose offen gehabt? Stand sein Ding hoch? So?« Sie bewegt den Finger hin und her. »Hat er dich mit dem ekligen Ding berührt?« Wir haben beide schon den Mann mit der offenen Hose gesehen, der manchmal neben dem unbeleuchteten Lebensmittelgeschäft lauert, an dem wir auf dem Heimweg vom Bus vorbei müssen.

»Nein.«

»Gut, wenigstens das nicht. Ich bin froh, daß er dir nicht weh getan hat. Du hast sicher Angst gehabt.«

»Ja, ich dachte, sie würden mich ins Gefängnis stecken.«

Beate lacht.

»Er ist der Verbrecher. Erst mal ist *er* eingesperrt. Hoffentlich hacken sie ihm seinen haarigen Spargel ab. Hast du immer noch Angst?«

»Ja. Und was ich ihr angetan habe, tut mir leid.«

»Sie wird's überleben.« Aber wir wissen beide, daß unsere Mutter das nicht vergessen wird.

Beate legt die Arme um mich und drückt mich rasch an sich. »Du kannst bei mir, in meinem Bett, schlafen. Ich kümmere mich um dich. Du bist doch die Kleinste.«

Wir versuchen, es uns bequem zu machen, doch Beates Bett ist zu schmal. Ich kann nicht einschlafen, mein Herz hämmert, ich glaube, ich werde nie wieder schlafen können.

»Komm, wir schieben die Betten zusammen. Morgen stellen wir sie wieder zurück«, schlägt Beate vor. Wir dürfen den Durchgang zur Veranda, wo unsere Eltern schlafen, nicht versperren. Aber für eine Nacht macht es vermutlich nichts. Wir schlüpfen unter die Decken.

»Der ist nicht normal, dieser perverse Dreckskerl«, sagt Beate. Nach diesen Worten fühle ich mich ein bißchen weniger schuldig.

»Sie haben gesagt, sie weisen ihn aus. Er ist aus einem anderen Land, so wie wir. Ich bin schuld, wenn sie ihn ins Lager schicken.«

»Sollen sie doch. Das hätte er sich vorher überlegen müssen. Er hat sein schleimiges Ding rausgestreckt. Hab keine Angst. Es wird schon alles gut.«

Beate lehnt sich zu mir herüber und deckt mich zu. So umsorgt, schlafe ich endlich ein.

Als ich ein paar Wochen später zum Gericht gehe, spricht meine Mutter unterwegs kein Wort mit mir. Ich weiß, daß sie mehrere Tage nicht mit mir sprechen wird; ich hoffe, nicht noch länger. Ich muß meine Geschichte zweimal in einem separaten Raum erzählen und dann nochmals im Gerichtssaal, direkt vor dem Richter. Ich erwarte, darüber befragt zu werden, warum ich allein ins Kino gehe, oder warum ich den Mann in so ernste Schwierigkeiten gebracht habe. Außerdem habe ich Angst, er könnte freigelassen werden und mir dann etwas Schreckliches antun.

Er steht da in seinem schäbigen dunkelblauen Anzug, doch heute spricht er kein Englisch oder tut so, als spreche er keins. Ich muß ihn dem Richter zeigen. Der Mann blickt mich flehentlich an, bevor ich es tue.

»Danke, daß Sie sie hergebracht haben«, sagt der Richter.

Meine Mutter lächelt ihn an. Der kleine Franzose wischt sich die Stirn. Ich spüre seine Blicke auf mir, als ich den Gerichtssaal verlasse. Niemand sagt, wie das Urteil ausfallen wird.

»Was wird mit ihm geschehen? Schicken sie ihn zurück nach Europa?« Ich stelle mir vor, wie er in Handschellen in ein Konzentrationslager gebracht wird.

Meine Mutter bleibt stehen, um mir zu demonstrieren, was für einen Gefallen sie mir tut, wenn sie überhaupt mit mir spricht.

»Ich glaube schon. Die wollen ja sicher nicht noch für seinen Gefängnisaufenthalt hier bezahlen.« Ich spüre, wie sich das Tor hinter dem Mann schließt, der jetzt gestreifte Sträflingskleidung trägt. Ich habe ihn dahin gebracht.

Es ist das einzige, das meine Mutter je zu diesem Prozeß äußert. Sie erwähnt ihn nie mehr, und soviel ich weiß, erzählt sie es auch meinem Vater nie. Nach ungefähr einer Woche spricht sie wieder mit mir, doch ihr Tonfall hat sich in einer unnennbaren Weise für immer verändert.

In meinem ersten Jahr an der High-School habe ich Miss Guthridge als Englischlehrerin. Miss Guthridge ist anders als alle übrigen Lehrerinnen an der Shortridge High-School. Mit Ausnahme der gestrengen Mrs. Vitz, der Lateinlehrerin, sind alle Frauen ledig, »alte Jungfern«, wie sie genannt werden. Uns scheint, ihr Leben bestehe nur aus Unterrichten. Die wenigen Männer, die Biologie, Mathematik und Chemie unterrichten, sind alle verheiratet, mit Ausnahme von Mr. Milligan. Miss Guthridge ist geschieden, was sie jedermann freimütig erzählt. Sie liest mit unserer Klasse *J. Alfred Prufrocks Liebesgesang,* sie sagt, *Silas Marner* sei langweilig, und sie persönlich gebe nicht viel auf *Julius Caesar,* und wir müßten ihn nicht zu Ende lesen, wenn wir nicht wollten. Sie informiert uns bis in alle Einzelheiten über Tennessee Williams' Selbstmordversuche und F. Scott Fitzgeralds Saufgelage. Sie trägt enge, hinten geschlitzte Röcke, setzt sich auf den Schreibtisch, schlägt ihre hübschen Beine übereinander und verkündet, daß sie nicht gern Englisch unterrichte, sie hätte nie gedacht, daß es einmal soweit kommen würde, aber jetzt sei es nun mal so, und man wisse eben nie, wie sich die Dinge entwickelten. Sie rät uns Vierzehnjährigen, nie zu heiraten.

An manchen Tagen wird Miss Guthridge morgens von einem Mann im Auto zur Schule gebracht. Die Mädchen stellen atemlos Vermutungen darüber an, wo sie wohl die Nacht verbracht haben könnte. Miss Guthridge erklärt Miss Peterson, der Studienberaterin, Eignungstests taugten nichts. Ihre eigenen hätten ergeben, daß sie niemals unterrichten sollte, und was mache sie jetzt? Sie rät mir, ja nicht auf Miss Peterson zu hören, die sagt, ich solle den Wirtschaftskurs besuchen, statt den Vorbereitungskurs für das College. »Du wirst an die Uni gehen«, versichert mir Miss Guthridge temperamentvoll. Sie findet es ausgesprochen töricht von Miss Peterson, bei mir von Anpassungsschwierigkeiten zu reden, nur weil ich ihr gestanden habe, ich erinnere mich immer noch an den Krieg.

In unserer Klasse verkündet Miss Guthridge, Aufsätze schreiben sei etwas Sinnloses, denn niemand kaufe sich zum Lesen je ein Buch mit Aufsätzen. Sie bittet uns zu beschreiben, was wir als erstes vor uns sehen, wenn wir die Augen schließen. Ich schreibe eine Geschichte über einen wilden Reiter, der Exil und Krieg ankündigt. »Ergänzt diese Geschichte«, sagt Miss Guthridge, nachdem sie uns aus dem *Atlantic Monthly* den ersten Abschnitt einer Geschichte von einer obdachlosen Frau in einem Stadtpark vorgelesen hat. Ich schreibe über eine Frau, die alle, die ihr lieb waren, im Krieg verloren hat und für die materieller Besitz bedeutungslos geworden ist.

Ich schwärme für Miss Guthridge. Ich stelle fest, daß ich die Augen halb schließen und über alles mögliche schreiben kann, wenn ich mir vorstelle, Miss Guthridge lese es.

»Du hast das Zeug zu einer Schriftstellerin«, sagt Miss Guthridge. »Du hast viele wertvolle Erfahrungen gemacht, du hast viel zu sagen. Bestimmt stoße ich später einmal auf Texte von dir. Ich gehe in eine Buchhandlung in New York oder Paris, nehme eine Zeitschrift in die Hand und finde darin eine Geschichte von dir.«

Trotz der freudigen Erregung, die diese Worte in mir auslösen, schnürt sich mir das Herz zusammen. Wann wird Miss Guthridge uns verlassen?

Am Ende des Schuljahrs gibt mir Miss Guthridge ein Exemplar von *Das Tagebuch der Anne Frank* und sagt mir, ich solle meine eigene Geschichte schreiben: »Du hast genausoviel zu erzählen.«

Ich lese das Buch immer wieder, bis ich ganze Passagen auswendig weiß. Ich betrachte die Fotografie von Anne Frank auf dem Umschlag, sehe nachts vor dem Einschlafen ihr Gesicht vor mir, stelle mir vor, was für Bücher Anne noch geschrieben hätte, wenn sie den Krieg überlebt hätte.

In der öffentlichen Bibliothek im Stadtzentrum zieht es mich unwillkürlich immer wieder zu den Fotografien der Konzentrationslager. Ich wünschte, ich hätte den Mut, die Seiten herauszureißen und einfach mitzunehmen, um sie richtig studieren zu können. Es muß da etwas geben, das alle anderen übersehen haben. Ich gehe die hoffnungslosen, entmutigten Gesichter durch, betrachte die ausgezehrten Körper, die spindeldürren Glieder. Ich bin überzeugt, wenn ich mich nur genug anstrenge, werde ich diejenige sein, die Anne Frank entdeckt, wie sie, von allen unbemerkt, still und würdevoll unter den Überlebenden steht.

Schließlich finde ich mich mit der Wahrheit ab: Anne Frank ist tot, sie wird nie wieder etwas schreiben.

Ich betrachte die Berge von Brillen, die man den Toten abgenommen hat. Kaum habe ich die Bände in die Hand genommen, öffnen sie sich von selbst an den richtigen Stellen. Hier findet sich die wahre Geschichte des Krieges, dies sind die Menschen, die wirklich gelitten haben. Wie kann ich mir anmaßen, nur daran zu denken, über meine eigenen kleinen Unannehmlichkeiten zu schreiben, die Erfahrungen einer Privilegierten?

Im folgenden Herbst kehrt Miss Guthridge nicht nach Shortridge zurück. Es wird gemunkelt, sie sei entlassen worden, doch ich ziehe es vor, zu glauben, sie habe selbst gekündigt und sei nach New York oder Paris gegangen, wo sie jetzt ein viel aufregenderes Leben führt.

Es erstaunt mich nicht, daß Miss Guthridge weg ist. Niemand ist je geblieben. Ich mache einen weiteren Versuch, eine Geschichte zu schreiben, kann aber keinen Anfangssatz finden. Ich bin erleichtert, als ich wieder krank werde, so wie schon früher in Zeiten unerträglicher Anspannung. In diesem Herbst diagnostiziert man bei mir Tuberkulose, was mir erlaubt, das Bett zu hüten, still und für mich allein.

Immer wenn ich nach Indianapolis zurückkehre, fahre ich an die Kreuzung Park Avenue und 24ste Straße. Die Gehsteige sind mit Müll übersät, die Ulmen sind verschwunden. Der Lebensmittelladen steht noch, aber es ist jetzt ein Pfandleihhaus. Wie bei allen anderen kleinen Geschäften in der Umgebung sind die Fenster vergittert. Ein halbes Dutzend Einfamilienhäuser wurde abgerissen und an ihrer Stelle ein riesiges Spirituosengeschäft errichtet, ebenfalls mit vergitterten Fenstern. Die drei Häuser, in denen die Letten gewohnt haben, sind noch baufälliger geworden. Wo einst ein Stückchen Rasen war, ist der Boden jetzt festgestampft, einige Fenster sind eingeschlagen und mit Pappe und Plastik verdeckt. Ich bezweifle, daß die Leute, die heute in den Wohnungen leben, von einer Gemeinschaft getragen werden wie wir einst für kurze Zeit.

Die Public School 45 ist geschlossen, die Fenster sind mit Brettern vernagelt, die Mauern von Graffiti verunstaltet. Das Kino an der Central Avenue ist ebenfalls geschlossen, aber die zweifelhaften Bars sind immer noch da. Ich vergewissere mich, daß die Türen meines Autos verriegelt sind. An den Straßenecken stehen viele Männer, die trinken und mich argwöhnisch mustern, als ich vorbeifahre. Ich vermute, die drei Häuser, wo wir Letten gewohnt haben, werden bald auch abgerissen; sie sehen jetzt kaum noch bewohnbar aus.

Herr Bumbieris ist als einziger noch jahrelang in seiner Wohnung geblieben, statt in einen anderen Teil der Stadt umzuziehen. Ohne länger an Marilyn Monroe zu denken, hat er sich mit achtzig erschossen.

Frau Čigāns, die uns anderen immer einen Schritt voraus war, ist nach Kalifornien gezogen. Sie war die erste, die sich einen Toaster anschaffte. Tālivaldis mußte ihr im Laden einen großen

Laib Wonder Bread holen, und sie klopfte an jede Tür und sprach Einladungen aus. Alle standen in ihrer überfüllten Küche, sahen den Toaster in der Mitte des Tisches in Aktion und wechselten sich beim Broteinschieben ab. Das getoastete Brot wurde mit Butter, Mortadella, Traubenkonfitüre und Erdnußbutter probiert und kommentiert. Frau Čigāns schickte Tālivaldis nochmals in den Laden, um mehr Brot zu holen.

»Diesmal nimmst du zwei Laibe«, sagte sie, »dann haben wir für alle mehr als genug. Und du kommst mit mir, Agate. Wir wollen doch mal sehen, ob wir zwei zusammen nicht aus der Gebrauchsanweisung von Frau Briedis' Dampfkochtopf klug werden, damit sie nicht wieder Karotten von der Decke kratzen muß. Bist du nicht froh, daß du Englisch gelernt hast?«

»Doch.« Ich bin froh darüber. Englisch zu lernen, hat mich begeistert, es war der schönste Teil meiner ersten Erfahrungen mit Amerika.

Auszug von zu Hause

Ich kann es kaum erwarten, von zu Hause wegzugehen. Ich möchte dem winzigen Haus in der Park Avenue entfliehen, wo wir uns, fünf Straßen vom Lettischen Zentrum entfernt, verschanzt haben. Das heruntergekommene, trostlose Viertel wird immer gefährlicher. Kaum einen Häuserblock entfernt wird eine Frau hinter einer verlassenen Kirche vergewaltigt und erstochen. Eine andere wird in einem Haus gegenüber den baufälligen Mietshäusern an der Park Avenue, wo immer noch ein paar Letten wohnen, erdrosselt. Die meisten Letten ziehen jedoch aus, sobald sie können. Die enge, tragende lettische Gemeinschaft fällt auseinander.

Ich liege wach im Bett und horche auf die laute Musik, die Rufe und die gelegentlichen Schreie von Frauen, die aus dem Nachbarhaus dringen, nachdem die Bars geschlossen haben. Männer stellen sich im Hof an, rauchen und reichen Flachmänner und Flaschen herum, bis sie drinnen an die Reihe kommen. Manchmal irren sie sich in der Hausnummer, hämmern gegen unsere Tür und fordern Einlaß. Wenn mein Vater zu Hause ist, knöpft er sich hastig einen amerikanischen Talarkragen um, bevor er Licht macht. Ein kurzer Blick überzeugt die Männer dann, daß sie am falschen Ort sind.

Manchmal gehen auch Ōmite und meine Mutter an die Tür. Sie bedecken Haar und Stirn mit Kopftüchern, sie halten den Blick gesenkt, sie versuchen alt und unattraktiv auszusehen, wie damals im Keller in Lobetal. Tagsüber bleiben die schweren dunkelbraunen Vorhänge vor den Glastüren des Eßzimmers zugezogen, so daß es im Sommer drinnen sehr heiß ist und im Winter ewiges Dunkel herrscht. Meine Mutter kontrolliert immer wieder, ob die Türen auch verriegelt sind, und sie will, daß Beate und ich nachts den Eßzimmertisch davorschieben. Draußen stehen Männer und saufen, sie blicken zu unserem Haus hinüber; vielleicht beratschlagen sie gerade, wie sie sich Zutritt verschaffen können.

Der Besitzer des Nachbarhauses trägt einen weißen Cowboyhut und einen langen glänzenden Ledermantel, wie ihn deutsche Offiziere trugen. Meine Mutter verachtet ihn, und die Zahl seiner Kunden macht ihr Sorgen.

»Wieder Betrunkene für den Nazi-Cowboy«, ruft sie, als Fäuste an unsere Tür schlagen. »Laß dich nicht blicken, Agate. Auch du, Beate, ihr verschwindet beide im Abstellraum, sobald jemand eindringt.«

Sie wartet, bis wir im hinteren Schlafzimmer sind. Dann schreit sie durch die geschlossene Wohnungstür: »Verschwindet! Dies hier ist die falsche Adresse.«

»Nicht zu Hause.« Das sind die einzigen englischen Wörter, die Ōmite gelernt hat und die ihr auch am Telefon nützen.

Erst wenn die Männer weiter poltern oder gegen die Tür treten, macht meine Mutter auf der Veranda Licht und deutet auf das andere Haus. Durch die kleinen Scheiben der keineswegs stabilen Tür, die direkt ins Wohnzimmer führt, schickt auch Ōmite die Männer mit energischem Kopfschütteln weg.

»Ich könnte mich mit ihnen schon darüber unterhalten, wie man das Leben sinnvoller gestaltet, aber Englisch lerne ich nicht«, sagt Ōmite, als die Schritte sich entfernen. »Ich habe zu viele Sprachen lernen müssen – in Sibirien Russisch, in Moskau Französisch, in Lettland Deutsch. Und mit achtzig fange ich nicht noch mit einer neuen an, nur um den Kunden des Nazi-Cowboys den Weg zu weisen, um *ihn* reich zu machen.«

»Die armen Geschöpfe«, seufzt meine Mutter. Sie nennt die Frauen nebenan nie Prostituierte.

»Martin Luther sagte ...«, beginnt mein Vater.

Doch sie hört nicht zu. »Was für vergeudete Leben, was für eine furchtbare Erniedrigung. Sie wünschen sich bestimmt jeden Tag den Tod.«

Die Frauen sind nie draußen, und die lange niedrige Veranda bleibt leer, wenn es hell ist. Vielleicht schlafen sie tagsüber nach den langen harten Stunden, vielleicht sind sie eingesperrt. Der schwarze Cadillac des Cowboys ist tagsüber auch verschwunden. Der Mann wohnt woanders, vermutlich von Luxus umgeben, doch taucht er oft unverhofft auf. Der Cadillac gleitet geräuschlos die Straße entlang, der Cowboy steigt aus, schlägt die Tür zu, drängt und stößt eine weitere Frau ins Haus.

Manchmal ist es eine verdrossene Blondine mittleren Alters mit gebleichtem Haar und trockener weißer Haut, die da vorwärts geschubst wird und feindselig herüberschaut, doch die meisten Frauen sind schwarz. Einige sind schwer und weich und haben so traurige Augen wie meine Mutter. Dann gibt es auch schlanke, fröhliche Mädchen wie die, die mit mir bei der Shortridge High-School aus dem Bus steigen. Oder solche, die nur ein paar Jahre älter sind und an die schwarzen Frauen erinnern, die dazu verdammt sind, sich ihr Leben als Dienstmädchen in den Villen an der North Meridian Street zu verdienen.

Die Männer, die durch unseren Garten trampeln, Scherben zerbrochener Schnapsflaschen und Zigarettenstummel in das Stückchen Rasen treten und an die hintere Veranda urinieren, sind Weiße. Diskussionen über Rassenintegration in den Schwimmbädern der Stadt haben zur Folge, daß viele Weiße, für die solche Nähe zu schwarzer Haut bereits eine Zumutung ist, sich ostentativ Westlake oder anderen »privaten Schwimmvereinen« anschließen, doch nachts floriert das Geschäft des Cowboys.

Meine Mutter arbeitet immer noch als Tellerwäscherin im LaRue's. Die restliche Zeit verbringt sie in ihrem kleinen Kämmerchen hinter der Küche. Rohre ziehen sich über die Wände, der Linoleumboden ist abgetreten, und eine Waschmaschine und ein Trockner haben auf ihm ihre Abdrücke hinterlassen. Über das unbenutzte doppelte Waschbecken sind zwei Bretter gelegt, die ihr als Frisierkommode und als Schreibtisch dienen. Es ist gerade genug Platz für ein schmales Einzelbett. Sobald sie von der Arbeit nach Hause kommt, geht sie in ihr Kämmerchen und schließt die Tür. Sie lernt für den einen Abendkurs, den sie sich pro Semester an der University of Indiana leisten kann, oder sie bringt von der Bibliothek englische Übersetzungen russischer Romane mit nach Hause und liest sie, um ihr Englisch zu verbessern. Die Entdeckung eines Übersetzungsfehlers ist das einzige, was sie zu beleben vermag.

»Wer überträgt diesem unbedarften Mann nur eine so anspruchsvolle Aufgabe wie eine Dostojewski-Übersetzung?« fragt sie. »Er hat nicht die geringste Ahnung vom Russischen. Dostojewski hat über die Reinheit, nicht über die Keuschheit oder Jungfräulichkeit geschrieben. Er hat die Reinheit Marias hoch geschätzt. Sie war erniedrigt und mißbraucht worden, aber Dostojewski wußte, daß sie rein war. Er war ein sehr großer Schriftsteller, weil er unter die Oberfläche sah.«

Mein Vater, im Begriff, zu einer seiner vielen Sitzungen zu gehen, nickt zerstreut. Beide, er und meine Mutter, nehmen ihre Verantwortung als naturalisierte Bürger der Vereinigten Staaten ernst und schätzen sie hoch, doch im übrigen haben sie eine völlig unterschiedliche Einstellung zu ihrer neuen Heimat. Mein Vater verbringt die meiste Zeit mit Letten. Er arbeitet unermüdlich für die lettische Pfarrgemeinde, die er gegründet hat, für die Lettische Gemeinschaft von Indianapolis und die Lettisch-Lutherische Exilkirche. Er betet jeden Abend, daß Lettland eines Tages wieder frei sein möge und daß die Letten dort die Unterdrückung und Folterung durch die Russen überleben.

Obwohl meine Mutter immer noch körperliche Arbeit verrichten muß, setzt sie ihre Hoffnung auf Amerika. Ihr Englisch wird immer gepflegter, und sie hält sich über zeitgenössische Romane, Filme, Musik und Literaturkritik auf dem laufenden. Sie verteidigt die amerikanische Kultur gegenüber jenen unwissenden Letten, die meinen, in den Vereinigten Staaten werde nichts Anspruchsvolleres gedacht oder gesagt, als in den Taschenbüchern aus dem Drugstore steht. Sie dämpft meines Vaters Sehnsucht nach Lettland, indem sie ihm in Erinnerung ruft, wie die Frauen sich dort abrackern müssen, ohne die Annehmlichkeiten von fließendem Wasser, Zentralheizung und elektrischen Haushaltsgeräten.

Mein Vater verdient bei der Lettischen Gemeinde weniger Geld als meine Mutter beim Tellerwaschen. Die Leute machen einen neuen Anfang in einem ihnen fremden Land, sie brauchen praktische und geistliche Hilfe, und es ist ihm eine Freude, sie ihnen zu geben. In den Lagern hat er ganz umsonst gearbeitet, nur zur eigenen Befriedigung, hier bekommt er wenigstens ein kleines Entgelt, aber auch er sorgt sich, daß wir die vielen Schulden nie zurückzahlen können.

Ōmite stürzt die Kellertreppe hinunter und bricht sich das Hüftgelenk. Sie ist nicht versichert. Wir versuchen, sie zu Hause zu pflegen, doch dann muß sie doch noch ins Krankenhaus. Ich liege ein ganzes Jahr mit Tuberkulose, ebenfalls ohne Versicherung. Ich bleibe im Bett, meistens zu Hause, mit wöchentlichen Besuchen eines Arztes und einer Krankenschwester, die mir Spritzen verabreicht. Ich kann von Glück reden, denn Streptomyzin, das Wunderheilmittel, ist neu auf dem Markt. Im Gegensatz zu Velta, der geliebten Schwester meiner Mutter in Lettland, werde ich wieder gesund. Alle Anstrengungen meiner Mutter, ihre Schwester zu retten, all die strapaziösen Fahrten, als sie die schweren Sauerstoffflaschen von Riga im Zug beförderte, waren damals vergeblich.

Ich werde unzählige Male geröntgt, und der freundliche jüdische Radiologe an der 34sten Straße schickt für mehr als die Hälfte aller Aufnahmen keine Rechnung. Doch ich muß immer wieder zum Aderlaß und zur Bronchoskopie ins Krankenhaus. Ich träume davon, meine Eltern einmal für all die Mühen, die ich ihnen bereite, entschädigen zu können. Ich möchte meiner Mutter einen Haufen Gold- und Silbermünzen und Dollarnoten in den Schoß legen, so viel, daß sie nie wieder bei LaRue's arbeiten muß. Ich wollte, ich könnte meiner Mutter seidene Unterröcke und elegante Kostüme schenken. Ich wünschte mir sehnlichst, daß ich in der Lage wäre, einen Sessel für sie bereitzustellen und ihr zu sagen, sie könne sich so lange ausruhen, wie sie nur wolle.

An späten Nachmittagen, wenn ich zu fiebrig zum Schlafen bin, male ich mir jede Einzelheit des Hauses aus, das ich meiner Mutter einmal kaufen werde. Es ist ein elegantes, wohlproportioniertes Backsteinhaus, von Efeu überwachsen und von Rasen, Blumen und Bäumen umgeben. Es steht in Lettland, das von der russischen Besetzung befreit wurde. Mit geschlossenen Augen statte ich das Haus mit bequemen Sesseln, guten Lampen, neuen Büchern, Musikinstrumenten aus. Meine Mutter strahlt; sie lächelt und legt mir beschützend den Arm um die Schultern, als wir beide die lange, gewundene Zufahrt hinaufspazieren. Wir sitzen zusammen in der Bibliothek, wir lesen endlos lange Abende hindurch, wir unterhalten uns leise. Die Fenster sind offen, und nachts erfüllt der Duft von Levkojen die Luft.

Wenn ich mich nicht gerade um das Versäumte in der Schule sorge oder während eines Hustenanfalls nach Atem ringe oder Blut spucke, macht es mir nichts aus, krank zu sein. Es ist erholsam. Ich muß nicht die langen Korridore der Shortridge High-School hinuntergehen, muß keine mißbilligenden Blicke in meinem Rücken spüren, muß kein Gekicher und Geflüster hören, daß ich eben komisch und anders sei. Mit Erleichterung schiebe ich die Geschichte beiseite, die Miss Guthridge von mir erwartet hat und die ich bestimmt doch nie zu Ende schreiben würde. Ich habe überhaupt nichts zu sagen.

Der Geruch von Desinfektionsmitteln und fettem Essen aus dem LaRue's ist endlich aus meinem Haar und von meiner Haut gewichen. Und so ekelt es mich jedesmal, wenn meine Mutter hereinkommt und mir ein mit kalter Luft vermischter Schwall davon entgegenschlägt. Ich drehe den Kopf weg, wenn sie zu nahe an mein Bett tritt. Ich spiele Karten und Halma mit Ōmite, doch meistens lese, döse, träume ich. Schule und Arbeit sind verblaßt, haben mich in der Sicherheit meines Bettes zurückgelassen.

Nur Beth mischt sich ein. Aus Gründen, die ich nicht durchschaue, beginnt meine Klassenkameradin, mich anzurufen.

»Wie geht es dir? Geht es dir schon besser? Was liest du gerade? Kann ich irgend etwas für dich besorgen?«

»Nein«, sage ich.

Ich kenne Beth nicht gut, und überhaupt, warum sollte Beth etwas mit mir zu tun haben wollen? Wir saßen in der Lateinstunde nebeneinander, das ist alles, und einmal machten wir zusammen ein chemisches Experiment, schnell und effizient, als Beths ständige Laborpartnerin abwesend war.

»Darfst du schon Besuch haben?« insistiert Beth. »Ich komme nächste Woche vorbei oder auch übernächste, wann du willst. Du langweilst dich doch bestimmt? Sag mir, wann ich kommen soll.«

»Bitte mach dir keine Mühe. Es ist viel zu umständlich, und ich bin immer noch zu krank, um Besuche zu empfangen.«

An einem späten Nachmittag, als ich gerade aus einem kurzen Schlaf erwache, öffnet Ieva, eine lettische Freundin, die mich fast jeden Tag treu besuchen kommt, sachte die Tür.

»Besuch für dich. Eine junge amerikanische Dame steigt vor dem Haus eben aus ihrem glänzenden, roten kleinen Auto. Sie kommt mit Blumen.«

»O nein«, jammere ich. Ich sehe das Zimmer mit den kühl musternden Augen einer Fremden. Beates Bett und meines sind so dicht aneinandergeschoben, daß ich nachts über sie hinwegsteigen muß, das gestickte Tuch über den Pappschachteln macht aus diesen keine Kommode, das an die Wand gelehnte Stück Spiegel hat einen Sprung – alles Einzelheiten, die für Ieva und mich nichts Außergewöhnliches sind. Schlimmer noch, meine Laken sind zerknittert und feucht von meinem regelmäßigen Nachmittagsfieber, der Papierkorb quillt über von blutigen Kleenex, auch der Kissenbezug ist blutbefleckt. Ich schäme mich für unser Haus und für meine Krankheit, aber noch viel mehr habe ich Angst vor dem, was ich zu Beth sagen soll. Worüber werden wir sprechen? Wir haben gar nichts miteinander gemein.

»Bitte, laß sie nicht herein«, flehe ich. »Sag ihr, ich sei zu krank, um jemand zu empfangen.«

»Es wäre doch schön, wenn du noch eine Freundin zu Besuch hättest.«

Es klopft an der Wohnungstür.

»Nein«, flüstere ich in panischer Abwehr. »Sie ist nicht meine Freundin. Laß sie nicht herein.«

Ich drehe mich zur Wand und schließe die Augen. »Bitte, geh weg«, bete ich.

Als Ieva zurückkommt, bringt sie eine Vase mit Frühlingsblumen herein – gelbe Osterglocken, cremefarbene Tulpen, eine dunkelblaue Hyazinthe.

»Die hat sie dir mitgebracht. Sie war sehr enttäuscht, daß sie dich nicht sehen kann.«

»Hast du sie hereingelassen? Hat sie sich umgesehen?«

»Nein, ich habe draußen auf der Veranda mit ihr gesprochen. Aber spielt denn das eine Rolle? Sie hat sich bestimmt große Umstände gemacht, hat sich schön herausgeputzt, einen Hut aufgesetzt, weiße Handschuhe angezogen und bringt dir so hübsche Blumen. Ist doch schön, eine Freundin zu haben, die dir so gern eine Freude machen will. Sie muß dich wirklich mögen.«

Aber ich glaube nicht, daß Beth mich mag. Niemand, der kein Lette ist, hat mich gern, das ist gar nicht möglich, warum sollte es bei Beth anders sein? Vielleicht ist Beth nur gekommen, um sich umzusehen, um sich ein negatives Bild zu machen, um den anderen darüber zu berichten.

Ich drehe das Gesicht zur Wand. Beth tut mir leid, ein großgewachsenes, ernsthaftes rothaariges Mädchen, das in der sommersprossigen Hand behutsam einen Strauß trägt und in dessen schmalem Gesicht Enttäuschung und Verlegenheit zu lesen sind, weil es nicht eingelassen wurde. Beth ist zu intelligent, um nicht zu merken, daß man sie vor den Kopf gestoßen hat. Ich glaube, sie wird nie wieder anrufen. Und so ist es auch.

So viele Geheimnisse, die zu hüten sind. Im Lettischen Zentrum an der Central Avenue wird über nicht zu beantwortende Fragen diskutiert. Wäre Lettland immer noch unabhängig, wenn sich die Letten mit den Litauern und den Esten zusammengeschlossen und 1944 gleichzeitig gegen die Deutschen und die Russen gekämpft hätten? Welche Schritte sollten jetzt unternommen werden, um in der Zukunft Lettlands Unabhängigkeit wiederzuerlangen? Für wen war der Krieg schlimmer, für die Männer oder die Frauen?

An einem schwülen Indiana-Sommerabend sitze ich in der hintersten Reihe neben meiner Mutter. Der kleine stickige Raum ist randvoll mit jungen Männern, von denen viele im Krieg gekämpft haben. Einige waren in Kriegsgefangenschaft. Sie erzählen von Erschöpfung, Verwundung, Tod. Sie nennen Gefallenenzahlen und Verlustprozente, sie erwähnen die Namen von Kameraden, die das Augenlicht oder Glieder verloren haben. Ihre Stimmen werden laut vor Zorn und Schmerz.

Die Frauen schweigen.

Schließlich sagt Fräulein Regina, eine intelligente, resolute Frau, die in Lettland Schauspielerin war: »Ein Mann hatte wenigstens ein Gewehr in der Hand. Was hatten wir?« Sie zeigt auf die Frauen und Mädchen in der hintersten Reihe. »Wir hatten nichts.«

Sie wird sofort niedergeschrien. Kann sie die Zahl der Frauen nennen, die getötet oder verletzt wurden? Nein, Bomben zählen nicht. Und überhaupt, jedermann weiß, daß im Krieg mehr Männer als Frauen umkommen. Welche Statistiken kann sie anführen? Was kann sie beweisen? Wie kommt sie nur auf solche Ideen? Sie übertreibt maßlos.

Fräulein Regina will antworten, schüttelt trotzig den Kopf, dann senkt sie den Blick und betrachtet ihre Ringe.

In die peinliche Pause hinein sagt meine Mutter laut: »Den Frauen ist anderes widerfahren, Furchtbares, das auf seine Art noch mehr zerstört hat.«

»Was kann es denn Furchtbareres geben, als verwundet oder getötet zu werden?« unterbricht sie jemand.

»Furchtbares«, wiederholt meine Mutter. Es klingt schwach, sogar für mich. »Vergewaltigung« ist in gemischter Gesellschaft ein unaussprechliches Wort; man war schockiert, als es in einem kürzlich erschienenen umstrittenen Roman tatsächlich gedruckt stand. Ich hoffe, meine Mutter spricht es nicht laut aus, ich hoffe, daß sie nichts *erzählt*. Es klingt so, als würde sie das Leiden der Männer verharmlosen, das doch sehr konkret ist. Versucht sie, ihnen etwas wegzunehmen? Warum hat sie überhaupt etwas gesagt? Ich schäme mich für sie, ich muß die Männer gegen sie in Schutz nehmen.

Doch obwohl ich mir wünsche, meine Mutter hätte geschwiegen, verspüre ich ein überwältigendes Verlangen, selbst zu sprechen, alle anzuschreien, ihnen klarzumachen, was Frauen und Mädchen geschehen ist. Vor Anspannung wird mir eng in der Brust, der Kopf ist zum Platzen voll von Bildern.

Ich sage nichts, aber nicht nur, weil auch ich niedergeschrien würde. Ich schäme mich wegen des Kellers; jeder würde mich verachten, wenn er wüßte, was die Soldaten getan haben. Sie würden auch meine Mutter ächten. Ich werde es niemals erzählen.

»Für die Männer war es schlimmer«, entscheidet eine Mehrheit. Die Frauen und Mädchen erheben zustimmend die Hände. Fräulein Regina poliert weiter an ihren Ringen herum, so als hätte sie die Frage nicht gehört, doch als sie wiederholt wird, zuckt sie die Schultern und erhebt die Hand gleichfalls, womit sie zu erkennen gibt, daß es ihr einerlei ist.

Meine Mutter blickt trotzig auf ihre zusammengekrampften Hände hinunter. Ich stimme mit der Mehrheit. Ich blicke in das gerötete Gesicht meiner Mutter und wünschte mir, sie wäre anders. Sehnsucht überkommt mich, Sehnsucht nach den Zeiten, als sie Sniegs direkt in die tiefsinnigen Augen lächelte, aus Pastor Brauns ausgestreckter Hand eine Blume entgegennahm, mit meinem Vater über eine Geschichte lachte, die er soeben erzählt hatte. Wie sehr es mich damals auch störte, von ihr nicht beachtet zu werden, ich ziehe ihre einstige Zugänglichkeit Männern gegenüber diesem erbitterten Widerstand vor.

Doch der Sieg der Männer freut niemanden. Die Männer stehen verlegen und trotzig herum, während die Frauen eine nach der anderen schweigend hinausgehen. Der Hauptsprecher der Männer schiebt nervös Papiere herum und tritt gegen einen Stuhl. Die Anspannung in meinem Kiefer und meiner Brust bleibt, als meine Mutter und ich zu Fuß nach Hause gehen, ohne über das Vorgefallene zu reden.

Ich kenne diese Anspannung, ich spüre sie jeden Tag. Nur als ich krank war, legte sie sich. Jetzt bin ich wie gelähmt vom Verlangen, anderen die Augen zu öffnen, und dem absoluten Zwang, alles zu verbergen.

Im Frühling meines letzten Jahres an der High-School komme ich in die engere Wahl für ein Stipendium, das von einer Gruppe jüdischer Geschäftsleute gewährt wird. Ich stehe allein in einem riesigen leeren Raum und werde von einem Dutzend Männern mittleren Alters geprüft, die hinter einem langen weißen Tisch voller Servietten, Aschenbecher und halbleerer Cocktailgläser sitzen. Ich verstehe es, meine Vergangenheit geschickt in einem Satz zusammenzufassen.

»Ich wurde in Lettland geboren, ging während des Krieges nach Deutschland und kam als Zwölfjährige in die Vereinigten Staaten.«

»Wie haben die Deutschen Sie behandelt? Wie war es während des Krieges in Deutschland?«

»Es war nicht so schlimm.«

Sie sehen überrascht aus und beginnen, mich ernsthaft zu befragen.

»Warum sind Sie eigentlich in ein Naziland gegangen?«

»Waren Ihre Eltern Nazis?«

»Waren sie Kommunisten?«

»Warum sind Sie nicht direkt in die Vereinigten Staaten gekommen?«

»Warum gehen Sie nicht nach Lettland zurück, jetzt, da die Nazis nicht mehr dort sind?«

Ich fühle mich von ihren Fragen in die Enge getrieben. Werden sie mich fragen, was der einzelne Lette von den Nazis hält? Wenn ich von der Mehrheit der Letten spreche, was kann ich dann zu den Ausnahmen sagen – zu Mr. Ziemelis und seinem falschen Schmiß oder zu Frau Saulītis' Nazi-Ehemann? Sie sind auch Letten, also bin ich auch für ihre Taten verantwortlich.

»Wer war schlimmer, die Russen oder die Deutschen?«

»Ziehen Sie die Nazis oder die Kommunisten vor?«

Ich darf nicht, darf *auf keinen Fall* weinen.

»Ich mag beide nicht, weder die Nazis noch die Kommunisten«, bricht es aus mir hervor. »Ich mag die Deutschen nicht und die Russen nicht. Beide haben Lettland besetzt und brutal unterdrückt.«

Als sie das nicht befriedigt, stehe ich schweigend da, kann die Tränen zurückhalten, während ich so tue, als würde ich das kunstvolle Muster des Orientteppichs studieren. Es ist alles viel zu kompliziert, um es zu erklären. Und ich schäme mich wegen meiner letzten Antwort. Wie kann ich behaupten, die Russen nicht zu mögen? Meine Mutter trauert immer noch dem »guten Mütterchen Rußland« nach, sie rezitiert Puschkin, sie liest immer wieder *Die Brüder Karamasow,* weil darin, so sagt sie, alle großen menschlichen Wahrheiten zur Sprache kommen. Wie die griechisch-orthodoxen Russen hat sie Ostern lieber als Weihnachten, der lutherische Glaube sei deutsch, meint sie, es fehle ihm das Rituelle, er mache die Seele stumpf.

Ihre kleinen Geschenke überreicht sie immer mit einem »Christus ist auferstanden«, genauso, wie sie es einst als Mädchen in Rußland getan hat. Sie weint, wenn sie von den Russen spricht, die während der Belagerung Leningrads Gras essen mußten.

Und die Deutschen? Ich glaube, das mit den Naziwachen in Lehrte würden diese Männer verstehen, aber wie ihnen meine Liebe zu dem »Näher, mein Gott, zu dir« pfeifenden Pastor Braun erklären? Oder zu Hilda, die sich anstelle des zwölfjährigen Mädchens den mongolischen Soldaten geopfert hat? Zu Frau Braun, die mit den Worten der Inschrift auf der Christusstatue die Obdachlosen und Versehrten in Lobetal willkommen hieß und mich dann bei der Hand nahm und dafür sorgte, daß man mir Karotten gab.

Warum bestehen andere auf solchen Vergleichen? Warum muß jeder, der den Krieg durchgemacht hat, mit anderen *konkurrieren*? Mir ist nicht bewußt, daß auch ich noch immer konkurriere. Ich glaube, den Krieg ad acta gelegt zu haben, weil ich nicht mehr zwanghaft die Fotografien von Überlebenden der Konzentrationslager studiere. Aber ich habe sie mir eingeprägt, und ich fühle mich für sie auf eine Art verantwortlich, die ich noch nicht in Worte fassen kann.

Also schüttle ich wieder den Kopf und schweige.

Das Verwunderliche an der Sache ist, daß ich das Isadore-Feibleman-Stipendium bekomme; mein Schweigen scheint also nur für mich unerträglich gewesen zu sein. Vielleicht habe ich mehr preisgegeben, als mir bewußt war, vielleicht haben sie mehr verstanden, als ich ihnen zutraute. Zweifellos waren sie außerordentlich aufgeschlossene Männer, da sie bereits 1956 ein großzügiges Stipendium ausschließlich aufgrund der schulischen Leistungen vergaben, »ungeachtet der Rasse, Religion, ethnischen Herkunft oder des Geschlechts«.

Ich komme mir ein wenig wie eine Hochstaplerin vor, und ich hoffe, sie finden nicht heraus, daß ich ihre Großzügigkeit eigentlich gar nicht verdiene. Doch im Augenblick bin ich in Hochstimmung. Ich werde an die University of Indiana gehen, genauso wie meine Schwester. Beate hat ein Stipendium als Werkstudentin und schließt bereits ihr zweites Jahr in Bloomington ab. Ich bin auch sehr aufgeregt: Ich glaube, daß sich diesmal, wieder an einem neuen Ort, der graue Nebel endlich lichtet, wie ich es schon erwartet hatte, als ich in Amerika ankam. Ich werde dem Schuldgefühl entfliehen, das mich jedesmal zu ersticken droht, wenn ich den schmalen Streifen Licht unter der geschlossenen Tür meiner Mutter sehe. In Rußland mußte sie sich nicht einmal die Schuhe selbst schnüren, weil das ihre Dienstboten für sie taten; hier seufzt sie, wenn sie sich die Schuhe anzieht, um ins LaRue's zum Tellerwaschen zu gehen. Im Sommer arbeitet sie auch noch in der Konservenfabrik Stokeley, und ihre Hände sind verbrüht und voller Blasen.

»Komm herein«, sagt sie auf mein zweites Anklopfen. »Was

gibt's? Beeil dich. In ein paar Minuten muß ich mich für die Arbeit fertig machen.« Sie hebt den Blick nicht von der Buchseite.

»Ich habe noch ein Stipendium bekommen, diesmal ein großes. Jetzt habe ich im ganzen vier. Mehr als genug, um im September auf die Uni zu gehen.«

»Oh, mein Schatz, du hast es bekommen?« Sie schleudert das Buch weg und breitet die Arme aus.

Ich gehe ihr entgegen, doch auf halbem Weg bleibe ich stehen. Es ist unmöglich. Wann haben wir uns das letzte Mal berührt, wann hat sie mich das letzte Mal »Schatz« genannt? Es ist zu lange her.

»Du hast also das große erhalten?« fragt sie.

»Ja«, sage ich so förmlich wie möglich.

»Ich *wußte* es. Du bist meine Tochter.«

Sie legt die Hände in den Schoß. Die Distanz zwischen uns ist wiederhergestellt.

»Ich bin froh, wenn es dich freut«, sage ich.

»Natürlich freut's mich. Genau das habe ich mir für dich gewünscht. Stell dir bloß vor, schon in ein paar Monaten bist du an der Universität, zusammen mit intelligenten Leuten, die Bücher und Ideen und Musik und Kunst lieben und die nicht nur übers Geldverdienen und Besitzanhäufen reden. Es wird ein wunderbares, aufregendes Leben sein, mit Vorlesungen und Konzertbesuchen und berühmten Professoren! Wie wunderschön für dich, der Geruch von neuen Büchern, bis spät in die Nacht hinein allein aufbleiben und studieren. Mit anderen über Ideen diskutieren. Wie gut für dich. Deshalb wollte ich nicht nach Brasilien.«

»Ich weiß«, sage ich steif. Immer wenn meine Eltern sich über Geld oder die gefährliche Gegend sorgen, denken sie vermutlich daran, daß Vater ein anderes Leben führen könnte, wenn wir alle nach Brasilien gegangen wären.

»Auch ich wollte immer an die Universität«, sagt sie. »Und

bestimmt wäre ich auch gegangen, wenn nur der Krieg nicht ausgebrochen wäre, wenn ich nicht vertrieben und vom guten Mütterchen Rußland getrennt worden wäre, wenn mein Vater nicht gestorben wäre.«

Ich stelle mir vor, draußen zu sein und unter dem Pfirsichbaum zu träumen, der hinter dem Haus, dem zertrampelten Boden zum Trotz, in voller Blütenpracht steht.

»Wenn nur mein Onkel Žanis während der Revolution nicht verschwunden wäre, er hätte mir geholfen. Auch er war für die Ausbildung der Frauen. Er und mein Vater waren beide sehr aufgeklärte Männer, völlig verschieden von den meisten Leuten hier. Aber dann kam der zweite Krieg, und wir verloren wieder alles, und wir verloren auch unser geliebtes Lettland. Oh, wie anders hätte das Leben doch sein können.«

Ich würde am liebsten weglaufen. Jedesmal, wenn sie ihre Verluste aufzählt, fühle ich mich hilflos. Sollte ich mich entschuldigen, weil ich das Stipendium erhalten habe? Ich versuche, mich abzuhärten, die Schuldgefühle beiseite zu schieben. Warum muß sie alles kaputtmachen? Doch mitten in meinem Ärger wünsche ich wieder, ihr etwas schenken zu können, das alles aufwiegen würde. Für sie würde ich sogar auf mein Stipendium verzichten.

»Das Leben besteht aus einer Folge schrecklicher Wiederholungen«, sagt sie. »Wir haben einen Krieg in Rußland durchgemacht, nur um dann den nächsten in Deutschland durchzumachen. Wir haben in Lobetal erlebt, wie Frauen vergewaltigt wurden, und haben geglaubt, wir könnten uns nach Amerika retten. Und jetzt rennen wir jede Nacht von der Bushaltestelle nach Hause, weil wir hier die gleiche Angst haben. Dort haben wir uns vor betrunkenen Soldaten versteckt, hier verbarrikadieren wir die Fenster vor betrunkenen Amerikanern. Wir hoffen, daß sie nicht in unser Haus eindringen, statt die Frauen im Gefängnis des Nazi-Cowboys nebenan zu mißhandeln. Es ist derselbe Alptraum. Ich warte nur darauf, daß mein Leben bald zu Ende ist.«

»O nein, sag das nicht, das ist nicht wahr.«

»Ich weiß, daß du das nicht gern hörst, aber so ist es nun mal. Aber *du* hast jetzt wenigstens eine Chance. Du kannst ein anderes Leben haben, ein weiteres, freieres, besseres Leben. Du mußt entfliehen, auch wenn es für uns andere zu spät ist. Du kannst so leben, wie Menschen eigentlich leben sollten. Du darfst dich von gar nichts aufhalten lassen.«

»Aber es hat doch jeder eine Chance«, sage ich und wünsche mir, es wäre so, ärgere mich über meine Mutter, die mich daran erinnert, daß es eben nicht so ist.

»Ach ja, solchen Unsinn erzählt man euch bestimmt in der Schule, das Märchen, daß jedes Kind Präsident werden kann, von Chancengleichheit und daß man es mit harter Arbeit bis an die Spitze bringen kann, vom Schmelztiegel Amerika, in dem wir unsere Nationalität verlieren müssen, in dem wir, wie die Missionare von den Kannibalen, lebendig gesotten werden. Für die meisten von uns trifft das alles doch gar nicht zu. Aber ich möchte eigentlich nicht über Politik reden, meine Ansichten darüber sind unwichtig. *Du* kannst ein richtiges Leben haben. Du kannst einen Abschluß an der Universität machen. Vielleicht wirst du eines Tages sogar selbst in diesen wunderschönen efeubewachsenen Kalksteingebäuden lehren.«

»Ja, ich weiß, ich muß lauter A machen, um meine Stipendien zu behalten«, sage ich, sie absichtlich mißverstehend.

»Du wirst lauter A machen, wie ich seinerzeit. Nein, ich meine, du darfst dich von nichts in deinem Studium behindern lassen, von nichts und niemandem. Erinnerst du dich an Skalbes Gedicht über den Reichtum des Herzens, den dir niemand wegnehmen kann? Laß dich von keinem Mann am Studium hindern.«

Ich brenne darauf, zu verschwinden, bevor meine Mutter sich

über die Gefahren der Ehe ausläßt, die die Frauen dazu zwingt, endlos Holz zu schleppen, Wasser zu pumpen, Töpfe zu scheuern, die Ehemänner zu umschmeicheln. Sie liest immer wieder *Anna Karenina,* summt traurige Liebeslieder und redet von schneidigen russischen Offizieren in weißen wollenen Uniformen; aber von mir erwartet sie, daß ich alle Liebesträume aufgebe. Wie kann sie nur so inkonsequent sein? Ich *werde* Liebe und Leidenschaft kennenlernen, ich werde mich nicht mit einem langweiligen, farblosen Leben zufriedengeben, ich werde es besser machen als sie.

»Heirate ja nie«, flüstert sie manchmal, wenn wir beide an Geburtstags- oder Namenstagsfeiern meines Vaters für Mitglieder des Kirchenrates und andere Gäste, die sich in unserem Haus drängen, Platten mit winzigen, appetitlich belegten Brötchen richten. »Du siehst ja selbst, wie du sonst dein ganzes Leben in der Küche stehen mußt. Würdest du nicht lieber im Wohnzimmer sitzen und über Philosophie diskutieren und so tun, als könnte man die Platten mit Speisen herbeizaubern, von weiblichen Engeln zubereitet, die sich glücklich schätzen, sterblichen Männern dienen zu dürfen?«

Ich öffne die Tür, um das Zimmer zu verlassen.

»Und noch etwas.«

»Ja?«

Sie sagt genau, was ich erwartet habe.

»Heirate ja nie.«

Mein erster Amerikaner

ICH SEHE IHN, als ich darauf warte, mich für die Kurse in meinem ersten Jahr an der Universität einzuschreiben. Wenn ich irgendwo anstehe, zähle ich immer die Leute vor mir und stelle mir das Schlimmste vor. Daß man mich nicht zuläßt, daß meine Leistungen nicht genügen, um das Stipendienkomitee zu befriedigen, daß man mich schließlich als Schwindlerin entlarvt, die ihr Stipendium nicht verdient, daß ich die Universität mit Schimpf und Schande verlassen muß. Studenten der höheren Semester werden an uns vorbeigewinkt, die Schlange rückt lange überhaupt nicht vor, dann endlich bewegt sie sich ein Stückchen weiter und bleibt wieder stehen.

Er schreitet an allen neuen Studenten vorbei und spricht mit dem Universitätsangestellten, der die Personalien überprüft. Er ist groß und dunkel, mit braunen eindringlichen Augen über den hohen Backenknochen. Wären nicht seine zu schmalen Lippen, die er auf entschlossene, beinahe trotzige Art schürzt, könnte man sein Gesicht hübsch nennen. Die Art, wie er die Schultern steif und gerade hält, so als hätte man einen unsichtbaren Stab hindurchgetrieben, hat etwas Militärisches. Sein Benehmen dagegen ist schmeichlerisch, fast schleimig. Sein langes dunkles Haar fällt lockig über den ausgefransten Hemdkragen, er trägt Jeans und Cowboystiefel, nicht sorgfältig gebügelte Hosen und glänzende Slipper wie die anderen Studenten.

Ich starre ihn an, und er fängt meinen Blick flüchtig auf, bevor ich die Augen senke. Ich nehme kaum wahr, daß er als gutaussehend, ja sogar begehrenswert gelten könnte. Etwas an ihm ist mir so völlig vertraut, daß ich an mich halten muß, um ihn nicht wie einen alten Bekannten zu grüßen. Ich habe ihn noch nie in meinem Leben gesehen, und dennoch bin ich sicher, daß ich ihn oder jemand wie ihn schon früher getroffen habe. Ich weiß nicht, wo ich ihn unterbringen soll, außerdem ist diese Vertrautheit auf eine undefinierbare Weise unangenehm und zugleich unwiderstehlich.

Er kann nicht nachweisen, daß er Student eines höheren Semesters ist, doch er versucht, den Angestellten zu überreden, ihn trotzdem vor allen anderen durch das Drehkreuz zu lassen.

»Mann, wir wissen doch beide, was für ein lausiges System das ist, oder etwa nicht?« sagt er. »Kennen uns doch beide aus.«

Er kehrt den Wartenden demonstrativ den Rücken zu und flüstert unüberhörbar, so daß einzelne Wörter gut verständlich sind: »Sonderfall ... für alle das Beste ... Erwachsene ... nicht so ein Collegelümmel.« Der Angestellte schüttelt erst den Kopf, dann läßt er sich allmählich erweichen. Es folgt nun eine lange verschwörerische Unterhaltung, von Witzen und Gelächter durchsetzt. Schließlich tritt der Mann zur Seite und winkt ihn durch das Drehkreuz. Einige der Anstehenden murren mißbilligend, andere seufzen. Ein wenig verlegen beginnt der Angestellte, vor sich hin zu pfeifen, zum Zeichen, daß er nichts gehört hat.

Anderthalb Stunden später, als ich mich endlich für alle meine Kurse eingeschrieben habe und die Turnhalle verlasse, stellt er sich mir in den Weg.

»Hi«, sagt er, »ich bin Joe. Freut mich, dich kennenzulernen. Du scheinst hier die einzige mit etwas Grips zu sein.«

Er streckt mir die Hand entgegen.

Ich zögere. Wieder bewundere ich ihn widerwillig, wie vorhin, als es ihm gelang, an allen anderen in der Warteschlange vorbeizumarschieren.

»Alles Arschlöcher.« Er deutet auf meine Klassenkameraden. »Lauter kleine Scheißer.«

Ich hole tief Luft, sowohl wegen der Ausdrucksweise als auch wegen der Einstellung.

»Oh«, sagt er, »tu das nicht, du mußt sie nicht noch in Schutz nehmen. Ich weiß, du bist ein nettes Mädchen, das sehe ich deinem Kaschmirpullover mit diesen Wahnsinnsperlen an, mir kannst du gar nichts vormachen. Ich wette, du bist in einer der besten Verbindungen, stimmt's?« Er läßt mir keine Zeit, um zu antworten. »Schon gut«, meint er. »Wenn's dich stört, sag' ich nicht mehr Scheiße, jedenfalls nicht laut.«

Ich senke verwirrt den Blick, spüre, wie sich die leichte Röte an meinem Hals vertieft und unter dem weichen Kragen meines dunkelblauen Schafwollpullovers mit den aufgenähten Kunstperlen hervorkriecht.

»Ich würde sogar ›Mann‹ sagen, wenn du es wünschst. Wie zum Beispiel ›Mann, bist du hübsch‹.«

Er faßt mich beim Ellbogen, und ich lasse es zu, weil er so sicher ist, was als nächstes kommt. Außerdem hält er mich für jemand völlig anders – für ein normales Mädchen, eine echte Amerikanerin. Wie sind zwei Außenseiter, die einander fälschlicherweise für Insider halten.

Als wir an dem Angestellten vorbeigehen, der ihn vorhin durchgelassen hat, meint Joe: »Du mußt mit dem System umgehen lernen, Kleine, sonst schaffst du's nie. Ich seh' schon, du brauchst jemand, der auf dich aufpaßt.« Er dämpft theatralisch die Stimme, flüstert aber so laut, daß der Mann es hören muß: »Kompletter Trottel. Den hätt' ich zu allem überreden können.«

Er hat schon überall gelebt, im kultivierten Osten und im weitläufigen Westen. Vom Mittelwesten hält er nicht viel, er bezeichnet ihn als rückständig und stur, aber versnobt. Auch von den Studenten und Professoren hält er nicht viel. Er ist nur an der Uni, um so viel zu lernen, daß er sich selbst durchschlagen kann, wenn er sich nach Alaska oder Kalifornien absetzt, um sein Glück zu machen. Er ist in Armenvierteln aufgewachsen, in Kuhdörfern, auf verlassenen Ölfeldern. Für jeden Penny, den er je besaß, mußte er hart arbeiten, er fuhr Taxi, parkte Wagen für Nachtclubs, wettete bei Pferderennen. Er hatte eine narrensichere Methode, um zu gewinnen, sagt er, bis ihn die verlogenen und heuchlerischen Beamten in New York von der Rennbahn wiesen.

Er ist schon überall gewesen, hat alles gesehen, ist herumgekommen, kennt das Leben aus dem Effeff. Die Frauen seien ständig hinter ihm her, sagt er, aber er hält nicht viel von ihnen, die kennen keine Prinzipien und keine Treue, genau wie seine verdammte Exfrau. Von dieser generellen Verurteilung nimmt er mich freundlicherweise aus und erklärt mir, ich sollte mich eigentlich über diese ganze spezielle Ehre freuen. Er hält auch nicht viel von Ausländern – die kommen rüber und nehmen den Amerikanern die besten Stellen weg und haben dazu noch die Unverschämtheit, kein Englisch lernen zu wollen. Aber ich sei zum Glück anders als diese komischen Käuze in Nadelstreifenanzügen, deren Akzent er zur Erheiterung anderer nachahmen kann. Ich sähe wenigstens wie eine Amerikanerin aus und gäbe mir Mühe, mich wie eine zu benehmen. Wahrscheinlich könne ich jeden zum Narren halten, ich hätte ja auch ihn genarrt. Ich bräuchte bloß noch ein wenig Schliff.

Er macht sich daran, mich aufzuklären.

»Warum stellst du dich überhaupt an? Warum lernst du die ganze Zeit? Warum glaubst du, du hast es den Stipendienkommitees mitzuteilen, wenn du ein B gemacht hast? Sag ihnen doch einfach, du hättest lauter A bekommen. Schick ihnen die Unterlagen von jemand anders, du mußt nur den Namen wegradieren.«

Als ich ihm widerspreche, lacht er über meine Naivität. »Himmel, Arsch, ein A kriegst du auch ohne Lernen. Schon mal *Der scharlachrote Buchstabe* gelesen? Nicht gerade stark in amerikanischer Literatur, stimmt's? Und wie hat Hester Prynne ihr A erhalten? Ha, ha, daß ich nicht lache. Nur Deppen halten sich stur an die Regeln. Von dir hätt' ich ein bißchen mehr erwartet.«

Er sei verrückt nach mir, sagt er; er würde alles tun, um mir zu gefallen. Er erwähnt jede Geste, jede Handlung, die er nur mir zuliebe und unter den größten Unannehmlichkeiten für sich selbst macht. Niemand werde mich je so lieben wie er. Er ist sich sicher, daß ich meiner Mutter völlig schnuppe bin. Warum ich dann ihn nicht gebührend schätze? Das sei eben eines meiner Probleme. Ich hätte eine ganze Menge Probleme, das sei klar. Trotzdem sei er wahnsinnig in mich verliebt. Zum Glück wisse er mehr als genug für uns beide. Auf mich selbst gestellt, würde ich ja kaum allein den Heimweg finden, ich würde blitzartig bis zum Hals in der Scheiße stecken.

Wenn Joe mit mir zusammen ist, läßt er keinen Blick von mir. Er beobachtet meine Lippen, wenn ich spreche, er erinnert sich an alles, was ich sage, es bricht ihm das Herz, wenn ich nicht gleicher Meinung bin wie er. Er nennt sich meinen Diener und Sklaven. Er hält es nicht aus, fern von mir zu sein. Selbst in aller Öffentlichkeit kann er es nicht lassen, meine Haare, meinen Körper, mein Gesicht zu berühren. Er beteuert, er werde niemals die Tür vor mir verschließen, er ertrage es nicht, wenn ich ihn aussperre. Es bringe ihn um, ich sei so grausam. Ich hätte ungeheure, absolute Macht über ihn. Er könne nichts dafür, wenn er sich über mich ärgere – manchmal würde ich ihn wirklich rasend machen.

Geblendet von der Heftigkeit seines Werbens, seinen Zorn fürchtend, blind gegenüber seinen Herabsetzungen, sitze ich wie gebannt da, statt daß ich wegzulaufen versuche, solange es noch nicht zu spät ist. Auch wenn ich seine Fehler zum Teil erahne, lasse ich mir nichts anmerken, während er mich umkreist, mich lobt, beschwört, schikaniert. Ich schrecke zurück, wenn er mit der größten Selbstverständlichkeit davon spricht, mich zu heiraten, doch ich glaube, daß ich in dieser Frage gar keine echte Wahl habe. Vielleicht wird Joe meiner überdrüssig, vielleicht verliert er das Interesse, vielleicht geht er weg. Mir bleibt nichts übrig als abzuwarten.

Tief in meinem Innersten weiß ich, daß ich nichts Besseres verdient habe. Meine Träume wiederholen sich, werden bedrängender, bedrohlicher, aber ich schenke ihnen keine Aufmerksamkeit. Die betrunkenen Soldaten stoßen mit den Füßen die halbvolle Schale Milch um, um die ich betteln mußte. Für wen halte ich mich eigentlich? Ich hätte doch wissen müssen, daß ich es nicht wert bin, ernährt zu werden. Die Soldaten nehmen mir gewaltsam eine Bernsteinbrosche aus der Hand, während ich verzweifelt versuche, die richtigen Worte in einer fremden Sprache herzusagen. Wütende Soldaten packen meinen Vater und stoßen ihn mit ihren Gewehrläufen vorwärts, und er geht ganz allein, voller Angst und doch bemüht, tapfer zu erscheinen. Ich erwache mit tränennassen Wangen und bin entschlossen, Joe nicht länger mit meiner Reserviertheit und Kälte zu verletzen. Es wäre schrecklich, wenn Joe so hilflos wäre wie mein Vater; es wäre allein meine Schuld. Ich käme nie auf die Idee, daß Joes Situation in keiner Weise mit der meines Vaters zu vergleichen ist. Ich hätte nie in Betracht gezogen, daß ich diejenige sein könnte, die man gepackt hat.

Entschlossen versuche ich, mich auf Joes gute Seiten zu konzentrieren. Er ist, glaube ich, ein richtiger Amerikaner. Er hat viel Erfahrung. Sollte es nochmals Krieg geben, würde er mich mit dem letzten Schiff, dem letzten Zug, dem letzten Flugzeug in Sicherheit bringen. Solange er bei mir ist, muß ich nicht ergeben Schlange stehen. Er wird sich um mich kümmern. Er zieht mich vorwärts, ins Leben hinein, nicht dem Tod entgegen wie meine Mutter.

In der Zwischenzeit kann ich zumindest versuchen, nett zu ihm zu sein und ihn nicht zu verletzen oder zu verärgern. Ich verstehe mich aufs Wohlverhalten. Vielleicht geht er trotzdem weg. Es bleibt mir nichts anderes übrig als abzuwarten. Ich verziehe mein Gesicht zu einem Lächeln.

Splitterbruch

An einem kalten regnerischen Morgen, am Tag nach Thanksgiving, möchte ich am liebsten gar nicht aufstehen, weil mir davor graut, Joe endlich meiner Mutter vorzustellen. Er ist am Abend zuvor unerwartet gekommen, nachdem sie schon zur Arbeit gegangen war, und hat darauf bestanden, vorgestellt zu werden, etwas, was ich immer wieder hinausgeschoben habe. Er hat auf der Couch im Wohnzimmer übernachtet.

Beate kommt auf Zehenspitzen herein und reicht mir eine Tasse Tee. »Joe«, flüstert sie aufgeregt, »er ist ganz außer sich. Er sagt, er will Mama wecken und Klartext mit ihr reden.«

»Was will er?«

»Klartext mit ihr reden, ihr die Meinung sagen, ihr beibringen, daß du ihn heiraten wirst, ich weiß nicht, was sonst noch alles. Er scheint ziemlich wütend zu sein. Wenigstens hat er mir versprochen, nichts zu unternehmen, bevor er mit dir gesprochen hat.«

Als ich komme, ist Joe schon vollständig angezogen, geht hin und her und schnippt achtlos Asche in Richtung des bereits überfüllten Aschenbechers.

»Ich werde ein Wörtchen mit ihr reden«, verkündet er, sobald er mich sieht. »Für wen hält die sich eigentlich, verdammt noch mal? Wenn sie glaubt, sie könne mich einschüchtern, so ist sie bei mir an den Falschen geraten.«

»Pscht, Joe, sei still. Sie ist müde. Sie hat gestern nacht lange gearbeitet.«

»Ist mir doch egal. Ich erzählte ihr von uns, wenn du's nicht tust. Soll mir nur nicht mit diesem beschissenen ausländischen Aristokratendünkel kommen.«

»Wovon sprichst du überhaupt? Du hast sie ja noch gar nicht gesehen.«

»Gesehen? Na, ich danke. Ich will sie gar nicht sehen, den verdammten Drachen, ist ja kein Mensch. Der werd' ich den Marsch blasen.«

Aber er macht keine Anstalten, an mir vorbeizugehen. Statt dessen sagt er: »Gibt's hier vielleicht 'n Bier?«

»Bier? Nein.«

»Herrgott, kein Bier? Kein Truthahn an Thanksgiving, und jetzt nicht mal Bier. Aber mich in den Suff treiben, diese Schnepfe.«

»Joe, bitte, nenn meine Mutter nicht so. Sag doch endlich, was passiert ist.«

»Also gut«, seufzt er. »War echt gruselig. Die hat 'n Knall, wenn du's wissen willst. Ich penne schön friedlich, da hör' ich plötzlich was. Setz' mich auf, was zum Teufel... Verdammt früh noch, erst vier. Hab' ich auf der Uhr gesehen, im Zimmer war's ganz hell vom Mond. Und da steht sie, wie ein Geist oder ein Ungeheuer oder so was. In einem langen weißen Nachthemd, mit offenen Haaren, wie eine Wahnsinnige. Hab' ich 'n Schiß gehabt! Steht genau neben der Tür, so wie du jetzt, und stiert mich an.«

»Bist du sicher? Vielleicht hast du auch nur geträumt.«

»Sicher? Ist der Papst katholisch? Klar bin ich sicher.«

»Hat sie denn etwas zu dir gesagt? Was hat sie gesagt?«

»›Hallo, Sie da‹, hab' ich gesagt, ›freut mich, Sie kennenzulernen.‹ Und die Hand hingestreckt, richtig anständig. Aber die hat natürlich kein Wort rausgebracht. Hat sich nicht mal gerührt, steht bloß da und stiert mich an.«

»Sie ist bestimmt...«

»Jetzt kommst du schon wieder und verteidigst sie. Das ist ein echtes Problem von dir. Laß mich mal ausreden. Sie hat mich einfach nur angestiert. ›Hallo, Sie da‹, sag' ich noch mal, geb' mir 'ne Heidenmühe, nett zu sein. Man weiß doch, was sich gehört, doch die hat nur gefeixt. ›Freut mich, Sie kennenzulernen‹, sag' ich noch mal und will aus dem Bett. Doch ich kann nicht, meine Kleider sind alle auf dem Stuhl. Heilige Maria und Josef, die versteht es wirklich, dich bloßzustellen. Hat doch ganz klar gewußt, daß ich rein gar nichts auf'm Leib habe. Schnepfe!«

»Joe.«

»Jedenfalls hat sie nicht mal das bißchen Anstand, sich umzudrehen. Steht einfach da, und ich muß mit nacktem Arsch dasitzen, hat sie doch genau gewußt. So ging das bestimmt 'ne Stunde.«

»Und sie hat überhaupt nichts gesagt?«

»O doch, mit der Zeit dann schon. Erst steht sie eine Ewigkeit da, dann kommt sie rüber, baut sich direkt vor mir auf, von Höflichkeit keine Spur. Ein Minimum an Anstand wär ja doll, aber denkste. Hat sich nicht mal entschuldigt oder so.«

»Was hat sie gesagt?«

»Sie hat gesagt: ›Verschwinden Sie! Meine Tochter bekommen Sie nicht.‹ Einfach so. Und dann noch mal, wie, wenn ich's das erste Mal nicht gehört hätte. ›Verschwinden Sie! Meine Tochter bekommen Sie nicht, sie ist *meine* Tochter!‹ Und angefunkelt hat sie mich. So hat mich im Leben noch keine beleidigt.«

»Oh, Joe, es tut mir leid...« Ich werde rot vor Scham über meine Mutter, doch auch eine andere Empfindung regt sich irgendwo in mir, Frohlocken vielleicht, zu schwach, um von Joe bemerkt zu werden, zu schwach auch, um mir selbst richtig bewußt zu werden. Meine Mutter will mich Joe nicht überlassen. Vielleicht liebt mich meine Mutter ja doch. Meine Mutter wird mich beschützen, sie wird mich vor Joe bewahren, ohne daß ich ihn verletzen muß.

»Also werd' ich ihr jetzt mal die Meinung sagen«, erklärt Joe, bleibt aber sitzen. »Oder gehen. Ich kann ja schließlich nicht hierbleiben und so tun, als wär nichts passiert, nach all der Scheiße.«

»Ja, ja, du gehst vielleicht lieber, es ist sicher am besten.«

»Na ja, was kann man von so 'nem verdammten Ausländerpack schon anderes erwarten, hmm?« Joe lacht, und ich lache hilflos mit. »Es ist wohl besser, ich suche mein Zeug zusammen.«

Erleichtert helfe ich ihm dabei. Ich reiche ihm die Cowboystiefel und falte die zerknitterten Bettücher zusammen.

»Mann, bin ich froh, wenn ich aus diesem Loch rauskomme. Hol deinen Mantel.«

»Aber ...«

»Hör mal, irgendwann mußt du schon mal erwachsen werden, du verwöhnte Göre. Hast noch nie was richtig durchstehen müssen, das ist ein echtes Problem bei dir. Wenn du nur halb soviel Scheiße erlebt hättest wie ich, wärst du vielleicht ein bißchen vernünftig geworden. Aber beides geht nicht. Entweder ich oder sie.«

»Ich kann jetzt nicht weg, ich bin ja noch nicht einmal angezogen.«

»Dann beweg deinen Arsch ein bißchen und zieh dich an. Ich brauch'n Drink.«

»Nein.«

»He, ich hab' nicht vor, ewig hier rumzuhängen. Entweder du kommst mit dem Mann, der dich liebt, oder du bleibst bei der Schnepfe dort drin. Und bilde dir bloß nicht ein, ein anderer würde eine solche Scheiße auf sich nehmen. Es gibt genug Weiber, die würden ihre linke Titte für mich hergeben, nicht so wie du.«

»Ich kann sie nicht einfach so verlassen.«

»Ich hab's doch gewußt, verdammt noch mal! Ich hab' genau *gewußt*, daß du mich am Ende noch verarschst. Und das nach allem, was ich für dich getan habe. Was hat sie denn je für dich getan, verdammt noch mal? Bild dir bloß nicht ein, sie hält was von dir, einen Dreck tut sie.«

»Doch«, sage ich, obwohl ich mir da gar nicht so sicher bin. »Du verstehst nur nicht, warum sie...«

»Ja, ja, ich weiß, komm mir nur nicht wieder damit, was sie schon alles durchgemacht hat, ich kann's nicht mehr hören. Jeder hat eine miese Kindheit gehabt, ich bestimmt. Herrgott, meine Eltern haben sich nur immer gestritten. Meine Alte hat sich 'nen Scheiß um mich gekümmert, nur immer gejammert, wie schwer sie's hat, wenn sich mein Alter mal ein Bierchen genehmigt hat. Ganz ehrlich, ich gäb' alles für eine Kindheit wie deine. Verglichen mit den meisten hast du eigentlich verdammtes Glück gehabt. Aber du bist ja mit nichts zufrieden, verdammt noch mal. Und jetzt zum letzten Mal: Kommst du, oder kommst du nicht?«

Ich muß meine ganze Kraft zusammennehmen, um ihm zu antworten. »Nein.«

Er starrt mich ungläubig an, und so füge ich noch hinzu: »Es tut mir leid, Joe.«

»Das soll es auch, wo du mich so an der Nase rumführst. Ich reiße mir den Arsch auf, um dir zu gefallen...«

Wie sehr ich auch seine Wut fürchte, ich muß, ich werde es durchstehen.

Doch plötzlich sackt Joe in sich zusammen, seine Augen werden trüb, er scheint den Tränen nahe.

»So beschissen geht's mir immer, mein ganzes beschissenes Leben lang. Niemand behandelt mich anständig, da kann ich mir noch so 'ne Mühe geben. Hab' geglaubt, wenigstens du bist anders, ehrlich. Meine Mutter hat's nicht erwarten können, daß ich endlich alt genug für die Schule war: ›Laß mich in Ruh', hat sie immer gesagt und mich zum Spielen raus auf die Straße gestellt, egal, wie kalt's draußen war. Und Elaine, das Luder, hat mich nur geheiratet, damit ich sie mein Leben lang unterstützen muß. Lief jedes Mal nach Haus zu Muttern, wenn ich mal 'n bißchen laut wurde, war ganz schön peinlich. Aber mal ehrlich, mit dir hab' ich mir wirklich Mühe gegeben, wirklich. Ich weiß nicht, was ich getan habe, daß auch du mich wie den letzten Dreck behandelst.«

Ich habe ein Bild von Joe als Sechsjährigem gesehen; ein ernster kleiner Junge, der steif dasteht und sich vor einem heruntergekommenen Haus fest an ein Geländer klammert. Ich stellte mir vor, wie er allen Mut zusammennimmt und tapfer die Stufen hinuntersteigt, um sich den groben Rufen und den Angriffen der größeren Jungen zu stellen.

Joe wischt sich die Augen, blickt mich an, strafft die Schultern. Diese Geste trifft mich ins Herz. Er muß so verletzt und verängstigt sein wie mein Vater, als die russischen Soldaten nach Lobetal kamen. Ich darf ihm nicht länger weh tun.

»Du weißt doch, daß ich ohne dich nicht leben kann, und du hast mich soweit gebracht. Ich weiß nicht, wie ich das schaffen soll«, flüstert Joe, »ich bin verrückt nach dir.«

Ich halte noch einen Moment lang durch.

»Dann bleib' ich wohl das ganze Leben allein«, sagt Joe tapfer und macht eine vage Bewegung in Richtung Tür. Er ist so sehr auf meine Liebe und Fürsorge angewiesen. Für wen halte ich mich eigentlich, daß ich sie ihm so selbstsüchtig verweigere?

Ich strecke die Hand aus, um ihn zu trösten, doch er weicht vor mir zurück.

»Laß das«, flüstert er wild. »Du verstehst es wirklich, einen fertigzumachen. Mir ist zum Heulen.«

Ich ertrage es nicht, ihn weinen zu sehen. Ich werde von Mitleid übermannt. »Hör auf, Joe, bitte, hör auf. Ich ... Ich komme ...«

»Gut«, sagt Joe, »hab' doch gewußt, daß du Vernunft annehmen wirst. Hol deinen Mantel. Verschwinden wir aus diesem Loch.«

Drei Monate später gehen Joe und ich wieder auf das Haus in der Park Avenue zu. Ich bleibe stehen, will nicht mehr weiter, doch er redet mir zu, zieht mich vorwärts.

»Komm schon, bringen wir's hinter uns. Ich hab' nicht den ganzen Tag Zeit«, sagt er.

»Ich kann nicht.«

»Heulsuse.«

»Ich will nicht.«

Aber ich weiß, es muß sein. Ich kann vor meinen Eltern nicht ewig verheimlichen, daß ich Joe geheiratet habe. Wenn es sie nur nicht zu sehr mitnimmt, sage ich mir immer wieder. Bitte, mach es ihnen nicht zu schwer, laß sie irgendwie damit fertig werden. Wieder ein Schlag für meine Eltern, und ich bin schuld.

»Was ist mit dir los?« Joe reißt mich am Arm. Er ist wütend, hat mein Zögern langsam satt. Ich muß tun, was er sagt.

»Nichts. Ich komm' ja schon.«

Er steht bereits auf der Veranda, hämmert an die Tür.

Ōmite späht durch die Scheibe, schüttelt den Kopf und tritt zurück. Joe zerrt mich vorwärts und klopft nochmals an.

»Ob die uns einen Drink anbieten? Ich könnt' verdammt einen vertragen, wenn ich schon hier draußen warten muß, bis die endlich soweit sind da drin. Was ist eigentlich los mit denen, wissen die nicht, daß man sich hier draußen den Arsch abfriert. Wieso reagieren die wie die letzten Trottel?«

»Ōmite hat dich nicht erkannt«, sage ich und trete zur Tür, um selbst leise anzuklopfen.

»Ach wo. Ich wette, die hat nur so *getan*, als hätte sie mich nicht erkannt. Die hat mich doch genau erkannt. Die mögen mich von vornherein nicht, nur weil ich Amerikaner bin. Und deine hysterische Alte, was die wohl wieder sagt. Kriegt 'nen Anfall, was ich auch tu', darauf kannst du Gift nehmen.«

»Oh…«

»Komm schon, gib's wenigstens zu, die mögen mich nicht,

und wenn ich mir noch so eine Mühe gebe. Ich verrenke mich, um's ja allen recht zu machen, aber keiner mag mich. Das weiß ich im voraus.«

Plötzlich sieht er rührend jung und verschüchtert aus. Ich muß jetzt fest zu ihm halten.

»Na, na.« Ich streichle ihm den Rücken. Ich bin dafür verantwortlich, daß man ihm nicht weh tut. »Die werden dich schon mögen«, versichere ich ihm. »Ich glaub's jedenfalls. Mit der Zeit.« Aber ich weiß, das werden sie nicht.

»Vorurteile«, sagt er. »Darunter habe ich mein ganzes Leben gelitten. Aber ehrlich gesagt, von der eignen Familie hätte ich's nicht erwartet, nicht von den gottverdammten Eltern meiner Frau, nicht ausgerechnet von denen.«

»Es tut mir leid.« Ich streichle ihm weiterhin den Rücken.

Er tritt mit seinen schwarzen Cowboystiefeln gegen die Tür.

»Schon gut«, sagt er schroff. »Hast dich nie selbst durchbeißen müssen. Seit ich sechzehn war, hab' ich von meinen Alten keinen einzigen Penny mehr bekommen. Hab' für jeden Scheißdreck selber sorgen müssen. Aber du mit deinen Stipendien, und noch dazu auf dem Silbertablett präsentiert. Was du für ein Theater machst, bloß weil du deiner Alten sagen mußt, daß du geheiratet hast. Eine richtige Frau wäre froh, aber du – schluchz, schluchz.«

Ich merke, daß er wieder wütend ist, und ich fühle mich schuldig. Wenn der Umstand, daß Joe Amerikaner ist, das eigentliche Problem wäre, würde ich vor lauter Empörung auch aufbegehren. Aber die Situation ist hoffnungslos, ich kann Joe die abgrundtiefe Verachtung, die meine Mutter für ihn hat, nicht erklären, ohne ihn noch mehr zu verletzen. So streichle ich wieder schweigend seinen Rücken und gelobe mir, ihn zu beschützen.

Joe und ich sitzen nebeneinander auf der Wohnzimmercouch und warten, bis meine Mutter vom LaRue's nach Hause kommt.

Mein Vater ist in seinem Studierzimmer, dessen Tür einen Spalt weit offen ist. Seit ich sieben war, hat er nicht mehr geweint, aber als ich ihm sagte, daß ich mit Joe verheiratet bin, da weinte er.

»Wie konntest du uns das nur antun?« ruft er aus. »Was werden die Leute sagen?«

Darauf kann ich nichts antworten.

Mein Vater bekommt jeden Abend viele Anrufe von Leuten, die Hilfe brauchen bei ihrer Arbeitssuche, bei der Schlichtung von Streit, weil sie heiraten wollen, und an diesem Abend ist es nicht anders. Wenn er am Telefon spricht, klingt seine Stimme normal, ja sogar fröhlich, und die Last auf meiner Brust wird etwas leichter. Es geht ihm gut; wenigstens habe ich ihn nicht so sehr verletzt, daß er nicht mehr sprechen kann. Nach jedem Gespräch ruft er mir weitere Fragen zu, die ich nicht beantworten kann.

»Was zum Teufel redet er da eigentlich?« flüstert Joe. »Dieses Kauderwelsch geht mir auf den Keks. Warum zum Teufel spricht er nicht englisch? Er sieht doch, daß ich hier bin.«

»Er will wissen, wie ich ihnen so was Furchtbares antun konnte.«

»Furchtbares? Was heißt Furchtbares?« flüstert Joe lauter. »Da gibt's gar nichts Furchtbares. Wir lieben uns, wir sind verheiratet, das ist alles. Es ist nicht furchtbar, es ist verdammt romantisch. Jeder normale Mensch wäre glücklich darüber.«

Er will aufstehen. »Ich geh' rein und sag' ihm, daß er sich wie ein Trottel aufführt.«

»Bitte«, flüsterte ich, »bitte, sag nichts. Wir reden später darüber.«

»Und noch was«, sagt Joe und lehnt sich wieder zurück, »*er* ist überhaupt nicht erschüttert. Ihm geht's nur darum, was andere sagen könnten. Wir sind ihm schnuppe, du bist ihm schnuppe. Ich bin der einzige, der sich um dich schert. Das weißt du doch, oder?«

Ich nicke. Während der paar Sekunden, da ich über Joes Version nachdenke, wiegt mein Schuldgefühl nicht mehr so schwer.

»Na also, und warum zeigst du's dann nicht? Ich kann's nicht ausstehen, wenn du so ein langes Gesicht machst. Komm schon, sei wenigstens ein bißchen fröhlich.«

Ich nehme mich zusammen und lächle Joe an.

»Wann kommt deine Alte nach Hause?« fragt er.

»Meine Mutter«, korrigiere ich ihn automatisch.

»Oh, pardon, deine Mutter. Wann kreuzt sie endlich auf? Oder müssen wir hier versauern? Gibt er uns keinen Drink oder sonst was zum Feiern? Wäre das mindeste, was er tun könnte, verdammt noch mal.«

»Bitte, Joe«, flüstere ich, »verärgere ihn nicht noch mehr. Warte noch, bis meine Mutter kommt, dann gehen wir.«

»Also gut«, gibt Joe widerwillig nach, »aber jeder halbwegs zivilisierte Mensch…«

Ich horche auf das langsame Knirschen von Mutters Schlüssel in der Tür, auf das widerwillige Nachgeben des Riegels, auf das müde Ächzen der Angeln, als sich die Tür endlich öffnet.

Aus dem Augenwinkel nimmt meine Mutter Joes Anwesenheit wahr, aber sie ignoriert ihn. Sie wendet sich mir zu.

»Was hat du getan?« fragt sie.

»Ich…«

»Du mußt was getan haben. Was ist es?«

Joe stellt sich vor mich.

»Wir sind verheiratet«, sagt er triumphierend. »Ich hab' sie geheiratet.«

In Erwartung einer Gratulation oder eines Eingeständnisses ihrer Niederlage streckt er die Hand aus.

Meine Mutter steht reglos da, mustert ihn mit der gleichen Verachtung, mit der sie die Fremden mustert, die nachts an die Tür trommeln.

»Sie ist mit mir verheiratet«, verkündet Joe laut und deutlich. »Punkt.«

Sie forscht in meinem Gesicht nach Bestätigung. Ich nicke.

Sie läßt die volle Einkaufstüte zu Boden fallen, Glas zersplittert. Dann schreit sie auf. Es ist ein langer, durchdringender, schmerzerfüllter Schrei, der ewig anzudauern scheint. Er ist in meinem Herzen eingebrannt.

»Heilige Maria...«, fängt Joe an.

Meine Mutter schwingt ihre schwere schwarze Handtasche gegen Joes Augen, voller Wucht und zielsicher. Die Tasche hat metallbeschlagene Ecken, aber Joe ist zu flink. Er hebt den Arm und springt zur Seite, so daß der kräftige Schlag nur seinen Ellbogen streift.

»Heilige Mutter...«, wiederholt Joe, wobei sich in seine Empörung jetzt auch Furcht mischt.

Sie schreit ein zweites Mal und stürzt sich auf ihn. Ihr Gesicht ist wutverzerrt, ihre Hände packen seinen Arm, sie will die Zähne hineinschlagen, sein Fleisch aufreißen, selbst durch die schwere, schützende Stoffschicht hindurch.

Doch sie wird weggerissen. Mein Vater und Ōmite, die bei ihren Schreien ins Wohnzimmer geeilt sind, halten sie fest. Ein paar Sekunden lang wehrt sie sich schweigend, dann gibt sie nach. Das starke, seltsame und uneingestandene Triumphgefühl, das ich einen kurzen Moment lang empfand, als meine Mutter Joe angriff, vergeht ebenfalls. Ich erkenne die Niederlage, die meiner Mutter und meine eigene.

»Laßt mich los«, sagt sie mit tonloser, gebieterischer Stimme, und sie gehorchen.

Den Arm an den Körper gepreßt, tritt Joe einen Schritt zurück. Er reibt sich heftig den Ellbogen.

»Heilige Muttergottes«, sagt er nochmals. Dann reißt auch er sich zusammen. Er legt die Hände trichterförmig an den Mund und wendet sich mir zu.

»Ausländisches Luder, verrücktes«, sagt er, so als könnte ihn außer mir niemand verstehen. »Hat mir fast den verdammten Arm gebrochen.«

Drohend geht er einen halben Schritt auf sie zu.

Beschämung über den Ausbruch meiner Mutter überkommt mich, doch noch viel stärker ist mein Schuldgefühl. Ich habe mich nicht gerührt, statt an ihrer Seite zu kämpfen wie im Keller in Lobetal. Damals wehrte sich meine Mutter für eine Fremde, richtete sich ihr Zorn gegen einen russischen Soldaten, der das Gebiß der alten Frau in der Hand hielt. Jetzt hat sie mich zu retten versucht, und es ist ihr nicht gelungen. Ich gestehe mir nicht ein, daß ihr Zorn vielleicht ihrer Liebe entsprungen sein könnte.

»Agate, wie kannst du mir nur so etwas Schreckliches antun?« fragt sie mich auf lettisch. Sie gibt mir keine Möglichkeit, ihr meine Zuneigung auszudrücken.

Ich kann mich nicht rechtfertigen. Ich lasse meinen Blick nicht vom Muster des schäbigen Baumwollkleides meiner Mutter. Die violetten Lilien sind auf Schultern und Brust zu einem stumpfen Grau verblaßt, aber in den Falten des Rocks sind sie immer noch dunkel und kräftig. Ich studiere die Blumen, versuche, sie mir einzuprägen, spüre wie Joe hinter mir zur Tür geht.

Sie holt tief Luft und erhebt sich über ihre Mutter und ihren Mann, die sie an den Armen halten.

»Er taugt nichts«, sagt sie, »er ist kein echter Amerikaner. Er ist vom Schlechtesten, was Amerika zu bieten hat. Er ist feindselig, roh, ein Manipulierer. Er ist nicht halb so intelligent wie du. Und du bist aus einer viel besseren Familie. Er wird unsere Geschichte nie verstehen. Er ist viel zu beschränkt, um dich zu würdigen.« Mit einem Blick auf Joe schürzt sie einen Moment lang voller Verachtung die Lippen, dann wendet sie sich mir zu.

»Du wirst nicht glücklich mit ihm.«

»Ich weiß.«

»Und was für eine Hochzeit war denn das? Was für eine

Hochzeit kann das schon gewesen sein?« Ein Anflug wilder Zärtlichkeit huscht über ihr Gesicht. »Ich hätte dir beim Baden und beim Ankleiden geholfen, ich hätte dir ein weißes Kleid genäht, aus Seide oder Leinen. Ich hätte dir einen neuen Unterrock gekauft, aus Satin, mit Spitzen verziert oder mit Rosen bestickt. Beate und Großmutter und ich, wir wären mit dir gegangen.«

Ihre Stimme berührt mich. Meine Augen füllen sich mit Tränen. Ich darf auf keinen Fall, *auf gar keinen Fall* weinen, denke ich. Wenn ich weine, ist es für meine Mutter noch schlimmer, und noch viel schlimmer für mich selbst.

»Was für eine Hochzeit hast du gehabt?« wiederholt sie.

Ich gebe keine Antwort. Joe holte mich im Studentenwohnheim ab, eine halbe Stunde, bevor wir auf dem Standesamt erscheinen mußten. Ich trug mein gutes schwarzes Wollkleid, das mich am Hals juckt und dessen Rock so eng geschnitten ist, daß ich darin kaum gehen kann. Ich mußte mich auf Joes Arm stützen.

»Wenn du wüßtest, was für eine Überraschung ich für dich habe!« sagte Joe. Er führte mich zu dem gemieteten schwarzen Cadillac, den er an diesem Nachmittag für unentbehrlich hielt, und öffnete die Tür. »Ganz schön romantisch, he? Kann man später den Kindern erzählen.«

»Ich hätte dir einen wunderschönen Tag gemacht, sogar für eine Hochzeit mit ihm«, sagt sie, »dann hättest du wenigstens *eine* schöne Erinnerung gehabt. Und wir wären alle zusammengewesen.«

Sie forscht in meinem Gesicht. »Wer war dabei?«

Ich schüttle den Kopf. »Niemand«, will ich sagen, doch das stimmt eigentlich nicht. Joe hatte einen alten Militärkumpel angerufen. Er und seine Frau reisten aus Fort Wayne an und trafen ein paar Minuten vor der fünfundvierzig Sekunden dauernden Zeremonie vor dem Standesamt ein. Ich hatte sie vorher noch nie gesehen und wußte nicht, worüber ich mich mit ihnen im Van Orman Hotel unterhalten sollte, wo Joe allen an der Bar eine Runde spendierte. Verschiedene Personen schüttelten mir die Hand und gratulierten mir; ein oder zwei Fremde küßten mich auf die Wange.

»Du hättest ihn nicht heiraten sollen. Jetzt wirst du dein Studium nicht beenden. Hättest du ein Examen an der Universität gemacht, so wäre das wenigstens ein kleiner Ausgleich für das gewesen, was ich durchmachen mußte.«

Ich habe meiner Mutter das einzige Geschenk verweigert, das ihr etwas bedeutet hätte.

»Mit ihm zusammen wirst du tagtäglich leiden«, sagt sie schroff.

Es ist halb Prophezeiung, halb Fluch.

»Ich weiß«, erwidere ich. »Bitte vergib mir.« Die Worte scheinen mir die Kehle zu zerreißen. Aber wenigstens sprechen wir lettisch, so daß dieses Gespräch Joe nicht kränkt.

Wenn es etwas nützte, würde ich mich vor meiner Mutter hinknien und sie anflehen, bis sie mir vergibt und mich umarmt. Ich würde ihr von meinen Plänen erzählen, daß ich fertig studieren, mich keinem Widerstand beugen will, auch Joes nicht. Ich werde meine Ausbildung bekommen, koste es, was es wolle.

Aber es ist zwecklos. Wie ein Knochen, der durch eine schlecht verheilte Verletzung seit langem geschwächt ist, bricht nun etwas vollständig und endgültig auseinander. Dieser Splitterbruch wird nicht verheilen.

Die schwarze Tasche meiner Mutter baumelt komisch und mit offenem Verschluß an ihrer Hand. Sie macht keine Anstalten, den Tascheninhalt, der zwischen den Scherben eines zerbrochenen Glases am Boden liegt, aufzuheben: Schlüssel, Kleingeld, Notizbuch und Kugelschreiber – unbedeutende Habseligkeiten.

»Bitte vergebt mir«, sage ich nochmals, als Joe mich am Arm zerrt.

»Komm schon, machen wir, daß wir hier rauskommen. Ich hab' die Nase gestrichen voll.«

Verachtung flackert wieder auf in ihren Augen, doch dann drückt ihr Blick eine so hoffnungslose Geschlagenheit aus, daß ich es nicht mehr ertrage und sage: »Ja, gehen wir.«

»Es ist besser, wenn du gehst«, sagt meine Mutter, »du hast zwischen ihm und mir gewählt, du hast die Letten zugunsten der Amerikaner im Stich gelassen, also geh, geh mit ihm.«

Als ich zögere, sagt sie noch: »Du hast dir selbst ein hartes und schmales Bett bereitet. Jetzt mußt du eben darin schlafen.«

»Komm schon, wir machen uns auf den Weg«, sagt Joe. Er faßt mich fest am Ellbogen und dirigiert mich zur Tür.

Meine Mutter preßt die gekreuzten Arme an den Körper und wippt schweigend vor- und rückwärts. Sie blickt an mir vorbei, zum Horizont, oder dorthin, wo der Horizont wäre, könnte sie ihn sehen.

Ich setze einen Fuß vor den anderen und folge der Spur, die mir Joe mit seinen Cowboystiefeln vorzeichnet. Ich verlasse meine Mutter, ich bin durch eigene Schuld aus der Gemeinschaft der Letten verbannt, ich habe mich selbst von Lettland losgesagt.

Als ich schon fast beim Wagen bin, ruft mich Ōmite mit der zärtlichen Verkleinerungsform meines Namens: »Agatiņa, warte einen Moment, mein Herz. Komm noch schnell zu mir.«

Ich bleibe stehen. Gut, ich warte, auch das wird bald vorüber sein.

»Nimm das, mein Herz«, sagt Ōmite. Sie streckt mir ein Bündel entgegen.

Ich lasse es mir von ihr in die Hände legen.

»Es sind die neuen Laken, die mir Jaša und Zenta zum Geburtstag geschickt haben, dann hast du wenigstens etwas Neues und Hübsches. Ich habe sie noch nie benutzt.«

»Das kann ich nicht annehmen«, sage ich mechanisch.

»Nimm sie, mein Herz, du hast sie nötiger als ich. Und ich habe zwei von den neuen Handtüchern dazugelegt, sie sind noch immer sehr gut. Und die blaue Schale, wir kommen auch ohne sie aus.«

»Danke«, sage ich.

Ōmite greift in die Schürzentasche und nimmt ihren kleinen roten Geldbeutel mit dem Kleingeld heraus. »Hier, das auch«, sagt sie.

»Nein. Das ist dein ganzes Geld.« Ich weiß, daß sich in dem Beutel neben dem Kleingeld wahrscheinlich ungefähr fünf Eindollarnoten befinden, Geld, das Ōmite hin und wieder von ihren Söhnen zugeschickt bekommt. Es ist ihre Reserve für Geschenke und kleine Überraschungen.

»Nimm es doch«, drängt Ōmite, »du wirst es brauchen. Es ist schwer für dich, so anzufangen, allein in einem fremden Land, mein Herz.«

Ich nehme den Geldbeutel entgegen, der noch warm ist von ihrer Hand. Ich zittere. Meine Beine sind blau und fleckig von der Kälte. Ich habe nicht daran gedacht, Strümpfe anzuziehen, und vom Saum meines groben Wollrocks hängen ein paar lose Fäden störend über meine nackten Waden.

»Danke, Ōmite«, sage ich.

Ōmite betupft sich die Augen, die von Hunderten feiner Linien umrandet sind. Sie nimmt dazu ein weißes, mit Veilchen besticktes Batisttaschentuch.

»Danke«, wiederhole ich. Ich selbst bin sicher, daß ich nie mehr weinen werde.

»Ich wünsche dir eine gute Reise«, sagt Ōmite. Sie macht eine Bewegung, als wollte sie mir den Mantel zuknöpfen, aber ich bin schon im Weggehen.

Beim Auto blicke ich zum Haus zurück. Ōmite steht immer noch auf der Treppe, folgt mir mit den Augen. Die dunkle Gestalt meines Vaters zeichnet sich vor dem Eingang ab, aber meine

Mutter ist nicht da. Vermutlich ist sie in ihrem Zimmer und liest oder tut so, als würde sie lesen, denke ich bei mit, als ich zu Joe ins Auto steige.

Drinnen nimmt meine Mutter das Foto von meinem High-School-Abschluß und legt es umgekehrt auf das Brett über dem doppelten Waschbecken. Dann fällt ihr etwas anderes ein. Sie sucht nach einer Pinzette, zupft das Bild aus dem Rahmen und zerreißt es systematisch in kleine Fetzchen. Sie schiebt den leeren Rahmen hinter die Bibliotheksbücher, die auf dem Doppelbecken gestapelt sind.

Sie zieht die Schuhe aus, steigt ins Bett und nimmt ihr Buch zur Hand, doch sie sieht nicht hinein. Ihre Augen sind auf den dunklen Horizont gerichtet, weit entfernt vom Haus.

»Verdammt noch mal«, sagt Joe, »jetzt brauch' ich aber einen Drink. Einen doppelten.« Er biegt in einen Parkplatz vor der Stardust Lounge ein. »Kommst du mit?«

Ich folge ihm brav.

»Also, so hat mich in meinem Leben noch keiner beleidigt«, sagt Joe. »Was zum Teufel ist mit denen eigentlich los? Wir haben doch bloß geheiratet, verdammt noch mal. Und wenn du jetzt wirklich was Schlimmes angerichtet hättest?«

»Das habe ich.«

»Herrgott, jetzt fängst du schon wieder an und redest dummes Zeug. Was ist denn dabei, wenn man heiratet? Eine normale Frau wäre mir dankbar. Wenn sie sich nicht so beschissen aufgeführt hätten, wären sie zur Hochzeit eingeladen worden. Ehrlich gesagt, es ist ihre eigene gottverdammte Schuld. Und überhaupt, ich bin verrückt nach dir, du bist verrückt nach mir, beide sind wir verrückt nacheinander, also was zum Teufel soll das alles?«

Ich würde ihm gern glauben; es wäre alles viel einfacher, wenn er recht hätte. Vielleicht kann er mir helfen, dem Ganzen auch etwas Gutes abzugwinnen.

»Vielleicht, wenn Beate Uldis heiratet...«, beginne ich. Beate hat vor kurzen an der University of Indiana ihr Abschlußexamen in Politikwissenschaft gemacht und geht jetzt mit Uldis, einem Letten, einem Mann, den meine Eltern mögen.

»Also, merkst du nun, wie beschissen deine Alte ist? Wetten, daß deine Eltern für ihre Hochzeit große Scheine lockermachen, aber für dich haben sie keinen Cent über. Eine Ungerechtigkeit – aber darunter habe ich mein ganzes Leben gelitten.«

»Sie haben kein Geld. Ich wollte nur sagen, so hätte meine Mutter etwas...«

»Schon gut, schon gut, diesmal drück' ich ein Auge zu. Komm schon, wir sind verrückt nacheinander, oder etwa nicht?« Er faßt mich am Knie und drückt es. »Gib mir ein einziges Mal Antwort, warum sagst du nichts?«

Er faßt mich noch fester am Knie.

»Ja«, sage ich.

»Dann benimm dich auch so. Könntest zumindest versuchen, fröhlich zu sein.«

Ich lächle, und er läßt mein Knie los.

»Eigentlich war es sehr lustig«, sagt Joe. »Wie dein Alter so erschüttert tut und dann ans Telefon geht und anfängt, lettisch zu quasseln, und deine Alte, wie die mit der Tasche auf mich losgeht und der Plunder im ganzen Zimmer rumfliegt. Zum Glück bin ich so verdammt schnell auf den Füßen. Was für 'ne Bande«, lacht er, »machen aus allem ein Riesendrama.«

»Meine Mutter war untröstlich. Mein Vater auch. Ich werde nie mehr zu ihnen können.«

»Komm mir nicht wieder mit dieser Leier. Du bist genau wie sie, machst aus jedem bißchen eine Riesentragödie. Warum kannst du nie etwas locker nehmen, warum kannst du nicht hin und wieder mal lachen?«

Ich blicke ihn mit einem steifen Lächeln an. Ich möchte ja gern glauben, daß Joe recht hat, daß das, was geschehen ist, keine große Sache ist, daß es tatsächlich komisch ist.

Joe betrachtet mich. »Das ist ein echtes Problem bei dir – dir fehlt der Sinn für Humor. Sieh dir mal mich an, ich habe heute soviel Scheiße erlebt, inklusive der, die ich dir zu verdanken habe, aber ich kann immer noch lachen. Mein Arm ist sozusagen gebrochen, ich weiß nicht, ob ich ihn je wieder bewegen kann, aber ich nehm's mit Humor. Komm, lach schon, warum denn nicht? War doch lustig.«

Er nimmt einen Schluck von seinem zweiten Drink. »Da tun wir nun wirklich alles für sie, machen die größten Umstände, besuchen sie, um ihnen zu sagen, daß wir verheiratet sind. Und haben sie's gewürdigt? Nicht die Bohne. Konnten es kaum erwarten, ihre große tragische Nummer abzuziehen. Hat nur noch gefehlt, daß sie mit deiner Kindheit im verwüsteten Europa nach dem Krieg kommen. Ist aber auch das einzige, womit sie uns verschont haben. Schluchz, schluchz.«

Der Mann hinter der Theke, der es satt hat, an der leeren Bar Gläser zu polieren, kommt und stellt sich vor Joe hin.

»Hab' ich recht gehört? Ihr zwei habt geheiratet?«

»So ist es, vor ein paar Tagen. Haben's endlich ihren Alten beigebracht. Ausländer, nicht Amerikaner, wie du und ich, Kumpel. Das kannst du dir nicht vorstellen. So was gibts einfach nicht.«

»Bitte, Joe.« Ich zupfe ihn am Ärmel. Ich will nicht, daß ein völlig Fremder sich über meine Mutter lustig macht.

Aber Joe beachtet mich nicht. Als er es erzählt, klingt es tatsächlich wie eine Posse auf der Bühne. Nicht gerade lustig, denke ich, doch voraussehbar und beinahe erträglich. Vielleicht hat er recht.

»Ja, ist wirklich komisch«, sagt der Barmann. »Erinnert mich zwar an dieses andere Stück.«

»Welches?«

»Fällt mir grad nicht ein, stammt aus alten Zeiten. Meine Frau hat mich hingeschleppt.«

»Wovon handelt es denn?«

»Oh, von einem Mädchen und einem Jungen, beide verrückt nacheinander, aber die Eltern haben was dagegen, daß sie heiraten. Wird viel gekämpft, mit Schwertern und so.«

»Ah«, Joe wird plötzlich ernst. »Hast du gehört, was der Mann sagt, Agate, verdammt schön tiefsinnig. Romeo und Julia, er meint, wir sind Romeo und Julia.«

Er dreht sich wieder zum Barmann um. »Verdammt richtig, Kumpel, stimmt genau. Ihre Mutter hätt' mich fast umgebracht, verdammt noch mal. Darauf spendier' ich dir einen.«

Er bestellt, einen für ihn und einen für sich selbst. Ich warte, bis der nächste fällig wird.

»Joe, ich möchte nach Hause. Ich hab' morgen eine Prüfung.«

»Herrgott, du und dein Studium.«

Aber er streitet nicht mit mir und bestellt auch keinen Drink mehr; der Barmann hat ihn in gute Laune versetzt.

Er hält mir die Tür auf, hilft mir in den Wagen.

»Von jetzt an gibt's nur uns zwei, Kleine. Ganz wie sich's gehört. Hast ja gesehen, wie sie dich behandelt haben, wie Dreck. Die lieben dich nicht. Aber keine Bange, ich kümmere mich schon um dich.«

»Danke.« Ich lächle ihn an. Er ist alles, was ich habe.

Joe pfeift vor sich hin, als er auf der anderen Seite einsteigt.

»Jawohl, du kannst ruhig einmal danke sagen für den ganzen Scheiß, den ich auf mich nehme. Nur deinetwegen. Mensch, bin ich verrückt nach dir.«

Er langt hinüber und verriegelt meine Tür. Er hält mich, fummelt an meinem Haar herum, knabbert an meinem Ohr. »Ist doch schön? Ich weiß doch, du bist froh, daß wir endlich verheiratet sind.«

Ich höre seine Worte, bin aber zu erschöpft von Schuld- und Reuegefühlen, um zu antworten. Und ich habe nichts zu sagen. Ich fühle mich wie eine Pflanze, die man aus der Erde gerissen hat.

Joe startet den Wagen. »Jetzt kann uns nichts mehr trennen. Und was sagst du zu dem Barmann? War doch gut? Wie Romeo und Julia!«

TEIL IV

»Treib, Wind, treibe mein Boot ...«

EINUNDZWANZIG JAHRE SPÄTER jäte ich Unkraut im Blumengarten meiner Mutter, eine Arbeit, die ihr langsam zu anstrengend wird. Die Gundelrebe, der Löwenzahn und das Fingergras lassen sich nicht leicht herausreißen, der Boden ist trocken und verkrustet, aber es ist trotzdem eine befriedigende Aufgabe. Manchmal stelle ich mir vor, als Gärtnerin statt als Professorin zu arbeiten, aber ich mag das meiste an meiner akademischen Arbeit, meine Kurse über Literatur des zwanzigsten Jahrhunderts und über Frauenfragen an der University of Wisconsin-Whitewater.

Ich strecke mich, streiche mir das Haar aus dem Gesicht, blicke in die Sonne. Es muß schon nach vier sein, bald Zeit, aufzuhören und sich in die bequeme Wohnung meiner Eltern zurückzuziehen. Nach Ōmites Tod sind sie in eine sichere Gegend gezogen. Vielleicht werde ich für ein paar Minuten die Augen schließen und mich den Klängen lettischer Volksweisen hingeben, die die Natur und harte Arbeit preisen. Dann kann ich duschen und mich umziehen und nachher meinen Vater in das neue lettische Gemeindezentrum im wohlhabenden Viertel ganz im Norden von Indianapolis begleiten, zu einem Vortrag, einem Konzert oder zu einer der anderen scheinbar laufend stattfindenden Veranstaltungen. Oder ich könnte, da Joe diesmal nicht dabei ist, Freunde besuchen; meistens habe ich nicht die Gelegenheit, sie zu sehen. Joe hat es nicht gern, wenn ich mich mit anderen Letten treffe. Er glaubt, wir würden uns nur in unserer Sprache unterhalten, um ihn auszuschließen, und dabei versuchten sie, romantische Rendezvous mit ehemaligen Liebhabern für mich zu arrangieren. Er fürchtet auch, sie machten sich über ihn lustig.

Ich überprüfe, wie weit ich mit dem Blumenbeet meiner Mutter vorangekommen bin, wische die Hände an meiner Bluse ab und versuche halbherzig, die Erde unter meinen Fingernägeln zu entfernen. Ich liebe es, ohne Handschuhe zu gärtnern, die warme feuchte Erde an meinen Händen zu spüren. Ich liebe sogar den mit Staub vermischten, leicht säuerlichen Geruch meines Schweißes und das körnige Gefühl von Erde auf der Innenseite von Handgelenk und Ellbogen, bevor ich mich wasche und mit einer anderen Arbeit beginne.

Ich betrachte meine Hände kritisch. Es ist verblüffend, wie ähnlich sie denen meiner Mutter werden. Die Haut ist matt und schlaff und mit kleinen Narben und Altersflecken verunziert. Aber meine Handflächen sind glatt und fest. Ich habe kräftige, zupackende Hände, die Hände einer Gärtnerin, nicht die einer Professorin. Sie verraten nichts von meinen inneren Konflikten, meinem Zögern, meinen Schwächen.

Ich habe das Gefühl, etwas vollbracht zu haben, als ich den rosenroten Kosmos meiner Mutter betrachte, die violetten Astern und burgunderroten Chrysanthemen. Nicht mehr von Unkraut erstickt, sehen sie lebendiger aus, aber ich selbst könnte eine kleine Ruhepause brauchen. Ich stelle mir vor, wie mir kühles Wasser durch das Haar und über die Schultern rinnt. Nein, sage ich mir, ich darf nicht aufhören, bevor alles fertig ist. Wenn ich so weitermache, kann ich es in einer Stunde geschafft haben.

Dieser Arbeitsstil, der mir inzwischen in Fleisch und Blut übergegangen ist, kam mir sehr zustatten. Ich absolvierte einen Kurs nach dem anderen, erhielt Stipendien, schloß das Studium summa cum laude ab, wurde Mitglied der Phi Beta Kappa, erhielt eine Assistentenstelle sowie den Magistertitel der University of Indiana. Während ich meist ein volles Pensum unterrichtete, promovierte ich an der University of Wisconsin in Madison über die englische und amerikanische Literatur des zwanzigsten Jahrhunderts.

Jede erreichte Stufe gab mir das Gefühl, etwas vollbracht zu haben, etwas Neues zu beherrschen, eine Erfahrung, die ich in meiner Ehe kaum machen würde. Ich verbot mir die romantischen Träume, die ich als junges Mädchen gehegt hatte, und konzentrierte mich darauf, auf andere Weise Erfüllung zu finden. Meinem Sohn Boris, der jetzt kurz vor dem Eintritt ins College steht, konnte ich ein sicheres und komfortables Zuhause bieten. Ich unterrichtete gern, und ich wurde von meinen Kollegen geschätzt.

Woher nahm ich die Energie durchzuhalten? Mit meiner Schwester, die Uldis geheiratet hatte und nach Texas gezogen war, hatte ich kaum Verbindung. Unmittelbar nach meiner Hochzeit war sie mir eine große Hilfe gewesen, doch später sahen wir uns selten und sprachen uns nur unregelmäßig am Telefon. Mein Vater besuchte mich ein paar Wochen, nachdem ich Joe geheiratet hatte. Er vergab mir und stellte den regelmäßigen Kontakt mit mir wieder her, doch meine Mutter tat dies nicht. Ohne die Liebe meines Vaters und meiner Schwester wäre mein Leben in der Tat trostlos gewesen.

Zum Glück hatte ich, wie schon Ōmite früher, immer viele Freundinnen, von denen ich reichlich Zuwendung und Trost erhielt. Mit der Zeit wuchs ich immer mehr in die amerikanische Gesellschaft hinein und befreundete mich dabei mit einigen wundervollen Amerikanerinnen. Hinzu kam die berauschende Erfahrung, den Feminismus zu entdecken, zum ersten Mal Werke von Autorinnen zu lesen, mich beruflich mit Frauenthemen zu befassen, mich mit Kolleginnen und Kollegen auszutauschen, die meine Interessen teilten. Das Entwickeln von Kursen und eines Programms in der Frauenforschung an der University of Wisconsin-Whitewater gaben meiner akademischen Tätigkeit

Schwerpunkt und Sinn. Meine ganze Hingabe galt meinem Sohn, meiner Arbeit, meinen Studenten, meinen Freundinnen und Kollegen, meinem Garten und Frauenthemen, und ich schöpfte daraus viel positive Energie.

Mein Stolz ließ mich nicht einmal engen Freunden gegenüber eingestehen, daß ich in meiner Ehe unglücklich war. Ja, ich tat alles, um das Gegenteil vorzutäuschen, so wie ich mich auch bemühte, meine Schlaflosigkeit, meine Ängste, meine Depressionen und meine Selbstmordgedanken zu verbergen.

Auch wenn ich selbst nicht über meine Erlebnisse während des Krieges sprechen konnte, halfen mir die Geschichten anderer doch unendlich viel. Manchmal glaube ich, daß es vor allem diese Geschichten waren, die mich vor Selbstmord bewahrten, weil sie mir eine gefahrlose Möglichkeit boten, zu *versuchen*, mich von der Vergangenheit zu befreien. Aus heutiger Perspektive behandelte ich mit meinen Studenten unverhältnismäßig viele Romane über den Krieg und seine Folgen, was ich mit verschiedenen theoretischen und textkritischen Gründen rechtfertigte.

Mehr als jedes andere haßten meine Studenten das Buch *Der bemalte Vogel*. Sie fanden es »zu deprimierend«, »abscheulich«, »vollkommen kraß«. Sie gaben dem sechsjährigen Jungen, der während des Krieges von seinen Eltern getrennt wurde und keinerlei Schutz von Erwachsenen erfuhr, selbst die Schuld dafür, daß er mißbraucht und gequält wurde. Sie kamen mit irrationalen Vorschlägen: Er hätte verschont bleiben können; er hätte »sich kommunikativer verhalten«, »mehr Selbstvertrauen entwickeln«, »Abhängigkeiten aufgeben«, »sein Leben in die Hand nehmen« sollen. Sie ereiferten sich laut und aufgebracht, der Junge hätte sich eben mehr anstrengen müssen – hätte in ein anderes Dorf gehen, alle Menschen meiden, sich in die Erde verkriechen und dort ausharren müssen.

Geduldig führte ich meine Studenten durch den Text, half

ihnen, nach Beweisen für ihre Behauptungen zu suchen, bis selbst die aggressivsten unter ihnen die Ungerechtigkeit ihrer Schuldzuweisungen gegenüber dem Jungen einsahen. Daraufhin verlagerte sich ihre Wut von den Figuren auf den Autor. Sie warfen Kosinski Lügen, Übertreibung, Wehleidigkeit vor. Sie verdächtigten ihn, am Krieg Millionen zu verdienen. Der Krieg war doch schon so lange vorbei, warum immer noch darüber reden, fragten sie. Sie waren wütend auf mich, weil ich ihnen das Buch als Lektüre aufgab.

Es war mir ungemein wichtig, daß sie die Erfahrungen des Jungen begriffen. Ich sagte ihnen nicht, daß ich während des Krieges selbst in Europa gewesen war, doch wenn ich die Schlußszene laut vorlas, in der der Junge, den die erlittenen Schrecken stumm gemacht hatten, endlich das überwältigende Verlangen zu sprechen verspürt und ihm »bedeutungsschwere« Worte über die Lippen kommen, zitterte meine Stimme jedesmal, und meine Augen füllten sich mit Tränen.

Jerzy Kosinski selbst begann mich zu faszinieren. Wie hatte er gelernt, seine Erfahrungen in Fiktion umzuwandeln? Ich las jeden seiner Romane, sobald er erschien, ich bedauerte es schwer, daß ich ihn bei einer spät in der Nacht gesendeten Talk-Show nicht gesehen hatte, ich bewahrte Kopien all seiner Interviews auf, nur um sein Gesicht zu studieren. Auf dem Heimweg nach dem Unterricht gab ich mich weitschweifigen Phantasien über ihn hin: Ich begegnete ihm im Flugzeug, wir unterhielten uns. Ich schenkte ihm meine ganze Sympathie, und er verstand mich auf eine Weise, wie mich noch nie jemand verstanden hatte. Wenn auch nicht gerade seine Muse, so konnte ich vielleicht sein Thema sein. Er würde ein Buch über ein Mädchen und seine Mutter schreiben und es mir widmen.

Aber würde er das tun? Kosinskis Protagonisten zogen mich an und stießen mich zugleich ab. Ich setzte ihre Einstellung oft ganz naiv mit der seinen gleich. Ihre sadistischen sexuellen

Turnübungen, ihr beiläufiger Gebrauch von Frauen, ihre Unmoral und vor allem ihre Rachebesessenheit ließen mich erschaudern. Wenn ich Kosinski verärgerte, würde er mich vielleicht eliminieren, so wie Tarden Veronika schlau und ohne ihr Wissen radioaktiver Strahlung ausgesetzt hatte. Ich wünschte mir, er würde das tun.

Meine Phantasien endeten immer damit, daß Kosinski sagte: »Was du erlebt hast, ist nicht so schlimm. Das ist gar kein Vergleich! Ich war sechs Jahre von meinen Eltern getrennt, ich habe meine ganze Familie im Holocaust verloren, der Krieg hat mich unwiderruflich verändert. Du hieltest besser deinen Mund.«

Joe, der in seinem eigenen Schmerz gefangen war und es nicht ertragen konnte, vom Schmerz anderer zu hören, hätte ihm beigepflichtet: »Ja, das stimmt.«

Doch jetzt, im Blumengarten meiner Mutter, denke ich statt über meine über ihre Leistungen und ihr Leben nach. Meine Mutter hat noch mit siebzig an der University of Indiana den Doktortitel in vergleichender Literaturwissenschaft erworben.

»Was meinst du, soll ich den *Indianapolis Star* anrufen und es ihnen mitteilen? Du hast soviel erreicht, und unter was für widrigen Umständen. Ich bin sicher, die bringen gerne einen Artikel über dich.«

»Nein«, sagt sie, aber ich sehe ihr an, daß es sie freut. »Ich will nicht, daß es in die Zeitung kommt. Die würden einen großen Wirbel darum machen, daß ich schon siebzig bin, das würden sie bejubeln. Sie würden nicht begreifen, was für ein harter Kampf mein Leben immer gewesen ist. Oder sie würden schreiben, wie ›süß‹ ich sei. Das wäre noch schlimmer.«

»Aber du könntest im Interview sagen, was dir wichtig ist – wie du als Kind Rußland verlassen mußtest und dann Lettland, daß du zwei Kriege erlebt hast. Daß dein Vater und Onkel Žanis beide die Bildung der Frauen als wichtig ansahen, wie hart du in

Amerika arbeiten mußtest. Und daß du trotz allem als Phi Beta Kappa abgeschlossen und jetzt sogar noch deinen Doktor auf einem so schwierigen Gebiet gemacht hast. Das sind doch alles ganz erstaunliche Leistungen.«

»Die wollen doch nichts von Entbehrung und Härte hören. Sie würden es nicht verstehen. Sie würden sagen, wozu muß die überhaupt promovieren, dazu noch als Frau eines Pfarrers? Warum hat sie ihren Mann nicht besser unterstützt? Warum hat sie nicht mehr für die Gemeinde getan?«

»Aber du könntest erzählen, wie du im LaRue's Teller gewaschen hast, von der Arbeit in der Konservenfabrik, wie dir die verbrühten Hände weh getan haben. Und wie du, um Englisch zu lernen, Dostojewski gelesen hast und dich mit David unterhieltest…«

Ihr Gesicht hellt sich auf. »Du erinnerst dich auch an David?«

»Ja, der Junge, der beim Abräumen half. Der, der so musikbesessen war. Er hat dir immer vom Jazz erzählt, und du hast ihm mit seinem Deutsch geholfen.«

»*Der* hat es zu was gebracht. Er hat seinen Doktor vor ungefähr zehn Jahren gemacht. Er lehrt an der Indiana School of Music, ich habe seinen Namen im Vorlesungsverzeichnis gesehen. Letztes Frühjahr hat das Sinfonieorchester von Indianapolis eine Komposition von ihm aufgeführt. Ist das nicht ein Triumph? Weil er schwarz war, haben sie ihn nicht einmal gesehen, wenn sie mit der Nase auf ihn stießen. Sie dachten, die Schwarzen sind, wie wir Einwanderer, froh, in den Küchen Amerikas arbeiten zu können, dankbar, die Reichen bedienen zu dürfen, zu dumm, um irgend etwas anderes zu tun.«

»Das mit David ist wunderbar. Du könntest ihm doch schreiben, er würde sich bestimmt freuen, von dir zu hören.«

»Nein, ich bin sicher, auch er will LaRue's vergessen. Es war demütigend, dort zu arbeiten. Er mußte sich jeden Tag Bemerkungen über Neger und Naturrhythmen anhören, und sie machten sich lustig darüber, daß ein Schwarzer über Musiktheorie sprach und Professor werden wollte. Nun, jeder von uns hatte sein eigenes Päckchen zu tragen, wenn er sich sein Brot verdienen wollte. Aber ich möchte nicht, daß die im LaRue's noch meinen, sie könnten sich jetzt stolz auf die Schulter klopfen, weil sie uns unter so miserablen Bedingungen und zu so unverschämt niedrigen Löhnen arbeiten ließen.«

Trotzdem ergehen wir uns in Erinnerungen über LaRue's, über die Park Avenue, die University of Indiana. Plötzlich stellt sie mir eine konkrete Frage.

»Glaubst du, Beate geht es gut?«

Beate arbeitet in Texas als Dozentin an der Texas A&M, einer landwirtschaftlich-technischen Fachhochschule.

»Wieso?« Auch ich habe das unbestimmte Gefühl, daß etwas nicht stimmt, weil Beate ihren Mann Uldis nie erwähnt, wenn wir miteinander sprechen. Aber ich erwähne Joe ja auch selten.

»Ich mache mir Sorgen um sie. Beate hat so viele Lehr- und Kommissions-Verpflichtungen an der Texas A&M, daß sie keine Zeit hat, ihre Doktorarbeit zu schreiben.«

Das gibt mir einen Stich, unwillkürlich empfinde ich Neid. Meine Mutter macht sich um Beate Sorgen, aber mich hat sie nicht *einmal* gefragt, wie ich zurechtkomme. Nie hat sie auch nur ein einziges Wort der Anerkennung über meine drei Auszeichnungen verloren, und gratuliert hat sie mir schon gar nicht.

»Arbeiten und daneben eine Dissertation schreiben ist sehr hart« pflichte ich ihr bei. »Ich hoffe, daß sie es schafft und daß zwischen ihr und Uldis alles in Ordnung ist.«

»Ja, das hoffe ich auch. Was er wohl den ganzen Tag macht, wenn sie an der Uni ist? In der Zeit hätte er doch seine eigene Dissertation längst abschließen können.«

Zu meinem Erstaunen führen meine Mutter und ich so etwas wie ein richtiges Gespräch. Vielleicht ist das ein Anfang, und weitere folgen.

Im übrigen hat sich meine Mutter mir gegenüber distanziert und reserviert verhalten, so wie sie normalerweise ist. Auch wenn ich unterdessen ihre Meinung über Joe teile, sind wir uns nicht nähergekommen. Der Bruch zwischen uns ist endgültiger; er geht auf den sandigen Pfad zurück, wo ich mich ihr widersetzt habe, und noch weiter, zu ihren eigenen frühen Entwurzelungen und Verlusten, zu ihren entrückten Blicken zum Horizont, weg von unserem Haus.

Trotzdem glaube ich, daß dies ein guter Besuch war, viel besser als der im vorigen Winter. Damals sprach bei der Begrüßung Enttäuschung aus ihren Augen. Und ihr Gesichtsausdruck änderte sich auch nicht, als sie die goldgeprägte Schachtel öffnete und die cremefarbene Seidenbluse hochhielt, die ich ihr gekauft hatte, weil sie mich an die Kleider erinnerte, die sie in Lettland trug. Ich hatte sie ihr voller Hoffnung und mit dem innigen Wunsch geschenkt, daß sich in unserer Beziehung etwas ändern möchte.

Sie hatte die in Seidenpapier geschlagene schwere Seide gleichgültig betrachtet und den Deckel wieder zugemacht.

»Danke«, sagte sie.

Während der restlichen Zeit meines Besuches ließ sie die Schachtel achtlos, als hätte sie sie vergessen, auf dem Wohnzimmerboden liegen.

Im Flugzeug begann ich vor Joes Augen zu weinen, anstatt zu warten, bis ich allein war. Ganz überrascht sagte er: »Komm schon, Kleine, gib's endlich auf. Grübele nicht immer über die Vergangenheit nach, das ist nun wirklich eines von deinen größten Problemen. Gib's zu, dir hat's doch eigentlich gefallen im verwüsteten Europa. ›Soldat, Soldat, hast keine Schokolad'?‹ – ich wette, du bist so richtig in Fahrt gekommen, wenn du dein Verslein hergesagt hast.«

Als ich auf seinen abgedroschenen Spruch nicht reagierte, sagte er: »Herrgott noch mal, du hast *wirklich* keinen Funken

Humor. Kann mir nicht vorstellen, daß es ein anderer mit dir aushalten würde. Komm jetzt, du hast einen guten harten Drink nötig.«

Wir verließen während eines Zwischenhalts das Flugzeug, doch als wir wieder einsteigen wollten, gab es bei der Sicherheitskontrolle eine lange Schlange, und vor uns standen Hunderte von Weihnachtsurlaubern. Joe faßte mich fest am Ellbogen und schob mich vorwärts.

»Meine Frau wurde eben aus der Klinik entlassen«, flüsterte er für jedermann hörbar. Wir erreichten das Flugzeug noch rechtzeitig, nahmen unsere Mäntel und unser Gepäck an uns und richteten uns im traurigen Zwielicht des späten Winternachmittags ein. Wir sprachen nicht miteinander.

Ich war verärgert über ihn und schämte mich, daß ich mich von ihm so herummanövrieren ließ, doch gleichzeitig fühlte ich mich auch umsorgt. Ich wiederholte für mich meinen eigenen abgedroschenen Spruch, daß Joe mich und Boris im Falle eines neuen Krieges garantiert mit dem letzten Schiff oder dem letzten Flugzeug in Sicherheit bringen würde. Joe würde mich nie verlassen, so wie es alle anderen immer getan haben. Wie könnte ich also ihn verlassen?

Ich schob den Vorfall beiseite, so wie ich schon hundert andere beiseite geschoben hatte. Ich gewöhnte mir an, keine Notiz zu nehmen. Wenn er über das wenige, was ich ihm am Anfang unserer Ehe unbedacht anvertraut hatte, in Gegenwart von Fremden Witze riß, wandte ich mich ab und blickte weg. Wenn er bei Partys alle Gäste um Aufmerksamkeit bat und dann in die Hocke ging, die Arme über der Brust kreuzte und mit heftig ausschlagenden Beinen die Kasatschok tanzenden Russen nachahmte, ging ich in ein anderes Zimmer, um mir seine Erklärung, es hätte mir Spaß gemacht, die Russen aufzugeilen, nicht anhören zu müssen. Ich vermied jede Erwähnung der Vergangenheit. Wenn Joe, ächzend vor Erschöpfung und nach Whisky riechend, ins Bett sank, hielt ich die Augen fest geschlossen und tat so, als schliefe ich.

Ich glaube, daß sich nie etwas ändern wird, und doch ist alles um mich herum im Wandel begriffen. Auch in mir selbst, aber so unauffällig, daß ich es überhaupt noch nicht wahrgenommen habe. Ich weiß nur, daß die Worte zwischen meiner Mutter und mir mehr Bedeutung zu haben scheinen. Ahne ich, daß dies der letzte nicht von ihrer Krankheit überschattete Besuch bei ihr ist? Ein Jahr später wird sie sterben. Scheinen die Ereignisse deshalb Andeutungen und Hinweise zu bergen, und verspüre ich deshalb ein so starkes Verlangen, jetzt mit ihr zu sprechen? Oder habe sogar ich endlich genug von dem grauen Schleier, der seit meinem siebten Lebensjahr alles getrübt hat? Habe ich es endlich satt, ergeben auf das Ende meines Lebens zu warten?

An diesem spätsommerlichen Sonntagnachmittag begleite ich meine Eltern zu Herrn Bērziņš, der seinen neunzigsten Geburtstag feiert. Verschiedene Frauen der lettischen Gemeinde haben dieses hohe Alter erreicht, doch kaum einer der Männer. Wie die meisten Meilensteine wird auch dieser öffentlich gefeiert, Vertreter aller lettischen Organisationen erscheinen, halten Reden, bringen Rosen, Cognac, Wein. Während des ganzen Abends treffen Freunde ein, um zu essen, sich zu unterhalten, zu singen. Ich bin es nicht gewohnt, mitzumachen und mich dann auch zugehörig zu fühlen. Seit dem Bruch mit meiner Mutter habe ich außerhalb der lettischen Gemeinschaft gelebt, und ich vermisse meine lettische Muttersprache. Meine Ehe hat mich aus noch mehr Bindungen gerissen, als ich vorausgesehen habe.

Das geräumige Haus der Bērziņš steht in einem noblen Vorort von Indianapolis. Es ist voll von eleganten Möbeln, feinem Porzellan und lettischen Holzschnitzereien, Keramik und Stickarbeiten. Niemand käme auf den Gedanken, daß seine Bewohner noch vor dreißig Jahren Flüchtlinge waren.

Herr Bērziņš, ein ausgezehrter, fast völlig erblindeter alter Mann, nimmt die Gratulationen beifällig und mit großer Freude entgegen. Mit seiner leberfleckigen, doch bemerkenswert ruhigen Hand erhebt er sein Glas, um auf sein langes, ereignisreiches Leben anzustoßen. Er erzählt, daß er im Ersten Weltkrieg gekämpft habe, in Rußland den Zaren aus einer Kutsche winken sah und in Berlin Hitler vor einer jubelnden Menschenmenge sprechen hörte. Wie andere Letten hat er russische und deutsche Unterdrückung überlebt, und er ist stolz darauf. Weder Hitler noch Stalin hätten ihn besiegen können, sagt er.

Als Herr Bērziņš meine Hand nimmt und sich bei mir bedankt, daß ich so weit gereist sei, nur um seinen Geburtstag mitzufeiern, will ich ihm erklären, ich sei nicht aus diesem Grund nach Indianapolis gekommen. Doch ich lasse es, als ich bemerke, wieviel Freude ihm der Gedanke bereitet. Er flüstert mir zu, er wisse aus vertraulicher Quelle, daß Anastasia nicht mit dem Rest der Zarenfamilie hingerichtet worden sei, und ich müsse das meiner Mutter sagen, sie sei doch in Rußland aufgewachsen. Er behauptet, er kenne jemanden, der Anastasia mehr als zehn Jahre nach der Revolution lebend gesehen habe, sie sei während der Säuberungen unter Stalin versteckt gewesen, und eines Tages würde ihre wahre Geschichte bekannt, genau wie andere Geschichten aus den Schreckenstagen der Vergangenheit.

Es warten noch andere darauf, mit ihm zu sprechen, also erhebe ich mich und blicke mich nach einem freien Stuhl um. Jānis Kalņš macht mir Zeichen, doch ich hüte mich davor, mich neben ihn zu setzen. Obwohl wir immer scherzen, wir hätten vieles gemeinsam, weil wir am selben Tag geboren sind, bringe ich nicht die Geduld auf, ihm zuzuhören. In der lettischen Gemeinde ist Jānis, ein Professor für Volkswirtschaft, wegen seiner beruflichen Erfolge, seiner stabilen Ehe, seines großen, wunderschönen, mit eigenen Händen erbauten Hauses sehr geachtet. Wie so viele von uns arbeitet er unablässig.

Er sammelt wie besessen Bücher über den Zweiten Weltkrieg, und er spricht häufiger als andere Letten über die geheimen Zusatzprotokolle zum Deutsch-Sowjetischen Nichtangriffspakt von 1939. Durch diese Absprache zwischen Hitler und Stalin, zwischen den Nazis und den Kommunisten, ging Lettland 1940 an die Russen. Jānis hofft, eines Tages beweisen zu können, daß Rußland keine rechtmäßigen Ansprüche auf Lettland hat, daß die Letten die Russen nicht mit offenen Armen willkommen geheißen haben und sich Lettland der Sowjetunion nicht freiwillig angeschlossen hat. Lettland sei gewaltsam besetzt worden, auch wenn die Sowjetunion der Welt mit ihrer Propaganda etwas anderes weismachen wolle. Jānis kann es nicht lassen, ständig über diese Fragen zu reden. Er hat sich jeden Hinweis auf Lettland in seinen Kriegsbüchern eingeprägt, und wenn man ihm Gelegenheit dazu gibt, kann er sie stundenlang zitieren, mit Seitenangaben und allem Drum und Dran, und dabei mißt er jedem einzelnen dieser Hinweise eine Bedeutung bei, die dem Zuhörer meistens entgeht.

Jetzt lächelt er mich breit an, hält die Hand an den Mund und flüstert etwas, was ich nicht verstehe. Er nimmt zufrieden einen großen Schluck aus seinem Glas. Er sieht vollkommen glücklich aus, seine Vergangenheit und seine Zukunft sind an diesem festlichen Nachmittag weit weg. Als Jānis sechs Jahre alt war, saß er während eines Luftangriffs auf dem Schoß seines Vaters. Der Vater wurde dabei getötet. Jānis selbst kam ohne den kleinsten Kratzer davon. Seiner sanften Frau Lidija hat Jānis erklärt, er sehe keinen Sinn darin, daß er am Leben geblieben sei, doch sie versteht es nicht als unheilvolle Ankündigung. Niemand ahnt, daß er sich im folgenden Jahr umbringen wird, kurz nach seinem dreiundvierzigsten Geburtstag. Da er meint, irgendeine Erklärung dazu abgeben zu müssen, hinterläßt er auf dem Armaturenbrett gewissenhaft einen Zettel mit der Mitteilung, daß er das Leben nach dem Tod seines geliebten Hundes Pērlīte (kleine

Perle) nicht mehr lebenswert finde. Sein Selbstmord erschüttert die lettische Gemeinde und drängt die Nachricht, daß ich Joe endlich verlassen habe, in den Hintergrund. Jānis erlebt es nicht mehr, daß die Wahrheit über den geheimen Pakt und die gewaltsame Besetzung der baltischen Staaten ans Licht kommt und endlich, nach fünfzig Jahren, in amerikanischen Zeitungen als Tatsache berichtet wird.

Da ich keine Lust habe, mir Jānis' Ausführungen samt Fußnoten und Seitenzahlen anzuhören, gehe ich in die Küche, um Mirdza zu suchen und von ihr mehr über ihre tote Cousine Anna zu erfahren. Anna ist vor drei Jahren gestorben, umgebracht von ihrem Mann, Ivars, der sich nach der Tat selbst erschoß. Ich denke oft an Annas Töchter. Wie mag es der Sechzehnjährigen gehen, die wenige Wochen nach der Beerdigung ihrer Eltern einen alten Mann heiratete? Und der Zwölfjährigen, über die sich Ivars beugte, als er sich die Pistole an die Schläfe setzte?

Doch in letzter Zeit bin ich vor allem auf Anna selbst neugierig geworden. Was ist ihr während des Krieges zugestoßen? Hat sie es je erzählt? Könnte das die Erklärung dafür sein, daß sie ihrem bereits suizidgefährdeten Mann ein Paar Pistolen zu Weihnachten schenkte? Hat sie gesagt: Spielt keine Rolle, wenn du mich umbringst – so wie ich, wenn ich willfährig zu Joe ins Auto steige und ihn fahren lasse, egal, wieviel er getrunken hat? Warum konnte sie sich nicht dazu aufraffen, Ivars zu verlassen?

Mirdza überwacht gerade das Anrichten der Nachspeisen und schneidet eine wunderschöne Mokka-Mandeltorte auf. Vor ihr auf dem Tisch stehen Apfelkuchen, Schokoladetorten, Himbeertörtchen und der traditionelle *Klingeris*, ein Safrankuchen mit Rosinen und Mandeln, der wie eine riesige Brezel geformt ist und von dem jeder Gast ein Stück probieren muß. Sie gestikuliert, lacht, ihre Wangen sind gerötet vor Freude, daß es soviel anzubieten gibt. Sie winkt mir zu, aber sie ist zu beschäftigt, um mit mir zu reden, also gehe ich ins Wohnzimmer zurück und suche mir jemand anders.

Der Raum ist erfüllt vom Duft von Rosen, Wein und aromatischem Kaffee. Es ist warm, ich habe bereits mit einem halben Dutzend Leuten gesprochen, die ich seit Jahren nicht mehr gesehen habe, und eine große Wehmut erfaßt mich. Dieses Gefühl überkommt mich gewöhnlich erst auf dem Heimweg von Indianapolis. Wenn ich allein im Auto sitze, lasse ich meinen Tränen freien Lauf, weil meine Eltern mir jedesmal, wenn ich sie sehe, gebrechlicher erscheinen, weil ich Menschen zurücklassen muß, bei denen ich mich so wohl fühle, zu deren Gemeinschaft ich aber nicht gehöre, weil ich keine Gelegenheit habe, lettisch zu sprechen oder vertraute Bräuche zu pflegen, weil ich selbst nichts dazu beitrage, Lettland zur Unabhängigkeit zu verhelfen, weil ich mich dem harten Urteil derer, die es tun, ausgesetzt fühle. Doch vor allem weine ich, weil es meine Mutter, wenn immer möglich, vermeidet, mit mir zu sprechen, und weil mir die ersehnte Versöhnung mit ihr unwahrscheinlich erscheint.

Wenn Joe dabei ist, drehe ich mich weg und blicke schweigend aus dem Fenster, bis ich mich wieder unter Kontrolle habe. Ich verspüre den absurden Wunsch, wieder in Indianapolis zu wohnen, wie mein Vater von einer lettischen Veranstaltung zur anderen zu gehen, an den Wochenenden die Kinder Lettisch zu lehren, bei der Vorbereitung für das nächste Sängerfest mitzuhelfen, im Gemeindezentrum Tische zu decken und Teller zu waschen. Aber dann würde ich meine amerikanischen Freunde schmerzlich vermissen, mit denen ich mein tägliches Leben und alle beruflichen und politischen Interessen meines Erwachsenenlebens teile. Ich weiß, daß ich nie irgendwo ganz dazugehören werde. Ich rufe mir dann immer in Erinnerung, daß ich ja gar nicht gern Geschirr spüle, und ich gebe mir Mühe, Joe anzulächeln. So habe ich diese Wehmut überwunden, wenn ich zu Hause ankomme.

Aber es gibt keinen Grund, mich ihr jetzt nicht hinzugeben, deshalb gehe ich hinaus, um mich auf die Schaukel auf der Veranda neben Laimonis zu setzen. Wir waren Freunde, als ich die High-School besuchte.

Laimonis lächelt mir zu: »Komm, erzähl mir, wie es sich als Professorin lebt. Ist es schlimmer, als Ärztin zu sein ? Ich habe gehört, daß Professoren noch sexistischer sind als Ärzte, aber so ein Verhalten wäre ja unglaublich, quasi eine Karikatur. Ich halte das fast nicht für möglich.«

Laimonis ist selbst Arzt. Die meisten seiner Patienten sind Letten, die es vorziehen, zu ihm zu gehen, statt zu einem anderen Arzt, mit dem sie englisch sprechen müßten, auch wenn sie es fließend können.

»Und, wie geht es deinem amerikanischen Ehemann? Wetten, der wäre eifersüchtig, wenn er wüßte, daß wir miteinander sprechen«, sagt er scherzend.

Ich lache. Laimonis wäre erstaunt, wie nah er der Wahrheit kommt. Joe macht mir noch immer Vorhaltungen wegen einer Holzschnitzerei, die Laimonis mir schenkte, als unsere Wege sich trennten und wir uns an verschiedenen Universitäten einschrieben. Sie stellte ein schlankes, windzerzaustes Mädchen dar, das die *Kokle*, eine lettische Zither, spielt und von dem Laimonis sagte, das sei ich. Weil ich Joe nicht verletzen wollte, verpackte ich die Figur gehorsam und gab sie Laimonis ein Jahr nach meiner Hochzeit zurück. Es war Teil meines systematischen Verzichts auf Fotografien, Briefe, Gedichte, Meinungen, Erinnerungen, Freunde – eines Verzichts, den Joe im Namen der Liebe verlangte.

»Wie geht's deiner Mutter?« frage ich.

»Es geht ihr gut. Sie liegt mir ständig in den Ohren, ich solle wieder heiraten.«

»Ach ja? Und das wievielte Mal wäre das?«

»Nummer drei.«

»Und, wirst du?«

»Ich weiß nicht. Wer will mich denn schon? Und überhaupt, ich glaube, die Mühe lohnt sich nicht. Ich komme langsam zu dem Schluß, daß ich mich für die Ehe nicht eigne. Dazu braucht es einen viel festeren Charakter.«

Laimonis lacht ein bißchen abschätzig über sich selbst, und ich kann mich kaum enthalten, ihn zu trösten. Er ist ein gutaussehender, kräftig gebauter, ja imponierender Mann, aber ich erkenne in ihm immer noch den ruhelosen, theatralischen Jungen, den ich in der High-School erlebt habe.

»Na gut, aber wie geht's deiner Mutter *wirklich*?« frage ich jetzt.

Die schöne, dunkeläugige, souveräne, charmante Frau Kļava! Kein Wunder, daß Laimonis sie vergötterte. Ich hörte ihr unheimlich gern zu, wenn sie von den Kleidern sprach, die sie zum Besuch der lettischen Staatsoper getragen, vom französischen Parfum, das sie von ihren Reisen nach Paris mitgebracht hatte, von den Künstlern, die ihr die Hand geküßt hatten. Sie wollte von mir wissen, was ich einmal tun – und tragen – werde, wenn ich mein Studium abgeschlossen hätte.

»Sie verliert langsam das Augenlicht«, sagt Laimonis. »Ist praktisch blind. Sieht nur noch Schatten.«

»Oh, das tut mir aber leid.«

»Sie hatte doch schon immer Probleme mit den Augen, erinnerst du dich?«

»Ja. Aber ich hab' sie seit mehr als zwanzig Jahren nicht mehr gesehen.«

Das einzige, was sich damals auf Frau Kļavas glänzende Erscheinung leicht störend auswirkte, waren ihre schlechten Augen, die sie zusammenkniff, weil sie nicht mit einer Brille auf der Nase gesehen werden wollte. Sie erklärte, sie habe zuviel geweint, als ihr Mann starb, und sich dabei die Augen ruiniert.

Herr Kļava, in Lettland ein angesehener Anwalt, war die

Woche über in Riga und verbrachte mit der Familie idyllische Wochenenden auf ihrem großen bewaldeten Landgut. Als die Russen 1940 Lettland besetzten, verhafteten sie ihn und führten ihn in den Wald. Dort schlugen sie ihn mit Knüppeln und Gewehren zusammen und ließen ihn in der Meinung zurück, er sei tot. Er kam wieder zu Bewußtsein und kroch zurück zum Haus, wo sich seine junge Frau um ihn kümmerte. Er lebte noch vier Tage und kämpfte stöhnend mit dem Tode. Laimonis war damals fünf, doch kann er sich an das unablässige Weinen seiner Mutter und an seine vergeblichen Versuche, sie zu trösten, noch erinnern.

In Amerika lebte Frau Kļava mit einem Mann zusammen, mit dem sie nicht verheiratet war. In der lettischen Gemeinschaft wurde damals außerehelicher Geschlechtsverkehr mit kriminellem Verhalten gleichgesetzt, jedenfalls offiziell, und man betrachtete sie als eine skandalöse Frau, die sich ihre Zugehörigkeit zur guten Gesellschaft verscherzt hatte. Ihrem Geliebten gegenüber war man jedoch nachsichtig. Schließlich könne er nicht heiraten, so wurde argumentiert, weil er in Lettland eine Frau habe, von der er durch den Krieg getrennt worden sei.

»Deine Mutter fehlt mir. Sie war immer so liebenswürdig zu mir.«

»Jedenfalls hat sie sich sehr für deine Zukunft interessiert. Sie wußte jede Einzelheit über deine Pläne und deine Fächer. Sie weinte, als sie hörte, daß du noch vor deinem Abschluß geheiratet hast. Für die Letten seist du damit verloren, sagte sie. Ich wollte, sie hätte sich auch um mich so gekümmert. Sagt der kleine Ödipus.«

Diesmal kann Laimonis' selbstironisches Lachen den Schmerz nicht verbergen, ebensowenig etwas anderes, Feindseligkeit vielleicht.

Ich lehne mich in meine Ecke der Schaukel zurück, grenze mich ab. Ich will nicht wieder in eine Komplizenschaft mit Laimonis hineingezogen werden. Als wir in der High-School waren, bewunderte ich ihn, weil er so begabt war. Er schrieb Gedichte, malte, formte Skulpturen, spielte bei Festen Walzer auf dem Klavier und begleitete im Lettischen Zentrum »Gott segne Lettland«, die Nationalhymne. Ganz allmählich wurde ich in Laimonis' Phantasiewelt hineingezogen. Manchmal spielte er mit der Idee, den Geliebten seiner Mutter zu demütigen. Doch meistens heckte er Pläne für eine geheime Reise nach Lettland aus, wo er sich an allen, die für den Tod seines Vaters verantwortlich waren, rächen wollte. Manchmal glaubte er, seine Mutter liebe ihn nicht, und ich, die ich eine Gemeinsamkeit erkannte, ohne sie in Worte zu fassen, versuchte vergeblich, ihn zu trösten. Bei Konzerten und Theateraufführungen flüsterten wir in den Pausen auf lettisch miteinander. Wenn wir in der Park Avenue am Eßzimmertisch lernten, blickten wir gleichzeitig auf.

»Jagdmesser«, sagte Laimonis, und ich nickte, wußte genau, wovon er sprach.

Ich half ihm mit Vorschlägen, wenn ihm die Ideen ausgingen, wie er auf seinem imaginären Rachefeldzug gegen die Mörder seines Vaters eine Waffe verstecken oder der Zollkontrolle entgehen könnte.

»Richte deiner Mutter aus, daß ich an sie denke«, sage ich, um nicht von Laimonis' Charme gefangen zu werden. »Grüß sie bitte von mir.«

Ich weiß noch nicht, daß Frau Kļava – gebrechlich, unter Wahnvorstellungen und heftigen Ausbrüchen leidend und völlig erblindet – fünf Jahre später unter undurchsichtigen Umständen sterben wird. Ihr Körper ist von blauen Flecken übersät, wie wenn man sie zu Tode geprügelt hätte. Genauso wie Laimonis' Vater zu Tode geprügelt wurde. Er wurde während eines Krieges getötet, sie als Folge der nie endenden Nachwirkungen. Laimonis und seine dritte Frau werden vorübergehend verdächtigt.

»Gerne«, sagt Laimonis, »ich erzähle ihr, daß es mit dir vorwärts und aufwärts geht, nicht wie mit mir… *Per aspera ad astra*, und *Kaudeamus igitur*…« murmelt Laimonis.

Ich bin froh, daß meine Mutter herauskommt und Laimonis unterbricht, so daß ich mich nicht länger genötigt sehe, ihn aufzumuntern.

»Trinken Sie mit.« Laimonis schwenkt sein leeres Glas freundlich gegen meine Mutter, die nie trinkt. »Ich hol' Ihnen was«, sagt er und springt auf, um ihr seinen Platz zu überlassen.

Meine Mutter und ich schaukeln schweigend hin und her.

Ich kenne Laimonis' Zukunft nicht, aber ich habe angefangen, mir Gedanken über das Motiv der Wiederholung, ja der Duplizität zu machen, etwas, das im Leben von Menschen, die den Krieg überlebt haben, sehr häufig vorkommt. Die Auseinandersetzung mit der Vergangenheit wird bald auch meine eigene Zukunft beeinflussen. Aber im Moment ist es die Wiederholung, die mir mit aller Deutlichkeit bewußt wird. Roman Polanski, ein Überlebender des Holocaust, erlebte noch einmal ein Blutbad, als Sharon Tate, seine schwangere Frau, von der Manson-Bande brutal ermordet wurde. Kürzlich las ich, daß Polanskis Mutter ebenfalls schwanger war, als sie in einem Konzentrationslager umkam. Diese Parallele will mir nicht aus dem Sinn. Sie liegt unverarbeitet am Rande meines Verständnisses; da ist etwas, das ich daraus lernen muß.

Jerzy Kosinski versteht es, nicht einfach nur davonzukommen, er ist ein wahrer Künstler darin. Während des Krieges ist er dem Tod Dutzende Male nur knapp entronnen. Unterwegs zu einem Besuch bei Polanski entkam er wieder durch einen glücklichen Zufall. Er hatte sich in New York wegen seines verlorengegangenen Gepäcks verspätet und wurde aus diesem Grund nicht zusammen mit Sharon Tate und den anderen ermordet. Noch eine Wiederholung. (Sein Selbstmord, die letzte Handlung in einem Leben, das ein einziger Versuch war, das Kriegstrauma auszutreiben, liegt noch weit in der Zukunft. 1991, zwölf Jahre später, wird ein riesiges Feuer im Osten vom Madison wüten und den Verkehr zum Erliegen bringen. Allein in meinem Wagen, nicht in der Lage weiterzufahren, heule ich vor Schmerz, als ich die kurze Meldung über seinen Tod immer und immer wieder höre.)

Ich hatte kurz zuvor ein paar Einzelheiten über die Kindheit meines Vaters erfahren. Er war bei Ausbruch des Ersten Weltkrieges sieben Jahre alt. Seine früheste Erinnerung ist die an einen wilden uniformierten Reiter, der durch eine Dorfstraße in Lettland sprengte und »Krieg! Krieg!« schrie. Mein Vater versteckte sich unter der Kellertreppe, aus Angst, er würde getötet, bevor er den winzigen Keller erreichte, wo sich seine Brüder und Schwestern verbargen. Seine Mutter war gestorben, als er zwei war; seine Stiefmutter war bereits krank. Er wußte nicht, wo sein Vater war, vielleicht war er auf der Suche nach Nahrung.

Mein Vater kann sich nicht an die Kämpfe erinnern, aber an die Schrecken, den Hunger und die Kälte. Es gab kein Brot; sie aßen *Stagarus*, winzige Fischchen mit vielen scharfen Gräten, Kartoffelschalen und Blätter. Das Zimmer war kalt, die Fenster waren zugefroren. Alle Kinder drängten sich unter einem alten, völlig verlausten Mantel aus Fell aneinander. Seine Stiefmutter starb. Sein Vater mußte um Nahrung für seine hungernden Kinder betteln, und als er einen Sack voll Karotten heimschleppte, zog er sich ein Rückenleiden zu. Sobald er sich so weit erholt hatte, daß er wieder gehen konnte, machte er sich erneut auf den Weg, zum letzten Mal. Er starb weit weg von zu Hause, wahrscheinlich an Pocken. Mein Vater weiß nicht, wo sein Vater begraben liegt.

Mit sieben Jahren wurde mein Vater ein obdachloses Waisenkind. Man hatte ihn auf einen entfernten Bauernhof geschickt, um für einen Sack Kartoffeln Vieh zu hüten. Die Nachrichten vom Tod seiner Stiefmutter und später seines Vaters erreichten ihn dort. Er konnte nirgendwohin. Die Bäuerin wollte ihn adoptieren, aber da der Winter vor der Tür stand, gab es nicht genug zu essen für ein zusätzliches Kind. Der Bauer schenkte ihm ein Paar Schuhe und schickte ihn allein auf die Straße hinaus.

Mein Vater war ein Junge in Lettland, als er einen Reiter den Krieg ausrufen hörte. Er verlor seine Eltern und sein Zuhause, er wurde von seinen Geschwistern getrennt. Meine Mutter war ein Mädchen in Rußland, als ein anderer wilder Reiter Vertreibung und Verlust ankündigte.

Mein Vater muß ungeheuer mutig gewesen sein, wurde ihm doch schon in so jungen Jahren so viel abverlangt. Ich weiß nicht, was für Wunden er – der siebenjährige Waisenjunge – als Auswirkung des Krieges davongetragen hat. Ich scheue mich davor, sie mir auszumalen. Doch er überlebte.

Als Junge leistete mein Vater schwere körperliche Arbeit: Er hob Gräben aus, schleppte Holz und las Steine auf, trug schwere Kisten voller Erde und Gemüse für den Besitzer eines Treibhauses. Er verzichtete auf Schlaf und Essen, um zu lernen, und jedes Vergnügen wurde ihm versagt; man gestattete ihm nicht einmal, bei der Abschlußfeier der Grundschule dabeizusein. Er erhielt eines der raren Stipendien für ein Studium an der Universität von Lettland, schloß sein Studium ab, erwarb dann einen höheren akademischen Grad in Theologie und war anschließend in verschiedenen Kirchengemeinden tätig. Er verliebte sich in meine Mutter, heiratete und baute sich sein Leben im unabhängigen Lettland auf.

Wenn meine Mutter geistesabwesend oder traurig war, tollte *er* mit meiner Schwester und mir herum. Er sagte lustige Verse auf und machte Scherze, über die auch meine Mutter lächeln mußte. Er versuchte, ganz ernst zu bleiben, wenn Beate und ich ihn baten, unsere Puppen zu taufen, ihre Geburtsurkunden zu unterschreiben, damit wir für sie von Ōmite Kleidercoupons verlangen konnten, oder uns mit riesigen wackeligen Männern zu trauen, die wir aus braunem Packpapier gebastelt hatten. Er saß oft bei mir, wenn ich krank war.

Auch nachdem er einen zweiten Krieg durchgemacht hatte, behielt er seinen festen Glauben an Gott, seinen Optimismus und sein Mitgefühl. Er tat alles, um anderen zu helfen.

Ich würde gern mit meiner Mutter über Lebensmuster und Wiederholungen sprechen, aber ich weiß nicht, wo ich beginnen soll. Das qualvolle Schweigen zwischen uns, die mir so vertraute Verlegenheit, breitet sich aus, bis ich herausplatze: »Wie waren die Schüler in deinem letzten Russischkurs am Marian College?« Amerikanische Schüler und die Bildungspolitik der Vereinigten Staaten sind unverfängliche Themen. Darüber unterhalten wir uns oberflächlich während der kurzen Besuche, mit denen ich drei Jahre nach meiner Heirat begonnen habe und die ich immer noch unerträglich finde.

»Gut. Und deine in Englisch?« fragt sie.

»Diesmal habe ich ein paar ausgezeichnete.«

»Findest du, sie beherrschen die Grammatik besser?« will sie wissen.

»Nein … vielleicht … ich glaub' eher nicht. Eine Studentin hat einen Aufsatz über ihren Onkel geschrieben, der in Vietnam Kriegsgefangener war. Er und sein Zellennachbar wurden immer wieder gefoltert. Das Schlimmste für ihn war, als er gezwungen wurde mit anzusehen, wie man seinem Freund mit einem Rasiermesser die Zunge herausschnitt.«

Sie schaudert und blickt weg.

Aber ich kann nicht anders, ich muß weitererzählen. »Und nun hat sich dieser Onkel nach jahrelangem Umhertreiben, nach Drogen und Scheidungen, und nachdem er alles getan hat, um sich von seiner Familie und allen, die ihn liebten, zu entfremden, nun hat er sich umgebracht. Er hat sich die Pulsadern aufgeschnitten, ebenfalls mit einem Rasiermesser.«

»Was für ein unpassendes Thema für einen Aufsatz. Viel zu

grauenvoll. Viel zu persönlich, um in einem akademischen Umfeld behandelt zu werden, um überhaupt irgendwo besprochen zu werden. Amerikanische Studenten sind so verwöhnt, so übermäßig verzärtelt. Deswegen haben sie so wenig Selbstdisziplin, so wenig Sinn für das Angemessene. Ich kann mir nicht vorstellen, daß ich einem Professor eine solche Arbeit abgeliefert hätte.«

»Aber es war eine ausgezeichnete Arbeit, ich glaube, sie mußte darüber schreiben. Das Element der Wiederholung … das gleiche Tatwerkzeug … wie sich die Kriegsgreuel sogar auf die nächste Generation, die nie im Krieg war, auswirken … Ich habe mir selbst schon Gedanken darüber gemacht.«

»Erstaunlich, was du da sagst. Was für ein Thema hast du ihnen denn aufgegeben, daß sie so abschweifen konnte?«

»Eigentlich ist sie gar nicht abgeschweift. Es war in einem Kurs über den zeitgenössischen amerikanischen Roman, und die Studenten hatten *Schlachthaus 5* und *Der bemalte Vogel* gelesen und begonnen, über die Nachwirkungen des Krieges zu diskutieren, und deshalb – «

»Ah ja, und was für Romane läßt du sie sonst noch lesen?«

Wir streifen im Gespräch nur die Oberfläche, reden von Leselisten, tauschen uns höflich aus. Ein paar Zeilen aus einem irischen Volkslied, viel zu dramatisch und doch eindringlich, die mich an Vietnam erinnern, gehen mir monoton durch den Kopf.

Du hast keinen Arm, du hast kein Bein,
Zum Betteln mußt in 'ne Schüssel hinein
Johnny, ich kannte dich kaum …

Ich versuche, die Verse zum Schweigen zu bringen und mich meiner Mutter zuzuwenden, auch wenn ich wieder einmal enttäuscht bin, weil ich mit ihr nicht über Dinge sprechen kann, die mir auf den Nägeln brennen. Ich würde ihr gern sagen, daß ich befürchte, Boris habe unter meinem eigenen Unglücklichsein gelitten, und daß ich es jetzt zutiefst bereue, Joe gehorcht und Boris kein Lettisch beigebracht zu haben, als er klein war. Aber wenigstens sprechen meine Mutter und ich miteinander.

»Gefällt dir das Fest?« fragt mein Vater. Er ist unbemerkt herausgekommen, um ein wenig Luft zu schnappen.

»Ja«, sage ich. Und so ist es auch. Die Erwartung, daß meine Mutter und ich endlich wieder echten Zugang zueinander finden würden, noch dazu bei diesem einen Besuch, ist sicherlich nicht realistisch. Und wir haben ja viel mehr miteinander gesprochen als sonst.

»Es ist eine sehr schöne Feier«, sage ich, und meine Eltern nicken.

»Herr Bērziņš ist ein wunderbarer alter Mann«, fahre ich fort.

»Der alte Mann ist ein Schweinehund«, erwidert meine Mutter.

Ich neige mich zu ihr, um sicher zu sein, daß ich recht gehört habe. Meine Mutter muß wirklich sehr erzürnt sein, wenn sie ein solches Wort in den Mund nimmt, und ich staune noch mehr, daß ihr mein Vater, der das Verhalten anderer immer sehr milde beurteilt, nicht widerspricht.

»Aber Herr Bērziņš kommt mir so sanft und dankbar vor. Er war so gerührt über die vielen Geschenke und Ehrungen.« Ich will mir meine nostalgische milde Stimmung nicht verderben lassen, doch ich merke, daß ich es nicht verhindern kann.

»Er gibt sich nur so in der Öffentlichkeit«, sagt meine Mutter.

»Er *ist* grausam«, bestätigt mein Vater. »Er hat seine Frau mehr als dreißig Jahre lang für etwas büßen lassen, an dem der Krieg schuld ist.«

Herr und Frau Bērziņš sind von Boston nach Indianapolis gekommen, und ich kannte sie vorher nicht. Frau Bērziņš, eine magere scheue Frau in schwarzem Kleid, ist mindestens zwanzig Jahre jünger als ihr Mann. Sie nahm die Rosen, die man ihm brachte, stellte sie wortlos ins Wasser und verteilte die Kristallvasen geschickt auf Kredenzen und Tische. Sie führte seine Hand unauffällig zu den Speisen vor ihm. Sie wirkte überaus aufmerksam, war aber immer zu sehr mit irgendeiner Aufgabe beschäftigt, um am allgemeinen Gespräch teilzunehmen.

»Was tut er ihr denn?« frage ich ungläubig.

»Er beschimpft sie die ganze Zeit. Er verflucht sie, er stößt sie beiseite, er droht ihr. Er macht sie dafür verantwortlich, daß sie ihre siebzehnjährige Tochter in Lettland zurücklassen mußten«, sagt meine Mutter.

Während des letzten Sommers in Lettland, so erzählt sie, hatte Zaiga in einer Strickwarenfabrik gearbeitet, sie genoß es, in der Stadt zu wohnen und von der Schule und der schweren Arbeit auf dem Hof befreit zu sein. Sie war am Boden zerstört, als ihre Eltern Lettland verlassen wollten, denn sie hatte sich verliebt. Sie wollte den Jungen, den sie liebte, noch einmal, noch ein einziges Mal sehen. Er hatte ihr, als sie zusammen im Stadtpark spazierengingen, bei jedem Hindernis die Hand unter den Ellbogen geschoben und sie beschützend dort gelassen. Sie war von seiner Zuvorkommenheit entzückt, obwohl sie dieser Hilfe nicht bedurfte. Wenn sie allein war, sprang sie über Zäune und Gräben, behender als ihre Brüder. Ihm schien etwas auf der Zunge gelegen zu haben. Sie mußte ihn noch einmal sehen, um zu erfahren, was es war, auch wenn sie dazu landeinwärts, vom Meer weg, gehen mußte.

Als ihre Mutter sie nicht gehen lassen wollte, bestand Zaiga darauf, daß sie dem Vater erzähle, sie sei noch ihren Lohn und dazu Pullover und Socken holen gegangen, die ihr der Betriebsleiter für den kalten Winter in Deutschland versprochen habe. Frau Bērziņš erinnerte sich an ihre eigene Jugend und verbot ihr nicht ausdrücklich, zu gehen.

Zaiga kehrte nicht zurück. Ihre Eltern und ihre Brüder warteten auf sie, bis der Lärm der Kanonen nicht mehr in Abständen, sondern ununterbrochen zu hören war, dann machten sie sich auf den Weg zum Meer. Sie fragten jeden, der sie überholte, sie blickten zurück, um nach ihr Ausschau zu halten, doch sie kam nicht wieder.

»Du hättest sie nicht gehen lassen dürfen«, warf Herr Bērziņš seiner Frau vor. »Du bist eine geldgierige Frau, hast deine Tochter für ein Paar Socken und eine Handvoll Münzen an die Kommunisten verkauft.«

Von ihrem eigenen Schmerz und ihren Schuldgefühlen überwältigt, erwiderte Frau Bērziņš nichts darauf. Als sie sich wieder gefaßt hatte und ihm den wahren Grund für Zaigas Weggehen verriet, lachte er bitter. »Liebe? Der Liebe wegen hast du sie gehen lassen? So etwas gibt es nicht. Du läßt deine Tochter gehen, damit irgendein dahergelaufener Lümmel unter ihren Röcken rumfummeln kann. Du bist schuld, daß sie jetzt in der Erde verrottet.«

Doch Zaiga war nicht umgekommen. Der Junge, den sie liebte, ging im letzten Moment fort, um sich in den Wäldern den Partisanen anzuschließen, und blieb für immer verschollen, doch sie überlebte. 1972, beinahe dreißig Jahre, nachdem Zaiga ihre Eltern zum letzten Mal gesehen hatte, kam sie sie besuchen. Damals hätte sich niemand vorstellen können, daß die Sowjetunion schon zwanzig Jahre später auseinanderfallen würde. Zaiga, die Ärztin geworden und mit einem russischen Regierungsbeamten verheiratet war, erhielt die Erlaubnis für einen Besuch in den Vereinigten Staaten; ihre Mutter schickte ihr das Geld dazu. Ihre Söhne sprachen besser Russisch als Lettisch, ihr Mann war Mitglied der Kommunistischen Partei.

Frau Bērziņš hatte gehofft, sie und Zaiga könnten so wie früher miteinander reden, hatte sogar davon geträumt, Zaiga würde vielleicht in die Vereinigten Staaten ziehen. Doch daran war ihre Tochter nicht im geringsten interessiert. Dank der Nationalität ihres Mannes und seiner Parteimitgliedschaft hatte sie nicht wie die meisten anderen Letten unter der schrecklichen drückenden Armut zu leiden, unter dem Mangel an ausgewogener Nahrung, an Aspirin, Verbandstoff, Kaffee, Kleidern, Wohnraum. Ihre Söhne hatten Bildungsmöglichkeiten, die den meisten Letten versagt blieben. Und zudem lebte sie in ihrem eigenen Land.

Die blühende, kräftige Frau, die Zaiga jetzt war, hatte wenig Ähnlichkeit mit dem geschmeidigen romantischen Mädchen, das ihre Eltern verloren hatten. Der Mutter gegenüber verhielt sie sich reserviert. Sie hörte sich an, wie ihr Vater das Leben in den Vereinigten Staaten und die Vorteile des Kapitalismus pries. Als er fertig war, zählte sie die Ziele des Kommunismus auf und kritisierte den Egoismus, die Konsumbesessenheit und die sexuelle Freizügigkeit der Amerikaner. Und als ihre Eltern den lettischen lutherischen Gottesdienst besuchten, warf sie ihnen vor, dem Aberglauben zu huldigen. Ihre eigene Zukunft sah sie in der Sowjetunion, in der Gemeinschaft der Werktätigen. Sie lebte ja auch nicht im Exil wie ihre Eltern; sie wohnte nicht weit vom Hof der Familie entfernt, sie ging jeden Tag auf den vertrauten Straßen durch Tannen- und Birkenwälder.

Herr Bērziņš beachtete die tiefe Enttäuschung seiner Frau nicht und machte sie auch dafür verantwortlich, daß die Kommunisten seine Tochter einer Gehirnwäsche unterzogen hätten, daß man sie ihm geraubt und sie sich in eine Propagandasprüche verkündende sowjetische Volkskommissarin verwandelt habe.

»Aber warum hat sich Frau Bērziņš das alles gefallen lassen?« empöre ich mich. »Warum hat sie ihm nicht gesagt, daß es nicht ihre Schuld ist?«

»Oh, das hat sie vermutlich schon, doch unterdessen hatte er sich daran gewöhnt, sie zu beschuldigen, und sie sich daran, beschuldigt zu werden. Und so schlimm ist es ja auch wieder nicht. Verglichen mit dem, was andere durchgemacht haben…«

»Doch, es *ist* schlimm«, rufe ich aus, zu meinem Erstaunen

einmal nicht bereit, die vertraute Floskel gelten zu lassen. Jetzt erst erkenne ich, daß die Linien um Herrn Bērziņš' Mund zu einer bitteren Grimasse gehören, während sie mir noch vor wenigen Minuten als Zeichen des abgeklärten hohen Alters erschienen. Ich sehe Frau Bērziņš' entmutigtes Zaudern, wenn sie an ihrer Bernsteinkette herumfingert. Inmitten von Behaglichkeit und Feststimmung tragen beide auch nach so vielen Jahren noch Narben von Krieg und Vertreibung. Doch um sie zu bemerken, muß man sehen können.

»Der Krieg ist es, der die Leute kaputtmacht«, sagt meine Mutter. »Wer weiß, was wir wegen der Vergangenheit alles auf uns nehmen? Wie viele unglückliche Ehen und anderes Elend.«

Mit fragenden Augen blickt mir meine Mutter direkt ins Gesicht.

Doch diesmal weiche ich aus. »Nein, nein«, sage ich, »der Krieg liegt doch schon so lange zurück.«

»Findest du?« sagt sie trocken und steht auf, um zu gehen.

»Aber die Leute sind doch stärker geworden, weil sie soviel durchmachen mußten, oder nicht?« insistiere ich. »Zumindest sollten sie es sein, das sagen alle. Wer den Krieg überlebt hat, müßte doch widerstandsfähiger sein, nicht verletzlicher, nichts kann einen mehr erschüttern, man sollte mit allem fertig werden.«

Es kommt nicht ganz so überzeugend heraus, wie ich es wollte, es klingt willkürlich, ja brutal. Es ist nicht einmal wahr, und doch fahre ich fort: »Du solltest die Vergangenheit vergessen, du solltest dich nicht ständig selbst bemitleiden, andere hatten es …«

Doch entweder hört meine Mutter es nicht, oder sie will nicht zustimmen. Auf jeden Fall rede ich nicht weiter, denn die Worte, die ich Hunderte Male gehört und gedankenlos wiederholt habe, klingen jetzt auch in meinen Ohren hohl und falsch.

Andere Gäste zieht es aus den warmen festlichen Räumen hinaus auf die Veranda, und meine Eltern und ich erheben uns, um zu gehen. Frau Bērziņš kommt heraus und bedankt sich bei uns nochmals herzlich. Nichts in ihrem würdevollen, leicht ehrerbietigen Auftreten verrät den irregeleiteten Gram und die Grausamkeit ihres Mannes, ihre duldsame Ergebenheit oder die Trauer um die verlorene Tochter.

Drinnen hat Laimonis begonnen, ein Volkslied mit vielen außergewöhnlichen Arabesken in der Art von Liberace zu spielen, doch einige Stimmen fallen ein und tragen die Melodie trotz der Begleitung. Mirdza blickt auf und winkt mir zu. Wie alle anderen im Raum scheint sie glücklich zu sein. Wenn mich Joe wieder einmal allein gehen läßt, kann ich sie vielleicht nach den Töchtern ihrer ermordeten Cousine Anna fragen. Jetzt scheint nicht der richtige Moment zu sein.

»Pūt vējiņi, dzen laiviņu,
Aizdzen mani Kurzemē.
Kurzemniece man solīja
Sav meitiņu malējiņ.
Solīt sola, bet nedeva,
Teic man lielu dzērājiņ.

Treib, Wind, treibe mein Boot,
Treib mich zurück nach Kurzemē.
Eine Frau hat mir ihre Tochter,
die das Korn mahlt, versprochen.
Sie verspricht und verspricht,
Doch dann will sie nicht,
Nennt mich einen Säufer ...«

Dieses Lied ist beinahe so etwas wie eine inoffizielle lettische Nationalhymne. Seine klagende Melodie drückt perfekt das sehnliche Verlangen aus, nach Kurzemē, in die westliche Region Lettlands, zurückzukehren. Es wird bei Familienfeiern wie dieser gesungen, aber auch bei formelleren Anlässen. Auf den nationalen Sängerfesten, die im unabhängigen Lettland gefeiert wurden und die es jetzt auch in den Vereinigten Staaten gibt, bleibt kaum ein Auge trocken, wenn Tausende in das Lied einstimmen.

Ich bleibe auf der Treppe stehen, um den Worten zu lauschen. Ich kann die Sehnsucht nachempfinden; auch ich möchte an einen Ort zurückkehren, wo ich hingehöre. Gewöhnlich gilt meine Sympathie dem Liebenden, dem die junge Frau, die er liebt, verweigert wird – ach, wie schmerzlich und romantisch erscheint seine Situation. Aber es ist ein Nachmittag voller Emotionen gewesen; vielleicht höre ich das Lied deshalb jetzt mit anderen Ohren.

»Was für eine Schenke habe ich leergetrunken?
Welches Pferd habe ich zu Tode gejagt?
Ich trinke für mein eigenes Geld,
Ich reite mein eigenes Pferd,
Ich heirate meine eigene Frau,
Und ihre Eltern frag' ich nicht.«

Der Mann im Lied ist mir nicht besonders sympathisch, denke ich plötzlich. Er ist so prahlerisch, rechtfertigt sich mit einer solchen Selbstverständlichkeit. Er ist sich überhaupt nicht bewußt, wie schmerzlich die Trennung für Mutter und Tochter ist. Das Leiden der Frauen ist ebenso wirklich wie das der Männer. An diesem Nachmittag bin ich beidem begegnet. Was war das doch für eine einfältige Diskussion vor langer Zeit im Lettischen Zentrum.

Wer hat im Krieg mehr gelitten, die Frauen oder die Männer? Alle. Und alle Kinder dazu.

Was sagte die Mutter aus Kurzemē zum Freier, als sie versuchte, ihn fortzujagen? Sagte sie: »Verschwinde, ich gebe dir meine Tochter nicht!«? Was tat sie, als sie ihre Tochter verloren hatte? Was für ein Lied sang die Tochter – allein unter Fremden, in einem fremden Land? Blieben Mutter und Tochter für immer getrennt? Haben sie sich je versöhnt? Es muß ein solches Lied geben, glaube ich. Wenn nicht, müßte es jemand schreiben.

Die zweite Flucht

Zwei Jahre später sitze ich allein im Bett. Die Lampe wirft einen Lichtkreis auf meine weichen weißen Baumwollbettücher und eine von Ōmite gehäkelte und arg abgenutzte rosenrote Bettdecke. Auf dem Nachttisch liegen Stapel von Büchern und eine Handvoll Briefe von Boris, der im College ist. Sonst ist es dunkel im Haus, alle Vorhänge sind zugezogen, alle Türen fest verriegelt. Ich bin überrascht, daß alles so friedlich wirkt, da ich selbst von Kummer, Schuldgefühlen und Reue ganz aufgewühlt bin.

Meine Mutter ist seit mehr als einem Jahr tot. Es kam vor ihrem Tod zu keiner Versöhnung mehr zwischen uns, und von einem einzigen heftigen Weinkrampf in einem Einkaufszentrum abgesehen habe ich nicht um sie geweint. Zwei ältere, mir fremde Frauen hielten mir damals die Hand und klopften mir auf die Schulter, aber ich sagte ihnen nicht, was los war. Der Tod meiner Mutter beschäftigt mich unablässig, doch bis jetzt war ich außerstande, meine Trauer, meine Liebe, meinen Schmerz in Worte zu fassen.

Aber heute nacht habe ich die Türen vor Joe verriegelt. Er kam wie gewöhnlich nach Hause, nachdem die Bar und das Restaurant, deren Besitzer er ist, geschlossen hatten. Obwohl ich von seinen schweren Tritten, dem Klirren von Eiswürfeln für einen letzten Drink vor dem Schlafengehen und seinem Stolpern auf der Treppe aufwachte, lag ich ganz still, tat, als schliefe ich, wußte ich doch genau, nach welchem Schema alles Weitere ablaufen würde: Er entfernt umständlich das Kleingeld aus seinen Taschen, streift die Kleider ab und fragt mich nach seinem Pyjama. Er stöhnt, was für einen anstrengenden Tag er hinter sich habe, zählt die Kränkungen und Beleidigungen auf, die er sich habe gefallen lassen müssen, und beklagt sich dann, daß ich zu wenig Verständnis für ihn zeige. Zuletzt steigt er ächzend ins Bett und knipst das Licht aus.

»Schon wieder ein Tag meines Lebens das Scheißhaus runter«, sagt er. Dann beugt er sich über mich und fragt: »Schläfst du? Komm schon, ich weiß genau, daß du nicht schläfst. Du tust nur so.« Ich halte die Augen beharrlich geschlossen, während er mein Gesicht studiert.

Schließlich dreht er sich um, entweder, weil er meine Verstellung akzeptiert, oder weil er nicht ganz sicher ist, ob es überhaupt eine ist. Er legt sich die Kissen zurecht und klopft ein paarmal darauf.

»Diese Scheißkissen«, sagt er. »Man sollte meinen, mit dem vielen Geld, das ich mache, hätte ich wenigstens ein anständiges Bett. Aber du kümmerst dich ja nur um deine verdammte Familie und deine Scheißstudenten und hast die Nase ständig in den Büchern.« Er hantiert erneut mit den Kissen. Dann streckt er sich endlich aus, sein Atem wird regelmäßiger, und er schläft ein.

Dann stehe ich vielleicht auf und gehe in mein Arbeitszimmer. Häufiger falle ich aber selbst in einen unruhigen Schlaf. Ich erwache regelmäßig um vier Uhr früh, erschreckt von etwas, für das ich keine Worte habe, mein Herz schlägt wie wild, mein Körper ist schweißnaß. Ich bin an meine schlimmen Träume und die darauffolgenden Panikattacken gewöhnt. Ich brauche nur zu warten, bis mein Atem nicht mehr so stoßweise geht und mein Körper zu zittern aufgehört hat. Wenn ich mich soweit beruhigt habe, daß ich, ohne Joe zu stören, das Bett verlassen kann, gehe ich auf Zehenspitzen die Treppe hinunter und arbeite, bis es hell wird. Tagsüber verdränge ich den Gedanken an die Panik, die mich in der Nacht ergreift.

Doch diesmal schlief Joe nicht ein.

»Herrgott noch mal«, murmelte er, und seine Stimme wurde

lauter. »Ich könnte ebensogut die ganze Nacht wegbleiben wie zu dir nach Hause kommen. Könnte ebensogut ständig besoffen sein, Sex kannst du hier ja sowieso vergessen. Du bist ein kaltes Luder, genau wie deine Mutter. Die war auch immer in ihrem Zimmer, mit der verdammten Tür zu, und hat deinen Alten ausgesperrt. Die hätte man ...«

»Joe, bitte, schlaf jetzt.«

»He, nur nicht gleich ausrasten. Ich darf nie nur den kleinsten Pieps gegen sie sagen, das ist wirklich ein Problem bei dir. Kein Wunder, wenn ein Mann ab und zu mal abhauen muß.« Er seufzte demonstrativ, dann fing er von neuem an.

»Hörst du mir überhaupt zu? Sag etwas, verdammt noch mal! Sag wenigstens, es tut dir leid, daß ich auf den ganzen Steaks und teuren Schnäpsen im Restaurant sitzen bleibe. Verdammte Umweltschützer, verdammte Tierschützer, versauen mir bestimmt auch im Sommer noch das Geschäft. Kannst du nicht wenigstens ein einziges Mal im Leben mit mir sprechen? Was zum Teufel ist eigentlich los mit dir? Ein verrücktes ausländisches Luder, das bist du. Ehrlich, seit deine Mutter tot ist, spinnst du noch mehr.«

Er reagierte sich ab, bald würde er aufhören.

»Ich bin müde«, sagte ich.

»Müde? Warum zum Teufel bist du ausgerechnet jetzt müde, wo ich endlich zu Hause bin? Wieder eins von deinen Problemen.« Mit verbitterter Stimme zählte er meine anderen Probleme auf. Zum Abschluß meinte er: »Du bemitleidest dich ja nur selbst, weil deine Mutter gestorben ist. Ich habe es langsam verdammt satt. An der Uni läufst du auch nicht mit so einer Jammermiene rum. Nur weil ich nicht einer von deinen aufgeblasenen, windigen Akademikern und Feministen bin, die du so hochschätzt.«

Ich konnte die Kränkung aus seiner Stimme heraushören. Es war mir alles so gräßlich vertraut. Während unserer zweiundzwanzigjährigen Ehe hatten wir Hunderte solcher Szenen. Ich wartete dann immer, bis ich merkte, daß er kurz vor dem Aufhören war. Dann streckte ich voller Mitleid mit ihm in seinem Schmerz die Hand zu ihm hinüber, tröstete ihn, deckte ihn zu.

Ich sollte das jetzt tun. Ich sollte die groben Worte, die gefallen waren, wegstecken, sollte versuchen, das Beste aus allem zu machen. Er gab sich solche Mühe, mir zu gefallen. Ich glaubte ihm, wenn er sagte, daß er mich liebe, daß es niemand sonst mit mir aushalten würde. Er würde mich nie verlassen, wie es alle anderen taten. Mir zuliebe hatte er sogar ein paarmal versucht, mit dem Trinken aufzuhören, was allerdings nie lange dauerte.

Doch wenn ich ihn jetzt berührte, würde sich nie etwas ändern.

»Es gibt genug Frauen, die würden sich den Arsch ausreißen, um mich in ihr Bett zu kriegen«, sagte Joe. »Und glaub ja nicht, die machen sich nicht an mich ran – das tun sie nämlich dauernd. Ganz ehrlich, wenn ich will, kann ich jederzeit einen Weiberarsch haben, in der Bar wimmelt es von Frauen, die nur drauf warten. Aber dir ist das ja scheißegal. Vom Feminismus verseucht. Und das nach allem, was ich für dich und deine Familie und für deinen vergötterten Sohn getan habe.«

Plötzlich zerrte er an der Bettdecke und stürzte sich auf mich. Ich hielt die Decke fest und zog sie enger um mich, damit sie nicht nachgab, während er unter dem straffen Bettuch vergeblich nach mir grapschte. Ich zog die Knie an die Brust und umschlang sie fest mit den Armen. Ich wagte nicht, ihn noch mehr zu erzürnen. Wenn ich mich sehr ruhig verhielt und einfach abwartete, würde er aufhören. Seine Wut würde sich mit der Zeit erschöpfen, und dann ließe er mich in Ruhe. *Ich darf nicht, ich darf auf gar keinen Fall weinen oder sprechen.*

Doch er packte mich heftiger als je zuvor. Seine Finger gruben sich in das weiche Fleisch meiner Arme, als er versuchte, meine Hände gewaltsam auseinanderzureißen. Da es ihm nicht gelang, setzte er sich rittlings auf mich, zwängte sein Knie zwischen meine Beine, versuchte, meinen Körper zu strecken, meine Glieder auseinanderzuzwingen, mich unter sich festzunageln. Einen Augenblick lang dachte ich, ich könnte auch das widerstandslos über mich ergehen lassen. Was spielte es denn für eine Rolle, wenn er mich vergewaltigte? So viele Frauen wurden schon vergewaltigt, es war kaum der Rede wert. Wenn ich mich sehr ruhig verhielt und abwartete, würde es bald vorbei sein. Wenn ich mich wehrte, würde er nur noch wütender werden.

Es gelang ihm, meine ineinander verschränkten Arme auseinanderzureißen, und dann machte er sich an meinen Beinen zu schaffen. Ich versuchte, sie zusammenzupressen, so wie ich es bei Hilda gesehen hatte, bevor sie sich in ihr Schicksal ergab. Joe gelang es, sein Knie zwischen meine Schenkel zu zwängen.

Da endlich stieg die Wut in mir hoch. Statt nur zurückzuweichen, begann ich, mich aktiv gegen ihn zu wehren. Zuerst kämpfte ich schweigend, als ob er so glauben würde, ich leistete ihm keinen ernsthaften Widerstand. Es gelang mir, mich ihm zu entwinden und ihn wegzustoßen. Er war viel stärker als ich, doch seine Bewegungen waren durch den Alkohol beeinträchtigt und meine, endlich, von der Wut angeheizt.

Ich sprang aus dem Bett und stand bebend da. Nur weil ich mich an die eichene Kommode klammerte, konnte ich an mich halten. Am liebsten hätte ich mich auf ihn gestürzt, meine grüne Keramikvase aus Lettland genommen und auf seinem Kopf zerschmettert, ihn bewußtlos geschlagen. Meine Wut schockierte mich.

Mit rauher Stimme schrie ich ihn an: »Laß mich in Ruhe! Untersteh dich, mich noch einmal anzufassen!«

Plötzlich fühlte ich mich wie berauscht. Ich hatte nicht gewußt, daß ich lauter sprechen konnte als er; ich hatte es nie zuvor versucht. Ich hatte jedesmal aufgehört zu sprechen, wenn er mich unterbrach.

»Du bist ja übergeschnappt, genau wie deine Alte«, brüllte Joe.

Ich wurde mir meiner fest geballten Fäuste bewußt und der angespannten Muskeln meiner Beine unter dem nüchternen weißen viktorianischen Nachthemd, alles zum Sprung bereit. Ich stand in Angriffsstellung; ich fühlte mich wunderbar stark.

Ihm zu widersprechen brachte mich in Ekstase. »Nein, ich bin nicht übergeschnappt. Ich höre nicht mehr auf dich. Ich will allein leben.«

Er sah aus, als hätte ich ihn geohrfeigt. Sein Gesicht fiel zusammen, und ein kurzer, rauher, gequälter Schluchzer entfuhr ihm.

»Wie kannst du so etwas sagen? Wie kannst du nur so egoistisch sein? Du warst doch einmal ganz verrückt nach mir, oder etwa nicht? Wir waren Romeo und Julia, weißt du noch? Niemand war so verliebt wie wir zwei. Du hast mich einmal angebetet. Warum mußt du alles kaputtmachen?«

Ich stand am Fuß des Bettes und sah auf ihn hinab.

»Komm ins Bett«, bettelte er. »Jeder behandelt mich immer wie den letzten Dreck. Ich hab' gemeint, wenigstens du bist anders. Ich schufte mir den Arsch ab für dich, und mit dem Restaurant geht's immer weiter bergab. Herrgott, das solltest du doch eigentlich wissen, du machst ja die Buchhaltung. Mal ein bißchen gute Laune zeigen und dich hin und wieder ein wenig um mich kümmern wäre eigentlich das mindeste. Komm schon, wir würden nicht so miteinander streiten, wenn wir uns nicht liebten. Gib's doch zu.«

Doch der Kampf hatte Energien in mir geweckt. Ich würde nicht wieder gemeinsame Sache mit ihm machen. Ich würde meine Unabhängigkeit nicht mehr preisgeben.

Ich sah an ihm vorbei zum Fenster hinaus. Die kahlen Bäume waren versilbert vom Mondlicht, das sich über die Rasenfläche ergoß und auf den wenigen verbliebenen Schneeflecken glitzerte. Bald würde Frühling sein, aber ich war zu abgestumpft gewesen, um es zu bemerken.

Ich hörte seine Stimme, eindringlich, schmeichlerisch, beharrlich. »Komm schon, ich weiß, daß du mich liebst.«

»Nein«, stieß ich endlich hervor, »ich liebe dich nicht.«

Bei diesen Worten durchströmte mich ein Gefühl ungeheurer Erleichterung; die Bürde der Lügen, die ich mit zu verantworten hatte, fiel von meinen Schultern. Im Bewußtsein meiner Schuld, aber auch aus einem echten Empfinden heraus sagte ich: »Bitte vergib mir, Joe. Wenn wir zusammenbleiben, wird einer von uns zugrunde gehen – durch Depressionen, Selbstmord, Trunksucht. Ich muß mich retten. Es tut mir wirklich leid.«

»Soll dir auch leid tun, du undankbares Luder. Aber ich bleib' heute nacht bestimmt nicht hier.« Er zog sich die Hose an. »Ich geh' dahin, wo man mich schätzt.«

»Bitte, fahr jetzt nicht Auto«, sagte ich mechanisch.

»Ich mach', was *ich* will«, sagte er mit gefährlich ruhiger Stimme. »Nur merk dir eins: das Haus kriegst du nicht. Ohne mich bist du blitzartig auf der Straße.« Er nahm seine Schlüssel.

Als ich den Motor aufheulen und sein Auto wegfahren hörte, ging ich in den unteren Stock, um mich zu vergewissern, daß alle Türen abgeschlossen waren. Ich war erschöpft, so als hätte ich eben die erste Etappe einer sehr langen Reise hinter mir. Als ich die Lichter löschte, stieg mir ein Schwall von intensivem Hyazinthenduft in die Nase. In einer flachen weißen Schale ragten drei robuste Stengel mit kräftig blauen Blüten aus den Büscheln dunkler Blätter. Ich beugte mich über sie und atmete tief ein. Es waren die einzigen, die ich diesen Winter zum Blühen gebracht hatte. Ich wünschte mir, ich hätte mehr angepflanzt.

Doch dann fiel mir ein, daß auf dem Rasen nur noch wenige dünne Schneeflecken lagen. Bald würde Frühling sein, andere Blumen würden in meinen Beeten blühen, es würde alles gut werden.

Ich stieg ins Bett und schloß die Augen. Ich erwartete, daß ich wach bleiben, mich hin und her wälzen, mich wegen meiner Grausamkeit gegenüber Joe quälen, mir allein die Schuld geben würde, besonders, weil es mir in all den gemeinsam verbrachten Jahren nicht gelungen war, seinen Schmerz zu lindern und ihn gesund zu machen. Doch die Augen fielen mir zu, und ich schlief fast augenblicklich ein.

Ich träume, ich liege in einem schmalen weißen Bett. Es ist sehr alt, achtzehntes Jahrhundert vielleicht, aus Rosenholz, mit zierlichen, elegant geschwungenen Beinen. Weiße seidene Bettücher liebkosen meinen kräftigen nackten Körper. Auf einem niedrigen Tisch am Kopfende des Bettes stehen dicht nebeneinander leuchtend grüner, üppig wuchernder Efeu, Lorbeer und Farn, sonst ist das Zimmer leer. Die durch die farbigen Glasfenster hereinflutende frühe Morgensonne flimmert auf dem Parkettboden, wird dann vom Halbdunkel in der Tiefe des Zimmers verschluckt. Der Raum ist so riesig, daß ich das andere Ende nicht sehen kann.

Ich strecke Arme und Beine und bin überrascht, wie vital und souverän ich mich fühle, überhaupt nicht matt, wie ich es erwartet habe. Ich schlage die seidenen Bettücher locker um mich, genieße ihre luxuriöse Weichheit, während ich beobachte, wie das Licht auf die üppigen Pflanzen fällt.

Plötzlich merke ich, daß ich nicht allein bin, es ist noch jemand bei mir im Bett, aber ich fühle mich weder eingeengt noch bedrängt. Ōmite liegt völlig erschöpft und kraftlos neben mir. Sie ist noch älter als damals vor einem Dutzend Jahren, als ich sie, einen Monat oder zwei, bevor sie starb, zum letzten Mal sah. Ihr Körper ist nur noch durchsichtige Haut, und sogar ihre Knochen sind dünner geworden. Sie hat keine Farbe, abgesehen von den frischen blauen Flecken und den alten Narben, die Gesicht und Hände bedecken.

»Ich werde jetzt sterben«, sagt Ōmite. »Ich habe viel zu lange hier gelebt. Ich möchte tot sein.« Sie löst sich das Haar, dann sinkt sie langsam zurück und schließt die Augen. Sie ist schwerelos, auf dem Kissen hinterläßt sie keinen Eindruck.

»Bitte, stirb nicht«, rufe ich, »du mußt bei mir bleiben.«

Doch Ōmite scheint mich nicht zu hören. Ihr Atem geht so leicht, daß sie bereits tot sein könnte.

»Bitte«, flehe ich, »bleib bei mir, ich weiß nicht, was ich ohne dich machen soll. Ich habe Angst vor dem Alleinsein.«

Trauer, das Gefühl des Verlustes und Schmerz überfluten mich, vielleicht noch stärker als bei der Rückkehr am Abend nach Ōmites Beerdigung. Ich saß für mich allein im Bus, war ruhig und gefaßt, sagte mir, daß Ōmite ein erfülltes Leben gelebt und das letzte Jahr große Schmerzen gelitten habe, daß ihr Tod unabwendbar gewesen sei. Doch dann hatte ich plötzlich wieder Ōmites Grab im lettischen Teil des Friedhofs von Indianapolis vor Augen. Wohl war es von Blumen bedeckt, doch alle waren weggegangen und hatten Ōmite allein zurückgelassen, sie der kalten regnerischen Novembernacht ausgesetzt. Ich hätte aus dem Bus springen und zu ihr eilen mögen, damit sie sich nicht zu fürchten brauchte, doch tat ich das natürlich nicht. Ich weinte den ganzen Heimweg, erstaunt über mich selbst. Bei der Beerdigung oder davor hatte ich nicht geweint.

»Mein Gott«, sagte Joe, von meinen verschwollenen Augen unwillkürlich beeindruckt. »Du siehst ja verdammt mies aus. Komm, überlaß das nur mir, ich kümm're mich schon um dich. Du drehst doch jedesmal gleich durch, wenn's um deine Familie geht. Ich kapier's nicht. Nachdem sie dich so durch die Scheiße gezogen haben, läßt du sie immer noch auf dir rumtrampeln. Na ja, komm schon, ich lad' dich zu einem feinen chinesischen Abendessen ein«, sagte er liebevoll. »Aber wir müssen los, sonst schließt der Goldene Drachen, und in diesem Kaff kriegst du ja sonst nirgends einen Drink, nicht mal zum Essen.«

Damals hatte mich die Heftigkeit meiner Gefühle erschüttert, doch nach jenem Abend gelang es mir, sie nicht mehr zu zeigen. Mit der Zeit hatten sie nachgelassen, verbargen sich unter der Oberfläche, doch in meinem Traum waren sie mit einem Mal wieder da; in ihrer ganzen Intensität und Tiefe drangen sie durch, brachten Erinnerungen und Schmerz zurück, so wie ein einziger Duftschwall von Flieder ein ganzes Dutzend Frühlinge zurückbringen kann.

»Bitte«, flehe ich wieder, »ich bin so an dich gewöhnt, Ōmite, ich habe sonst niemanden.« Ich muß sie am Leben erhalten.

»Ich bin zu alt«, sagt Ōmite, »ich habe zu lange mit euch gelebt. Es ist allerhöchste Zeit, daß ich sterbe. Du bist noch jung, mein Herz. Du hast dein Leben noch gar nicht richtig begonnen. Du mußt jetzt damit anfangen.«

Ōmite schließt die Augen, ihr Atem geht langsamer, dann hört er ganz auf, obwohl ich all meinen Willen darauf konzentriere, sie am Leben zu erhalten.

Ōmite liegt leicht und still auf dem weißen glatten Kissen. Ich streichle ihre leblose Wange, und dabei scheinen die tiefvioletten Flecken ein wenig zu verblassen. Vielleicht werden sie mit der Zeit, wenn Tränen darüber fließen, undeutlich werden und zum Teil verschwinden.

Trotz meines Schmerzes und der Angst vor der Zukunft weiß ich, daß Ōmite recht hat. Es ist Zeit für sie zu sterben. Zeit, das hoffnungslos Zernarbte und Alte beiseite zu legen, Zeit, etwas Neues entstehen zu lassen.

Ich erwache, überrascht, daß ich die ganze Nacht durchgeschlafen habe, zum ersten Mal seit Jahren. Der Traum gibt mir die Kraft, über die Zukunft nachzudenken.

Das Haus und den Garten zurückzulassen, das ist das Schwerste. Ich gehe durch die geräumigen Zimmer, zu viele für Joe und mich allein, zu viele eigentlich schon, als Boris noch zu Hause lebte. Als Joe und ich hier einzogen, sprachen wir von weiteren Kindern, es war nur eine Frage der Zeit. Ich sagte, ich wollte nur bis zum nächsten Sommer warten, wenn ich bloß noch berufstätig sein und daneben nicht auch noch studieren würde. Doch als der nächste Sommer kam, fand sich immer wieder eine zusätzliche Arbeit, ich besuchte neue Kurse, lernte für meine Vorprüfungen, arbeitete an meiner Dissertation. Jede Aufgabe, die ich bewältigte, gab mir große Befriedigung; diesem Teil meines Lebens fühlte ich mich gewachsen. Der günstige Moment für ein weiteres Kind schien nie zu kommen. Doch heute glaube ich, ich wußte schon damals, daß ich Joe mein wahres Ich nicht anvertrauen konnte, so einfach ist das. Es wäre ein Fehler gewesen, noch ein Kind mit ihm zu haben.

Kleine Bäche schlängeln sich den Hang hinab, die ersten grünen Triebe der Schneeglöckchen, Blausterne und Krokusse brechen durch die harte Erde. Ich betrachte meine Blumenbeete. Aus langjährigem Anpflanzen, Vermehren und Pflegen sind robuste, ausdauernde Arten hervorgegangen, von denen einige schon aus dem Winterschlaf erwachen. Der Garten verspricht eine spektakuläre Blütenpracht, etwas, worauf man sich freuen kann, denn die Blumen blühen alle zu vorgesehener Zeit und in vertrauter Abfolge. Feuerfarbene Tulpen werden von Tränendem Herz und duftenden blauen Phlox abgelöst, später kommt der himmelblaue Rittersporn, durchsetzt mit Madonnenlilien und Gänseblümchen, dann folgen die lachsfarbenen Lilien und dunkelroten Rosen und zum Schluß die cremefarbenen Chrysanthemen und violetten Astern.

An Flieder, Birken und Jasmin, die das Haus von der Straße abschirmen, werden bald die schwellenden Knospen aufspringen. Ich kann mich erinnern, daß sie erst so hoch waren wie mein kleiner Sohn, als ich sie einpflanzte. Boris muß damals acht oder neun gewesen sein, ein ernsthafter kleiner Junge, blond und langgliedrig. Er hatte mir mit großem Einsatz beim Graben und

Rechen geholfen. Hätte ich ihm doch eine glücklichere Mutter sein können, denke ich wieder. Hätte ich doch mehr Willenskraft gehabt und seine Kindheit nicht mit meinem Elend belastet.

Ich gehe die Blumenbeete entlang, rufe mir ins Gedächtnis, wie die einzelnen Pflanzen im letzten Sommer ausgesehen haben, merke mir, welche ausgedünnt und versetzt werden müssen. Von so vielen weiß ich noch die Geschichte: Die Auferstehungslilien rettete ich vor der Planierraupe aus einem Garten, der einem Einkaufszentrum weichen mußte; die dunkelroten Pfingstrosen kaufte ich mir zur ganz persönlichen Feier meiner bestandenen mündlichen Doktorprüfung; das üppige Tränende Herz brachte mir der siebenjährige Boris als winziges Pflänzchen zu einem Muttertag. Ich kann mich auch an die tiefe Niedergeschlagenheit erinnern, die ich mit mir in den Garten nahm und die bei der Arbeit nachließ: an Freitagabenden, wenn Joe bis spät nachts in den Bars blieb, bearbeitete ich den Boden. Am Tag meiner Rückkehr vom Besuch bei meiner sterbenden Mutter, die mir noch ferner und unerreichbarer gewesen war als sonst, pflanzte ich die Kletterrose, nach ihrer Beerdigung entfernte ich systematisch das Unkraut aus allen Blumenbeeten.

An den kahlen Stellen der Beete werden später im Sommer Dutzende verschiedener Lilien blühen, weiße, rosafarbene und dunkelrote, ja sogar blaßgrüne. Die Lilien sprießen im Frühling als letzte, als ob ihre prächtigen Blüten und der schwere Duft Grund genug wären für ihr anfängliches Zögern. Wie kann ich sie verlassen? Wie kann ich es aushalten, sie nicht mehr zu sehen? Ich brauche nur Joe anzurufen und ihm zu sagen, es tue mir leid und wir sollten es doch mit unserer Ehe noch einmal versuchen. Er würde mich nie verlassen, und er würde sagen, ich sei verrückt, wenn ich ihn verließe, ich könnte doch keinen Tag ohne ihn existieren, und alle würden mich auslachen, wenn ich es überhaupt nur versuchte.

Ich zähle die kahlen Stellen in den Blumenbeeten, wo im harten Winter zartere Pflanzen eingegangen sind. Normalerweise würde ich jetzt Listen zusammenstellen, Kataloge studieren und neue Pflanzen zum Auffüllen der Lücken bestellen oder mir in der nahen Gärtnerei Setzlinge von einjährigen Pflanzen kaufen. Ich würde mich sehr anstrengen, den Schaden durch neues Wachstum auszugleichen. Löwenmaul, Ziertabak, Levkojen verbreiten an Sommerabenden einen berauschenden Duft. Ich bin oft nach Einbruch der Dunkelheit allein hier herausgekommen, nur um diesen Duft einzuatmen.

Ich unternehme nichts, um den Garten wieder zum Blühen zu bringen, doch ich packe auch meine Sachen noch nicht, um zu gehen. Ich warte auf einen anderen Traum, auch wenn ich selbst nicht weiß, daß ich darauf warte.

Eines Abends gehe ich hinaus und nehme eine Handvoll Erde auf. Sie ist dunkel, fett und krümelig, so wie Gartenerde sein kann, wenn sie gut bestellt und immer wieder mit Mulch angereichert wurde. Ich bringe es nicht über mich, mich davon zu trennen. Ich halte die Erde fest in der Hand und trage sie hinein, suche in meinem Arbeitszimmer auf einem hohen Regal nach einem Behälter und finde eine leere *Vādzele*, eine mit lettischen Mustern verzierte handgeschnitzte runde Holzdose. Ich schütte die Erde hinein und stelle sie auf das Regal.

Dort steht noch eine andere runde Dose, doch ihr Holz ist dunkler und das Muster komplizierter. Es ist Erde aus Lettland darin, die mir einer meiner Kollegen vor fünf Jahren von einer Reise in die Sowjetunion mitgebracht hat.

»Ich bin zwei Tage in Lettland«, hatte Jim gesagt. »Was soll ich dir aus Riga mitbringen?«

»Nichts«, wollte ich schon sagen. Ich war zu jung, als ich Lettland verließ, um mich an Riga zu erinnern. Das hundert Kilometer entfernte Pfarrhaus war alles, was mir im Gedächtnis geblieben war, und er würde nicht dorthin reisen dürfen. Zudem war das, was ich gern gehabt hätte, nur eine dumme Idee, zu sentimental. Ich hatte Angst, er würde meinen Wunsch kommentieren wie eine Kollegin, die kürzlich bemerkt hatte, Leute, die ständig von den Kriegsverheerungen ihrer Kindheit im Ausland sprächen, finde sie zum Kotzen.

Doch dann überkam mich die Angst, eine nie wiederkehrende Gelegenheit zu verpassen, und ich sagte rasch: »Etwas hätte ich wirklich gern – eine Handvoll Erde aus Lettland.« Ich war darauf gefaßt, daß Jim lachen würde.

Doch er lachte nicht, und als ich über den langen Eßtisch blickte, nahm ich ihn zum ersten Mal richtig wahr. Seine Augen waren gütig, das Gesicht aufmerksam und ruhig. Seine Frau Rose Mary, eine gute Freundin von mir, sah mich mit einem warmen Lächeln an. Auch von den anderen lachte niemand. Sie wirkten auf mich interessiert, ja ermutigend.

Im Auto meinte Joe: »Herrgott, wie kann man sich nur so was Dämliches wünschen. Diesmal hast du dich aber wirklich lächerlich gemacht. Dreckige Erde, verdammt noch mal, Dreck! Du hättest dir was Richtiges wünschen sollen, russischen Kaviar zum Beispiel oder Wodka oder vielleicht sogar Bernsteinschmuck. Das hättest du vielleicht sogar gekriegt. Aber *Dreck*. Da kannst du ebensogut aufwärts pinkeln.«

»Aber er wird sie mir bringen, er hat es versprochen.«

»Klar, träum ruhig weiter. Schon wieder eine von deinen lächerlichen Ausländerspinnereien. Er ist Amerikaner, Baby. Der greift sich doch einfach hinter seiner Hütte eine Handvoll Dreck und bringt ihn dir rüber, nur damit du ein großes Getue um ihn machst. Und dann grinst er und führt sich auf wie King Kong mit 'ner Latte. Du glaubst doch wohl nicht im Ernst, der geht in Lettland buddeln, und einer von diesen russischen Polizeiärschen schaut ihm dabei zu. Du hast keinen blassen Dunst, wie die Leute wirklich sind.«

Doch Jim brachte mir die Erde, wie er versprochen hatte. In

Lettland war der Boden hartgefroren, und er mußte sich von der Reiseführerin, einer jungen Lettin, die sofort verstand, einen Eispickel ausleihen. Er brachte mir Erde von einem Blumenbeet vor der Nationaloper.

»Es war ein Abenteuer«, sagte er, als er mir die Dose überreichte. »Ich hätte es nicht missen wollen. Und ich wußte, daß es für dich wichtig ist.«

»Wichtig? Denkste!« bemerkte Joe. »Frag sie doch mal nach ihrer Kindheit im kriegsverwüsteten Europa. ›Soldat, Soldat, hast keine Schokolad'?‹ Schluchz, schluchz.«

Jim beachtete ihn nicht. »Ich bin mir nicht sicher, was man mir aus Amerika mitbringen müßte, wenn ich nie mehr zurück könnte.«

»Wie wär's mit 'nem Hamburger von McDonald's und einer Flasche Jim Beam, hm?«

»Nein«, sagte Jim ruhig. »Vielleicht hätte ich gern Sand, aber wohl eher nicht. Vielleicht etwas aus Arizona, vielleicht einen Mesquitezweig oder Süßgras – ich könnte mich nur schwer entscheiden.«

»Und ich wollte genau solche Erde. Ich bin froh, daß sie von dort ist. Ein Cousin meines Vaters war Gartenarchitekt und hat bei der Planung der Gartenanlagen um die Nationaloper mitgewirkt. Er wurde später nach Sibirien deportiert. Danke, du weißt nicht, wieviel mir das bedeutet.«

Ich hatte Angst, vor allen in Tränen auszubrechen. Ich war sehr erstaunt, daß mich niemand für verrückt hielt, weil ich immer noch an Lettland dachte.

Den Bernsteinanhänger und das Gefäß mit der lettischen Erde an die Brust drückend, steige ich ins Bett. Ich betrachte den Bernstein, bis sich die Wellen von Unentschlossenheit und Skrupel, Joe und das Haus zu verlassen, gelegt haben. Ich schiebe den Anhänger unter das Kissen und schalte das Licht aus, doch dann hole ich ihn wieder hervor und halte ihn fest. Und dann schlafe ich ein.

Gewöhnlich träume ich auf englisch, doch diesmal sprechen alle lettisch. Ich weiß, daß das außergewöhnlich ist, genauso wie ich weiß, daß ich träume. Es ist ein klarer Traum.

Ich bin in der lettischen lutherischen Kirche in Indianapolis und warte auf den Beginn des Gottesdienstes. Bald werden mein Vater und andere Männer in schwarzen Talaren, um den Hals die Ketten mit den schweren Silberkreuzen, auf die Kanzel steigen und zur schweigenden Gemeinde sprechen.

Die Kirche ist überfüllt. Alle tragen Schwarz, die Männer dunkle Anzüge, die Frauen streng geschnittene, schlichte Kleider. Es ist eine Trauerfeier oder Karfreitag, wenn alle um Jesu Tod trauern. Über den blumenlosen Altar ist ein schwarzes Tuch drapiert. Es ist Abend, draußen fällt unablässig ein kalter Regen, und Windstöße rütteln an den Fensterläden. Bis Ostern und Auferstehung dauert es noch sehr lange.

Die Chormitglieder kommen eines nach dem anderen still herein. Sie heben die Augen zu den verdunkelten farbigen Glasfenstern und fangen zu singen an. Der Gesang ist verhalten und dennoch sehr hingebungsvoll, doch zunächst kann ich keinen der Sänger erkennen, noch kann ich die Worte verstehen.

Mit der Zeit fällt mir auf, daß eine der Stimmen sich abhebt, kraftvoller ist als die anderen. Es ist eine Frauenstimme, ein Alt, reich an Erfahrung. Diese Stimme drückt mit großer Empfindsamkeit und Tiefe aus, was die anderen erlitten haben. Der Gesang ist eindringlich und sehr schön.

Ich gehe nochmals die Reihe der Sängerinnen durch. »Wo ist sie?« frage ich die Leute um mich herum.

»Schau, dort ist sie, in der letzten Reihe«, erwidert meine Schwester, die die ganze Zeit neben mir war.

Ich schaue hin, und ja, ich sehe die Sängerin auch.

»Aber das ist doch Anna«, flüstere ich, »Mirdzas Cousine

Anna, die von Ivars erschossen wurde.« Doch sie sieht auch wie eine andere Lettin aus, die ebenfalls Anna hieß. Diese jüngere Anna, ein hoffnungsvolles, intelligentes und sehr schönes Mädchen mit klaren blauen Augen und einer hübschen Stimme, war eine meiner Freundinnen in der High-School. Ich habe kürzlich gehört, sie sei nach zweiundzwanzigjähriger Ehe mit einem Alkoholiker plötzlich selbst zur Alkoholikerin geworden und sehr krank.

»Ja, das ist Anna«, murmelt Beate. Die zwei Annas scheinen zu einer geworden zu sein. Ich kann nicht mehr unterscheiden, ob es die von ihrem Mann ermordete ist oder die andere, die sich mit Alkohol selbst zerstört.

»Aber es geht ihr wieder gut. Das ist ein Wunder. Als ich ihr das letzte Mal begegnet bin, hat sie schrecklich ausgesehen. Ihre Haut und die Haare waren trocken und spröde, so als hätte sie hungern müssen, aber ihr Körper sah aufgedunsen aus. Zuerst erkannte ich sie nicht einmal. Ihre Augen waren so tot und leer, es war schwierig, mit ihr zu sprechen. Sie hatte nichts zu sagen.«

»Ja, das arme Mädchen«, sagt Beate, »so sah sie aus, als sie verheiratet war und ihr Mann die ganze Zeit trank. Natürlich verheimlichte sie alles vor den Leuten, sie mußte das. Ihr Stolz ließ es nicht zu, jemandem einzugestehen, daß sie litt. Er verlor eine Stelle nach der anderen, weil er trank, aber er gab immer ihr die Schuld und demütigte sie, obwohl nur sie arbeitete.«

»Aber es freut mich so, sie zu sehen. Ich dachte, sie sei tot. Wer hätte geahnt, daß ihr Mann solche Qualen litt und zuerst sie, dann sich selbst umbringen würde? Es schien ihnen doch so gutzugehen. Erinnerst du dich an die rauschenden Feste, die Laternen entlang der Auffahrt, das Streichquartett, das Wiener Walzer spielte? Und an die Musiker, Künstler und Schauspieler? Die wunderschöne Glasveranda, wo es Champagnerfrühstück gab?«

»Ja, dort hat ihr Mann sie erschossen.« Beate ist verbittert.

»›Also los, töte mich‹, muß sie gesagt haben. Wie *konnte* sie nur? Es war doch ihre Pflicht, für ihre Töchter zu leben. Beherrschung, Willenskraft, Durchhaltewillen, Stolz – das hätte sie haben müssen.«

»Aber sie war so verletzlich. Und sie war erst sieben, als die russischen Soldaten …«, erwidere ich, doch dann wird mir bewußt, daß ich gar nicht weiß, von wem ich spreche. »Aber, sieh mal, Beate! Sie ist wieder am Leben. Sie konnte fliehen! Und jetzt singt sie.«

Ich kann meinen Blick nicht von Annas Gesicht wenden. Um Augen und Mund sind feine Linien, das Haar wird schon grau, und am Hals hat sie eine große Narbe. Aber ihr Gesicht strahlt. Sie hat sich selbst gerettet! Auf wundersame Weise geheilt, ist sie nun im Vollbesitz ihrer Fähigkeiten. Sie hat gelitten, doch jetzt kann sie über vieles singen. Deshalb ist ihr Gesang so eindringlich und kraftvoll.

Ich erhebe mich und gehe langsam auf sie zu. Wir erkennen einander und umarmen uns. Ich weine vor Freude.

»Ich bin so froh, daß du lebst.«

Anna berührt meine Wange. Ihre Hand ist ganz warm. »Ja, meine Liebe«, sagt sie, »ich bin entkommen. Wir alle müssen ein zweites Mal entkommen, wenn wir unser Leben leben wollen. Nur wir selbst können uns retten.«

Ich erwache frohen Mutes, überzeugt, daß auch ich mich retten kann. Doch während des Tages überkommt mich wieder Mitleid mit Joe. Wie egoistisch ich doch bin. Er ist mein Mann, er hat mich geliebt und hat mir zur Seite gestanden in all den Jahren, in denen ich meiner Mutter und der lettischen Gemeinschaft entfremdet war. Er leidet selbst so sehr, sonst würde er nicht trinken oder so wütend werden. Es ist mir mit meiner Duldsamkeit nicht gelungen, ihn zu heilen; all meine Bemühungen genügten nicht. Und wenn er mich jetzt bittet, es mir doch noch einmal zu überlegen, scheint er den Tränen nahe, die er aber tapfer zurückzuhalten versucht. Ich schwanke.

Von Zweifeln gepeinigt, liege ich die nächste Nacht wach, bis meine Hand wieder den Bernsteinanhänger meiner Mutter berührt und ich gut einschlafen kann. Dann habe ich den letzten Traum, den ich träumen muß.

Ich bin wieder im Pfarrhaus, gehe barfuß an den Osterglocken unter meinem Schlafzimmerfenster vorbei. Ich muß ziemlich klein sein, so nah an meinem Gesicht sind die duftenden Blüten. Ich merke kaum, daß meine Füße kalt und naß sind. Ich fühle mich vollkommen sicher und glücklich.

Ich gehe um die Ecke und mache mich auf den Weg zur Scheune hinter dem Kräutergarten. Zīlīte, die weiße Stute, steht dort in ihrem Stall, und wenn ich reiten will, muß ich sie selbst satteln. Doch je mehr ich mich dem Scheunentor nähere, um so unruhiger werde ich. Drinnen spielt sich etwas Gefährliches ab, dem ich mich stellen muß. Es kann nicht so furchtbar schlimm sein, sage ich mir. Ich bin in Lettland; hier geschieht nie etwas Schlimmes.

Ich höre dumpfe Schläge und Peitschenhiebe, und dann stöhnt jemand vor Schmerz. Ich überwinde mich und öffne das Tor. Ein mongolischer Soldat schlägt in einem engen Verschlag brutal auf eine trächtige Stute mit glänzendem Fell ein. Seine dunkle Haut glänzt, seine schräg gestellten Augen über den hohen Backenknochen sind grausam, die schmalen Lippen unerbittlich. Die Stute sieht ihn mit duldsamen, flehenden Augen an, sie möchte den peitschenden Hieben ausweichen, die auf ihr blutiges Maul niederprasseln, aber sie versucht eigentlich nicht richtig, sich loszureißen.

»Hör auf«, schreie ich den Soldaten an, »schlag sie nicht, laß sie los!«

Der Soldat versetzt ihr einen weiteren brennenden Hieb mit der Peitsche.

»Laß sie in Ruh«, schreie ich. Ich stürze mich auf den Soldaten. Ich versuche, sein Bein zu packen, aber es ist schwierig, ihn festzuhalten. Der grobe Stoff seiner Hose, die in gewichsten Stiefelschäften steckt, ist zu dick.

Der Soldat tritt mich, damit ich loslasse. Der schwarze Stiefel trifft meine Brust. Der rasende Schmerz ist nur allzu vertraut.

»Laß sie in Ruh«, keuche ich.

Der Soldat droht mir in einer fremden Sprache; die genaue Bedeutung seiner Worte geht unter, doch ihre Feindseligkeit ist unverkennbar. Er verflucht mich, er wird mich als nächste schlagen, wenn sich die Stute losreißt, er wird mich bestimmt töten. Seine Hand ist in die Mähne der Stute verkrallt, er behauptet sein Recht, zu tun, was ihm beliebt. Er kann so grausam sein, wie er will.

»Du mußt dich selbst wehren«, rufe ich der Stute zu, »du mußt dich losreißen und wegrennen, du mußt dich selbst retten. Niemand anders kann es für dich tun.«

Und als würde sie endlich begreifen, widersetzt sich die Stute, wirft den Kopf zurück, zerrt an den Zügeln. Ich bearbeite das Bein des Soldaten mit den Fäusten, hoffe, ihn so lange abzulenken, bis er losläßt. Wir kämpfen alle drei verbissen, schweigend, nur das keuchende Atmen ist zu hören. Vom Ausgang des Kampfes hängt mein Leben ab.

Plötzlich wiehert die Stute, wirft den Kopf zurück, bäumt sich auf und tritt den Soldaten mit ihren glänzenden silbernen Hufen gegen den Kopf. Er taumelt, und während er sich aufrichtet, läßt er die Zügel los. Einen Augenblick lang schlägt die Stute in der Box verzweifelt um sich, dann entdeckt sie eine Öffnung und findet mit Leichtigkeit hinaus. Sie stößt das Scheunentor auf, ihre Hufschläge hallen draußen auf dem harten Boden wider. Sie läuft und läuft, sie ist frei.

Ich lasse das Bein des Soldaten los und renne mit der Stute weg. Wir müssen uns in Sicherheit bringen. Doch die Jahreszeit hat gewechselt. Es ist nicht mehr Frühling, sondern früher November. Der Boden ist gefroren, eine dünne Eisschicht liegt auf den Pfützen in den Furchen des leeren grauen Feldes. Vor mir galoppiert die Stute, so schnell sie nur kann. Ich versuche, mit ihr Schritt zu halten, obwohl es schwierig ist; der Boden ist uneben, voller Stoppeln, die mir die Knöchel zerkratzen. Aber ich laufe weiter. Der mongolische Soldat verfolgt uns, das Seil bereit, um die Stute von neuem einzufangen, die Peitsche erhoben, um sie auf meinen Hals niedersausen zu lassen.

Die Stute ist über ein offenes Feld gejagt und rast jetzt einen steilen Abhang hinunter einem halb zugefrorenen See entgegen. Auch ihr fällt es schwer, sich auf den Beinen zu halten, so strecke ich die Hand aus, um ihre glatte warme Flanke zu berühren, um sie zu stützen, sie zu besänftigen und das in ihr geborgene Fohlen zu fühlen. Doch die Stute springt wieder davon, prescht dem See mit der gefährlichen, trügerischen Eisschicht entgegen.

»Halt!« rufe ich warnend, »es trägt noch nicht.«

In diesem Moment ändert sich alles: Die Felder, das Licht, der See sehen nicht mehr herbstlich aus, sondern feindselig, der Himmel unheilverkündend. Der Soldat kommt näher, seine Stiefel zertreten die Stoppeln, die Peitsche durchschneidet die Luft. Die Stute kämpft, zuckt, zerrt.

Und dann beginnt sich die Stute zu meinem Schrecken zu verwandeln. Aus der schwarzen Mähne wird kurzes rötliches Haar, ihr Maul bildet sich zurück und wird flach, und ein sommersprossiges, verletzliches Gesicht, Hildas Gesicht, erscheint. Hildas dünne, mitleiderregende Arme treten aus den starken Vorderbeinen hervor, die Silberhufe fallen ab und verschwinden. Hildas Beine, blau und fleckig vor Kälte, stemmen sich gegen den steilen Boden, die Strümpfe hängen unordentlich um die Knöchel. Sie ist wieder bereit, sich für jemand zu opfern. Ihr Gesicht ist eine Maske geduldigen Erleidens.

Aber der mongolische Fötus, an Hildas ausgehungerte Gestalt geklammert, Nahrung aus ihr heraussaugend, zieht sie in die dunklen Tiefen. Sie versucht zu sprechen, um Hilfe zu schreien, doch sie ist stumm. Nur ich kann sie hören, nur ich kann ihr helfen, es gibt sonst niemanden. Ich muß schreien, ich muß, doch auch ich bin stumm. Ich versuche es, aber ich bringe keinen Laut heraus. Ich muß, ich muß, ich werde sterben, wenn ich still bleibe. Ich zwinge mich zu handeln.

Und dann bricht ein langer, lauter Schrei aus mir hervor. Die schreckliche Beengung in Hals und Brust ist gelöst. Ich erwache und richte mich auf, mein Herz hämmert. Es dauert einen Augenblick, bis mir bewußt wird, daß ich sicher in meinem eigenen Bett sitze. Ich umklammere ein Kissen mit den Armen und wiege mich vor und zurück, um mich zu beruhigen. Es ist alles in Ordnung, ich bin in Sicherheit, es war nur ein Traum, es ist alles in Ordnung, ich bin in Sicherheit, es war nur ein Traum.

Ich habe vierzig Jahre lang von Hilda geträumt, ich bin regelmäßig in Panik aufgeschreckt, aber diesmal scheint es anders zu sein. Der mongolische Soldat bleibt auf meinen Augenlidern eingebrannt. Ich knipse das Licht an, um ihn auszulöschen.

Ein paar Familienfotos stehen auf meinem Nachttisch: meine Schwester im Hochzeitskleid, der kleine Boris, vierjährig, auf einem Schaukelpferd, Joe und ich mit Boris an der Hand und Sandeimer tragend an einem Strand, dann wieder Boris am Tag seines High-School-Abschlusses. Daneben steht ein Bild von Joe, das vor fünf Jahren in einem Studio zu Werbezwecken aufgenommen wurde. Der Lichtkegel beleuchtet das letzte Foto am stärksten. Joe blickt mich herausfordernd an.

Ich nehme das Bild in die Hand und betrachte es. Er ist nicht sehr gealtert, denke ich, während ich mir selbst oft ausgelaugt und alt vorkomme. Sein dunkles gekraustes Haar ist grau meliert, um die Augen hat er Fältchen, Kinn und Hals sind fleischiger geworden. Doch er mag noch soviel trinken und noch so spät nach Hause kommen, aus seinem Gesicht spricht immer noch hartnäckige Lebenskraft. Über den hohen Backenknochen blicken die schwarzen Augen lebhaft, die dunkle Haut glänzt, die schmalen Lippen wirken entschlossen, selbstbewußt, etwas verächtlich.

Ich hole tief Luft und halte das Bild ans Licht, um es besser betrachten zu können, schließe die Augen und schüttle den Kopf, um klarer zu sehen, blicke von neuem hin. Warum bin ich der Vertrautheit, die ich spürte, als ich ihm zum ersten Mal begegnete, nie auf den Grund gegangen? Wie war es nur möglich, daß ich ihn nicht richtig einordnen konnte? Warum nannte ich die teilnahmslose Grausamkeit seiner schräg gestellten Augen nicht beim Namen? Warum gebrauchte ich nie das Wort »slawisch«, wenn ich Joes hohe Backenknochen beschrieb? Aus dem Rahmen blickt Joe, aber auch jeder russische Soldat meiner Kindheit und der mongolische Soldat aus meinem Traum. Die Ähnlichkeit ist so unverkennbar, daß sie jedem anderen sofort auffallen würde. Ich muß geschlafen haben oder behext gewesen sein, daß ich sie nicht bemerkt habe.

»Sogar schwarze Lederstiefel hat Joe getragen, genau wie der Nazi-Cowboy«, flüstere ich, und einen Moment lang stockt mir der Atem.

Es ist, als wäre etwas mit der Zeit passiert oder zumindest mit dem, was ich immer für die Zeit gehalten habe, so als würden weit auseinanderliegende Jahre auf unerklärliche Weise zusammenfallen und sich jetzt wechselseitig spiegeln und reflektieren. Hat der Soldat im Traum Joes Wesen erst richtig erhellt, ist er erschienen, um mich an den mongolischen Soldaten zu erinnern, waren die Soldaten Vorboten von Joe? Oder ist Joe erst durch die Soldaten möglich geworden? Habe ich ihn deshalb erkannt, als ich ihn das erste Mal sah? Mußte ich zweiundzwanzig Jahre mit ihm zusammenleben, um mich von den Soldaten zu befreien?

Es ist erschreckend, aber auch sehr aufregend. Ich weiß, daß ich eine wundersame Erscheinung hatte, die ich nutzen muß. Ich habe einen Blick in eine andere Wirklichkeit getan, eine Wirklichkeit, die mir in Lobetal verlorenging, als die Soldaten Pastor Braun erschossen und ich erfahren mußte, daß Beten sinnlos war. Doch jetzt scheint flüchtig eine von Sinn erfüllte, gütige Welt auf, die Quelle meiner Träume.

Ich nehme das Strandbild von Joe, mir und Boris in die Hand. Und dann erkenne ich auch noch die letzte Ähnlichkeit, die ich erkennen soll. Meine eigenen duldsamen Augen gleichen Hildas Augen und denen der Stute, das fällt mir sofort auf, doch da ist auch etwas Entschlossenes, Unerbittliches in meinem Blick, das mich an Joe erinnert, an den mongolischen Soldaten, der die Stute schlägt, an die Wachsoldaten der Nazis bei den Lagertoren, an die betrunkenen russischen Soldaten, die Hilda hinter die Trennwand schleiften. Ich greife nach dem Handspiegel, um mich zu vergewissern.

Die Ähnlichkeit ist nicht ausgeprägt, aber unverkennbar. Sie erschüttert mich. Ich bin nicht nur Opfer. Ich bin auch die, die mich selbst zum Schweigen gebracht hat, die mich gnadenlos gezwungen hat, in stummem Elend hier, in Joes Haus auszuharren, viel länger als nötig. Ich selbst habe mich grausam im Zaum gehalten. Ich habe mich selbst eingekerkert, ich habe mein Leben selbst eingeschränkt. Ich habe mich in Bernstein versiegelt.

Und nun weiß ich, was ich zu tun habe. Ich wickle die beiden mit Erde gefüllten *Vădzeles* in meine apricotfarbene Satinunterwäsche und stopfe sie zusammen mit anderen Kleidern, mit Fotografien und Büchern in einen Koffer. Ich schreibe Joe eine Notiz und lehne sie an die Whiskyflaschen auf der Bar. Ich greife unter das Kopfkissen und hole den Bernsteinanhänger meiner Mutter hervor. Er gehört zu den wenigen Dingen, die mir von ihr geblieben sind, und er ist mir sehr wichtig.

Ich schließe die Haustür ab und will den Schlüssel mechanisch in meine Tasche gleiten lassen. Dann besinne ich mich anders, küsse ihn und lege ihn, wie Onkel Jaša damals in Lettland, sorgfältig auf den Fenstersims, ich weiß nicht für wen. Jemand anders wird das Haus und das meiste, was ich besitze, bekommen. Ich hoffe, daß für meine Blumen gesorgt wird. Ich glaube, einige der Blumen werden auch gedeihen, wenn ich gegangen bin.

TEIL V

Nach der Beerdigung

Am Tag, nachdem der Mann meiner Schwester beerdigt worden ist, müssen wir zwei nach Bloomington fahren, um die Wohnung zu räumen, Beates Sachen für das Lagerhaus zu verpacken und zu regeln, was mit Hausverwaltung, Bank, Auto, Telefon und Strom zu regeln ist. Meine Schwester wohnt seit einigen Monaten in Louisiana, wo sie eine neue Anstellung als Bibliotheksleiterin hat. Uldis war in Indiana geblieben, um zu packen und sich seinerseits auf den Umzug in den Süden vorzubereiten. Während der Fahrt ergänzt Beate die Liste, die zwischen uns auf dem Sitz liegt. Hie und da wirbelt ein halbvermodertes Blatt in der Luft, in den Schlaglöchern am Straßenrand ist der Schlamm gefroren. Der Himmel ist grau, aber für Schnee nicht weich genug.

Als wir die Treppe zum dritten Stock hinaufsteigen, halten wir uns bei der Hand. Wir haben so oft darüber gesprochen, was wir wohl vorfinden würden, daß wir die Sache jetzt nicht mehr aufschieben mögen und auch keine von uns vorschicken wollen, damit sie dann der anderen berichtet, was sie gesehen hat. Unsere Schläfen sind grau, wir sind ein wenig außer Atem geraten, unsere Beine zittern.

Beate hantiert mit dem Schlüssel. »Riechst du was?« fragt sie, ohne eine Antwort zu erwarten. Ich nicke.

Als die Tür endlich nachgibt, wird der Gestank penetrant, obwohl durch die einen Spalt weit offene Balkontür die Kälte des Dezembernachmittags eindringt. Wir atmen den süßlichen Geruch menschlichen Verfalls ein, etwas wie eine Mischung aus ungewaschenem Haar, gerinnendem Blut und abgestandenem Parfum, aber eigentlich wie nichts sonst auf der Welt. Wir haben es schon einmal gerochen, in Lobetal, aber daran denken wir jetzt nicht.

Wir steigen über leere Kartons und Stöße von Zeitungen, um die herabhängenden Gardinen, die das Licht dämpfen, zurückzuschieben und die Glastüren weit aufzusperren, damit mehr frische Luft hereinkann. Ungefähr ein Dutzend Zimmerpflanzen, die während eines strengen Frostes draußen geblieben waren, stehen schwarz und vertrocknet dicht am Balkongeländer. Einige sind sogar umgekippt, ihre zarten Wurzeln aus der Erde gerissen.

Wir rücken wieder zusammen und halten uns aneinander fest. Wir überblicken die Berge herumliegender Kleider, ungeöffneter Post, alter Zeitungen, überquellender Aschenbecher und zerbrochener Eierschalen, die jede Fläche im Wohnzimmer bedecken. Noch mehr eingegangene Pflanzen stehen auf dem angeschlagenen Couchtisch aus Kunststoff und auf einem weißen metallenen Waschständer neben den Glastüren. Ein paar dieser Blumentöpfe wurden ebenfalls umgeworfen, die Erde in den langfaserigen grünen Teppich hineingetreten.

Beate hebt einen Topf mit einem verdorrten Streptocarpus auf. »Die hast du mir geschenkt. So schön. Den Klee auch. Die sind wirklich gut gediehen und haben sich auch vermehrt.«

Sie richtet verschiedene Töpfe wieder auf. »Aber Uldis ist ständig darüber gestolpert und hat sie zerbrochen, wenn er betrunken war, und da habe ich das Interesse verloren. Aber ich hätte erwartet, daß er sie wenigstens gießt.«

Wir knipsen überall die Lichtschalter an, in der Eßecke, im Schlafzimmer, im Bad, aber die Zimmer bleiben dunkel. Der Kühlschrank beginnt geräuschvoll zu surren, irgendwo werden Autotüren zugeschlagen. Wir stehen schweigend in der Tür der dunklen Küche, einem kleinen fensterlosen Raum mitten in der Wohnung.

»Wir brauchen Licht«, sagen wir wie aus einem Mund. Ich schleppe den einzigen Stuhl unter die Stelle an der Decke, wo ich gerade noch den Umriß eines elektrischen Anschlusses erkennen kann. Ich balanciere vorsichtig, greife nach den Schrauben, löse geduldig eine nach der anderen, nehme den Ärmel meines übergroßen Pullovers, um sie besser fassen zu können. Beate reicht mir eine Glühbirne, und die Küche erwacht zu neuem Leben.

Der gesprenkelte braune Linoleumboden ist an den Rändern schmutzig, aber ein Stück in der Mitte, ungefähr zwei Meter lang und einen Meter breit, wurde vor kurzem gescheuert. Wir wollen diese Stelle nicht betreten und rücken wieder zusammen, dicht an der Tür. Die Beschreibung des Leichenbeschauers bleibt lebendig. Wir stellen uns Uldis vor, wie er, nur mit Unterwäsche bekleidet, mit dem Gesicht nach unten, fünf Tage und Nächte dagelegen hat, während die Glühbirnen brannten und dann eine nach der anderen erloschen. Wir stellen uns die Blutlache um Kopf und Schultern vor, die nackten Arme, hilflos erhoben, als hätte er einen Schlag abwehren wollen. Seine Beine und Füße sind nackt, schutzlos, seltsam vertraut.

Wir würden ewig so stehen bleiben, doch der Wunsch, die Wahrheit zu erfahren, rettet uns. Wir gehen durch die Wohnung, ersetzen ausgebrannte Glühbirnen, suchen nach Hinweisen, stellen Vermutungen über die Ereignisse seines letzten Tages, der letzten Woche, des letzten Monats an. Der Papierkorb in der Küche ist voll von leeren Weinflaschen und Zigarettenstummeln.

»Wein?« frage ich. »Ich hab' gedacht, es sei Wodka gewesen.«

»War es auch.«

»Wo kommen denn die wohl her? Hat er einen Freund gehabt? Hat er jemanden mit nach Hause genommen, um mit ihm zu trinken?«

»Nein. Nie. Er trank immer allein. Er hat auch nie auswärts getrunken.«

Auf den grünen Neunundneunzig-Cent-Weinflaschen liegen Plastikhandschuhe, Spritzen und blutige Wattebäuschchen, vermutlich vom Leichenbeschauer und seinen Assistenten zurückgelassen, als sie die Frage klären mußten: War es Krankheit, Unfall, Mord oder Selbstmord? Auf Uldis' Totenschein stand: »Todesursache: Lebererkrankung. Nebenursache: chronischer Alkoholismus. Mutmaßlicher Zeitpunkt des Todes: vier Tage vor der Entdeckung der Leiche.« Zwei leere Bierdosen (»light«) liegen ganz zuunterst im Abfallkorb.

Beate starrt sie an, dann kniet sie sich hin und greift in das Eckschränkchen neben dem Spülbecken. Von ganz hinten holt sie zwei kleine Fläschchen Kirschwasser hervor, beide noch voll.

»Oh«, seufzt sie erleichtert. »*Die* hat er nicht getrunken. Die nicht. Er hat sie mir vor zwei Jahren zu Weihnachten geschenkt. Ich habe sie für einen besonderen Anlaß aufgehoben. Wenn sich die Situation besserte, würden wir vielleicht jemanden einladen. Er wußte, wie wichtig es für mich war, Freundschaften zu pflegen.«

»Ja, das kann ich mir vorstellen. Und woher kommt wohl das Bier?«

»Er versuchte, langsam zurückzufahren. Er hat diese hier nicht getrunken, und er hat versucht, sich von Wodka auf Bier und Wein umzustellen. Er muß versucht haben aufzuhören. Er hat es immer noch versucht. Armer Uldis.«

»Vielleicht. Vielleicht war ihm auch einfach so schlecht, daß er Wodka nicht mehr vertrug.« Ich kann mich erinnern, wie mein Exmann, Joe, einmal im Krankenhaus aus einer Rasierschale Wein trank oder wie er, zu krank, um zur Arbeit zu gehen, im Bademantel in der Küche stand und sich einen Sherry einschenkte, weil ihm vom Whisky übel wurde. Die Eierschalen, die mit Ei verschmierte Bratpfanne, die Überreste von Haferschleim im Kochtopf, alles läßt auf Übelkeit schließen. Im Kühlschrank liegen verschimmelte Brotlaibe und Käse in aufgerissenen Verpackungen, angebissen, nicht wieder eingewickelt, so als hätte ein krankes Tier sie angenagt.

Die Kassenbons auf dem Küchentisch zeigen, daß er hie und da auch etwas zu essen gekauft hat. Aber wir finden keine einzige Quittung von einem Spirituosenladen, weder in der Küche noch im Auto noch in seiner Manteltasche. Weil er seine Trunksucht bis zum Schluß nicht zugeben wollte, hat er sie sämtlich sorgfältig vernichtet. Niemand wird je genau wissen, wieviel Schnaps es brauchte, bis sich der großgewachsene, breitschultrige, gutaussehende, einst starke Mann von achtundfünfzig Jahren zu Tode getrunken hatte.

Die nackte Matratze auf dem Boden im Schlafzimmer ist blutbefleckt, doch die braunen Flecken sehen alt aus. Die Lampen auf den als Nachttisch benützten Umzugskisten sind umgeworfen, die Birnen am Gewinde abgebrochen. Nur die nackte Glühbirne an der Decke ist dem großen, schnapsschweren, torkelnden und um sich schlagenden Körper entgangen. Aus den Schubladen der Kommode wurde alles herausgezerrt, auf den Boden geworfen, zertrampelt. Überall Angefangenes und Zeichen vorgetäuschter Tüchtigkeit, Symptome der Trunksucht.

»Darüber mußt du schreiben«, sagt Beate zu mir. »Es ist schrecklich, wie er am Schluß gelebt hat. Wer es nicht gesehen hat, kann sich soviel Chaos und Verwüstung gar nicht vorstellen. Aber es kommt mir so bekannt vor«, ergänzt sie, sich wundernd.

»Wie der Keller in Lobetal nach dem Abzug der Russen«, sage ich.

In einem halbgepackten offenen Koffer ist eine Schachtel Gewehrpatronen halb unter einem Paar schwarzer Baumwollhosen versteckt, die so abgetragen sind, daß das Licht durch den Hosenboden scheint. Die Taschen sind leer, eine davon ist mit einer Sicherheitsnadel zugesteckt, die Aufschläge sind ausgefranst. Die anderen Kleidungsstücke von Uldis, die im offenen Schrank nicht mehr als einen halben Meter Platz beanspruchen, sind beinahe vollständig durchgewetzt, außer einem Paar steifer, unverwüstlicher, unten ausgestellter Polyesterhosen aus den sechziger Jahren und einem schwarzen Anzug für Sonntage und Beerdigungen.

Ein kniehoher Haufen schmutziger Unterwäsche quillt aus dem Badezimmerschrank. Beate zieht hörbar die Luft ein. »Uldis, wie *konntest* du nur?« fragt sie in den leeren Raum hinein. »Wie konntest du dich nur so *gehen*lassen?«

Sie kniet nieder und beginnt, die Toilettenschüssel und alles darum herum zu reinigen. Sie schrubbt energisch das Waschbecken. Die langen verdorrten Zweige einer Efeupflanze ranken sich über das beschlagene, schlecht isolierte Fenster. Sie rascheln trostlos und kommen ihr beim Reinigen in die Quere.

»Er war so peinlich genau. *War*. Früher hat er jeden Abend geduscht, auch wenn er noch so betrunken war. Er zog immer saubere Sachen an. Er sagte, auch wenn wir noch so arm seien, wir könnten wenigstens sauber sein. Wie bringen wir dies nur alles wieder in Ordnung?«

»Das müssen wir gar nicht. Wir müssen bloß den Rest deiner Sachen einpacken und verschwinden.« Ich merke, wie meine Schwester erstarrt, deshalb ergänze ich: »Und wenn uns dann noch Zeit bleibt, machen wir sauber, was wir können. Der Verwalter hat gesagt, wir hätten vier Tage Arbeit vor uns, mindestens.«

Wir durchstöbern lose Papiere und Schlüssel, hoffen auf ein bißchen Geld, doch außer ein paar Münzen auf einem Bügelbrett im Wohnzimmer, das wie jede andere Fläche mit Abfall übersät ist, finden wir nichts. Uldis' schwarzes Portemonnaie ist da, wo die Kreditkarten hineingesteckt werden, ist das Leder brüchig und abgewetzt, doch Karten sind natürlich keine drin. Das Plastikfensterchen für den Führerschein ist nicht mehr durchsichtig, mit dem Alter ist es steif und trüb geworden. Von Uldis' Gesicht ist nur der Umriß zu erkennen, die Züge sind verschwommen. Das Portemonnaie ist leer; sogar die unantastbare Zwanzigdollarnote, die er für Notfälle bei sich hatte, ist verschwunden.

Wir finden einen Stapel Quittungen von Geldautomaten, zusammen über fast 800 $, aber wahrscheinlich fehlen einige. Bevor Beate ging, um ihre neue Anstellung als Bibliotheksleiterin an einer Universität in Louisiana anzutreten, hatte sie ihm für Notfälle ihre Codenummer gegeben. Die 800 $ waren alles, was sie besaß. Jetzt sind auch die weg, und sie hat darüber hinaus neue Schulden, beinahe 5000 $, für die Grabstelle im lettischen Teil des Friedhofs von Indianapolis und für die Beerdigung.

Uldis war neun Jahre lang arbeitslos gewesen. Er war nicht versichert, doch wenn die Sterbeurkunde kommt, wird sie von der Sozialversicherung 250 $ Sterbegeld bekommen. Vielleicht kriegt sie noch 100 $ für das Auto und 50 $ für die Revolver.

Unter den Quittungen sind auch zwei Pfandleihscheine.

»Oh«, sagt Beate, »er hat bestimmt mein Armband und seine Uhr verpfändet.«

»Dein Armband verpfändet? Was fällt ihm denn ein?«

»Daran bin eigentlich ich schuld. Er hat von mir gelernt, wie man das macht. Als wir von Texas hierherzogen, gleich nachdem Mama krank geworden war und ich keine Arbeit hatte, brauchte ich Geld für Benzin, damit ich sie besuchen konnte. Also hab' ich ihn eigentlich darauf gebracht.«

»Warum hat er nicht seine Revolver verpfändet? Er hätte die Finger von deinen Sachen lassen sollen.«

»Ist schon in Ordnung so, ganz sicher. Seine Revolver hätte er nie verpfändet. Er sagte immer, wenn er es einmal nicht mehr... aushalte... dann, dann könne er sich immer noch erschießen. Also, verstehst du, die konnte er nicht verpfänden. Sie waren wie eine Lebensversicherung.«

»Todesversicherung.«

Unter dem Kissen auf der nackten Matratze hatte man tatsächlich einen geladenen Revolver gefunden. Der Polizeibeamte, von dem Beate während einer wissenschaftlichen Tagung benachrichtigt wurde, hatte ihr deshalb am Telefon gesagt, er vermute, es handle sich um Selbstmord. Die eigentliche Todesursache wurde erst bei der Autopsie festgestellt. Wenn ich in der Vergangenheit manchmal neue Einzelheiten über das schwere Los meiner Schwester erfuhr, hatte ich – nur halb im Scherz – gedroht, Uldis eigenhändig zu erschießen. Aber ich weiß jetzt, daß ich nur einen winzigen Bruchteil von dem wußte, was meine Schwester wirklich durchgemacht hat.

»Wenigstens hat er sich nicht erschossen«, sagt Beate. »Dafür muß man dankbar sein.«

»Ich bin froh, daß er dich nicht umgebracht hat, so wie Ivars Anna. Das ist das Wichtigste. Ich bin so glücklich, daß du am Leben bist. Sonst gibt's nicht viel Grund zur Dankbarkeit.«

»Ach, so schlimm ist es auch wieder nicht«, sagt Beate. »Anderen ging's schlimmer. Armer Uldis, wenn er es nur etwas leichter gehabt hätte. Ich habe Glück gehabt im Leben.«

»Glück gehabt?« frage ich. »Das mußt du mir aber erklären. Wie kommst du darauf, du hättest im Leben Glück gehabt.«

Beates graues Haar ist streng nach hinten gekämmt, der Mantel ist zu kurz, die abgewetzten Ärmel schützen nicht einmal ihre Handgelenke gegen die Kälte, ihre Augen sind rot vom Weinen und vor Erschöpfung, ihre Schultern nach vorn gebeugt.

»Ich hab' doch dich. Und Boris. Und bis jetzt haben wir alles überstanden, die Beerdigung und das Essen hinterher.«

»Ja, das stimmt. Und ich habe dich.«

»Komm, *Māsiņ*, meine kleine Schwester.« Beate lacht das schelmische Lachen des hübschen, lebhaften kleinen Mädchens, das sie einst gewesen ist. Sie nimmt mich bei der Hand. »Jetzt aber zum Pfandhaus, bevor es schließt.«

Hand in Hand, jede um die andere besorgt, gehen wir miteinander die Treppe hinunter und über vereiste Pfützen zu meinem Auto.

»Dieser Uldis war ein Dreckskerl«, flüstere ich für mich. Ich halte zwei kleine Schmuckschatullen in der Hand, die wir eben für 175 $ eingelöst haben. In einer ist Beates goldenes Armband samt ihrem Ehering. In der anderen ein silberner Ring mit Bernstein, den unsere Mutter Beate hinterlassen hat. »Dieser Dreckskerl, wie konnte er nur?«

»Schon gut. Die Ringe waren mir ohnehin zu eng. In den letzten zwei Jahren sind meine Hände angeschwollen, so habe ich sie kaum jemals getragen.«

»Dreckskerl, sogar deinen Ehering! Und das einzige, was du von Mama hast. Dreckskerl.«

»Ach, er hat doch gewußt, daß ich sie mir jederzeit zurückholen kann.«

»Deinen Ehering. Da sieht man, wie wichtig der verdammte Schnaps für ihn war. Komm, *Māsiņ*.«

Ich nehme Beate beim Ellbogen und führe sie behutsam an den verschmierten, mit Schmuck und Silberbestecken gefüllten Vitrinen vorbei, vorbei an unzähligen Reihen von Gewehren, die gegen die schmuddeligen gelben Wände gelehnt sind.

»Was ist mit Uldis?« fragt der Besitzer, ein übergewichtiger junger Mann mit fettigem schwarzem Haar.

»Er hat sich zu Tode gesoffen«, entfährt es mir. »Haben Sie was anderes erwartet?«

»Das tut mir leid.« Seine Augen scheinen feucht zu werden, er sucht in den Taschen seiner fleckigen Lederweste nach einem Taschentuch und schneuzt sich. »Er war echt nett, ich hab' mich gern mit ihm unterhalten. Er wußte viel über Geschichte, nicht wahr? Hat selbst sehr viel Geschichte erlebt. Schade, daß er *jetzt* gestorben ist; dort drüben tut sich langsam was.«

Ein Lächeln erhellt Beates müdes und resigniertes Gesicht. »Ja, von Geschichte hat Uldis wirklich etwas verstanden. Freut mich, daß Sie das bemerkt haben.« Sie strafft die Schultern.

»Von diesen kleinen, schutzlosen, besetzten Ländern – Lettland, Estland, Litauen – hab' ich in der Schule gehört«, erklärt der Mann mit Genugtuung.

Ich schäme mich. Das Elend, das sich in und um diesen Laden abgespielt hat, ergreift mich; das Elend, das meine Schwester gelitten hat, droht, mich zu überwältigen.

Doch Beate scheint durch die Begegnung mit dem Besitzer des Pfandhauses etwas aufgeheitert. »Weißt du, Agatiņa«, sagt sie, »eigentlich war es Uldis *nicht* egal, wie's mir ging. Er hat mich immer ermuntert zu studieren, er wollte immer, daß ich das Leben genieße. Als ich ihn in Louisiana das letzte Mal sah, stand er neben seinem Wagen und sagte: ›Ich komm' dich bald besuchen. Paß auf dich auf. Vergiß nicht, ich liebe dich.‹ Er hat eine Kette für meine Tür gekauft, er hat alles ganz sorgfältig ausgemessen und dann zugeschaut, wie der Hausmeister sie montierte. Er wußte, daß er nicht mehr lange leben würde. Es war ihm nicht gleichgültig, wie's mir ging. Ganz bestimmt nicht.«

Nicht einmal selbst montiert hat er die Kette, der unfähige, nichtsnutzige Lump, denke ich. Aber seine Absicht rührt mich. Ich muß meiner Schwester helfen, damit ihr wenigstens etwas bleibt.

»Ja«, pflichte ich ihr bei, »er wollte sicher sein, daß dir nichts passiert.«

»Und er hat meine beiden Fläschchen Kirschwasser nicht angerührt, auch in der größten Verzweiflung nicht.«

»Stimmt.«

»Ich wußte, daß du verstehst, *Māsiņ*.«

Wieder in der Wohnung, retten wir noch ein paar Dinge mehr. Wir entstauben Bücher und packen sie ein, sammeln in einer leeren Margarinedose Pennies und hin und wieder ein Vierteldollarstück, sehen Beates Kleider durch und legen sie zusammen. Es sind so wenige; die meisten erkenne ich wieder als Geschenke, die ich ihr vor Jahren gemacht habe. Wir kippen die verdorrten Pflanzen in Säcke und stellen diese zu dem Abfallberg, der hinuntergetragen werden muß.

Ich scheuere den Küchentisch und beginne, das aufgetürmte schmutzige Geschirr zu spülen. Es sind vor allem als Schüsseln benutzte leere Margarinedosen, Plastikgeschirr von Imbißbuden, das gespült und wieder gebraucht wurde, ein paar Gläser mit Bugs Bunny darauf, wie man sie vor Jahren bei Burger King geschenkt bekam. Das einzige Bild in der Wohnung ist ein Poster mit einem melancholischen, Cello spielenden Kaninchen.

Das Tafelservice besteht aus drei einfachen weißen Porzellantellern, zwei davon angeschlagen, vier nicht zusammenpassenden Bechern und einzelnen rostfreien Messern und Gabeln. Halbaufgebrauchte Beutel mit Suppe, Reis oder Nudeln wurden sorgfältig wieder verschlossen. Eine Schublade enthält für den Wiedergebrauch gebügeltes und zusammengefaltetes Papier von Geburtstags- und Weihnachtsgeschenken. In einer anderen sind Reste von Bändern und ein paar hübsche Servietten mit winzigen Rosen, für die sich meine Mutter in Unkosten gestürzt hatte. Auch eine zur Hälfte aufgebrauchte und wieder versiegelte Packung Ostereierfarben ist dabei.

Bei jedem neuen Beweis für Beates Armut kommen mir die Tränen. Mein eigenes Haus, das ich eben gekauft habe, ist warm und geräumig, meine Schränke quellen über, meine Regale sind voll. Und meine Schwester hat so gelebt – Beate, die schöne Dinge liebt, die sich in den fünfziger Jahren Geld für ein Parfum von Guerlain, für einen schwingenden Taftrock und für eine winzige Uhr mit schmalem schwarzem Samtarmband zusammensparte.

Nach ihrem Sechzehnstundentag mußte Beate die Treppen zu dieser Wohnung hochsteigen. Für den Lebensunterhalt für sich und Uldis arbeitete sie als Büroangestellte; sie blieben dabei aber unter dem Existenzminimum. Nach der Arbeit lernte sie bis spät nachts in der Bibliothek, sie wollte sich ein Diplom als Bibliothekarin erwerben und hoffte auf eine Anstellung in der Verwaltung einer Universität. Sie war immer sehr müde, und vielleicht überkam sie auch ein bißchen Traurigkeit, weil ihr das Geld fehlte, um ihre Doktorarbeit in Politikwissenschaft fertigzuschreiben. Aber sie stieg die Treppen hoch, sagte sich tapfer, daß sie es mit harter Arbeit und Willenskraft schon schaffen werde. Wieviel Mut muß es sie gekostet haben, jeden Abend zu so etwas zurückzukehren.

Wenn Beate die Tür zu dieser Armut und Trostlosigkeit auftat, lag Uldis besinnungslos auf der Couch, die nackte Glühbirne über dem Eßzimmertisch war das einzige Licht. Oder er war immer noch wach, mißmutig, wirr. »Wer mit dir zusammenwohnt, muß sich ja betrinken«, sagte er dann vielleicht. »Du spinnst wohl, ich soll betrunken sein? Scheint eine fixe Idee von dir zu sein, genau wie bei deiner Schwester. Du hast vielleicht Probleme.«

Aber so würde Joe reden, nicht Uldis, der immer freundlich gewesen war.

Der grüne langfransige Teppich, den Beate am frühen Morgen gesaugt hatte, war mit Zeitungen und Zigarettenasche übersät. Der Koffer, den sie ihm gepackt hatte, als sie ihn das letzte Mal zu gehen bat, stand immer noch neben der Tür.

»Er ist wieder da«, hatte mir Beate jeweils am Telefon erklärt.

»Dann sag ihm, er soll wieder gehen.«

»Ich kann nicht. Was passiert dann mit ihm?«

»Er soll endlich selbst für sich sorgen.«

»Dafür ist es zu spät«, seufzte Beate jedesmal.

Ich schrubbe noch einen verkrusteten Kochtopf und wische mir die Tränen weg. Auf keinen Fall, *auf gar keinen Fall* werde ich um Uldis weinen, ich weine nur um meine Schwester.

»Oh, *Māsiņ*, hätte ich doch nur gewußt, wie schlimm das alles für dich war, hätte ich doch nur gewußt, wie arm du bist. Ich hätte es wissen müssen. Ich weiß, wie es ist, wenn man zu einem Betrunkenen heimkommt, aber ich wußte nicht, wie schlimm auch das übrige war. Du hattest überhaupt nichts Schönes. Wahrscheinlich hattest du nicht einmal genug zu essen.«

»Nein, so war's nicht. Wir mußten zwar oft Reis essen, aber wir gingen nur einmal hungrig zu Bett. Es war nicht so schlimm.«

»Oh, hätt' ich dir doch Geld geschickt. Hättest du mir doch mehr erzählt.«

»Ich wollte nicht, daß du alles weißt. Ich wollte dich beschützen, nur ein kleines bißchen. Ich hätte dich besser beschützen wollen. Du bist doch die Kleinste«, sagt Beate lachend. »Und es ging mir ja auch gar nicht so schlecht. Es war doch eigentlich eine ganz hübsche Wohnung. Ich hab' sie immer gepflegt. Die Sonne schien durch die Balkontür herein, und die Pflanzen glänzten.«

Beate zeigt auf den einzigen Stuhl im Wohnzimmer. »Da saß ich, wenn ich mit dir sprach. Immer am Sonntag; ich habe mich jedesmal auf den Anruf gefreut. Und Uldis war nicht ständig betrunken. Manchmal war er eine ganze Woche lang nüchtern. Und an Sonntagen waren die Spirituosengeschäfte zu, da ging er nicht zu Big Red hinunter. Wir schliefen bis neun, dann saßen wir im Bett und plauderten miteinander. Wenn wir Geld hatten, gingen wir vielleicht zu Fuß die Zeitung holen und lasen sie dann. Wenn nicht, gingen wir manchmal auf die Wiese hinter den Wohnblöcken und suchten Löwenzahn. Uldis hoffte immer, einen Hasen zu sehen, und manchmal sahen wir auch einen. Oder wenn ich ein paar Überstunden gemacht hatte, gingen wir zum Beispiel zu einer Matinee oder in Hooks Drugstore und setzten uns in eine Nische und tranken eine Tasse Kaffee. Wenn du mir Geld zum Geburtstag oder zum Valentinstag geschickt hattest, gingen wir manchmal ins Einkaufszentrum, und ich kaufte mir Nagellack, Champagne Pearl von Estée Lauder. Es war mein einziger Luxus; Uldis wollte immer, daß ich ihn mir leiste. Dann ging ich nach Hause und lackierte mir die Nägel. In die Bibliothek ging ich nie vor dem späten Nachmittag. Die Sonntage waren immer so schön.«

Ich nehme eine Fotografie von Uldis in die Hand, die vor ein paar Jahren zu Weihnachten bei seiner Mutter aufgenommen wurde. Er trägt seinen guten schwarzen Anzug, ein weißes Hemd und eine schwarze Krawatte, seine Schuhe glänzen, sein dunkles Haar kringelt sich weich um die Schläfen. Er sieht sauber aus, nüchtern, sorgfältig gekleidet. All das hat Beate vorübergehend fertiggebracht. Sie hat ihn präsentabel gemacht, ihn herausgeputzt, geschniegelt. Sein Lächeln, dem von Beate so ähnlich, ist strahlend, so als wäre eben etwas Wundervolles geschehen.

»Das sollten wir denen im Big Red zeigen«, sage ich und versuche, meine Wut zu unterdrücken. »Die würden sich bestimmt an ihn erinnern, haben ja mit ihrem Dark-Eyes-Wodka eine Menge an ihm verdient, wahrscheinlich war er ihr bester Kunde. Die müßten eigentlich etwas zu den Beerdigungskosten beisteuern, aus Kulanzgründen.«

»Dafür ist es zu spät. Armer Uldis.«

Auf Beates Wunsch sehe ich Uldis' Papiere durch, die er in einem Dark-Eyes-Wodkakarton aufbewahrt hat.

Zuoberst liegen Dutzende Briefe von seiner Mutter. Auch wenn ich mir als Eindringling vorkomme, lese ich zwei der letzten. Seine Mutter hatte ihm Geld geschickt, 20 $ jedesmal, obwohl sie sich selbst mit einer kümmerlichen staatlichen Rente, mit verbilligtem Käse und Mehl aus einem Unterstützungsprogramm, mit Heizungsbeihilfe für Einkommensschwache durchschlagen muß. Sie hatte sich auch ein neues Rezept für Valium ausstellen lassen und es ihm »für seine Nerven« geschickt. Valium wirkt besonders berauschend, wenn es zusammen mit Wodka genommen wird.

Uldis' Mutter wollte nie wahrhaben, daß er Alkoholiker ist. »Hör nicht auf Beate«, hatte sie ihm geschrieben. »Ein Mann braucht hin und wieder ein Glas, das ist doch ganz normal. Alle machen das. Wenn Beate nicht so egoistisch gewesen wäre und diese Stelle als Dozentin am Texas A&M nicht angenommen hätte, wärst Du jetzt bestimmt in einer guten Position. Sie sollte sich eine andere Arbeit suchen und Dich besser unterstützen, statt noch einen Abschluß als Diplombibliothekarin zu machen.«

Unter den Briefen sind verschiedene alte Postkarten und Geburtstagskarten. Aus einigen wurden Figuren ausgeschnitten. Zwei Hasen und eine Rose sind auf eine Notizkarte im Postkartenformat geklebt. »Meiner geliebten Frau zum Geburtstag« steht in der Mitte sorgfältig in Blockschrift geschrieben. Er hatte nicht genug Geld, um Beate eine richtige Geburtstagskarte zu kaufen. Nein, er *wollte* sein Geld nicht dafür ausgeben, sage ich mir unerbittlich. Ich weiß, daß das Eis in meinem Herzen zu schmelzen beginnt; aber ich will die Empfindung, die sich in mir regt, nicht aufkommen lassen.

Im übrigen sind nur noch Absagebriefe von Universitäten und Colleges aus allen Teilen der Vereinigten Staaten in dem Karton, es sind Hunderte. »Nach sorgfältiger Prüfung Ihrer Unterlagen müssen wir Ihnen leider mitteilen, daß zur Zeit keine Ihren Qualifikationen entsprechende Stelle offen ist.« Die Briefe älteren Datums stammen von angesehenen Universitäten, die letzten von entlegenen Colleges in North Dakota, Mississippi, Georgia. Aus den letzten zwei Jahren sind auch Absagen für Stellungen im Verkauf darunter, als Schreib- und Bürokraft, für jede Art von Beschäftigung. »Wir haben Ihre Bewerbung geprüft, müssen Ihnen aber leider mitteilen, daß wir momentan keine für Sie passende Stellung frei haben.« Hoffnungslos.

Ich stelle mir vor, wie Uldis die Treppe hochstieg, gespannt jeden Brief öffnete, wohl wissend, daß er einen Anruf bekommen hätte, wenn er für eine Stelle in Frage gekommen wäre, aber dennoch hoffend. Er las den Brief zu Ende, steckte ihn sorgfältig zurück in den Umschlag, legte ihn in den Karton, und dann erst machte er kehrt und stieg wieder die Treppe hinunter, diesmal zu Big Red. War es wirklich so gewesen? Das ist vermutlich zu simpel. Bestimmt hatte er die Flasche schon bei sich, wollte sie nur noch nicht öffnen, bevor er den Brief gelesen hatte. Die Absage gab ihm dann einen Grund, einen ersten Schluck zu nehmen und dann viele weitere, aber er hätte die Flasche auch zum Feiern geöffnet.

Ich halte den Karton, weine über diese Vergeudung, weine über Uldis' Qual. Wie hat das alles angefangen? Was geschah mit dem gutaussehenden, vielversprechenden, arbeitsamen jungen Mann, der er einst war? Ich kann mich erinnern, wie Uldis im Bus vor Beate an den Hut tippte, hoch erfreut, daß sie ihn bat, sich neben sie zu setzen. Oder wie er mich jedesmal pflichtbewußt zum Tanz aufforderte, wenn ich bei einem der Letten-Feste Mauerblümchen war. Wie er lächelte, wenn er für eine Arbeit die Note »A+« erhielt. Wie er mit meiner Mutter über *Moby Dick* diskutierte. Nachdem die beiden das Buch in einem Abendkurs der University of Indiana gelesen hatten, waren sie sich einig, daß es der großartigste amerikanische Roman sei. Meine Mutter hatte für Uldis eine glänzende Zukunft vorausgesehen; sie war begeistert, als Beate ihn heiratete.

Warum brachte es Beate nie fertig, ihn zu verlassen, so wie ich Joe schließlich verließ? Natürlich hatte Beate ihn geliebt, und Uldis hat sie auch in seinen letzten qualvollen Jahren nie herabgesetzt, so wie Joe mich. Aber vielleicht beschützte und unterstützte sie ihn auch, weil sie sich so vollkommen in seine Vergangenheit einfühlen konnte. Sie hatten eine gemeinsame Geschichte; Uldis drückte seinen Schmerz nur auf andere Weise aus. Seine Selbstzerstörung war das dunkle, düstere Gegenbild zu der zwanghaften Arbeitswut, der unerschütterlichen Heiterkeit und den großen Leistungen so mancher anderer Letten.

Uldis sprach mit starkem Akzent: Sein Englisch enthielt sowohl Elemente aus dem Südstaatenenglisch als auch aus der Sprache der Schwarzen. Seine Eltern hatten sich zuerst in Mississippi niedergelassen. Dort mußten er und sein Vater, der in Lettland Musiker in einem Sinfonieorchester gewesen war, auf den Baumwollfeldern schuften. Nachdem sie sich nach Indiana abgesetzt hatten – man hatte ihnen mit langjährigen Gefängnisstrafen gedroht, falls sie die Plantage je verlassen würden –, arbeitete Uldis in der Kingan-Fleischverarbeitungsfabrik. Seine schwarzen Arbeitskollegen machten sich zuerst ein wenig lustig über ihn, dann akzeptierten sie ihn aber und erklärten ihm das Leben in den Vereinigten Staaten.

Als ihm ein Lehrer eine aufmunternde Bemerkung unter eine Geschichtsarbeit schrieb und Uldis bat, sich vor der Klasse dazu auch mündlich zu äußern, sagte er: »Laß mich doch nich reinlegen von so'n Lehrer, verdammt. Gibt mir kein A nich, wenn der mich sprechen hört.«

Er war mit sechzehn nach Mississippi gekommen. Einmal trug er sein einziges weißes Hemd, weil Sonntag war. Die Söhne des Plantagenbesitzers überredeten ihn dazu, ein Stinktier zu fangen, das seien die wunderbarsten Kuscheltiere. Da er nichts von Stinktieren wußte, fing er eins. Er mußte alle seine Kleider wegwerfen, sogar die Schuhe. Wenn er davon erzählte, lachte er. Er konnte auch lächelnd bemerken: »So bin ich der einzige Arbeiter bei Kingan mit einer Phi-Beta-Kappa-Nadel.«

Ich kannte Uldis mehr als dreißig Jahre, ich habe ihn an unzähligen Tischen an seinem Drink nippen und dazu freundlich lächeln sehen, aber ich weiß absolut nichts über seine Erlebnisse während des Krieges. Hat seine Selbstzerstörung damals begonnen? Es ist zu spät, um es herauszufinden.

Zuunterst im Karton liegen verschiedene alte Kopien seiner Meldeformulare für Ausländer. Bereits zwei Jahre nach seiner Einreise in die Vereinigten Staaten wurde Uldis zum Kriegsdienst in Korea einberufen. Seine Eltern beschworen ihren einzigen Sohn, nicht zu gehen – sie hatten gesehen, was mit so vielen anderen jungen Männern geschehen war. Nach langem Ringen gab er widerstrebend nach und verweigerte den Militärdienst. Als Folge davon konnte er nie amerikanischer Staatsbürger werden; er mußte für immer ausländischer Staatsangehöriger bleiben, ein Fremder, der sich jedes Jahr nach Weihnachten zusammen mit anderen, später angekommenen Immigranten in die Reihe stellen mußte, um im Postbüro die nötigen Formulare zu unterschreiben. Da er die Staatsbürgerschaft nicht besaß, kam er für die meisten Stellen, für die er sich bewarb, von vornherein nicht in Frage.

Andere junge Männer aus den Wohnungen in der Park Avenue gingen nach Korea; zwei fielen dort. Dann mußte die nächste Generation nach Vietnam und brachte neues Leid über die Familien.

Ich mache den Karton zu und öffne einen anderen. Er enthält Uldis' unvollendete Dissertation über Unabhängigkeitsbewegungen in den baltischen Staaten im neunzehnten Jahrhundert. Der Karton ist verschimmelt, darin ein Durcheinander von flüchtigen Notizen und wunderbar herausgearbeiteten lyrischen Passagen, Tausende von Karteikarten, zusammengeheftet und nach einem System geordnet, das außer ihm nie jemand verstehen wird. Er ist mit seiner Arbeit nie zu einem Abschluß gekommen. Und den wiederaufgenommenen Kampf um die Unabhängigkeit Lettlands nach beinahe fünfzig Jahren gewaltsamer sowjetischer Unterdrückung hat er ebenfalls nicht mehr erlebt.

»Armer Uldis«, sage ich, »was für ein vergeudetes Leben.«

»Ja, armer Uldis«, wiederholt Beate. »Er hatte es einfach zu schwer.«

»Er hatte doch etwas so Liebenswürdiges an sich, nicht wahr? Er konnte so lieb sein. Wenn er nur dein Leben nicht kaputtgemacht hätte.«

»Oh, so schlimm war es nicht.«

»Armer Uldis«, sage ich. Doch er hat schon genug Liebe und Mitleid erhalten. Jetzt muß ich meiner Schwester helfen zu retten, was zu retten ist.

Beate und ich stehen in der beinahe leeren Wohnung. Wir haben Berge von Ramsch hinausgetragen, Müllsäcke voller einst sorgfältig aufbewahrter, jetzt nutzloser Dinge. Alle drei Müllcontainer vor dem Wohnblock sind voll; daneben stehen ordentlich aufgereihte schwarze Plastiksäcke. Die ansehnlicheren Töpfe der verdorrten Pflanzen haben wir nebeneinander auf die Deckel der Container gestellt. Wir hoffen, es kommt jemand vorbei, der sie gebrauchen kann, aber bis jetzt hat sie noch niemand mitgenommen.

Die Möbelpacker sind gekommen und schon wieder fort. Beates Koffer und ein paar wenige kleine Kartons liegen in meinem Wagen. Die übliche Ansammlung von Gegenständen, die man Freunden schenken oder wohltätigen Institutionen spenden kann, wenn jemand gestorben ist, gibt es hier nicht. Uldis' Taschenuhr, die vor ihm seinem Vater und seinem Großvater gehört hatte, liegt in Beates Handtasche. Sie ist weder aus Silber noch aus Gold, aber sie ist alt, und sie stammt aus Lettland. Sie wird ein Andenken für Boris werden. Ich trage den Karton mit den Absageschreiben, die ich bei mir aufbewahren werde, bis Beate sie zurückhaben will. Wir müssen ein paar Bücher über baltische Geschichte in die Bibliothek zurückbringen. »Er hat mir gesagt, das habe er erledigt«, bemerkt Beate mit der gleichen Enttäuschung in der Stimme wie schon unzählige Male zuvor. »Er hätte es bestimmt gern erledigt«, erwidere ich.

Wir gehen nochmals durch die saubere Wohnung. Es liegt

immer noch ein Geruch von Fäulnis in der Luft, schwach, aber auch nach drei Tagen Seife und Wasser, frischer Luft und Licht noch wahrnehmbar. Aber er macht uns keine Angst mehr. Er gehört zu Uldis, zu seiner Verzweiflung, seiner Sucht, die ihn wie eine böse und alles verachtende Macht gepackt, beherrscht, zerstört und auch Beate verletzt und gezeichnet hat. Ich befürchte, der Geruch würde an uns haftenbleiben, wenn wir weggehen, aber darum können wir uns später kümmern.

Beate schließt den Deckel der Margarinedose aus Plastik, in der wir die paar Münzen, die wir fanden, gesammelt haben. Es sind nicht viele. Sie steckt sie in ihre Tasche.

Die Couch im Wohnzimmer, die einst unserer Mutter gehörte, ist das einzige, was wir nicht hinuntertragen können. Sie stört unser momentanes Gefühl, etwas abgeschlossen zu haben, aber nicht sehr. Wir empfinden wieder die Befriedigung, die wir nach der Beerdigung empfunden haben.

Nur drei der anwesenden Letten waren kräftig genug, den Sarg zu tragen. Deshalb begruben sie den Sarg nicht selbst, so wie es üblich war, als alle noch jünger waren. Damals saßen die amerikanischen Totengräber jeweils in ihrem Lastwagen, rauchten Zigaretten und sahen zu, wie andere ihre Arbeit taten.

Uldis' Grab lag hinter dem Denkmal, das »Allen Exilanten, die ihr geliebtes freies Lettland während des Zweiten Weltkriegs verloren haben« gewidmet ist.

Beate und ich hielten uns bei der Hand, während der Sarg hinabgesenkt wurde. Wir streuten die sandige lettische Erde, die Jim aus Riga mitgebracht hatte, über den Sarg. »Heimaterde für dich, der du in einem fremden Land stirbst.« Die Leute traten näher und warfen eine Handvoll Erde oder eine Blume ins Grab.

Der Lastwagen fuhr rückwärts heran und kippte eine Ladung Kies auf den Sarg. Beates alter Volkstanzpartner ebnete die Erde und machte mit dem Schaufelgriff über Uldis' Gesicht und Brust das Zeichen des Kreuzes. Die Blumen, teure Gestecke in Rot und Weiß, die lettische Flagge symbolisierend, wurden auf dem Grab arrangiert.

Diese kleine Anstrengung munterte alle auf. Wir hatten plötzlich Heißhunger. Einen Augenblick verweilten wir bei den Gräbern von Mutter und Großmutter.

»Er ist jetzt bei ihnen«, sagte Beate.

»Schade, daß Papa so bald wegfährt. Ich wäre froh, wenn er bei dir bleiben und dich trösten könnte.«

»Ach, das ist schon in Ordnung. Ich komme gut zurecht. Er sagt, sein ›kleines Frauchen‹ erwartet ihn. Sie hat es ihm schon übelgenommen, daß er überhaupt zur Beerdigung gefahren ist. Es sei zu kurz vor Weihnachten, und ihre Kinder hätten eine Menge Geschenke gekauft. Es ist lieb von ihm, daß er trotzdem gekommen ist.«

»Aber ich wünschte mir dennoch, daß dir jemand hilft.«

»Schon gut. Komm wir gehen und stoßen auf Uldis an und wünschen ihm ›leichten Sand‹«, sagte Beate und erinnerte mich damit an den alten Brauch, einem Verstorbenen eine angenehme Ruhe unter der Erde zu wünschen. »Armer Uldis.«

»Ja, aber wir sollten uns beeilen. Komm, komm, *Māsiņ*, ich bin dein ›kleines Frauchen, und ich erwarte dich‹«, spöttelte ich. Wir lachten, bis uns die Tränen kamen, dann wurden wir ernst.

»Was für ein tapferes Mädchen du bist«, sagte ich, als ich meine Schwester bei der Hand nahm.

»Um diese Couch tut es mir wirklich leid«, sagt Beate. »Papa hat sie mir gegeben, als er wieder heiratete. Seiner neuen Frau hat sie nicht gefallen; die falsche Farbe. Wenn wir nur jemanden wüßten, der sie gebrauchen kann. Ich mag nicht daran denken, daß sie einfach weggeworfen wird.«

»Vielleicht besorgt das der Verwalter«, sage ich. »Aber wir könnten sie wenigstens beiseite schieben. Vielleicht ist noch Geld darunter.«

Doch da ist keins. Zwei leere Flaschen Dark-Eyes-Wodka und eine sorgfältig zusammengefaltete Tüte aus dem Spirituosenladen, ohne Quittung, kommen zum Vorschein. Aber als wir die Couch von der Wand wegrücken, sehen wir, daß dahinter etwas Helles steckengeblieben ist. Beate geht auf die Knie und tastet geduldig danach. Sie holt eine von Mutters Tassen hervor, die mit dem Apfelblütenrand. Ich weiß noch, wie unsere Mutter jeden Monat eine andere hübsche Tasse gekauft hat; an diese hier kann ich mich besonders gut erinnern. Die Innenseite ist vom Tee dunkel verfärbt. Bestimmt hat Uldis sie benutzt, wenn ihm schlecht war, dann muß er sie einmal fallen gelassen und vergessen haben.

Wir bringen die Tasse zum Spülbecken, unter dem immer noch ein stattlicher Vorrat von Putzmitteln steht. In der Hoffnung, die nächsten Bewohner könnten sie gebrauchen, haben wir sie dort aufgereiht. Wir schwenken die Tasse mit ein wenig Spülmittel aus. Es scheint nicht viel zu nützen.

»Wir müssen es mit Bleichmittel versuchen.« Ich denke, auch wenn sich die Verfärbung nicht vollständig entfernen läßt, verblassen wird sie vermutlich schon. Wir gießen ein wenig Bleichmittel in die Tasse, lassen es eine Minute lang einwirken und schütten es dann aus. Die Verfärbung scheint eine Spur schwächer zu sein. Das Bleichmittel brennt in den Augen. Es ist ein angenehmer, sauberer Geruch.

Bilder tauchen vor mir auf, während ich das Bleichmittel schwenke. Russische Soldaten stellen leere Wodkaflaschen auf den Kopf, um sie bis zum letzten Tropfen auszutrinken. Sie torkeln betrunken umher, ihre Stiefel zertreten die Schneeglöckchen, ihre Stimmen drohen. Sie stampfen durch die Blumenbeete, trampeln Narzissen, Lilien und Farne nieder. Sie drehen sich zu zwei ausgehungerten Mädchen um und urinieren.

Eine Bombe ist auf das Haus nebenan niedergegangen. In

einer Ecke schwelt es noch immer, doch der Regen hat während der Nacht die meisten Flammen gelöscht. Meine Schwester und ich klettern über den Schutt, wir durchstöbern die Trümmer, suchen nach etwas, was noch heil ist. Alles ist zerschlagen, es sieht nach totaler Zerstörung aus, aber wir machen weiter. »Schau«, sage ich, »schau mal.« Ich sehe eine feine Porzellantasse, wie durch ein Wunder ganz. Die winzigen Veilchen unter dem Goldrand sind das einzig Bunte in diesem Grau. Doch als ich die Tasse aufhebe, ist nur die eine Hälfte da. Sie ist unbrauchbar. »Macht nichts«, sagt Beate, »wir finden bestimmt etwas anderes, wir müssen nur weitersuchen.«

Die Soldaten packen meine Mutter und stoßen sie mit den Gewehrläufen vorwärts. »Es wird schon alles gut«, sagt Beate und drückt mir die Hand. »Ich pass' auf dich auf. Du bist doch die Kleinste.« Sie zieht den alten schweren Wollmantel über mich. Für den Moment fühle ich mich sicher in diesem kleinen Nest.

Es ist fast so, als hätten wir beide gewußt, daß die Tasse hier sein würde. Wie so vieles im Zusammenhang mit diesem Tod hat uns der Fund überhaupt nicht erstaunt. Wir sind ans Retten gewöhnt.

»Und jetzt gehen wir zurück ins Hotel«, schlage ich vor, »und nehmen beide eine ausgiebige, wohlige Dusche. Und dann lade ich dich zu einem richtig feinen Essen ein. Etwas Warmes und Üppiges, zum Beispiel Ochsenschwanzsuppe und knusprig braunes Huhn mit Bratkartoffeln und Wein und zum Abschluß Kaffee mit viel Sahne.«

»Das klingt wunderbar.«

»Und dann sprechen wir zur Abwechslung einmal von dir. Wie es dir ergangen ist. Du hast noch eine Verwüstung erlebt, wie im Krieg, und jetzt mußt du allein nach Louisiana zurück, an so einen weit entfernten und fremden Ort, du könntest ebensogut noch einmal ins Ausland gehen.«

»Es geht schon, *Māsiņ*. Bestimmt. Du hast mir so sehr geholfen. Ich komme schon zurecht.«

»Es wäre ein bißchen leichter für dich, wenn du nicht gerade eine neue Stelle angetreten hättest, und dazu noch in einer neuen Stadt, weit weg von allen.«

»Es wird schon gutgehen. Es ist nicht so schlimm. Wenn ich nur mehr für Uldis hätte tun können.«

»Aber du hast doch soviel für ihn getan. Du hast ihn geliebt und am Leben erhalten. Auf sich selbst gestellt, wäre er schon viel früher gestorben.«

»Aber gestorben ist er.«

»Er hat zuviel durchmachen müssen – Exil, Krieg, Arbeitslosigkeit, Demütigung. Daran hättest du nichts ändern können, auch wenn du noch so sehr gewollt hättest.«

»Meinst du wirklich, daß vielleicht alles mit dem Krieg angefangen hat?« fragt Beate. Die ganze letzte Woche – seit wir verheiratet sind, sind meine Schwester und ich nie mehr so lange zusammengewesen – hat uns diese Frage immer wieder beschäftigt.

»Ich glaube, bei Uldis war es zum Teil so. Und bei uns beiden auch. Als hätten die betrunkenen russischen Soldaten allem ihren Stempel aufgedrückt. Wir haben uns in unseren Ehen soviel gefallen lassen, weil wir offenbar glaubten, wir hätten kein Recht auf Glücklichsein.«

»Das hat Mutter immer von dir gesagt, Agatiņa. Du hättest zu lange gelitten, sagte sie. Sie hat immer nur darauf gewartet, daß du dich von Joe scheiden läßt.«

Ich bin so überrascht, daß ich nichts darauf erwidern kann.

»Von dem Augenblick an, als du deinen Doktor hattest, sagte sie immer wieder, du solltest deinen kleinen Sohn nehmen und weggehen. Sie hat sich gewünscht, du würdest nach Indiana ziehen, mehr in ihre Nähe.«

»In ihre Nähe? Oh, hätte ich das doch nur gewußt! Dann hätte alles anders ausgesehen! Warum hast du mir nichts gesagt?« Meine Mutter ist schon sieben Jahre tot, aber noch immer trauere ich um sie, und noch immer schmerzt mich, daß wir ein so gespanntes Verhältnis zueinander hatten.

»Sie hat mir verboten, etwas zu sagen. Du warst immerhin mit ihm verheiratet, und wir hatten kein Recht, uns einzumischen.«

»Was für eine Institution die Ehe doch ist«, entfährt es mir. »Solange du drin bist, läßt man dich ganz allein zappeln, und niemand würde auch nur ein Sterbenswörtchen sagen. Und wenn du dich dann endlich scheiden läßt und von der Anstrengung, dein Leben neu auszurichten, zu Tode erschöpft bist, sagen die Leute: ›Endlich, wir haben schon lange darauf gewartet, daß du diesen Schritt tust.‹«

»Feminismus für Anfänger«, lacht Beate. »Nein, Mutter ist immer sehr stolz gewesen, genau wie du, das ist alles.«

»Und wie du«, sage ich und wechsle das Thema. »Mußt du Uldis' Mutter anrufen?«

»Ich ruf' sie morgen an. Und Papa auch.«

»Da weißt du ja, was auf dich zukommt. Die erwarten doch sicher, daß du sie tröstest und nicht umgekehrt.«

»Schon gut«, sagt Beate. »Ich bin an sie gewöhnt. Es ist nicht so schlimm. Andere haben Schlimmeres durchgemacht.«

Hätte ich einen Wunsch frei, was würde ich dann für meine Schwester wünschen? So glücklich zu sein wie ich! Aber das scheint für Beate noch in weiter Ferne zu liegen.

Nach meiner Scheidung von Joe dauerte es trotz Ingeborgs Ermunterung sehr lange, bis ich aufhörte zu sagen »Es ist nicht so schlimm« und versuchte, in meinem Leben zu ändern, was ich ändern konnte. Bis ich handelte, statt zu warten. Nachdem ich John zum ersten Mal getroffen hatte, ließ ich Tage verstreichen, bis ich ihn endlich anrief.

»Wahrscheinlich erinnern Sie sich nicht mehr an mich, aber wir unterhielten uns über –« begann ich.

»Natürlich erinnere ich mich. Die Bedeutung von Träumen ... und Lilien ... Schwarzer Drache und Grüner Zauber, stimmt doch?«

»Ja. Was Sie für ein Gedächtnis haben! Jetzt bin ich froh, daß ich angerufen habe.«

»Eigentlich wollte *ich* gerade *Sie* anrufen«, sagte John lachend. »Ihre Nummer habe ich direkt vor mir.«

»Wirklich?« fragte ich ungläubig.

»Wirklich. Ich habe sie mit Klebstreifen an meinen Hefter geklebt.« Er las sie mir vor. Das war ein Anfang.

Später, als wir von einem langen Spaziergang in Wisconsins herbstlichen Wäldern zurückkamen, berührte John leicht meine Hand.

»Es muß schwer für Sie sein, sich ständig als Amerikanerin auszugeben. Der lettische Teil ist doch bestimmt auch wichtig. Ich würde gern dabeisein, wenn Sie so weit sind, daß Sie darüber sprechen möchten.«

Er stand mir bei, als wir die vielen kleinen, aber mutigen Schritte wagten, die notwendig sind, um eine Beziehung zwischen zwei Menschen mit komplizierter Vergangenheit aufzubauen. Wir waren wieder durch herbstliche Wälder gewandert, als mir John ein in Gold gefaßtes Stück Bernstein schenkte, als Zeichen unserer Verbundenheit. Der mandelförmige Bernstein fühlt sich lebendig an, er wärmt mir die Hand. Er ist glatt wie ein rundgeschliffener Kiesel, aber viel leichter. Bernstein ist von urzeitlichen Tannen erhalten gebliebenes Harz, von Meer, Wind und Sand gehärtet und poliert, wie eine Kristall gewordene Träne. Durch einen glücklichen Zufall ist der Schmuck, den John mir schenkte, dem Anhänger meiner Mutter ähnlich. Nach ihrer Beerdigung hat mein Vater ihn mir gegeben. Meine Eltern fanden ihren Bernstein am Strand der Ostsee, im ersten Jahr ihrer Ehe, als sie zusammen glücklich waren und friedliche Jahre vor ihnen zu liegen schienen. Beide Steine haben die kräftige

Farbe von dunklem Honig, und beide durchzieht ein feiner dunkler Streifen am unteren Ende. Bis jetzt ist mir nie aufgefallen, wie ähnlich sich die beiden Streifen sind. Ich berühre Johns Bernstein von neuem und spüre, wie Kraft in mich fließt.

In früheren Zeiten schrieben die Letten dem Bernstein Zauberkräfte zu. Er konnte vor Krankheit schützen, Wunden heilen, einen nach dem Tod in eine andere Welt führen. Heute spiegelt er Sonne, Liebe und Leben, aber er bewahrt auch Vergangenheit, denn er umschließt Gräser, Insekten, Samen und Nadeln längst ausgestorbener Bäume. Er schwimmt im Salzwasser, also kann er vielleicht auch Traurigkeit kurieren und Tränen trocknen. Ich wünsche mir für meine Schwester auch so einen Bernstein.

Am Fuß der Treppe bleibt Beate stehen. »Ich bin wirklich müde«, sagt sie. »Manchmal glaube ich, ich kann nicht…« Sie beginnt, leise zu weinen.

Etwas an Beates Gebärde ist mir vollkommen vertraut. Ich bin plötzlich wieder sechs Jahre alt und mit meiner Mutter im Bahnhof. Ich stehe auf einem Bahnsteig, wo meine Mutter ihren schweren Koffer abstellt und sagt: »Ich kann nicht mehr weiter.« Ihr Gesicht ist rot von der Anstrengung, den riesigen Koffer zu tragen und gleichzeitig mich an der Hand zu halten, damit ich nicht von der Menge mitgerissen und niedergetrampelt werde. Sie beginnt zu weinen. »Ich kann nicht mehr«, sagt sie wieder, »ich kann nicht…« Hunderte von Menschen drängen sich um uns herum, schieben sich vorwärts, um in den Zug zu kommen, sind verärgert, daß wir im Weg stehen. Die Tränen meiner Mutter tropfen mir auf den Nacken, aber ich fürchte mich zu sehr, um sie zu trösten; mich an ihr festhalten ist das einzige, was ich kann. Endlich wischt sie sich die Augen, nimmt mich bei der Hand, hebt den schweren Koffer auf und geht weiter, entschlossen, Schritt für Schritt.

Als ich aus meinen Träumereien zurückkomme, hat sich Beate die Augen schon getrocknet. Sie nimmt ihren Koffer am Fuß der Treppe auf und strafft die Schultern. Sie ist erschöpft, aber sie tut, was sie tun muß. Sie setzt einen Fuß vor den anderen. Sie bewegt sich vorwärts.

Züge

Ich träume oft von Zügen. Beinahe jede Nacht gehe ich durch die trostlose Landschaft, höre in der Ferne Schüsse, verstecke mich vor den Soldaten. Es gibt einen Zug, den ich erreichen muß; wenn es mir gelingt, bin ich in Sicherheit. Nach und nach erscheint John in meinen Träumen. Manchmal hilft er mir, ein Bündel warmer Winterkleider zu tragen, dann wieder hält er das Baby, das in meiner Obhut ist, oder er führt den hungernden Jungen bei der Hand. Doch meistens begleitet er mich einfach auf dem sandigen Weg, weg von der alten Eiche und dem Waisenhaus, zeigt mir, wo wir durch den Stacheldraht schlüpfen können zum Zug, der uns in Sicherheit bringen wird.

Dann wieder bin ich mit meiner Schwester oder meiner Mutter zusammen, und den Zug zu erreichen ist viel schwieriger. Ich träume, daß ich Winterkleider, Lebensmittel und Küchengeräte in einen großen Korb packe. Wenn ich etwas vergesse, verhungern oder erfrieren andere in der Familie. Ich suche wie wild nach Streichhölzern, nach einem Märchenbuch und einer Flöte für Boris, der noch ein kleiner Junge ist und in den Lagern etwas braucht, was ihm Freude macht. Ich höre die schwarzen Stiefel der Soldaten auf die Pflastersteine im Hof knallen, sehe Panzer Lilien und Farne niederwalzen. Ich mache, so schnell ich kann, und renne zum Bahnhof, ganz außer Atem wegen des schweren Korbes. Menschenmassen drücken und drängen gegen mich. Ich muß die anderen erreichen, wir müssen alle in den Zug.

Es ist derselbe Bahnof, in dem meine Mutter weinte, die gleiche drängende Menge, die gleiche furchtbare Dringlichkeit, die gleiche Angst vor Trennung. Ich sehe, wie meine Mutter entschlossen zum Zug geht. Ōmite ist auch da, stützt sich auf Beate, die Boris bei der Hand hält. Mein Vater ist weiter hinten im Gedränge. Ich bin voller Hoffnung, durch die riesigen Glasscheiben über uns kommt langsam Licht herein, wir werden alle gerettet werden. Die Türen des Zuges öffnen sich direkt vor mir, ich schwinge mich hinauf auf den hohen Tritt und reiche meiner Mutter hinter mir die Hand, um ihr hinaufzuhelfen.

Doch in diesem Augenblick setzt sich der Zug mit einem Ruck in Bewegung, unsere Hände werden auseinandergerissen, die Türen schließen sich dicht zwischen uns. Ich versuche, sie aufzustemmen, ich ziehe daran und hämmere gegen sie, bis meine Finger bluten, doch die Türen bleiben zu. Durch das dicke Glas sehe ich meine Mutter, meinen Sohn, meine Schwester und meine Großmutter auf dem grauen Bahnsteig zurückbleiben, und noch weiter hinten meinen Vater irgendwo in der Menge. Meine Mutter streckt die Hände nach mir aus und sagt etwas, das ich nicht hören kann. Ich versuche, ein Fenster zu öffnen, um ihr meine Schlüssel, mein Geld, meine Uhr und meine Landkarten zu geben, aber das Fenster läßt sich nicht öffnen. Der Zug fährt weiter, ich weiß, daß meine Mutter mich nicht hören kann. Gegenüber dem Bahnhof steht eine Reihe von Panzern, bereit, gegen die Zurückgebliebenen vorzurücken. Der Zug bringt mich, allein und schuldig, in Sicherheit.

Manchmal sieht der Bahnhof im Traum eher wie der Greyhound-Busbahnhof in Chicago aus, wo ich vor zehn Jahren in der gleichen furchtbaren Anspannung gewartet hatte. Ich war auf dem Weg zu meiner Mutter, die in einem Krankenhaus im Sterben lag, weit weg von Rußland, Lettland oder Deutschland, Orten, die ihr alle näher waren als Amerika. Ich hatte das letzte Flugzeug an dem Abend verpaßt und mußte nun auf diese langsame und frustrierende Art zu ihr reisen.

Es ist ein trüber Tag gewesen. Der Boden des unteren Geschosses ist mit Trinkhalmen und leeren Pappbechern übersät, flachgetreten von Hunderten von Füßen. Die Wände sind schmutziggelb, die Risse in den abgenutzten Plastiksesseln sind unbeholfen mit Klebeband geflickt, die Klimaanlage funktioniert nicht. Der Plastiksitz klebt an meinen feuchten, schmutzigen Kleidern, Körper und Gesicht sind von einer rußigen Schicht bedeckt. Der Bus hat Verspätung, und ich weiß, wenn er einmal hier ist, wird er sich viel zu langsam durch die Landschaft von Indiana bewegen.

Meine Mutter und ich sind einander seit zweiundzwanzig Jahren entfremdet, seit ich verheiratet bin. Ich teile jetzt ihre Meinung über Joe, doch das hat uns einander nicht nähergebracht. Auch wenn ich mir oft wünsche, nicht mehr mit Joe verheiratet zu sein, bin ich es noch immer. Aber ich weiß, daß der Bruch mit meiner Mutter tiefer geht, seinen Ursprung tiefer in der Vergangenheit hat – in meinem Widerstand gegen sie, damals, auf dem sandigen Weg zur alten Eiche, in ihrem Blick, der auf fernen Apfelbäumen in der Dämmerung ruhte, ja, schon in dem Tag, als Žanis mit seinem Pferd in den Hof gesprengt kam, es so abrupt zügelte, daß es sich aufbäumte, eine Staubwolke hinterließ und mitten in ihren friedlichen Nachmittag hinein zum ersten Mal ankündigte, was ihr später so oft widerfahren sollte: Verlust und Vertreibung.

Ich warte ungeduldig auf den Bus, möchte, daß er schneller fährt, mich rechtzeitig ans Bett meiner Mutter bringt, damit sie noch etwas zu mir sagen kann. Ich erhoffe mir sehnlichst irgendeine Sterbebett-Lösung zwischen uns, so wie ich sie aus Büchern kenne. Ich bin in panischer Angst, sie zu verpassen.

Die kühle weiße Empfangshalle des Krankenhauses und das durch die Fenster hereinflutende blasse Licht lassen Möglichkeiten offen. Der frühmorgendliche Krankenhausalltag hat bereits begonnen: Wagen mit Tabletts werden durch die Korridore geschoben, schwarze Frauen gehen, mit Putzutensilien beladen, müde vor mir her, versperren mir den Weg.

Als ich zum Zimmer meiner Mutter komme, steht die Tür halb offen, und meine Mutter liegt sehr still, atmet flach. Ihre Haut ist gelblich und durchsichtig, die Hände an ihrer Seite sind noch welker als vor zwei Wochen, als ich sie das letzte Mal gesehen habe. Sie ist bewußtlos, weit davon entfernt, sprechen oder hören zu können.

Ich hatte mit dem höflich wortlosen Mißfallen meiner Mutter oder auch mit Vorwürfen wegen meiner Verspätung gerechnet. Ich war darauf gefaßt, daß sie ihr Buch nehmen würde, um darin zu lesen oder mindestens so zu tun, während ich darauf wartete, daß sie mich ansähe. Aber in meinen schlimmsten Phantasien habe ich mir nicht vorgestellt, ich könnte sie bewußtlos antreffen. Ihr Mut, ihre Intelligenz, ihre Worte würden immer dasein.

Eine Schwester bittet mich, in den Warteraum zu gehen, damit meine Mutter gewaschen und das Bett frisch bezogen werden könne. Sie bietet mir eine Tasse Kaffee an, dann eilt sie den Korridor hinunter zu anderen Patienten in diesem für Sterbende reservierten Flügel. Ich wasche mir Hände und Gesicht, schlürfe den erstaunlich wohlschmeckenden Kaffee aus einem Pappbecher und setze mich wieder auf einen Plastikstuhl, diesmal auf einen kühlen, sauberen, bequemen. Aber das Verlangen, meine Mutter sprechen zu hören, etwas Entscheidendes mit ihr zu erleben, läßt mich nicht los; es ist stärker als am Busbahnhof, von noch größerer Dringlichkeit.

Mindestens eine Viertelstunde soll ich warten, hat mir die Schwester gesagt, aber ich gehe trotzdem den Korridor hinunter zum Zimmer meiner Mutter und bleibe still neben der halboffenen Tür stehen. Zwei schwarze Frauen mittleren Alters mit schweren, weichen, ruhigen Körpern beugen sich über sie. Eine sitzt auf dem Bett. Die Schultern meiner Mutter liegen in ihrem Schoß, der Kopf lehnt an ihrer Brust, die Wangen schmiegen sich an sie. Die Frau wischt meiner Mutter mit einem weichen weißen Lappen das Gesicht. »So, mein Liebes, so«, sagt sie in einem sanften, halb singenden Ton. Die andere Frau beugt sich über die dünnen weißen Beine meiner Mutter, reibt sie mit festen kreisenden Bewegungen.

Die Frauen sind sich nicht bewußt, daß sie beobachtet werden, ihre Bewegungen sind deshalb ohne Hast, bedacht und, wie mir scheint, voller Zärtlichkeit. Die Frau, die meiner Mutter die Füße wäscht, stockt unten am Rist einen Moment lang bei der mit Sand aus Rußland gefüllten Narbe, dann wäscht sie die Stelle sorgfältig. Kurz steigt Wut in mir hoch. Diese Frau hat keine Ahnung, wer meine Mutter ist, sie weiß nichts von den Härten und den Verwicklungen ihres Lebens, nichts von den aus zwei Kriegen stammenden Narben, nichts davon, daß sie sowohl Rußland wie auch Lettland verloren hat, nichts von ihrem Kampf, in Amerika den Doktor zu machen, nichts von ihrem großen Schatz an Sprachen und Wörtern, der mit ihrem Tod verschwinden wird. Diese Frauen verstehen nicht das geringste von meiner Mutter. Niemand versteht es.

»So, mein Liebes, so«, singt die Frau, streicht dabei mit geübten Händen über Waden und Füße meiner Mutter. Die andere Frau summt, echot vielleicht die gleichen Worte oder spricht andere so undeutlich, daß ich nur etwas Gleichmäßiges und Sanftes hören kann, wie das Summen von Bienen. Sich rhythmisch hin und her wiegend, streichelt sie das Haar meiner Mutter. Ihre Bewegungen sind fürsorglich und liebevoll, so daß mein Unwille über ihre Ahnungslosigkeit verfliegt. Sie scheinen genau das Richtige für sie zu tun, etwas, was sie braucht, etwas, was andere – was ich selbst – unterlassen haben. Das Waschen nimmt nur ein paar Minuten in Anspruch, scheint aber viel länger zu dauern und voll von Bedeutung zu sein, die ich nicht in Worte fassen kann.

Jemand berührt meinen Ellbogen, und als ich mich umdrehe,

ist es Beate, die leise hinter mich getreten ist. Ich habe meine Schwester, die aus Texas wieder nach Indiana gezogen ist, nicht erwartet. Sie und mein Vater haben die meisten Nächte im Krankenhaus verbracht und brauchen dringend Schlaf. Beates Erscheinen schreckt die beiden schwarzen Frauen auf, und ihre Bewegungen werden hastiger. Eine erhebt sich eilig vom Bett und legt den Kopf meiner Mutter auf das Kissen zurück, die andere zieht ihr das Leintuch straff über den Körper. Sie blicken uns fragend an, so als hätten wir sie bei ungebührlichem Verhalten ertappt und nicht bei einem Ritual überrascht, das wir nicht verstehen. Plötzlich sehen sie aus wie zwei müde, unterbezahlte Krankenhausangestellte, die befürchten, bei einer Schwester gemeldet zu werden, weil sie sich auf das Bett einer Patientin gesetzt haben, und nicht wie zwei Frauen, die meiner Mutter im Sterben beistehen. Sie streichen ihr das Kissen glatt, dann stoßen sie mit gesenktem Blick den Reinigungswagen an uns vorbei. Ich nehme Beate bei der Hand, weiß nicht, wie ich ihr erklären soll, was ich eben gesehen – oder mir vorgestellt – habe.

»Ich weiß«, sagt Beate, bevor ich reden kann, »ich war hier. Ich habe auch gesehen, was sie für sie getan haben.«

Während der nächsten beiden Tage und Nächte wartete ich darauf, daß meine Mutter sprechen würde, doch sie tat es nicht. Einmal glaubte ich sie vorwurfsvoll flüstern zu hören: »Du bist zu spät gekommen«, doch jetzt glaube ich, daß ich mir das wohl nur eingebildet habe. Meine Mutter war völlig außerstande, sich zu bewegen oder sich auf irgendeine andere Art zu äußern. Damals wußte ich noch nicht, daß Menschen im Koma und Sterbende manchmal noch hören können, und so habe ich nicht versucht, mit ihr zu sprechen. Und selbst wenn meine Mutter mich hätte hören können: Ich wußte nicht, daß ich ihr hätte sagen können, was ich ihr sagen mußte, weil ich nicht wußte, was es war.

In der Zeit, als ich immer wieder von Zügen träumte, erzählte ich John Dutzende von Geschichten. Zuerst läßt sich keinerlei Gesetzmäßigkeit erkennen – sie scheinen zusammenhanglos, harmlos, enthüllen nichts. Aber sie führen näher zum Keller, näher zur alten Eiche, näher und immer näher zum sandigen Weg, wo ich mit meiner Mutter kämpfte und für immer das Gefühl von Sicherheit und Selbstachtung verlor. John stellt mir Fragen, hört mir zu, glaubt mir, akzeptiert, was ich sage. Wenn ich weine, sagt er nicht, ich solle doch aufhören, sondern gibt mir sein Taschentuch und hält mir die Hand. Er sagt nicht: »So schlimm war es doch gar nicht.«

Er erzählt mir seine eigenen Geschichten. In einigen kommen auch Züge vor, aber in Amerika, nicht in Europa. Als Siebenjähriger mußte er von seiner Familie weg und die Woche über bei fremden Leuten in der Stadt wohnen; er fuhr mit dem Zug hin und her. Einmal stellte er die Uhr zurück, damit er den Zug verpaßte. Unsere Geschichten konkurrieren nicht, sie heben sich auch nicht gegenseitig auf. Sie weben Muster um uns, treten in unsere Träume ein, binden uns sanft aneinander. Manchmal sehe ich uns beide als blonde Siebenjährige, durch eine weite Wiese getrennt. Wir sprechen verschiedene Sprachen, lächeln uns aber erkennend zu. Manchmal träume ich, wir seien die Zwillinge in *Was ihr wollt,* bleich in ihrem dunkelgrünen Samt, aber endlich wieder vereint. Wir haben unversehrt Stürme überstanden, wir können uns bei der Hand halten, einander unsere Geschichten und Träume erzählen.

Ganz allmählich sind aus den sprachlosen, bedrückenden Bildern in mir Worte geworden. Die Vergangenheit nimmt Bedeutung und Gestalt an, verliert ihre Macht zu lähmen, zum Schweigen zu bringen, zu beschämen. Ich bin verblüfft über die Parallelen zwischen meiner Mutter und mir, ich hätte das Mädchen, das sie war, gern beschützt, ich begreife, weshalb sie mir nicht mehr geben konnte. Ohne den Schutz unserer Väter haben wir Vertreibung und Krieg überlebt. Ich kann mich gut in sie einfühlen, wie sie als Zwölfjährige ihr geliebtes Rußland verlor, denn mit zwölf trauerte ich insgeheim um die brüchige Sicherheit der Lager in Deutschland, die ich verlassen mußte. Wir waren beide Außenseiter, beide gezeichnet. Beide bürdeten wir unsere Traurigkeit unseren Kindern auf.

Da ich meine Erlebnisse Ingeborg und John erzählen kann, ist meine Liebe zu meiner Mutter nicht mehr so schartig, und Versöhnung und Vergebung wachsen. Johns Zuwendung kann mich im Innersten berühren. Er erzählt mir beim Einschlafen Geschichten. Er sieht mich wirklich, wenn er mich anblickt. Er lächelt, ohne mir etwas vorzuspielen. Er ist ein Mensch für sich, eigenständig, und doch kann er mir geben, was ich von meiner Mutter ersehnt hatte.

Eines Abends erzähle ich ihm endlich, wie ich auf dem sandigen Weg mit meiner Mutter kämpfte, erzähle ihm von Heidi und ihrer Mutter, die sich nicht berührten, nicht einmal im Tod. Er weiß jetzt alles über mich. Er weiß, daß meine Mutter mich in den Tod schicken wollte, er weiß, daß ich mich mein Leben lang wertlos gefühlt und gefürchtet habe. Er kennt meine Scham über meine Vergangenheit.

Ich erwarte, daß er geht, doch er geht nicht. Statt dessen zieht er liebevoll die blaue Steppdecke über uns beide. Ich fühle beim Einschlafen seine Wärme um mich, er ist bei mir, während ich schlafe, er wird bei mir sein, wenn ich erwache. Es ist tröstlich, ihn hier zu haben, neben mir, geborgen im Bett.

Diese Nacht träume ich wieder von Zügen.

Ich renne über ein offenes Feld einem Zug entgegen, der schon angefahren ist. Ich sehe das Haus mit der aus den Angeln gerissenen Tür, ich höre die schwarzen Stiefel der Soldaten auf dem Pflaster, aber ich bin entkommen. Ich renne, so schnell ich kann, bekomme den Handgriff zu fassen und schwinge mich auf den

Zug. Ich bin heilfroh, ich bin im Zug, der mich in Sicherheit bringt. Ich habe überlebt. Ich setze mich auf eine polierte Holzbank und blicke mich um.

Es ist ein wunderschöner alter Zug mit glänzenden Messingbeschlägen, Fensterscheiben aus geschliffenem Glas und prunkvoll verzierten Spiegeln, und er bringt mich in Sicherheit. Ich sitze da und koste das Gefühl der Errettung aus. Aber etwas verfolgt mich, etwas habe ich vergessen zu tun. Auf der anderen Seite des Ganges sitzt ein zwölfjähriges Mädchen, schwarz gekleidet, dünn, fremd aussehend, jemand aus weit zurückliegender Zeit. Der Anblick des Mädchens rüttelt etwas in meinem Gedächtnis auf, und ich weiß jetzt, was ich tun muß. Ich habe diesen Zug erwischt, um den Leichnam meiner Mutter zu finden.

Ich gehe von Abteil zu Abteil und suche die Leiche meiner Mutter. Es ist ungeheuer wichtig, daß ich sie finde, aber ich sehe, daß die Abteile zu klein sind für einen Sarg, und der Gepäckwagen ist weit weg. Ich gehe suchend im Zug auf und ab. Ich betrete ein voll besetztes Abteil; nur ein Platz ist noch frei. Hier kann meine Mutter nicht sein, es ist ja nicht genug Platz für einen Sarg.

Am Fenster sitzt eine blinde Nonne, den Kopf der späten Nachmittagssonne zugewandt. Sie trägt eine schwarze Tracht und eine schwarze Sonnenbrille. Das Gesicht, das sich dahinter versteckt, ist heiter. Mit Schrecken erkenne ich, daß es meine Mutter ist. Ihre Hände, ihre Haut, ihr Haar, die Rundung ihrer Wange, alles ist so, wie ich sie in Erinnerung habe. Nur die Nonnentracht und die Sonnenbrille haben mich verwirrt.

Ich setze mich neben sie und flüstere: »Bist du's?«

»Ja.« Meine Mutter freut sich, daß ich da bin.

»Aber *Mammiņ*«, sage ich, verwende erfüllt von Zärtlichkeit und Vertrautheit die Verkleinerungsform, die ich, soweit ich mich erinnere, nur in Lettland gebraucht habe, »*Mammiņ,* ich habe geglaubt, du seist tot.«

»Nein, mein Liebes«, sagt sie, »ich bin nicht tot, ich bin nur blind. Deshalb habe ich immer andere angesehen, über dich hinweg, während du so sehr nach einer anderen Mutter gesucht hast – Frau Saulītis, Frau Čigāns und andere –, aber sie haben dich auch alle verlassen. Doch jetzt kannst du das verstehen.«

Sie setzt die Brille ab und reicht sie mir.

»Ich bin sehr lange blind gewesen. Es ist im Krieg passiert.« Sie streichelt mir die Wange.

»Vergib mir, mein Liebes«, sagt sie.

»Vergib du mir, *Mammiņ*«, sage ich. »Vergib mir, daß ich mich nur daran erinnert habe, daß du mich vorwärts gezerrt hast, damit ich erschossen werde. Aber du hast mich so viele andere Male gerettet. Ohne deinen Mut wäre ich umgekommen. Wir alle wären es.«

Tränen fließen aus ihren dunklen Augen, die gar nicht aussehen wie die einer blinden Frau, sondern so ausdrucksvoll und tief wie damals, als sie mich wirklich ansah, als ich klein war. Wir können einander jetzt sehen.

Ich werde von so viel Liebe und Zärtlichkeit durchströmt, wie ich sie mir meiner Mutter gegenüber seit Jahren nicht mehr erlaubt habe. Ich streichle ihr Gesicht, ihre Haare, ihre Schläfen, ihre Hände. Unsere Tränen vermischen sich. Wir lassen den Blick nicht voneinander.

»Es ist alles gut, mein Liebes«, sage ich. »Mein Liebes, alles ist gut.«

Das wundersame Gefühl von Liebe ist so stark im Traum, daß ich davon erwache. John ist schon wach; ein Tablett mit zwei Tassen duftendem Kaffee und zwei Orangen steht neben dem Bett. Und da ist auch ein Brief von meinem Sohn, der sich tapfer mit ein paar schwierigen Problemen in seinem Leben auseinandersetzt. Mein Körper fühlt sich wunderbar, ausgeruht und geschmeidig und stark. Ich ziehe die Rolläden über den

Regalen mit meinen Lieblingsbüchern hoch, und Licht flutet ins Zimmer.

Es ist noch sehr früh, doch ich kann sehen, daß es ein klarer, sonniger Tag wird. Unter meinem Fenster wachsen himmelblauer Rittersporn, weiße Gänseblümchen und dunkelviolette sibirische Iris vor einem weißen Zaun. Am anderen Ende meines Gartens steht eine einzelne Birke. Im Frühling blühen unter der weißen Birke Osterglocken, später dann die violetten Astern und die blaßgelben Chrysanthemen, die meine Mutter so liebte. Eine der Madonnenlilien ist über Nacht aufgegangen. Weitere Lilien werden folgen.

Ein Schatten zieht über den Garten, ich fürchte, es könnten Wolken aufziehen. Mir fällt ein, daß ich Boris keine glückliche Mutter war. Wieder wünsche ich mir, ich hätte ihm nicht meinen Kummer aufgebürdet. Lettland ist weit weg, seine klaren Flüsse sind verschmutzt, die Birken gefällt. Ich werde nie mehr dort leben, und wenn ich noch einmal zurückkehre, werde ich dort nicht mehr wirklich hingehören. Ich werde meine Erlebnisse in Englisch erzählen, nicht in Lettisch, meiner Muttersprache. Mir wurde zuteil, das Glück zu finden, in mir und mit John, doch andere leiden noch immer. So viele Letten leben – in ihrem eigenen Land oder im Exil – ein tapferes graues Leben, unter anderen meine Schwester und mein Vater. Und auch ich selbst trage immer noch Narben, werde für den Rest meines Lebens gegen Depressionen zu kämpfen haben. Ich verstehe meine Mutter, liebe sie und vergebe ihr, aber der Schmerz gehört auch zu meiner Wirklichkeit. Wie bei so vielen anderen Menschen hat die Verflechtung von familiären Beziehungen mit geschichtlichen Ereignissen Wunden geschlagen. Und die langen Nachwirkungen des Krieges, die vierzig in einem mutterlosen Universum verbrachten Jahre, als ich wartete, statt zu leben, kann ich ebenfalls nicht ungeschehen machen.

Und, schlimmer noch, nichts kann das Leid meiner Mutter

ungeschehen machen. Sie starb doppelt entwurzelt, verbittert, ausgebrannt. Sie hatte zuviel verloren.

Doch die ganze Welt ist voller Leiden. Anne Frank, Heidi und Hilda sind tot, aber im Bergland erfrieren noch immer Kurden, bosnische Frauen müssen nach Vergewaltigungen weiterleben, ruandische Kinder stehen wartend da, zu ausgezehrt, um zu betteln. Die Geschichte von meiner Mutter und mir ist nur ein winziges stechendes Eispartikelchen, nicht einmal so groß wie eine Schneeflocke in einem tobenden grausamen Schneesturm.

Aber dann berührt die Sonne wieder die Blüten. Wir müssen daran glauben, daß Träume von Bedeutung sind, wir müssen daran glauben, daß selbst flüchtigste menschliche Kontakte heilend wirken können. Das Leben wird sonst unerträglich. Die beiden schwarzen Frauen haben meiner Mutter das Sterben erleichtert, Ingeborg hat mir sehr viel gegeben, John hat zärtlich seine blaue Steppdecke um uns beide gelegt, meine Mutter und ich haben einander berührt, wenn auch nur im Traum. Wir müssen glauben, daß so etwas wichtig ist.

Jetzt dreht sich John wieder zu mir, ich drehe mich zu ihm, wir sehen einander an.

»Hast du etwas geträumt?« fragt er, als er mir eine volle blaue Tasse reicht. Die Orange, die er geschält hat, enthüllt sich selbst; die Teile öffnen sich wie die Blätter einer Blüte.

»Ja, Lieber«, sage ich, und beginne zu erzählen.

Was für ein Glück, daß ich diesen Traum gehabt habe, daß ich ihn noch einmal erleben kann, als ich ihn John erzähle, daß ich nachher seinen Traum hören darf. Ich habe *wirklich* Glück gehabt in meinem Leben.

Wir sprechen weiter miteinander im Bett.

Zu Ehren meiner Großmutter,
Līna Kness-Knezinskis,
meiner Mutter, Valda Nesaule,
meiner Schwester, Beate Nesaule K.,
und aller anderen Frauen und Mädchen,
die Vertreibung und Krieg erfahren haben.

btb

Aus Freude am Lesen

Tessa de Loo

Tessa de Loo, Jahrgang 1946, hat sich in den Niederlanden bereits mit ihrem ersten Erzählband »Die Mädchen von der Süßwarenfabrik« als erfolgreiche Schriftstellerin etabliert. Große internationale Anerkennung erhielt sie für ihren Roman »Die Zwillinge«, der 1994 mit dem Publieksprijs für das Lieblingsbuch des Jahres ausgezeichnet wurde. Von Tessa de Loo ist bereits bei btb erschienen: »Die Feuertaufe« (72054)

Roman
450 Seiten
btb 72161

Zwei Leben, eine Geschichte: Die Zwillinge Anna und Lotte treffen sich nach über vierzig Jahren im belgischen Kurort Spa. Auseinandergerissen durch den Zweiten Weltkrieg lebte die eine in Deutschland, während die andere in den Niederlanden aufwuchs. Jetzt versuchen sie eine Annäherung. »Ein Buch der Versöhnung, für Deutsche wie für Niederländer, ein Buch zum Lachen und zum Weinen, für alt und jung!«

Welt am Sonntag